Volker Zastrow

DIE VIER

Eine Intrige

Rowohlt · Berlin

1. Auflage August 2009
Copyright © 2009 by Rowohlt · Berlin
Verlag GmbH, Berlin
Alle Rechte vorbehalten
Schrift aus der Caecila und Strada PostScript
Gesamtherstellung CPI – Clausen & Bosse, Leck
Printed in Germany
ISBN 978 3 87134 659 0

INHALT

PROLOG 9

ERSTER TEIL: EIN MAL VIER

EINS: IM HOTEL
Ypsilanti wählen, Ypsilanti nicht wählen? 15
Drei Frauen 18
Letzte Vorbereitungen 25
Bökels Tränen 36
Statements Tesch, Walter, Metzger 39
Carmen Everts' große Stunde 45

ZWEI: DIE WAHRE STIMMUNG
Sauerscharfsuppe 53
Die SPD krümmt sich 56
Eine öffentlich-rechtliche Treibjagd 62
Wie man durch Niederlagen gewinnt 67
Frankfurter Verhältnisse 74

DREI: DER MENSCH IST KEIN EINSAMER JÄGER
Homo homini 88
Die phantastischen Vier 92
Auftritt Stegner: Das Krokodil 96
Trauerarbeit zorniger Art 102
Gewissen 106
Frau XY und die Agenda 2010 112
Freie Abgeordnete 116

VIER: EINE TAUCHFAHRT IN DIE SCHWEIZ
Lange Wege   120
Unterwegs nach Süden   124
Weck, Worscht un Woi   130
Die Schönste im ganzen Land   136
Schlummers Bande   148
Auf dem Parkplatz   159
Girls Camp   169
Schwestern   175
feige@hinterfötzige.verräterin.uk   183

ZWEITER TEIL: VIER MAL EINS

EINS: SILKE TESCH ODER DIE GESCHICHTE EINES KINDES
Häschenschule   195
In die Klinik   200
Blut und Wunden   204
Dieser Weg   207
Wenn? Warum?   210
Fünfundzwanzig Jahre   212
Der Blick aus der Schaufel   217

ZWEI: JÜRGEN WALTER ODER WIE IM HERBST 2006 DIE DAME DEN KÖNIG SCHLUG
Schach mit Knoblauch   223
Tolle Tage   229
Der Riss   235
Mit PowerPoint zum Wir   241
Dumm gegen Böse   250
Kann eine Frau das?   258

DREI: DAGMAR METZGER ODER DAS NEIN ZUM WORTBRUCH
Straßennamen   270
Von Haus zu Haus   281
Bauchschmerzen   286
Die letzte Chance, Februar 2008   292
Wer ist politikfähig?   296
Urlaubs-Telefonverkehr   299
Der Beschluss B 53 neu   305
Mauerkinder   310
Vor dem Partei-Tribunal   316

VIER: CARMEN EVERTS ODER DER ZWEITE ANLAUF IM SOMMER 2008
Die Frau in der Frau   327
Ein politisches Paar   333
Endlich angekommen   339
Die Kunst der Politik   345
Rauchende Colts   355

DRITTER TEIL: ZWEI MAL ZWEI

DIE LETZTEN TAGE VOR DER PRESSEKONFERENZ
Das große Handwerk   367
Punkte und Linien   377
Sirup, Honig, Bökel   386
Offene Fenster   393
Der Schutzschild   402

EPILOG   407
DANK   413

PROLOG

Der 4. November 2008 sollte in die Geschichte eingehen. So war es geplant. An diesem Tag sollten Träume wahr werden. Den ersten hatte 1963 Martin Luther King geträumt: dass seine vier Kinder eines Tages in einem Land leben würden, in dem man sie nicht nach ihrer Hautfarbe, sondern nach ihrem Charakter beurteilte. «I have a dream!» Damals herrschte in den Vereinigten Staaten von Amerika noch Rassentrennung – ein Apartheidregime, das die Nachkommen der eingeschleppten Sklaven von denen der freien Weißen trennte. Gut ein halbes Jahrhundert später kämpfte der schwarze Senator Barack Obama um den Einzug ins Weiße Haus. In einem virtuosen Wahlkampf hatte er zunächst die demokratische Favoritin Hillary Clinton aus dem Feld geschlagen, und dass er auch gegen den republikanischen Mitbewerber John McCain das Rennen machen würde, bezweifelte inzwischen so gut wie niemand mehr. Ein schwarzer Präsident: ein beflügelndes Ereignis von ungeheurer Symbolkraft.

Für Hessen war Ähnliches vorgesehen. Die dortige SPD-Führung hatte für diesen 4. November im Landtag die Wahl

Andrea Ypsilantis zur Ministerpräsidentin geplant. Auch das sollte ein neuer Anfang werden, eine neue Politik, ein neues Verhältnis zur Macht, eine neue Kultur ... ein neuer Himmel und eine neue Erde. Das war der zweite Traum. Sozialdemokraten und Grüne hatten ihn in einen Koalitionsvertrag gegossen und der Linkspartei gewissermaßen zur Beglaubigung vorgelegt. Mit der Wahl Ypsilantis sollte nun das «Projekt der sozialen Moderne» in Hessen beginnen.

Der Termin würde, so meinte man, die Wahl Obamas mit der Wahl Ypsilantis gleichsam zu einem politischen Ereignis verschmelzen. Die Crew um Ypsilanti verglich den eigenen zurückliegenden Wahlkampf mit Obamas Erfolgen: Auch die hessische Spitzenkandidatin war als Außenseiterin gestartet, am Anfang selbst in der eigenen Partei hochumstritten. Aber durch eine emotionale Kampagne und mitreißende Reden hatte Ypsilanti erst die Partei hinter sich gebracht und dann auch mehr und mehr Wähler – so etwas wie ein Sog war entstanden. Es schien, als ob man tatsächlich mit der eigenen Begeisterung Herzen gewinnen konnte und mit diesen Herzen neue Begeisterung.

Im Januar hatte Ypsilanti ihren Wahlerfolg errungen und den scheinbar unbesiegbaren Ministerpräsidenten Koch niedergekämpft. Na ja, nicht ganz. Eine Winzigkeit fehlte: die Abstimmung im Landtag. Denn die Bürger wählen Parteien und Abgeordnete, aber erst die Abgeordneten bestimmen die Landesregierung, und genau damit hatte es Schwierigkeiten gegeben, weil sich die SPD zur Regierungsbildung auf die Stimmen der Linkspartei angewiesen sah, mit der sie eine Zusammenarbeit im Wahlkampf kategorisch ausgeschlossen hatte. Namentlich Andrea Ypsilanti selbst. Dass sie sich nun trotzdem von den Linken zur Ministerpräsidentin wählen lassen wollte, wurde ihr als Wortbruch verübelt.

Und doch schien in diesem hessischen Herbst endlich sicher, dass alles laufen würde wie geplant – so sicher wie bei Obama. Der Koalitionsvertrag von SPD und Grünen, die gemeinsam eine von der Linkspartei tolerierte Regierung stellen wollten, wurde schon behandelt wie ein Regierungsprogramm. Selbst die CDU hatte sich auf das Ende der Regierung Koch eingestellt. Seltsamerweise: Denn die SPD-Abgeordnete Dagmar Metzger hatte bereits im März angekündigt, dass sie nicht für ihre Partei- und Fraktionsvorsitzende stimmen würde. Ein einziger weiterer Abgeordneter aus den Reihen von SPD, Grünen und Linkspartei, der es ihr gleichtun würde, reichte aus, um die Wahl scheitern zu lassen. Eine geheime Wahl, wohlgemerkt.

Ein Himmelfahrtskommando.

Eine vergleichbare Konstellation hatte einige Jahre zuvor bereits die schleswig-holsteinische Ministerpräsidentin Heide Simonis das Amt gekostet. Auch dort hatte eine offene Probeabstimmung der Fraktion nur Zustimmung ergeben; im Kieler Landtag jedoch, wo jede Stimme wirklich zählte, hatte Simonis sich nach vier Fehlversuchen geschlagen geben müssen, sodass die Amtszeit der ersten deutschen Ministerpräsidentin nach mehr als zehn Jahren entwürdigend geendet war.

In Wiesbaden allerdings, das glaubten fast alle, würde so etwas sich nicht wiederholen.

ERSTER TEIL
Ein mal Vier

EINS Im Hotel

Ypsilanti wählen, Ypsilanti nicht wählen?

Roland Koch hatte gepackt. Nach bald zehn Jahren im Amt, die letzten sieben Monate nur mehr als geschäftsführender Ministerpräsident einer Regierung ohne parlamentarische Mehrheit, machte er sich bereit, beiseitezutreten für Andrea Ypsilanti. In Kochs Amtsräumen in der neuen Staatskanzlei in Wiesbaden waren Schubladen und Regale schon ausgeräumt, stapelten sich braune Umzugskartons. Nicht anders bei Regierungssprecher Dirk Metz, Kochs langjährigem Vertrauten. Wenn die sozialdemokratische Parteichefin am morgigen Dienstag im Landtag gewählt werden würde, wollte man imstande sein, den Zauberberg zügig zu räumen. Jedenfalls sollte es so aussehen.

Das gewaltige Gründerzeitgebäude hat beinah die Anmutung eines Schlosses. Einst das Hotel Rose, war es aus der Konkursmasse des Frankfurter Baulöwen Schneider an das Land Hessen gegangen und hatte trotz vorzüglicher Lage mitten in der Landeshauptstadt lange Zeit leer gestanden, bis die Koch-Regierung es Anfang des neuen Jahrtausends elegant modernisieren ließ. 2004 war dann der zuvor auf mehrere Liegenschaften verteilte Verwaltungsapparat des Ministerpräsidenten dort eingezogen. Und wie bei jedem Hotel heißt es irgendwann wieder auszuziehen; das Vorgespräch mit Andrea Ypsilanti für den Regierungswechsel hatte bereits stattgefunden.

Auch Ypsilantis Superschattenminister Hermann Scheer war schon in der vermeintlichen Stätte seines künftigen Wirkens aufgekreuzt, dem Wirtschaftsministerium. Der neobarocke Bau mit der eindrucksvollen Fassade beherbergte einst den kommunalen Landtag der preußischen Provinz Hessen-Nassau. Auch dieses Gebäude ist imposant, es spiegelt wider, dass der hessische Wirtschaftsminister etwas zu sagen hat. Andrea Ypsilanti wollte seine Kompetenzen ursprünglich noch um den Umweltschutz erweitern, genau wie Scheer es sich gewünscht hatte. Das aber ließen die Grünen nicht zu, die das Umweltressort für ihren Vorsitzenden Tarek Al-Wazir verlangten. Am Ende sollte das Ministerium auf Scheer neu zugeschnitten werden, die Verkehrspolitik verlieren, aber um jene umfassenden Zuständigkeiten erweitert werden, mit denen die angestrebte «Energiewende» in Hessen verwirklicht werden konnte. Damit wäre, trotz aller Einschränkungen, so etwas wie eine planwirtschaftliche Kommandobrücke entstanden, und dieses Superministerium sollte der Mann, der schon Ypsilantis Wahlprogramm maßgeblich bestimmt hatte, in die Hände bekommen. Am Freitag hatte Scheer seine neue Unterkunft am Kaiser-Friedrich-Ring aufgesucht und besichtigt. Er entdeckte ein Nebenzimmer, das er sich zum Ruheraum ausgestalten lassen wollte, und fällte auch gleich die ersten Grundsatzentscheidungen für den Einbau einer Solardusche gleich nebenan. Die Pläne waren am Freitag nicht zur Hand, also hatte er sie sich für diesen Montag bestellt und sollte sie gegen Mittag erhalten.

Ein Tag noch.

Am Wochenende allerdings hatte in den Zeitungen gestanden, dass Ypsilantis größter Konkurrent in der eigenen Partei, ihr Stellvertreter Jürgen Walter, den Koalitionsvertrag mit den Grünen nun doch ablehnte. Das hatte er den Delegierten am Samstag auf einem Sonderparteitag in Fulda erläutert. Seine vorherige Ankündigung, Ypsilanti zur Ministerpräsidentin zu wählen, hatte er dennoch nicht zurückgenommen. Er wurde danach gefragt, gab aber ausweichende Antworten – und damit ein Bild merkwürdiger Unschlüssigkeit. Wenn die Folgen einer rotgrünen Regierung für die Wirtschaft in Hessen wirklich so verheerend sein würden, wie Walter es auf dem Parteitag dargestellt hatte, wie konnte er dieser Regierung dann in den Sattel helfen? Darüber rätselten viele.

Der Herr, der an diesem Montagvormittag den Vorraum einer Sparkassenfiliale in Wiesbaden betrat, staunte daher nicht schlecht, als er dort an einem Geldautomaten ausgerechnet den Mann erkannte, von dem am Wochenende so viel die Rede gewesen war – auch wenn er etwas jungenhafter aussah als im Fernsehen. Er sprach ihn an: «Sie sind doch Jürgen Walter, der SPD-Politiker?» Walter bejahte, und der Mann sagte: «Ich teile ja Ihre Kritik. Aber morgen: Sie dürfen die Ypsilanti nicht wählen. Das würde unserem Land schaden.»

Walter dachte: «Wenn du wüsstest ...» Er antwortete ausweichend. Er konnte einem Fremden nicht auf die Nase binden, dass er Ypsilanti nicht wählen würde.

Aber sein Entschluss stand fest, und ihm war zu diesem Zeitpunkt bereits klar, dass die Landtagssitzung am nächsten Tag gar nicht mehr stattfinden würde. Bald würde das ganz Deutschland wissen, sicher auch dieser freundliche, besorgte Sparkassenkunde; jetzt aber musste Walter noch eine Weile schweigen. Drei Stunden, die sich anfühlten wie sechs.

Von der Sparkasse war es nicht mehr weit zum Dorint Hotel. Walter ging zu Fuß, er hatte den Wagen am Bahnhof abgestellt. Er machte sich Sorgen, ob er nach der Pressekonferenz mit seinem schwarzen Fünfer BMW mit Friedberger Kennzeichen heil davonkommen würde. Es war schon zehn vorbei, als er schließlich in der Auguste-Viktoria-Straße durch die Drehtür ins Hotelfoyer trat.

Niemand nahm groß Notiz davon.

Zum selben Zeitpunkt trat in Berlin das SPD-Präsidium unter dem Vorsitz von Franz Müntefering zusammen. Auf der Tagesordnung stand die Finanzmarktkrise mit ihren allwöchentlichen Hiobsbotschaften – Münteferings 2005 gebrauchtes Wort von den «Heuschrecken» hatte dadurch unliebsame Anschaulichkeit gewonnen. Im Präsidium wollten die Genossen darüber diskutieren, wie man einen Schutzschirm über die deutschen Arbeitsplätze spannen könnte. Da kam, etwa eine Viertelstunde vor Beginn der Sitzung, der Hinweis, dass in Hessen wieder irgendetwas passierte. Wie damals im März. Ypsilantis zweiter Anlauf würde ebenfalls scheitern, wie es sich anhörte.

Drei Frauen

Der Novembertag hatte kühl und klar begonnen. Im Lauf des Vormittags, hieß es, sollten die Temperaturen in Wiesbaden an diesem Montag auf zwölf Grad ansteigen. Carmen Everts stand in ihrer Neubauwohnung im südhessischen Erfelden vor dem Spiegel und machte sich für den mutmaßlich größten Auftritt ihres bisherigen Lebens zurecht. Nein: ohne jeden Zweifel für den größten Auftritt ihres Lebens.

Nicht dass sie sich darauf freute. Aber Angst hatte sie seltsamerweise auch nicht.

Im Fernsehen möchte man gut aussehen – schon gar in einem Zeitalter, in dem sogar Bundeskanzler vor Gericht erstreiten, dass ihre Schläfen nicht mehr grau sind. Aber so einfach war das an diesem Morgen nicht. Hinter Carmen Everts lagen harte Wochen und ein noch härteres Wochenende. Sie hatte in letzter Zeit ungeheuer abgenommen, was ja zunächst erfreulich sein mochte. Aber jetzt hatte sie seit Tagen Magenprobleme.

Sie war sehr blass. Die Haut ihrer Unterarme und Hände war heller als das Gesicht, fast so weiß wie Schnee.

Everts hatte sich schön zurechtgemacht. Sie pflegte Kleidung, Schmuck und Make-up mit Sorgfalt aufeinander abzustimmen. An diesem Montag trug sie ein kurzes schwarzes Etuikleid und darunter eine grüne Bluse, am Hals eine Kette aus verschieden grünen Steinen und Ohrstecker mit dunkelgrünen, sattleuchtenden Kristallen. Zusammen mit dem kurzen roten Haar, dem Lippenstift und der natürlichen Blässe ihres schmalen Gesichts schuf das einen hübschen Kontrast.

Doch beim Blick in den Spiegel bewegte sie ein anderer Gedanke – ein Gedanke wie ein Gefäß, in das die Hoffnungen und Sorgen dieses Morgens immer wieder strömten: als sie die Wohnung aufräumte, in der alles so vertraut war, als sie den Koffer für ihre Reise in die Schweiz packte, als sie den Arztbrief des Internisten aus Biedenkopf bereitlegte, um ihn anschließend in ihrer Hausarztpraxis abzugeben und die Überweisungen abzuholen, und auch jetzt, beim Blick in den Spiegel: Ihre Welt würde nicht mehr dieselbe sein, wenn sie hierher zurückkehrte. Das ging ihr an diesem Morgen unzählige Male durch den Kopf.

Seit zwanzig Jahren hatte Carmen Everts Politik gemacht, «für die Politik gelebt». Andere sagten, sie sei mit der Politik verheiratet. Mann und Kinder hatte sie nicht. Und in diesem Jahr 2008 hatte sie den ersten richtig großen Sprung geschafft, gleichsam in die politische Selbständigkeit. Sie war Landtagsabgeordnete geworden – und Abgeordnete haben keinen Herrn mehr über sich. So ungefähr steht es jedenfalls in der

Verfassung. Außerdem war Everts durch das Landtagsmandat endlich imstande, von dem zu leben, was sie am liebsten tat und am besten beherrschte. Sie hoffte, nicht ganz und gar aufgeben zu müssen, was sie sich aufgebaut hatte. Aber zugleich kannte sie alle Gründe dagegen. Dass nichts so bleiben würde wie vorher, war fast schon das wenigste, was passieren konnte; ihre Welt würde eine andere sein; eine Rückkehr ins Vertraute würde es nicht geben. Und würde sie dieselbe bleiben?

Wenn irgendetwas die Frau auf dem Beifahrersitz des schwarzen Busses, der an diesem Morgen aus dem nordhessischen Hinterland nach Wiesbaden rollte, nicht beschäftigte, dann das: Silke Tesch schaute nie zurück, das war nicht ihre Art. Was geschehen ist, ist geschehen. Also nahm sie den Blick zurück auch nicht vorweg.

Dennoch hatte sie kaum ein Auge zugetan in dieser Nacht. Sie war froh, dass ihr Mann die 150 Kilometer von Kleingladenbach nach Wiesbaden fuhr. Und dass sie nicht allein war. Die beiden sprachen wenig; nach fast dreißig Jahren Ehe weiß man in so einer Lage, was dem anderen durch den Kopf geht. Im Übrigen gehörte Silke Tesch zu den Menschen, die erst denken, dann reden: sobald ihnen die Sache wirklich klar ist. Ihr Mann, ein knorriger Typ, hielt sowieso meistens den Mund.

«Ducati Performance» stand auf dem Bus. Er diente gelegentlich dazu, ein oder zwei dieser knallroten italienischen Motorräder mit dem narzisstischen Gitterrohrrahmen an den Nürburgring zu schaffen. Wenn auf einem Kleinbus, in dem Ducatis sind, auch Ducati draufsteht, kommt man ziemlich leicht ins Fahrerlager, auch als Hobby-Biker. Lothar Tesch fuhr nicht mehr gern auf der Straße, sondern lieber auf der abgesperrten Rennstrecke, weil das weniger halsbrecherisch ist. Im vergangenen Sommer hatte auch Silke nach langen Jahren mal wieder einige Runden in der Eifel gedreht. Als junge Mutter hatte sie das Motorradfahren aufgegeben, aber inzwischen war ihre Tochter erwachsen.

Im vergangenen Jahr, 2007, hatte sich über die ganze Bordwand des Busses noch ein knallroter SPD-Aufkleber gezogen: «Unsere Region in gute Hände». Auf dem Heck hatte das überlebensgroße Foto der Wahlkämpferin Tesch geprangt, das Bild, das auch auf ihrer Internetseite zu sehen war und als Abgeordnetenfoto diente. Es zeigt eine andere Frau: mit röteren Bäckchen und, vor allem, ohne Doppelkinn. Dass Frauen mit fünfzig ein Doppelkinn bekommen, hielt Tesch für eine der ganz großen, politisch noch nicht aufgearbeiteten Benachteiligungen von Frauen.

Vielleicht hatte Gott dem schweigsamen Ehepaar im VW-Bus trotzdem mehr Aufmerksamkeit geschenkt als anderen, freilich nicht die Art Aufmerksamkeit, die man sich wünscht. Lothar Tesch hatte seinen Krebs nur dank einer Lebertransplantation überlebt; der drahtige Mann mit dem Vollbart war von Dächern und Leitern gefallen, hatte sich in seinem Beruf gleich reihenweise Wirbelknochen und Rippen gebrochen. Silke Tesch wurde als kleines Mädchen nach einem schweren Unfall ein Bein amputiert, das andere blieb nachhaltig geschädigt. Sie machten beide kein Aufheben davon.

Im Bus hatte Silke Tesch an diesem Morgen keine Schmerzen: Das Sitzen war kein Problem. Aber das Laufen. Im Spätsommer hatte sie eine neue Prothese bekommen; das war immer, um das Mindeste zu sagen, sehr lästig, aber diesmal war es extrem gewesen. Alle vier Jahre zahlt die Kasse so ein Ersatzteil. Und der technische Fortschritt ist wirklich beachtlich. Früher gab es das Holzbein, heute bewegen sich Prothesenfüße um drei Achsen im Raum und passen sich flexibel dem Boden an. Vom Südafrikaner Oscar Pistorius, der sich selbst «der schnellste Mann ohne Füße» nennt, weiß man, welche sportlichen Höchstleistungen mit Prothesen heutzutage möglich sind. Er war ohne Wadenknochen zur Welt gekommen, mit elf Monaten wurden ihm beide Beine knieabwärts amputiert. «Nur weil ich keine Beine habe, bin ich nicht behindert», sagte er.

So sah Silke Tesch das auch. Oder, andersherum: Sie konnte sich nicht für behindert halten. Sie würde sich nie so nennen. Auf ihrem Bus klebte kein Rollstuhlzeichen. Zwar hatte sie nicht vor, die hundert Meter wie Pistorius in weniger als elf Sekunden zu laufen, aber eine der modernen, sportlicheren Prothesen wollte sie sich schon zulegen, so ein «richtiges Hightechteil». Allerdings schreckte sie, wie die meisten Beinamputierten, vor dem Umstieg gleichzeitig zurück, sie bestellte sich nur alle sechs, sieben Jahre eine neue. Das Einlaufen einer Prothese ist mit Strapazen und Schmerzen verbunden.

Deshalb muten weniger disziplinierte Patienten sich das nicht zu. Andere gewöhnen sich nie an den künstlichen Körperteil, tragen ihre Prothese nicht und nehmen lieber beträchtliche Einschränkungen in Kauf, mit weiteren nachteiligen Folgen für die Gesundheit und Lebensqualität. Silke Tesch war anders, und sie hatte als Kind ohne Zweifel die besseren Chancen gehabt: Eine frühe Behinderung gleichen Körper und Seele besser aus als eine späte. Trotzdem ist das Einlaufen einer neuen Prothese so, als müsste man beständig Schuhe tragen, die nicht etwa nur eine, sondern gleich drei Nummern zu klein sind. Unvorstellbar! Und man muss immer wieder rein. So entstehen Druckstellen, Schwellungen, mitunter Wunden. Und mit dieser neuen Prothese, die durch Unterdruck halten sollte, wollte und wollte es nicht klappen.

Jetzt, im Wagen, im Sitzen, tat nur der Kopf noch weh, im Grunde auch schon seit Wochen. Als der Bus kurz nach neun nach Wiesbaden rollte, hoffte Silke Tesch, dass die Zeit der Kopfschmerzen endlich vorüber wäre.

Für Dagmar Metzger war das Schlimmste schon vorbei. Das Schlimmste: die Einsamkeit. Seit sie im März ihr Wahlversprechen bekräftigt hatte, Andrea Ypsilanti nicht gemeinsam mit den Abgeordneten der Linkspartei zur Ministerpräsidentin zu wählen, war sie in der SPD-Fraktion und im ganz überwiegenden Teil der Partei dramatisch isoliert worden, in einer Art, für die sich in der Geschichte der Bundesrepublik kein Beispiel nennen lässt. Gewiss: Eine Partei schöpft ihre Kraft aus der Gemeinschaft, sie ist ein Personenverband. Gemeinsam sind wir stark, das ist das Motto. Darum nennen Sozialdemokraten sich von alters her «Genossen». Aus dieser Gemeinsamkeit auszuscheren stellt das Grundprinzip der Partei in Frage. Jeder Partei. Entsprechend heftig sind die Reaktionen. Die Partei schließt sich zusammen, sie wird zum Kampfverband. Und der richtet seine ganze geballte Wut und Kraft nicht mehr nach außen, gegen andere mächtige Institutionen, die sich ihrer Haut schon erwehren können, sondern nach innen, auf eine Einzelne.

Durch ihr Abgeordnetenmandat wurde Dagmar Metzger allerdings zumindest rechtlich vor der Rache bewahrt, denn das Mandat gehört einer anderen Sphäre an, der des Staates. Und das gilt sogar für die Fraktion, den Zusammenschluss der Abgeordneten im Parlament. Die stammen zwar in der Regel aus einer Partei. Aber die Fraktion ist kein Teil der Partei, sondern des Parlamentes, sie ist ein Verfassungsorgan.

Von der Verfassung geschützt, konnte Dagmar Metzger dem Zorn der Partei standhalten. Aber sie wurde als Ausgestoßene behandelt. Kaum einer aus der eigenen Fraktion, der sie im Landeshaus auch nur grüßte. Wer auf Zeitungsfotos oder Fernsehbildern mit ihr gesehen wurde, musste sich Verdächtigungen gefallen lassen. So wurde sie vom ersten Tag an zum lebenden Mahnmal dafür, was die zu erwarten hatten, die Ypsilantis neuen Weg nicht mitgehen wollten. Ein abschreckendes Beispiel.

Trotzdem hatten sich zuletzt drei andere zu ihr gesellt. Seit gestern, Sonntag, dem 2. November. Jetzt war Dagmar Metzger in der Fraktion nicht mehr allein, und wer will schon allein sein? Ihrem ganzen Wesen nach war sie keine Querulantin, eher eine Frohnatur, die gerne unter Menschen ging, als Berlinerin in Hessen den Karneval lieben gelernt hatte und schön laut mitsang. Abseitsstehen lag ihr nicht.

In Romanen macht sich die Rolle des einsamen Rechthabers vielleicht ganz gut, in der Wirklichkeit nicht. Da ist sie qualvoll.

Nun würde es damit vorbei sein, und für Dagmar Metzger bedeutete das fast so etwas wie eine Rehabilitation. Sie wusste zwar, dass sie keine benötigte. Trotzdem: Bald würde es ihren Gegnern nicht mehr möglich sein, mit dem Finger auf sie zu zeigen. Und tatsächlich sollten noch am Nachmittag dieses Tages Politiker und Publizisten, die sie zuvor vehement bekämpft oder diskret entehrt hatten, in Dagmar Metzger eine Heldin entdecken und ihre frühe, klare Haltung loben.

Seit der Wahl am 27. Januar hatten SPD und CDU im Landtag jeweils 42 Mandate, die FDP 11, die Grünen 9 und die Linkspartei 6. Um mit der vorgeschriebenen absoluten Mehrheit zur Ministerpräsidentin gewählt zu werden, benötigte Andrea Ypsilanti 56 Stimmen – und die sogenannte linke Mehrheit von SPD, Grünen und Linken bestand aus gerade 57 Abgeordneten. Anders ausgedrückt: Wenn nur zwei Sozialdemokraten nicht mitspielten, wurde nichts aus dieser Wahl.

Schon damals konnte man sich über Ypsilantis Wagnis nur wundern. Sie hatte beileibe nicht nur Freunde in der Fraktion, und Dagmar Metzger war auch keineswegs die Einzige, von der man wusste, dass ihr die Vorstellung einer Zusammenarbeit mit der Linkspartei zuwider war. Nach Ypsilantis offenem Bruch ihres Wahlversprechens und dem dramatischen Ansehensverlust, der die Sozialdemokraten daraufhin getroffen hatte, verbot sich für die SPD zudem der Gedanke an eine vorgezogene Neuwahl. Vielleicht also hat Dagmar Metzger damals Ypsilanti den Hals gerettet, ihr Scheitern bei der Ministerpräsidentenwahl im Landtag verhindert – denn in geheimer Abstimmung hätten ihr womöglich noch weitere sozialdemokratische Abgeordnete die Stimme versagt.

Seither hatte Metzger eine Lektion gelernt, von der sie im März noch nicht gewusst hatte: Eine wichtige politische Entscheidung muss man als Erste selbst erläutern, sonst überlässt man die Interpretation anderen. Genau das hatte sie damals erlebt. Dann wird es doppelt schwer, sich noch Gehör zu verschaffen. Obwohl – hatte es ihr seinerzeit an Aufmerksamkeit gefehlt? Sie war doch in allen Zeitungen, auf allen Kanälen gewesen, man schlug sich um Interviews mit ihr. Vielleicht war es doch eher Jürgen Walters Idee gewesen, eine Pressekonferenz zu geben, um gewissermaßen einen Pflock in den Boden zu schlagen. Oder stammte sie von Carmen Everts? Beide schoben sie im Nachhinein Dagmar Metzger zu: Jedenfalls seien deren Erfahrungen im März bestimmend dafür gewesen. Seither war allen klar, dass ein Sturm über sie hereinbrechen würde, wenn sie aus der Reihe tanzten.

Letzte Vorbereitungen

Für halb zehn hatten sich die Vier im Dorint verabredet, einem modernen Tagungshotel in Bahnhofsnähe. Zuvor, am Wochenende, hatten sie noch den Rat des vormaligen Landesvorsitzenden Gerhard Bökel gesucht, der auch Ypsilantis Vorgänger als Spitzenkandidat gewesen war – und ein wesentlich schlechteres Wahlergebnis erzielt hatte als sie. Bökel hatte zunächst das Hotel Oranien empfohlen, den Ort, wo die Politik in Wiesbaden gewöhnlich ihre größten Schatten wirft. Aber für den erwarteten Presseansturm würden die Räumlichkeiten und Parkplätze dort nicht genügen. Schließlich schaute in diesen Tagen die ganze Republik auf Hessen.

Metzger und Everts fuhren fast gleichzeitig in die Tiefgarage des Dorint. Sie begrüßten sich mit einer Umarmung. Everts war allein gekommen, Dagmar Metzger wurde von ihrem Mann Mathias und ihrem Mitarbeiter Sören Fornoff begleitet. Fornoff lud das Gepäck seiner Chefin um, in den Kofferraum von Everts' silbernem Opel Cabrio, denn nach der Pressekonferenz wollten die drei Frauen in die Schweiz fahren; dort in den Bergen besaßen die Metzgers ein Ferienhaus.

Silke Tesch und ihr Mann standen bereits in der Lobby, als die anderen heraufkamen. Fehlte nur noch Jürgen Walter, auf den sie bei einem Latte macchiato warteten. Dann stieß Michael Metzger zu der kleinen Gruppe: Dagmars Schwager, der als Journalist beim Hessischen Rundfunk arbeitete und sich bereiterklärt hatte, die Pressekonferenz zu moderieren. Als auch Walter eingetroffen war, wie gewöhnlich mit einer gewissen Verspätung, ging der Trupp nach oben in ein kleines Besprechungszimmer neben dem großen Saal, der Platz für gut dreihundert Personen bot. Den kleinen Raum nannte die Hotelleitung «Aachen», den großen «Genf».

Dreierlei stand für diese drei Stunden bis zum Beginn der Pressekonferenz auf dem Programm: Eine Reihe von Telefonaten mussten geführt und Handynachrichten verschickt werden, die Einladung zur Pressekonferenz musste heraus, und die Stellungnahmen der vier Abgeordneten mussten noch einmal durchgegangen, abgeglichen und verbessert werden. Den Beginn der Pressekonferenz, 13 Uhr, hatten sie so gewählt, dass für die Tageszeitungen genug Zeit für eine gründliche Berichterstattung blieb. Die Einladungen mussten so verschickt werden, dass Reporter, Fernsehteams und Fotografen auch der überregionalen Medien rechtzeitig im Dorint eintreffen konnten, überdies gab es einige Personen, die von dem Schritt der Vier nicht erst aus den Nachrichten erfahren sollten oder durften. Das traf zuallererst auf Andrea Ypsilanti, außerdem auf die SPD-Führung in Berlin zu.

Übrigens behauptete schon vor Beginn der Pressekonferenz der Sprecher des Senders Phönix in einer Liveübertragung, Ypsilanti habe von der Entwicklung erst aus dem Internet erfahren, sie sei von den «Abweichlern» nicht angerufen worden. Das hätte als Keim einer Dolchstoßlegende getaugt, doch Everts hatte die richtige Nase gehabt. Ihre Mitteilung gleich zu Beginn der Pressekonferenz lautete: «Wir haben heute Vormittag die SPD-Landes- und Fraktionsvorsitzende Andrea Ypsilanti darüber informiert, dass wir die Bildung einer rotgrünen Minderheitsregierung mit den Stimmen der Linkspartei nicht mittragen können.» Mithin korrigierte schon ihr erster Satz eine Falschbehauptung. Auch weitere waren zu diesem Zeitpunkt bereits in der Welt; von Anfang an tobte der Kampf um die Deutungshoheit.

Carmen Everts sollte das Gespräch mit Ypsilanti führen: Tesch und Walter wollten nicht, Metzger, logisch, musste nicht. Vielleicht drückten die anderen sich auch vor diesem unabdingbaren Telefonat. Es war merkwürdig: In den Tagen zuvor hatte Everts den Eindruck erweckt, sich nicht entscheiden zu können, in ihren Gedanken unablässig hin und her zu springen oder sich im Kreise zu drehen, mit sich uneins und zugleich mit sich selbst beschäftigt zu sein. Oft hatte sie dabei ohne Punkt und Komma geredet. Doch nun legte sie eine erstaunliche Kaltschnäuzigkeit an den Tag.

Gegen zehn Uhr, kurz vor Beginn der Berliner Präsidiumssitzung, versuchte sie die Vorsitzende auf deren Handy zu erreichen, aber Ypsilanti nahm nicht ab. Weil sie die Nummer nicht erkannte, vermutete Everts. Deshalb lieh sie sich Teschs Handy, deren Name in Ypsilantis Mobiltelefon vermutlich gespeichert war, und wählte erneut, doch auch jetzt kam kein Gespräch zustande. Daraufhin rief Everts in Wiesbaden in Ypsilantis Vorzimmer an und bat, der Fraktionsvorsitzenden die dringende Bitte um Rückruf auszurichten; anschließend informierte sie, wie abgesprochen, Gerhard Bökel per SMS, dass sie jetzt Kontakt zu Ypsilanti aufgenommen hatten. Das war für den ehemaligen Innenminister das Startsignal, sich bei seinem Nachfolger in diesem Amt, dem Gießener CDU-Politiker Volker Bouffier, um Polizeischutz für die vier Abgeordneten zu bemühen.

Ypsilanti befand sich zu dieser Zeit gar nicht in Berlin, wie die Vier vermutet hatten, sondern war von ihrem Wohnort Frankfurt in das vierzig Autobahnkilometer entfernte Wiesbaden unterwegs. Nach etwa fünf Minuten rief sie unter Teschs Nummer zurück, jetzt allerdings nahm im Dorint keiner ab. Dort war die ohnehin schon übergroße Spannung in Hektik umgeschlagen, weil es nicht gelingen wollte, mit den Laptops über Funkmodem eine Netzverbindung zustande zu bringen. Daran hing die weitere Kommunikation; vor allem die Einladung zur Pressekonferenz musste über E-Mail versandt werden. Fornoff hatte sich deshalb schon auf die Suche nach dem Hotelmanager gemacht. In der allgemeinen Aufregung ging Ypsilantis Anruf unter, zumal Teschs Handy zwar auf Vibrationsalarm gestellt, aber stummgeschaltet war. Als Everts kurz darauf einen Blick auf das Display des Handys warf, sah sie den verpassten Anruf.

Nun rief sie zurück, und diesmal kam die Verbindung zustande. Es war zehn nach zehn. Everts teilte Ypsilanti mit, dass Silke Tesch, Jürgen Walter und sie selbst am Wochenende «nach reiflicher Überlegung» entschieden hätten, die Ministerpräsidentenwahl mit Hilfe der Linken und «diesen Koalitionsvertrag» nicht mittragen zu können – und das auf einer Pressekonferenz auch öffentlich zu machen. Everts berichtet, dass Ypsilanti überrascht und wütend reagiert habe: «Das könnt ihr nicht machen nach all dem, was ich in den letzten beiden Jahren für die Partei getan habe.» Darauf Everts: «Andrea, es geht einfach nicht. Wir können das nicht mittragen. Du kennst unsere Bedenken.» Ypsilanti fragte: «Wo seid ihr? Ihr müsst nach Wiesbaden kommen, wir müssen reden.» Everts erwiderte: «Andrea, das hilft nicht weiter. Wir haben unsere Bedenken oft genug gesagt. Die Entscheidung ist gefallen.»

So ging es hin und her. Ypsilanti versuchte einerseits, den Gesprächsfaden nicht abreißen zu lassen, und andererseits, herauszufinden, wo die Vier sich aufhielten; es war ja klar, dass, wenn überhaupt, nur ein Gespräch das Schlimmste noch abwenden könnte. Everts wiederum war, wie sie sagt, «einen Moment im Wanken, ob wir doch nochmal mit ihr reden sollten» – das teilte sich den Zuhörern im Raum mit, vor allem Silke Tesch, die ihrerseits fand, die Zeit des Redens sei vorbei. Schließlich sei es Ypsilanti gewesen, die seit neun Monaten jedes ernsthafte Gespräch verweigert habe.

«Sie hat sich nie einer Diskussion gestellt, ist immer ausgewichen», erzählt Silke Tesch: «Ach, du weißt doch, ich hab einen engen Terminplan, ich muss jetzt los», das sei die Standardreaktion gewesen, wenn sie mit ihr habe reden wollen. Bei einem Vieraugengespräch im Juli habe sie von vornherein eine Dreißig-Minuten-Frist gesetzt. «Das sind keine Grundlagen. Es wäre sicher viel Zeit gewesen für ausführliche Gespräche.»

Jetzt dauerte ihr das Telefonat, das sich nach dem ersten Wortwechsel offensichtlich im Kreis bewegte, schon viel zu lang. Sie dachte: «Carmen, nun leg endlich auf.» Zumal Carmen Everts mehrfach sagte: «Andrea, daran gibt es nichts mehr zu rütteln.» Sie kenne doch die Bedenken, oft genug seien sie ausgesprochen worden, freilich ohne Reaktion ihrerseits. Ypsilanti erwiderte schließlich scharf, laut Everts mit schneidender Stimme: «Wer hat euch gekauft?» Everts glaubte, zu schmalen Schlitzen verengte Augen vor sich zu sehen. Sie antwortete: «Uns hat niemand gekauft, auf der Basis brauchen wir nicht weiterzureden. Es geht um unsere Grundüberzeugungen.»

Durch diese Antwort – «Uns hat niemand gekauft» – bekamen die anderen im Raum indirekt die vorausgegangene Frage mit. Nachdem Everts aufgelegt hatte, wurde sie deshalb sogleich mit Fragen bestürmt, ob Ypsilanti wirklich unterstellt habe, ihre Widersacher seien gekauft. Everts bestätigte das. Die Empörung darüber war groß. Und anhaltend.

Everts beendete den Wortwechsel mit den Sätzen: «Andrea, wir haben uns das gut überlegt.» Sie werde zwar noch einmal mit den anderen reden, doch die Entscheidung sei gefallen. Ypsilantis Bitte, mit Jürgen Walter, dann mit Silke Tesch zu sprechen, wies Everts zurück. Walter telefonierte selbst gerade und hatte den Raum verlassen, Tesch winkte ab. «Wenn es noch Gesprächsbedarf geben sollte, melden wir uns», sagte Everts und legte auf. Aber alle im Raum «Aachen» fanden, dass es den nicht mehr gab. Auch Carmen Everts, die geschwankt haben mochte, war durch Ypsilantis «Unverschämtheit» wieder ernüchtert worden.

Knapp vier Minuten hatte das Telefonat gedauert.

Danach, um 10.17 Uhr, rief Carmen Everts SPD-Generalsekretär Hubertus Heil an und sprach ihm auf die Mailbox. Sie versuchte es sofort noch einmal über die Zentrale des Parteivorstands, wo sie mitteilte, dass sie Heil wegen der bevorstehenden MP-Wahl in Hessen dringend sprechen müsse. Er wurde aus der Präsidiumssitzung geholt, und Everts teilte ihm mit, dass die Vier gerade Andrea Ypsilanti angekündigt hätten, sie nicht zu wählen. Und dass sie nicht anders handeln könnten, weil das nicht mit ihrem Gewissen zu vereinbaren wäre. Außerdem würde es Hessen schaden. Sie bat Heil, Franz Müntefering umgehend zu informieren. Der Generalsekretär machte keine Anstalten, sie umzustimmen.

Zu diesem Zeitpunkt verlief die Präsidiumssitzung in Berlin schon in nicht mehr ganz geordneten Bahnen, denn auch Andrea Ypsilanti hatte mit dem Parteivorsitzenden telefoniert. Sie sagte ihm, dass «die Aktion» gescheitert sei. Viele Worte wurden nicht gewechselt. Kurz darauf teilte Müntefering den Genossen mit: «Jetzt habe ich gerade von der Andrea erfahren, dass das mit Hessen nichts wird.» Wirklich überrascht war keiner, die große Überraschung in Berlin und Wiesbaden, die am nächsten Tag in allen Zeitungen ihren Niederschlag in Politikerzitaten fand, muss gespielt gewesen sein. «Legitimes Theater», wie der saarländische Ministerpräsident Peter Müller so etwas einmal in einem anderen Zusammenhang genannt hat.

Das war nicht nur allgemein so, weil die Berliner angesichts der Mehrheitsverhältnisse im Hessischen Landtag die Risiken von Anfang an anders eingeschätzt hatten als Ypsilanti – nämlich als unzumutbar hoch –, sondern auch konkret, weil schon etwa eine Viertelstunde vor Beginn der Sitzung, über einen Berliner Fernsehkorrespondenten, das Signal gekommen war, dass Ypsilantis zweiter Anlauf wohl ebenfalls scheitern werde. Schon mehr als eine halbe Stunde bevor Everts bei Ypsilanti anrief, hatte sich in Windeseile herumzusprechen begonnen, was bevorstand. Bökels Freundin war beim Hessischen Rundfunk für das Aktuelle zuständig. Dort und beim ZDF wussten die Journalisten schon zwischen neun und halb zehn in etwa, was kommen würde.

Nach dem Telefonat mit Heil verschickte Fornoff die Einladung zur Pressekonferenz per Mail an die Presse; kurz zuvor hatte Michael Metzger den Hessischen Rundfunk offiziell informiert. Der war, wie gesagt, schon im Bilde und hatte bereits die technischen Vorbereitungen für die Übertragung der Ministerpräsidentenwahl abgebrochen, was Kochs Sprecher Dirk Metz sofort aus dem Landtag erfuhr. Da war es kurz vor halb zehn. Koch soll es dann angeblich von Innenminister Bouffier erfahren haben. In Wirklichkeit wussten Koch und Metz vermutlich schon vorher Bescheid.

Bökel und Bouffier kannten einander seit Jahrzehnten, weil sie Ende der siebziger Jahre gleichzeitig Abgeordnete im Hessischen Landtag geworden waren. Ihre Wahlkreise in Wetzlar und Gießen grenzten aneinander. Beide waren Rechtsanwälte, und als Innenminister war Bouffier unmittelbarer Nachfolger von Bökel. Inzwischen brachten sie einander das besondere Verständnis entgegen, das Politiker mit Administrationserfahrung gewöhnlich über Parteigrenzen hinweg verbindet. Für Bökel war es nichts Besonderes, in seinem früheren Vorzimmer anzurufen, wo seine frühere Sekretärin, Frau Ziegler, den Hörer abhob. Wenn auch der Anlass ein spezieller war. Bouffier war da, Bökel wurde durchgestellt.

Er kam gleich zur Sache: «Volker, jetzt horch zu. Nebenan im Hotel Dorint machen vier Abgeordnete eine Pressekonferenz, frag jetzt bitte net viel, aber es könnte sinnvoll sein, Personenschutz zu haben.» Bökel meinte, durch das Telefon Bouffiers Zucken zu spüren. «Wir können heute Mittag telefonieren», sagte er, derzeit könne er über die Einzelheiten nicht sprechen. «Du kannst mal in deiner Pressestelle nachfragen, da kommt was oder ist schon gekommen.» Bouffier sagte: «Okay, hab's verstanden. Ich sorg dafür, dass dich Wagner* anruft. Ich ruf ihn an.» Der Chef des Personenschutzes hatte schon früher gelegentlich die kleine Truppe geleitet, die Bökel als Innenminis-

---

* Name geändert.

ter persönlich beschützt hatte, war oft mit ihm zusammen im Dienstwagen gefahren und auch bei ihm zu Hause gewesen. Worum es ging, sagte Bökel nicht, und Bouffier fragte nicht.

Wenig später verbreiteten dann die großen Nachrichtenagenturen die Meldung des Hessischen Rundfunks: «Ypsilanti hat keine Mehrheit für Regierungswechsel.» Angeblich wollten die Vier, deren Namen dabei bereits genannt wurden, ihren Austritt aus der SPD-Fraktion erklären. Die erste Eilmeldung lief um 10.31 Uhr über die Ticker.

Der Sturm brach los.

Carmen Everts ging durch den leeren Flur die paar Meter hinüber in den Saal, der für die Pressekonferenz vorbereitet worden war. Noch lag er still und menschenleer da.

Die nächsten Minuten wollten die Vier nutzen, um denjenigen Bescheid zu sagen, die persönlich von der Sache erfahren sollten – und nicht aus der Presse. Sie wussten nicht, dass sie damit schon jetzt einem Lauffeuer folgten. Everts versuchte als Erstes, ihren Landrat zu erreichen, konnte ihm aber nur eine Rückrufbitte auf der Mailbox hinterlassen; danach rief sie Hans Eichel an, den letzten Sozialdemokraten, der Hessen regiert hatte. Es war 10.33 Uhr. Das Gespräch war kurz. Anschließend, 10.39 Uhr, sprach Everts mit Marius Weiß, einem Abgeordnetenkollegen aus Idstein, von dem sie wusste, dass er zwei Tage zuvor auf dem Parteitag ebenfalls gegen Ypsilantis Koalitionsvertrag gestimmt hatte. Auch dieses Gespräch währte nicht lang. Walter telefonierte mit einem weiteren Kollegen, dem Frankfurter Michael Paris.

Als Everts um 10.45 Uhr ihren Stellvertreter im Kreisvorsitz erreichte, eröffnete der das Gespräch bereits mit der Frage, ob die Meldungen über die bevorstehende Pressekonferenz stimmten. Die Zeit für persönliche Exklusivmitteilungen war abgelaufen. Everts war baff. Sie hätte «ihre Leute», die Genossen im Partei-Unterbezirk Groß-Gerau, gern persönlich informiert und sagte: «Es tut mir leid.» Doch wegen ihrer tiefen Bedenken könne sie nicht anders. Dann sprach sie einem ihrer kommunalpolitischen Genossen auf die Mailbox; einen weiteren, der krank war, erreichte sie um 10.57 Uhr zu Hause. Um 11 Uhr rief der Landrat zurück. Die Gespräche waren kurz, beschränkten sich auf die Ankündigung sowie einige Erläuterungen, und nach Everts' Eindruck waren die Gesprächspartner schlicht sprachlos. Zwischendurch rief auch noch – zufällig gerade jetzt – eine alte Freundin an, die längere Zeit nichts von ihr gehört hatte. Everts sagte nur: «Es passiert gleich was. Mach dir keine Sorgen. Mir geht es gut. Ich hab meinen Seelenfrieden wiedergefunden.»

Silke Tesch hatte schon alle eingeweiht, bei denen sie das für nötig hielt: ihren Ehemann, ihren Vater, ihre Geschwister. Nun informierte sie zwei Landtagsabgeordnete, mit denen sie sich verbunden fühlte, per SMS: Uwe Frankenberger aus Kassel und Nancy Faeser aus Schwalbach. Mit Faeser war Tesch befreundet, beide gehörten zur zwanzig Köpfe starken «Aufwärts»-Gruppe in der Fraktion. Das war der Zusammenschluss der sogenannten Pragmatiker, den Tesch vor einigen Jahren gegründet hatte, um dem beherrschenden «linken Arbeitskreis» in der Fraktion etwas entgegenstellen zu können. Die linke Gruppe benannte sich daraufhin in «Vorwärts» um. Tesch gehörte zu den Sprechern der Aufwärts-Runde.

Die letzten Schritte eines weithin gemeinsamen politischen Weges war Faeser freilich nicht mitgegangen, und Tesch war klar, dass ihre Entscheidung auch Faesers Pläne und Hoffnungen durchkreuzen würde. Wie die vieler anderer. Nachdem Ypsilanti mit dem Wortbruch die Zustimmungswerte für die SPD in den Keller getrieben hatte, konnte kein Abgeordneter mit einer Rückkehr in den Landtag rechnen, wenn sein Name nicht auf den ersten etwa fünfundzwanzig Plätzen der Landesliste stand. Das betraf fast die halbe Fraktion und mehr Pragmatiker als Linke. Darin lag ein maßgeblicher Grund, wenn nicht der stärkste, für den hohen Anpassungsdruck der vergangenen Monate. Ypsilanti hatte die Fraktion praktisch als Geisel genommen – eine Haft, in die ein großer Teil der Abgeordneten sich allerdings freiwillig begeben hatte. Auf Ausscheren stand nun die Höchststrafe, der Verlust des Mandats, und deshalb waren auch Skeptiker nahezu verstummt. Nach außen musste der Eindruck entstehen, als gäbe es nur einige wenige Gemäßigte in der hessischen SPD und ihrer Landtagsfraktion.

Nancy Faeser brauchte sich auf dem elften Platz der Landesliste zwar grundsätzlich keine Sorgen über ihre Rückkehr in den Landtag zu machen, aber eigentlich hätte sie am nächsten Tag im Kabinett Andrea Ypsilantis Justizministerin werden sollen. Tesch wollte ihr die Demütigung ersparen, das am Telefon zu erfahren. «Vielleicht hätte sie geweint.»

Inzwischen war der Leiter der Sicherungsgruppe vom Innenministerium eingetroffen, und Everts wurden die Autoschlüssel abgenommen, ihr Cabrio wurde aus der Stadt gebracht. Ab Viertel nach elf gingen die Vier im Raum «Aachen» noch einmal die vorbereiteten Stellungnahmen durch; Dagmar Metzger hatte ihre gerade erst aufgesetzt. Sie wollten auf der Pressekonferenz nacheinander kurze Statements vorlesen und anschließend, am liebsten im Wechsel, die Fragen der Journalisten beantworten. Wieder sollte Everts vorangehen: Tesch wollte nicht, und Walter, dessen Glaubwürdigkeit einen Schwachpunkt bilden würde, durfte nicht am Ende sprechen. Er sollte, für ihn ungewohnt, eine eher zurückhaltende Rolle spielen. Das Schlusswort ergab sich also wie von selbst für Dagmar Metzger, und aus alldem auch die Reihenfolge.

Jetzt lasen sie einander ihre Texte vor, korrigierten noch die eine oder andere Passage. Teller mit Schnittchen wurden gebracht, nachdem Dagmar Metzger darauf hingewiesen hatte, dass so eine Pressekonferenz dauern könne. Aber keiner hatte

Appetit. Auf den Handys gingen unablässig Anrufe und Nachrichten ein, Bitten um Rücksprache, Zuspruch. Das alles erfuhren sie erst nachher, denn jetzt waren die Apparate praktisch blockiert. Sie schalteten die Notebooks ab. Von draußen hörten sie das Durcheinander zahlloser Stimmen, sahen durch die verhängten Fenster die Schatten der Leute und hin und wieder Kameras aufblitzen. Tesch bat die anderen, sie beim Gang durch den Flur in die Mitte zu nehmen, weil sie sich unsicher auf ihren Beinen fühlte. Sie schalteten die Handys ab und atmeten noch einmal tief durch. Sie umarmten einander, dann ging es hinaus ins Blitzlichtgewitter.

Bökels Tränen

Gerhard Bökel war an diesem Montag zu Hause in Braunfels geblieben. In seinem Wetzlarer Büro gab es keinen Fernseher, und Bökel wollte sich die Pressekonferenz der Vier nicht entgehen lassen. Das machten Hunderttausende so. Der Hessische Rundfunk erlebte den größten Tag seiner Geschichte, ein Hochgefühl, das im Sender noch Wochen anhalten sollte. An diesem 3. November erreichte der HR einen Marktanteil von beinah zwanzig Prozent, den «Brennpunkt» am Abend schauten sich fast vier Millionen Zuschauer an.

Aber Bökel, der zu der Handvoll Eingeweihter gehörte, sah das Geschehen natürlich mit anderen Augen. Als Erstes nahm er wahr, dass das Gedränge groß war und dass auch Demonstranten gekommen waren, die Plakate hochhielten. Er beobachtete erleichtert, wie die Vier «mit gerader Figur» die Menschenmenge durchquerten, weil die Polizisten von der Sicherungsgruppe ihnen den Weg frei machten. Bökel rechnete zu den wenigen Zuschauern, die alle vier Abgeordneten kannten, selbst der Fernsehkommentator wusste zu diesem Zeitpunkt nicht, welches der beiden unbekannten Gesichter Carmen Everts, welches Silke Tesch gehörte.

Außerdem lag es nahe, den Urheber der ganzen Veranstaltung in Walter zu vermuten. Von Anfang war er es gewesen, auf den sich die Spannung konzentriert hatte: Wird er für Ypsilanti stimmen? Wieder und wieder war er danach gefragt worden, wieder und wieder hatte er bejaht.

Auf dem Podium im Dorint hatten die Vier inzwischen nebeneinander Platz genommen, links außen Dagmar Metzger, neben ihr Walter, dann Tesch und Everts. Außen rechts saß Michael Metzger, der es übernommen hatte, die Pressekonferenz zu leiten. Es konnte jeden Augenblick losgehen, trotzdem zog sich der Beginn der Veranstaltung noch hin. Im Fernsehen wurde in diesen spannenden Minuten nahezu ausschließlich Walter gezeigt. Wie selbstverständlich ging die Regie davon aus, dass der stellvertretende Landesvorsitzende beginnen würde, doch dann erteilte der Moderator Carmen Everts das Wort.

Everts sagte: «Meine Damen und Herren! Wir, das sind die Abgeordneten Silke Tesch, Jürgen Walter und Carmen Everts, haben eine für uns persönlich außerordentlich schwere Entscheidung getroffen. Wir haben heute Vormittag die SPD-Landes- und Fraktionsvorsitzende Andrea Ypsilanti darüber informiert, dass wir die Bildung einer rotgrünen Minderheitsregierung mit den Stimmen der Linkspartei nicht mittragen können. Das bedeutet, dass wir bei der morgigen Wahl im Landtag nicht zustimmen. Wir erklären dies heute in aller Öffentlichkeit im Bewusstsein auch der Konsequenzen. Wir werden unser Landtagsmandat behalten und bieten unserer Fraktion auch weiterhin die Mitarbeit an.»

An dieser Stelle erhob sich unter den Linkspartei-Anhängern, die mit ihren Transparenten auf der linken Seite des Saales standen, demonstratives Gelächter. Offenbar bestand die

Absicht, die seit dem SPD-Tribunal gegen Dagmar Metzger in Hessen sattsam bekannten Formen der Auseinandersetzung auch in diese Pressekonferenz zu tragen. Die knapp hundert anwesenden Journalisten ließen sich aber davon nicht anstecken, und Everts behielt ihren ruhigen Ton bei. Vom ersten Augenblick an war es verblüffend, wie deutlich und professionell die Abgeordnete vortrug: als habe sie ihr Leben lang nichts anderes gemacht. In Wirklichkeit war das ihr erster zusammenhängender Auftritt im Fernsehen.

Everts fuhr fort, sie habe wie andere Landtagsabgeordnete in den vergangenen Monaten «einen unvorstellbaren Druck erlebt und einen großen Gewissenskonflikt» mit sich ausgetragen. Die letzten Tage hätten dann, mit Blick auf den nahenden Wahltermin, eine enorme Zuspitzung gebracht. «Meine tiefen Bedenken gegen eine Linkstolerierung habe ich von Anfang an in meiner Fraktion und Partei ausgesprochen, gerade auch weil ich mich in meiner Doktorarbeit mit dem Wesen des politischen Extremismus und mit der PDS auseinandergesetzt habe. Die Linke ist eine in Teilen linksextreme Partei. Sie hat ein gespaltenes bis ablehnendes Verhältnis zur parlamentarischen Demokratie und Rechtsstaatlichkeit und ein problematisches Gesellschafts- und Geschichtsverständnis. Und ihr Ziel ist es, der Sozialdemokratie zu schaden.» Zwischen diesen schwerwiegenden Bedenken und ihrer Loyalität zur Fraktion, ihrer Verbundenheit zur SPD fühle sie sich «zutiefst zerrissen». Ihr Schritt falle ihr «außerordentlich schwer», sie sei sich seiner Tragweite und der Belastung für ihre Partei bewusst. «Ich hatte für mich persönlich immer wieder auch die Hoffnung, ich fände für mich einen erträglichen Kompromiss und ich könnte meine Gewissensentscheidung in der Mehrheitsfindung der Gesamtpartei aufgehen lassen.» Doch in den letzten Tagen sei ihr bewusst geworden: «Ich muss dies alleine mit meinem Gewissen ausmachen.»

Everts forderte Respekt vor ihren Grundüberzeugungen, ihrem Verständnis von Demokratie und Verantwortung, verwies aber zugleich auf den Willen der Wähler, die die rot-rot-grüne Minderheitenregierung nicht gewählt hatten und zutiefst ablehnten. «Es geht um eine in der Mitte der Gesellschaft verankerte, selbstbewusste Sozialdemokratie, die sich von der Linkspartei deutlich abgrenzt. Und es geht in allererster Linie auch um die Zukunft dieses Landes.» Der Auftrag ihrer Wähler sei die Ablösung der Regierung Koch und eine andere sozialdemokratische Politik für Hessen – «aber nicht um den Preis der Beteiligung der Linkspartei, nicht um den Preis meiner persönlichen Integrität und Grundwerte und nicht um den Preis der Wahrhaftigkeit in der Politik». All das trug sie in einer würdevollen, kontrollierten Haltung vor, zuletzt mit sichtlicher Bewegung. Sie schloss mit dem einfachen Satz: «Ich kann das nicht.»

Bökel, in Braunfels vor dem Bildschirm, bekam feuchte Augen. Im Dorint spürte Carmen Everts, deren Adrenalin-Pegel sein Allzeithoch erklommen hatte, dass ihr Körper heftig zu zittern begann. Sie stützte die Ellenbogen auf den Tisch und faltete die Hände fest vor dem Mund, um den Gefühlsansturm in den Griff zu bekommen. Wer sie nicht kannte, sah nur eine strenge oder jedenfalls äußerst beherrschte Frau.

Statements Tesch, Walter, Metzger

«Wir machen weiter mit Silke Tesch», sagte der Moderator. Die Kameras schwenkten auf sie, und Tesch begann sofort, ihr Statement vorzulesen, doch das Mikrophon war noch nicht eingeschaltet. Sie bemerkte das ein wenig zu spät. Sie reagierte mit einem offenen Lächeln und nahm dabei Kontakt zu den Zuhörern auf: fast wie ein Schulkind, das lacht, wenn etwas schiefgeht. Dieser Augenblick öffnete ein Fenster auf ihr Wesen, aber er dauerte nicht einmal eine Sekunde. Das freundliche Lächeln war ihr herausgerutscht, sie vertrieb es gleich wieder aus ihren Zügen und schaute so mürrisch drein wie zuvor.

Den Vieren war der Ernst der Situation bewusst, sie wollten auf jeden Fall Bilder vermeiden, die sie lachend hätten zeigen können. Von vielen in der SPD wäre das als zusätzliche Provokation aufgefasst worden; folglich sieht man auf nahezu allen Fotos, die im Zusammenhang der Pressekonferenz aufgenommen wurden, die Vier mit ernsten, fast finsteren Mienen.

Tesch sprach mit einer dunkleren Stimme, in einer dunkleren Mundart als Carmen Everts: dem vom Hinterländer Platt grundierten Sang ihrer mittelhessischen Heimat, durch den wie von fern noch rundes Altdeutsch klingt. Die Ortsdialekte in dieser Hügellandschaft sind so eng verwandt und dabei so vielfältig wie Galapagos-Finken, aber gemeinsam ist ihnen das verschlossene «r», bei dem die Zungenspitze hinter den Zähnen rückwärtsgerollt wird.

Silke Tesch trug ihr Statement zügiger als Everts vor, wirkte aber verschlossener und klebte stärker am Blatt. Meist sah sie nur am Ende des Satzes kurz auf. Sie sagte: «Ich habe mich in den letzten Wochen in einem extremen Gewissenskonflikt befunden. Auf der einen Seite stand die Ohnmacht und auf der anderen Seite der Wille, meinen Überzeugungen treu zu bleiben. Die Situation hat mich zunehmend psychisch und physisch stark belastet und sich bis zum Wochenende zugespitzt. Das gebrochene Wahlversprechen und das Zusammengehen mit der Linken alleine wäre schon Grund genug gewesen, diese Regierung so nicht mit zu tragen und sich neben Dagmar Metzger zu stellen. Ich bedaure, dass ich damals nicht schon so mutig war.» Dann beklagte sie sich über den «Umgang in Fraktion und Partei in den vergangenen Wochen und Monaten». Sie habe regelmäßig öffentlich und intern ihre «Bedenken und Zweifel geäußert und die Sorge der Mitglieder und der Bevölkerung dargestellt», doch diese Bedenken seien von der Fraktionsführung «ignoriert und ausgeblendet» worden. Sie habe auch «mehrfach darauf hingewiesen, dass es in meinem Wahlkreis rumort». Sie habe mit Parteiaustritten zu kämpfen gehabt und wiederholt Genossen, die kurz davor standen, die Partei zu verlassen, «in vielen mühevollen Gesprächen gebeten, an Bord zu bleiben und den Andersdenkenden nicht das Feld zu überlassen». Zuletzt habe sie sich vor der Wahl gesehen, «das Abdriften der Hessen-SPD an den äußersten linken Rand zu akzeptieren, eine schädliche Wirtschaftspolitik in schwierigen Zeiten zu unterstützen oder meine Überzeugungen und mein demokratisches Selbstverständnis zu behalten».

Weiter berichtete Tesch, dass sie dem Koalitionsvertrag am Samstag nicht zustimmen konnte, «da ich ihn in großen Teilen als eine Belastung für Hessen sehe». Außerdem habe sich bei ihr der Eindruck verstärkt, «dass die Wahrnehmung der SPD-Fraktion zunehmend konträr zu dem war, was die Menschen in Hessen und gerade in meinem Wahlkreis denken und empfinden. Mehrfach wurde ich darauf angesprochen, dass auch ich mein Wort brechen würde, wenn ich diese Regierung unterstütze.» Noch bis gestern hätten sie «unzählige Aufforderungen aus der Partei und der Bevölkerung» erreicht, diesen Weg zu verhindern: «Meinem Gewissen und diesen Menschen fühle ich mich verpflichtet.» Darum habe sie sich letztlich für ihre Überzeugung und die Glaubwürdigkeit in der Politik entschieden. «Eine negative geheime Abstimmung kam für mich nie in Frage. Ich bin nicht jemand, der verdeckt agiert und andere ins offene Messer laufen lässt. Ich muss heute diesen Weg gehen.»

Durch diesen kleinen Vortrag von nicht einmal drei Minuten

Dauer löste sich für viele Zuschauer ein Rätsel. Es verbindet sich mit dem Satz, mit dem der SPD-Bundesvorsitzende Kurt Beck im März 2008 auf die Frage geantwortet hatte, ob Andrea Ypsilanti einen weiteren Versuch unternehmen werde, sich von der Linkspartei zur Ministerpräsidentin wählen zu lassen: Die SPD werde nicht «zwei Mal mit dem gleichen Kopf gegen die gleiche Wand rennen». Das klang einleuchtend. Wieso hatte sie es also trotzdem getan? Und warum war die Partei Ypsilanti auf ihrer Flucht nach vorn, Richtung Abgrund, geradezu begeistert gefolgt? Auf diese Frage hatte Silke Tesch jetzt eine Antwort gegeben, die das Bild der Partei in der Öffentlichkeit mit einem Schlag veränderte: dass Kritiker in der Partei mundtot gemacht, überwältigt worden waren.

Ihr Vater hatte den Auftritt ebenfalls am Bildschirm verfolgt. Seine Tochter erschien ihm verkrampft wie noch nie, unheimlich angespannt. Sorgen machte er sich deswegen nicht. Er wusste, dass sie schon Schlimmeres durchgestanden hatte.

Jürgen Walter machte es noch eine halbe Minute kürzer: «Meine sehr verehrten Damen und Herren, ich habe seit Februar immer wieder den Kurs der hessischen SPD kritisiert. Parallel dazu aber auch immer wieder versucht, konstruktiv mitzuarbeiten. Deshalb wurde ich oft als wankelmütig und als inkonsequent kritisiert.» Um nach einer winzigen Pause fortzufahren: «Zu Recht.»

Mit diesem rhetorischen Kunstgriff signalisierte Walter von Anfang an, dass er die Kritik ernst nahm. Es war ein Versuch, noch einmal Verständnis bei denjenigen seiner früheren Anhänger in der hessischen SPD zu finden, die sich im Laufe des vergangenen Jahres von ihm abgewandt hatten. «Ich war in der Tat in den letzten acht Monaten permanent hin und her gerissen zwischen der Loyalität zu meiner Partei und meinen Freunden in dieser Partei auf der einen Seite», fuhr der frühere Fraktionsvorsitzende fort, «und meiner tiefen Überzeugung, dass eine von den Linken tolerierte Minderheitsregierung dem Land Hessen, aber auch meiner Partei schaden würde. Ich weiß, dass diese innere Zerrissenheit mein Bild in der Öffentlichkeit bestimmt hat.» Diese Monate – vor allem die letzten Tage – seien deshalb die mit Abstand schwierigsten seines bisherigen politischen Lebens gewesen. Wie Tesch bekannte auch Walter: «Es war ein großer Fehler, dass ich mich nicht bereits im März neben Dagmar Metzger gestellt und sie unterstützt habe.» Hätte er es allerdings getan, dann hätte man ihm unterstellt, «dass ich das nur tun würde, um Andrea Ypsilanti zu schaden, weil ich doch bei der Spitzenkandidatur gegen sie verloren habe». Dieses Wissen habe ihn gehemmt. Und weiter: «Heute stehe ich am Ende dieses langen und unglaublich schwierigen Abwägungsprozesses. Am Samstag habe ich auf unserem Parteitag deutlich gemacht, dass ich nicht nur Sorge vor dem Einfluss der Linkspartei habe, sondern dass ich durch die rot-rot-grüne Regierungspolitik Zehntausende Arbeitsplätze in unserem Land gefährdet sehe. Und ich habe auch deutlich gemacht, dass diese Stromlinienförmigkeit der hessischen SPD nicht der Tradition unserer Partei entspricht. Hinzu kam, dass mich der Mut von Carmen Everts und Silke Tesch bei meiner Entscheidung bestärkt hat: Ich kann diesen Weg meiner Partei hier in Hessen nicht mitgehen. Ich kann aber sagen, dass ich heute vollständig mit mir im Reinen bin. Ich weiß, was meine Entscheidung bedeutet – aber ich kann dieser Regierung meine Zustimmung nicht geben.»

Walter war sichtlich mit Fernsehauftritten vertraut. Er hatte gelernt, selbst dann den Eindruck freier Rede zu erwecken, wenn er vom Blatt vortrug: indem er Pausen machte, immer nur kurz auf das Manuskript sah, beim Sprechen den Kopf mal zur einen, mal zur anderen Seite wandte und seinen Zuhörern in die Augen schaute. Als er sagte, dass es ein Fehler gewesen sei, Dagmar Metzger nicht gleich beigesprungen zu sein, drehte er sich ganz nach rechts zu ihr um, so, als würde er diese Botschaft in diesem Moment wirklich ihr übermitteln, und nicht anders hielt er es, als er den Mut von Everts und Tesch beschwor. Man kann auch am Aufbau und an der Art, wie das Manuskript umbrochen wurde, erkennen, dass ein Profi es auf Vortrag getrimmt hat. Doch Walter selbst wirkte müde, abgekämpft, ja wie von Gleichgültigkeit verschleiert.

Dagmar Metzger, die als Letzte das Wort ergriff, hatte mit anderen Schwierigkeiten zu tun als ihre drei Mitstreiter: Sie durfte es sich vor allem nicht anmerken lassen, wie aufgeräumt und erleichtert sie war. Ihre Botschaft war wiederum eine halbe Minute kürzer als die Walters, und sie trug sie so gelassen vor wie ein Samurai, der mit dem Langschwert einen Block Tofu teilt. Metzger sagte, dass sie über die Entscheidung der drei anderen «sehr froh» sei und sich dadurch in ihrem Entschluss vom März bestätigt sehe, die Regierungsbildung mit Hilfe der Linkspartei «zu verhindern». In ihrem Manuskript stand dieses Wort nicht. Dort hieß es noch: «die Zustimmung zu verweigern». Es ging ihr also um mehr, als die eigenen Hände in Unschuld zu waschen, und das hatten die drei anderen ermöglicht. Metzger sagte, deren Entscheidung belege, «dass die Zweifel und Bedenken hinsichtlich einer solchen Regierungsbildung, die ich damals öffentlich und in den vergangenen Wochen und Monaten immer wieder geäußert habe, eben doch von sehr viel mehr Menschen in der SPD geteilt werden, als dies die Partei- und Fraktionsführung zur Kenntnis nehmen wollte». Sie sei aber auch sehr froh darüber, dass Carmen Everts, Silke Tesch und Jürgen Walter «denselben Weg gehen wie ich, also öffentlich und mit der Bereitschaft, alle Konsequenzen zu tragen – und nicht heimlich in der Wahlkabine. Niemand weiß besser als ich, wie viel Mut hierzu gehört. Aber wir leben in einer Demokratie mit einem freien Abgeordnetenmandat. Dazu gehört, dass diejenigen, die unsere Auffassung und Entscheidung nicht teilen können, sie doch respektieren sollten.»

Nach einer Pause fuhr Metzger fort: «Natürlich stehen wir in der hessischen SPD jetzt vor einem schwierigen Weg.» Nun hätte, laut Manuskript, der Satz folgen sollen: «Aber den haben nicht wir zu verantworten.» Doch diesen Satz ließ sie spontan aus. Vielleicht unbewusst. Der Satz blieb jedenfalls ungesagt. Er hätte trotzig geklungen und auch ein bisschen so, als wollte sie sich aus der Verantwortung stehlen. Stattdessen schloss sie: «Wir haben eine verantwortungsvolle und dem Willen des überwiegenden Teils der Bürgerinnen und Bürger Hessens dienende Entscheidung getroffen, davon bin ich fest überzeugt. Verantwortlich sind jetzt die Teile von Fraktion und Parteiführung, die sich entschlossen haben, das zentrale Wahlversprechen unserer Partei zu brechen. Außerdem ist es ihnen nicht gelungen, die Öffentlichkeit und uns als den wirtschaftspolitisch orientierten Teil der Fraktion von der Notwendigkeit und Richtigkeit dieses Kurses zu überzeugen. Deshalb müssen wir so handeln.» Peng! Metzgers Presseerklärungen endeten immer mit diesem kurzen, trockenen Knall.

Carmen Everts' große Stunde

Obwohl viele Menschen, ja vermutlich sogar die Mehrheit der Journalisten im Saal «Genf» die Entscheidung der vier Abgeordneten aus vollem Herzen begrüßten, war ihr erster gemeinsamer Auftritt doch alles andere als ein Hochfest des Heldentums. Im Gegenteil: Über allem lag eine verhangene, trübe Stimmung. Die Vier wirkten bedrückt, wer wollte, konnte aus ihren Mienen und Gesten auch Schuldbewusstsein herauslesen, Verräter in ihnen sehen, die ein Geständnis ablegten.

Sie standen unter starkem Stress. Obendrein waren sie,

außer Walter, nicht an öffentliche Auftritte dieser Größenordnung gewöhnt. Folglich bedeutete die Pressekonferenz eine gewaltige Herausforderung für sie. Sie war sozusagen der eine und einzige Schuss, den sie hatten: die erste und letzte Chance, sich noch einmal im selbstgewählten Zusammenhang Gehör zu verschaffen, bevor das Hauen und Stechen begann. Deshalb die Anspannung und Selbstkontrolle; dazu kamen persönliche Ungewissheit und, nach schlaflosen Nächten, auch erhebliche Erschöpfung. Außerdem durften die Vier durch keine Äußerung oder Geste den Eindruck erwecken, sie hätten es sich mit ihrer Entscheidung leicht gemacht. Es war ohnehin nicht schwer, sie ins Zwielicht zu ziehen.

Zwischen der Einladung zur Pressekonferenz und ihrem Beginn waren gut anderthalb Stunden vergangen, Zeit genug, um den Hexenkessel zu heizen. Die SPD-Führung um Andrea Ypsilanti hatte ihre Deutungen schon in die Welt gesetzt. So nahmen die Journalisten im Dorint an, dass die SPD-Vorsitzende nicht informiert worden sei – deshalb kam das in der Frageunde gleich noch einmal auf den Tisch, obwohl Everts es schon richtiggestellt hatte. Schwerer wog, dass ein Teil der Journalisten erwartete, die vier Abgeordneten würden ihren Austritt aus der Fraktion und Partei ankündigen. Oder heimlich planen. Angeblich wollten sie nämlich die Regierung Koch stützen und später womöglich gar in die CDU übertreten; so hätte Koch, toleriert von den Vieren, mit der FDP eine Minderheitsregierung bilden können. Dahinter stand der von Ypsilanti ausgesprochene Verdacht, die Abgeordneten seien gekauft worden, mit Geld oder Mandaten. Inzwischen war auch schon von anderen hochdotierten Posten die Rede.

Als pragmatische Wirtschaftspolitiker waren die Vier dem linken SPD-Flügel ohnehin nie ganz geheuer gewesen. Wer sich mit Gewerbeansiedlung oder Handwerksordnungen beschäftigte statt mit Unrecht und Umwelt, hatte vielleicht noch ganz andere Motive – warum sonst tat er das? In der innerparteilichen Auseinandersetzung der vergangenen Jahre, vor allem beim Kampf zwischen Ypsilanti und Walter um die Spitzenkandidatur 2006, war ein Teil der Linken dazu übergegangen, sozialdemokratische Wirtschaftspolitiker als «neoliberal» abzuqualifizieren. Und Walter hatte auch noch die ehemalige CDU-Sprecherin geheiratet. Manchen erschien es da folgerichtig, dass der stellvertretende SPD-Vorsitzende nun gleich ganz die Partei wechseln würde.

Der Propagandakrieg war schon in vollem Gange. Deshalb mussten die vier Abgeordneten sich in der zweiten Runde, nach ihren Statements, zunächst mit Fragen auseinandersetzen, die auf solche Machenschaften zielten. Sie antworteten abwechselnd. Schnell wurde deutlich, dass sie auf die Bildung einer großen Koalition hofften. Walters Satz, dass jetzt alle Parteien im Hessischen Landtag noch einmal Gelegenheit hätten, miteinander über die Bildung einer neuen Regierung ohne Beteiligung der Linkspartei zu sprechen, ließ freilich auch andere Optionen offen. Aber nicht die eines politischen Seitenwechsels.

Im Gegenteil, die Abgeordneten bekundeten ihre Hoffnung, weiter in der Fraktion mitarbeiten zu können. «Wir wollen mit unseren weiteren Fraktionskollegen sprechen, ob es Wege gibt, eine bürgerliche Mitte ohne Roland Koch zu finden», sagte etwa Dagmar Metzger. Walter äußerte dieselbe Hoffnung, war aber weniger optimistisch. «Von selbst» werde er die Partei nicht verlassen, sagte er. Aber an Ämtern und Posten hänge er nicht.

Der Schwachpunkt war die späte Entscheidung. Warum waren sie einen Weg so lange mitgegangen, um dann im allerletzten Moment umzuschwenken? Hatten sie Ypsilanti nicht ins offene Messer laufen lassen? Ging es ihnen in

Wahrheit nicht um ihren Sturz? Warum zum Beispiel hatten sie – mit Ausnahme Dagmar Metzgers – bei der Generalprobe in der Fraktion am 30. September zugestimmt? Silke Tesch antwortete als Erste mit dem Satz: «Ich habe bei der Probeabstimmung in der Fraktion mit Ja votiert. Ich glaube, das dokumentiert auch so ein bisschen die Zerrissenheit, in der ich mich befunden habe.» Sie wollte das erläutern, doch das Hohngelächter, in das die linken Demonstranten ausbrachen, brachte sie davon ab. Tesch meinte, auch Journalisten hätten sich daran beteiligt. Sie wurde wütend. Das war äußerlich nicht zu erkennen, aber es verhärtete sie und machte sie kurz angebunden. Wegen der neuen Prothese von Schmerzen geplagt und unsicher auf den Beinen, hatte sie sich schon beim Gang in den Saal durch das dichte Spalier der Demonstranten bedrängt gefühlt, und nun verstärkte sich ihr Empfinden, einer feindlich gestimmten Menge gegenüberzustehen.

Everts dagegen hatte während der Konferenz wiederholt wahrgenommen, dass Journalisten ihr aufmunternd zunickten. Sie sind auch Wähler und Bürger, und der dramatische Machtkampf in Hessen hatte niemanden kaltgelassen. Weil Everts beim Sprechen immer wieder Blickkontakt aufgenommen hatte, erlebte sie die Pressekonferenz als echte Chance, um Verständnis zu werben. Tesch dagegen war durch das Gelächter aus der Bahn geworfen worden; sie hatte zu einer ehrlichen Antwort angesetzt, vergaß aber beim Weiterreden sogar den unmittelbaren Bezug der Frage zum 30. September. So geschah es, dass in dieser kritischen Situation keiner der Vier den ausdrücklichen Vorbehalt erwähnte, den Everts bei der Probeabstimmung in der Fraktion gemacht hatte: Sie werde, hatte sie gesagt, ihr Abstimmungsverhalten im Landtag nicht von Sandkastenspielen, sondern vom Fortgang der Ereignisse abhängig machen. Auch Tesch hatte sich so geäußert und es so gemeint. Das im Dorint nicht noch einmal wiederholt zu haben, bewerteten die Vier im Nachhinein als ärgerliches Versäumnis. Sonst aber, meinten sie, hätten sie alles untergebracht, was ihnen wichtig war.

Es war Everts nämlich gelungen, die Scharte, die durch Silke Teschs Antwort entstanden war, sogleich wieder auszuwetzen. Eine ungeahnte Wachheit und Präsenz hatte sie erfasst; von diesem Augenblick an, der wohl über den weiteren Verlauf der Veranstaltung entschieden hatte, erlebte sie die Pressekonferenz wie ein Tennismatch – und jagte den Fragen nach wie Bällen, die sie begeistert zurückschlug. Sie sprach die Journalisten direkt und offen an: «Ich weiß nicht, ob Sie sich annähernd vorstellen können, was für einen Druck und was für eine Angst man in diesen Wochen und Monaten durchgemacht hat, das Falsche zu tun: die Auswirkungen einer solchen Entscheidung. Ich bin zwanzig Jahre in dieser Partei, Kreisvorsitzende, im Ortsverein noch Schriftführerin. Ich engagiere mich für und in dieser Sozialdemokratie. Und ich hab gelernt, dass man politische Willensbildung in der Partei organisiert und diese dann akzeptiert.» Sie habe gehofft und auch versucht, «mein eigenes Gewissen einer Mehrheitsfindung unterzuordnen. Und ich war am 30. 9. auch immer noch an dem Punkt zu sagen: Du schaffst das.»

Everts sprach eindringlich und mit großer Überzeugungskraft. Begünstigt wurde sie dabei durch ihre angenehm reine Stimme. Oft sah sie beim Sprechen nach oben, sichtlich um Sammlung bemüht. Sie beschwor offenbar die Ereignisse und Konflikte, über die sie sprach, vor ihrem inneren Auge, wandte sich dann an die Zuhörer und stellte dadurch eine Beziehung her. So konnte sie das Bild mit Leben füllen, das Tesch zuvor gezeichnet hatte, die Bedeutung der herannahenden Landtagsabstimmung, das Bild der Wahlkabine: «Wenn man das Bild dieser Wahlkabine vor Augen hat – und das ist mir in den letzten Tagen, in Nächten vor Augen gekommen –, dieses Bild: Du gehst da rein und musst deine Stimme abgeben für etwas, das du für zutiefst falsch hältst.» Und dann folgte, der Vergegenwärtigung dieses inneren Kampfs abgerungen wie ein Entschluss, der Satz: «Du gehst mit Rückgrat in die Wahlkabine und kommst ohne Rückgrat wieder raus.»

Er wurde an diesem Tag und den folgenden Tagen hundertfach gedruckt und gesendet. Mit Rückgrat hinein, ohne Rückgrat hinaus: Gibt es jemanden, der da nicht mitfühlen kann? Der die vielen Gründe nicht kennt, sich vor so einer Entscheidung zu drücken? Und die vielen Mittel, das zu verbergen? Der Mensch hat nun einmal kein Exoskelett, keinen Panzer wie Käfer; sein Rückgrat liegt innen. Ob es wirklich um das Rückgrat geht oder nur darum, dass einer seinen Willen nicht kriegt, ist von außen schwer zu beurteilen, und doch gibt es wohl niemanden, der nicht wüsste, was es bedeutet, gegen sein Rückgrat entschieden zu haben – oder dafür. Und fast jeder versteht, wie quälend und langwierig so ein Konflikt sein kann.

Das war mehr als Politik. Everts' Satz brachte etwas allgemein Menschliches auf den Punkt, etwas, das jeden beschäftigt und für das es keine einfachen Lösungen gibt. Vielleicht sogar eine Sehnsucht. In Abertausenden Mails und Briefen kam das anschließend zum Ausdruck.

Es gehört zu den Sternstunden eines Politikers, wenn ihm eine solche Formulierung glückt, ein Satz, der Empfindungen bündelt. Man kann versuchen, das zu planen, und interessanterweise hat sich in der hessischen SPD niemand intensiver als Ypsilantis Truppe damit beschäftigt, Stimmungen mit Symbolen und Sätzen zu synchronisieren. Und war dabei sehr erfolgreich. So gut, wie man es planen kann, kann es aber auch schiefgehen.

Dass Everts ihren Satz vor Zeugen und Kameras nachgerade

errungen zu haben schien, verlieh ihm seine besondere Glaubwürdigkeit.

Metzger hatte das schon hinter sich, darum konnte sie nicht viel zu den Entscheidungsgründen der anderen sagen. Walter wiederum kriegte die Kurve nicht. Er wirkte, rein äußerlich, mitunter fast wie ein gekränkter, verstockter Junge. Ihn wehte etwas an, was nur, woher? Er argumentierte, wenn er es tat, sicher, klar und knapp, schien aber ohne Spannkraft, ohne Energie. Auf die Frage, ob er eigentlich noch «politikfähig» sei, wenn er acht Monate für eine solche Entscheidung brauche, antwortete er kurz angebunden: «Ihre Frage ist völlig berechtigt. Wir haben ja dargelegt, dass sie zu lange gedauert hat, unsere Entscheidung. Aber wir können Ihnen nichts anderes sagen als das, was wir gesagt haben.» Durch die Art, wie es herauskam, wirkte das wie Goethes Götz-Zitat.

Doch wieder registrierte Everts die Schwäche; sofort griff sie den Ball auf. Sie nannte Max Webers Stichwort «Verantwortungsethik» und erklärte: «Kann ich das mit meinem Gewissen und mit meiner Verantwortung gegenüber diesem Land mittragen oder nicht? Das ist eine Frage, die entscheidet man nicht eben so. Das ist eine Frage, die quält einen. Sie können sagen, dass diese Entscheidung zu spät gefallen ist. Aber ich glaube: besser spät als nie.» So zog sie Silke Tesch mit, die mit den Worten nachsetzte: «Ich möchte Ihnen sagen, dass ich eine hartnäckige Frau bin. Und dass ich permanent Kritik geübt habe. Und ich hab auch nicht nachgelassen in meiner Kritik. Aber ich habe mich zunehmend nicht als Kritikerin, sondern als Störerin empfunden.» Nach solchen Diskussionen sei Andrea Ypsilanti dann immer an die Öffentlichkeit gegangen und habe gesagt, alle Irritationen seien ausgeräumt. «Die Kritik ist an ihr abgeprallt.»

Wiederholt sprachen die drei jetzt von ihrer «Zerrissenheit», aber nur Everts fand solche schlichten, überzeugungskräftigen Sätze wie: «Einige haben den Mut früher, wie Frau Metzger, andere haben ihn später. Aber wichtig ist, glaube ich, dass man seinem Gewissen treu bleibt.» Ihr waren in dieser Stunde Flügel gewachsen, und es gelang ihr, die anderen mitzureißen sowie einen beträchtlichen Teil der Journalisten von ihrer Wahrhaftigkeit zu überzeugen.

Die Abgeordneten auf dem Podium hatten sich inzwischen zusehends entspannt, das Verdruckste war von ihnen abgefallen. Die Veranstaltung hörte auf, einem Tribunal zu gleichen, man spürte, dass die Vier sich lockerten und es genossen, ihren Standpunkt ungehindert darlegen zu können. Immer wieder griffen sie jetzt zum Mikrophon, um noch etwas hinzuzufügen, wie es zunächst allein Everts getan hatte. Und schafften es trotzdem, sich kurz zu fassen. Ein gelungener Auftritt, oberhalb des üblichen Niveaus von Landespolitik. Eher Bundesliga.

Und das bei Leuten, von denen außerhalb Hessens noch niemand und von denen selbst im Land nur wenige je gehört hatten! Everts und Metzger waren Parlamentsneulinge, Tesch hatte gerade mal eine Wahlperiode im Landtag verbracht. Der einzige Berufspolitiker war Walter, allerdings war gerade dessen Auftritt irgendwie flau. Everts hingegen hatte sich glänzend geschlagen. Zu Beginn der Pressekonferenz hatten sich alle Augen auf Walter gerichtet, weil man in ihm die Führungsfigur des kleinen Kreises vermutete; nun war dieser Eindruck wie weggewischt, und es schien wahrscheinlicher, dass Carmen Everts eine solche Rolle gespielt hatte. Sie war klug und schön. Erstaunt fragte man sich, warum man noch nie von dieser Politikerin gehörte hatte. Wer wusste schon, dass sie im letzten Jahr weit mehr Gewicht verloren hatte, als die meisten Frauen überhaupt auf die Waage bringen.

ZWEI Die wahre Stimmung

Sauerscharfsuppe

Wer seinen Willen nicht bekommt, gerät in Wut. Das ist nicht nur bei kleinen Kindern so. Doch man lernt seinen Zorn zu zügeln, denn wenn man ihm freien Lauf lässt, schadet man sich oft selbst. Anfangs ist es meist nicht Einsicht, man findet sich ab, weil man muss. Der Wille folgt den Verhältnissen. Wenn wenige verhindern, dass viele ihren Willen bekommen, liegen die Dinge allerdings etwas anders. Jedenfalls, wenn sie nicht die Mächtigen sind.

Die Vier hatten nicht nur die Pläne von Grünen und Linkspartei durchkreuzt sowie verhindert, dass Andrea Ypsilanti und ihr Stab ihren Willen bekamen. Sie hatten sich gegen eine ganze Partei gestellt. Auf dem Parteitag zwei Tage zuvor war von mehr als 95 Prozent der Delegierten beschlossen worden, dass Ypsilanti im Landtag zur Wahl antreten sollte; nur acht Delegierte, darunter Walter und Metzger, hatten dagegen gestimmt, weitere acht Enthaltung geübt. Everts und Tesch hatten an der Abstimmung nicht teilgenommen, weil die Rednerliste überraschend geschlossen worden war.

Damals stand der Wahltermin im Landtag schon fest. Von

Andrea Ypsilanti war im SPD-Landesvorstand die Frage aufgeworfen worden, ob die Terminfolge nicht als fehlender Respekt vor der Partei gedeutet werden könnte; selbst Jürgen Walter aber fand, dass man, wenn man diesen Weg schon gehen wollte, möglichst wenig Zeit zwischen Parteitag und Abstimmung im Landtag verstreichen lassen durfte, damit nicht abermals Unruhe aufkommen könne. Deshalb waren beide Termine, der Parteitag am 1. November und die Ministerpräsidentenwahl am 4. November, gleichzeitig festgelegt worden. Und der Parteitag musste ja nicht zustimmen: Dann wäre der Landtagstermin eben gestrichen worden. Ohnehin reine Fiktion.

Die Partei hatte Ypsilanti nun wahrlich nicht die Gefolgschaft verweigert. 341 Delegierte hatten eine Regierungsbildung mit Hilfe der Linkspartei gutgeheißen. Die mussten nun zusehen, wie gerade einmal vier Personen verhinderten, dass die große Mehrheit ihren Willen bekam. Wie der südhessische SPD-Vorsitzende Gernot Grumbach sagte: «Die Minderheit hat die Mehrheit gezwungen.» Und viele empfanden das als Verhöhnung. Was war das Mehrheitsprinzip, dem auch die demokratische Willensbildung in den Parteien unterliegt, unter solchen Umständen noch wert? Wie die Demokratie insgesamt muss auch eine Partei erwarten können, dass sich Minderheiten mit Niederlagen abfinden.

Parteien sind darauf sogar in besonderem Maße angewiesen. Sie brauchen den Zusammenhalt, um sich durchzusetzen – gegen andere Parteien, die dasselbe wollen. Wer diese Geschlossenheit aufbricht, schadet seiner Partei. Er kämpft gegen die eigenen Leute statt gegen die anderen. So ein Verhalten ist verwerflich. Und damit fallen die Fesseln der Wut bei denen, die ihren Willen nicht bekommen. In diesem Fall: eine sozialdemokratische Ministerpräsidentin. Den Sturz Roland Kochs. Den seit zehn Jahren heißersehnten Machtwechsel in Hessen. Und alles, was daran hing: an Geld, an Posten, an Plänen.

Die Fesseln der Wut sind aber auch die Fesseln der Barbarei. Im Zorn ist plötzlich alles erlaubt. Hat die Empörung ihre volle Hitze erreicht, braucht sie keinen Brennstoff mehr. Dann brennt sogar die Luft. Die Wut genügt sich selbst und wischt alles andere beiseite. Als Erstes muss die Wahrheit dran glauben.

Einen Vorgeschmack gab schon die Meldung in der ZDF-Sendung «heute mittag» vor Beginn der Pressekonferenz. Angekündigt wurde der «Austritt» der Vier. Dann berichtete die aufgeregte Wiesbadener Landeskorrespondentin Anne Reidt: «Andrea Ypsilanti erlebt hier heute ihren ganz persönlichen Polit-GAU», und fuhr buchstäblich kopfschüttelnd fort: «Die haben ihr das noch nicht mal persönlich mitgeteilt, sondern Andrea Ypsilanti hat das aus dem Internet erfahren. Sie ist geschockt, sie ist überfahren worden von dieser Nachricht, weil die Vier ja nun auch noch die Fraktion verlassen. Das heißt: Ministerpräsidentin ade.» In dieser dreifachen Falschmeldung war schon die ganze Sauerscharfsuppe enthalten – man brauchte nur noch heißes Wasser zuzugeben.

In der hessischen SPD wurde diese Suppe jetzt aufgebrüht. Heiße Wut gab es ja reichlich, und Verschwörungsphantasien brachten zusätzliche Schärfe in das Gebräu. Bevor der geschäftsführende Landesvorstand der SPD im Landtag zusammentrat, gab Generalsekretär Norbert Schmitt eine Erklärung ab: Die Vier hätten nicht nur «gegen die Grundprinzipien der SPD verstoßen», sondern darüber hinaus gegen das Gebot der «menschlichen Fairness» und insgesamt «gegen die Demokratie». Das Wahlergebnis vom vergangenen Januar solle «umgedeutet werden». Anschließend beschloss der Landesvorstand, die Abgeordneten zur Aufgabe ihres Mandats aufzufordern.

Nach außen bemühte Andrea Ypsilanti sich um Zurückhaltung. Für sie und die Parteiführung kamen die aktuellen Ereignisse ja einem Déjà-vu gleich. Bei Dagmar Metzger hatte man im März sofort kräftig draufgeschlagen: Hermann Scheer beispielsweise forderte damals umgehend, Metzger aus der Partei auszuschließen; in der Fraktion war sie in der Luft zerrissen worden; und der nachfolgende Parteitag Ende März hatte entsetzte Beobachter an Hexenjagden erinnert. Das Ansehen der SPD war schwer beschädigt worden. Daraus hatte die Parteiführung gelernt.

Ypsilanti, der sichtlich zum Heulen zumute war, sagte deshalb nur, dass sie «maßlos enttäuscht» sei von «diesen vier Personen». Vor allem aber würden «die enttäuscht sein, die auf den Politikwechsel gehofft haben». Sie schob also nicht sich selbst in den Vordergrund, versagte sich jedes Schimpfen. Allerdings bekundete sie, Walter und Everts hätten sie im Sommer überhaupt erst dazu bewogen, den «nicht einfachen Weg» mit der Linkspartei ein zweites Mal zu wagen. Zusammen mit der Annahme, die Abgeordneten seien gekauft, wurde das aus ihrer Umgebung wie von einem Impulsgeber fortlaufend gestreut und in der Partei verbreitet.

Die SPD krümmt sich

Der hessische SPD-Landesverband ist eigentlich eine Chimäre. Er hat so gut wie kein Personal und kein Geld, bis in die siebziger Jahre hinein war es ihm sogar satzungsgemäß untersagt, sich zu bundespolitischen Fragen zu äußern. Zuständig für die große Politik waren die beiden Bezirke Hessen-Süd und Hessen-Nord. Die hatten auch Geld und Leute. Das ist bis heute so.

In der Rollenteilung zwischen Ypsilanti und ihren Stellvertretern war es nun an den mächtigen Bezirksvorsitzenden,

Konsequenzen zu fordern. Gernot Grumbach, Hessen-Süd, erklärte: «Ich erwarte, dass die vier Abgeordneten dem Wählerwillen folgen und ihre Mandate niederlegen.» Das Verhalten der Vier sei ein «Angriff auf die SPD». Manfred Schaub, Hessen-Nord, forderte Jürgen Walter, den dritten stellvertretenden Parteivorsitzenden, zum Rücktritt von diesem Parteiamt auf und fügte hinzu, Ypsilanti zu wählen sei «keine Frage von links oder rechts» gewesen, sondern eine «von redlich oder unredlich». Der gesamte Landesvorstand stehe geschlossen hinter Andrea Ypsilanti.

Einen Parteiausschluss forderten die beiden nicht. Das taten an jenem Montag nur ein Darmstädter Funktionär der sozialdemokratischen Arbeitsgemeinschaft für Arbeitnehmer und der Marburger Oberbürgermeister Egon Vaupel. Silke Tesch war ja Abgeordnete des Wahlkreises Marburg-Biedenkopf. Auch Vaupel verlangte, und zwar wegen «Politikunfähigkeit», als Erstes den Mandatsverzicht der Abgeordneten: Sie seien «selbstverliebte, nur egoistisch denkende Menschen», die nicht wüssten, was Solidarität und Respekt seien, deshalb werde er nicht ruhen, bis Silke Tesch aus der Partei ausgeschlossen sei. Dass es schon lange Spannungen zwischen Silke Tesch und der Marburger SPD gab, erwähnte Vaupel nicht.

Dazu muss man wissen: Die hessischen Landkreise haben gewöhnlich zwei Abgeordnete im Landtag, weil ein Landkreis in der Regel in zwei Wahlkreise aufgeteilt ist. Das ist auch im Landkreis Marburg-Biedenkopf so. Zum Wahlkreis II gehören die knapp 80 000 Einwohner zählende Stadt und der ländliche Raum östlich von ihr, während der Wahlkreis I westlich von Marburg bis hin zur nordrhein-westfälischen Landesgrenze ausschließlich bewaldetes Hügelland, Kleinstädte und Dörfer umfasst – Teschs Wahlkreis.

Das malerische Marburg, «krumm, schief und buckelig unter einer alten Burg» gelegen, wie einer der dortigen Professoren den Ort vor zwei Jahrhunderten beschrieb, besitzt noch immer die ganze Schönheit einer unversehrten deutschen Stadt. Es ist wirtschaftlich und kulturell vom akademischen Leben geprägt: Vor fast fünfhundert Jahren, 1527, wurde hier die erste protestantische Universität gegründet, und lange Jahre wirkten an diesem Ort glänzende Naturwissenschaftler, bis im 20. Jahrhundert die Geisteswissenschaften in den Vordergrund traten. 1968 war Marburg neben Frankfurt und Berlin ein Zentrum der Studentenrevolte, nicht zuletzt dank der sogenannten Marburger Schule des marxistischen, DKP-nahen Politologen Wolfgang Abendroth mit seiner bewegten Lebensgeschichte auf der Naht zwischen linkem Totalitarismus und Sozialdemokratie.

Dagegen ist das Land westlich von Marburg von mittelständischem Gewerbe, Industrie und Handwerk geprägt. Die Gegend ist wohlhabend, die Arbeitslosigkeit gering. Wer dort wohnt, strebt nach dem Häuschen mit Garten, und wenn Mann und Frau arbeiten, erreichen sie dieses Ziel. Der kulturelle Gegensatz zwischen dem ländlichen und dem städtischen Marburger Wahlkreis könnte größer kaum sein. So wie der zwischen Stadtmaus und Landmaus.

In der hessischen SPD war die Auseinandersetzung zwischen diesen Milieus und Lebensstilen seit dem Ende der sechziger Jahre geführt und letztlich klar entschieden worden: Auf den ersten dreißig Plätzen der Landesliste für den Hessischen Landtag fanden sich 2007 fast ausschließlich Absolventen sozialwissenschaftlicher Studiengänge. Vertreter aus Wirtschaft und Produktion fehlten ganz.

Silke Tesch war die letzte Repräsentantin des Handwerks in der sozialdemokratischen Fraktion. Dass sie nach ihrer ersten Wahl überhaupt wieder dort hineingelangt war, lag sicher nicht an ihrem Unterbezirk: So heißt die sozialdemokratische

Parteigliederung des Landkreises. Im Unterbezirk hatten nämlich die Marburger Stadtmäuse die Mehrheit, und die hatten sich darüber geärgert, dass Tesch beim Kampf um die Spitzenkandidatur, der 2006 ausgefochten wurde, Jürgen Walter unterstützt hatte. Als dann nach dem Sieg Ypsilantis das Großreinemachen in der Partei begann, bei dem die Unterstützer Walters auf aussichtslose Listenplätze verbannt wurden, schaffte es Silke Tesch nur deshalb zurück in den Landtag, weil sie in ihrem Wahlkreis von den Landmäusen aufgestellt wurde und bei der Landtagswahl die Mehrheit der Erststimmen bekam, mithin direkt gewählt wurde. Direkt gewählte Abgeordnete kommen immer ins Parlament, die anderen je nach ihrer Position auf der Landesliste. Das funktioniert so wie beim Schlangestehen für Konzertkarten, die Letzten beißen die Hunde. Wie viele Karten, also Mandate, es für die Parteien jeweils gibt, entscheiden die Wähler mit ihrer Zweitstimme.

Den sicheren Listenplatz, der vom persönlichen Wahlergebnis unabhängig macht, hatte der Marburger Mediziner Thomas Spies bekommen, er war Teschs schärfster Konkurrent. Auch Spies meldete sich am 3. November zu Wort, mit einem umgekippten «Y» am Revers. Er bekundete, persönlich und menschlich «tief enttäuscht» zu sein, und griff Ypsilantis Äußerung auf, die abtrünnigen Abgeordneten hätten von sich aus angeregt, den Weg mit der Linkspartei zu gehen. Ihren Auftritt, sagte Spies, hätten sie nun «zum Zeitpunkt des größtmöglichen Schadens für die SPD» inszeniert. Tesch zumindest hatte nichts dergleichen angeregt, sondern stets dagegen gesprochen.

Fassungslosigkeit, Wut, Entsetzen, «maßlose» Enttäuschung: Das bekundeten die meisten sozialdemokratischen Funktionäre, die an diesem und am folgenden Tag in Hessen von Journalisten befragt wurden. Manche sprachen von «Frechheit», andere von «Verrat», wieder ein anderer von einem «GAU für die hessische SPD», für den die Vier verantwortlich seien. Sie hätten «die Glaubwürdigkeit von Politik insgesamt» beschädigt. Üble Eigenschaften wurden ihnen nachgesagt: Sie seien «verlogen», «von Zerstörungswillen geleitet», litten an «Profilierungssucht» oder seien schlicht «charakterlos». Der Landtagsabgeordnete Torsten Warnecke, der in Nordhessen die Unterstützung für Ypsilanti organisiert hatte, diagnostizierte bei Walter kurz und bündig «psychosoziale Defekte».

Solche Zuspitzungen stammten allerdings ausnahmslos von leidenschaftlichen Verfechtern des Linkskurses. Der Satz von Thorsten Schäfer-Gümbel, die Entscheidung, Ypsilanti nicht zu wählen, sei ein «Ausdruck persönlicher Befindlichkeit», gehörte zu den maßvollsten Äußerungen aus Ypsilantis Umfeld. Dort war von ganz anderen Vorwürfen die Rede. Ypsilantis Satz «Wer hat euch gekauft» enthielt ja bereits die Feststellung, dass es so sei, unklar war allein noch der Urheber der Bestechung. Die Bundestagsabgeordnete Helga Lopez nannte ihn am nächsten Tag: «die mächtige Energiewirtschaft», der man in der Nachfolge Hermann Scheers den Kampf angesagt hatte. Dagmar Metzger, so Lopez, nehme sie ausdrücklich aus, ansonsten aber sei es «doch nicht normal, dass nach über 95 Prozent Zustimmung auf dem Parteitag einige plötzlich ihr Gewissen entdecken». Und für die Allerbegriffsstutzigsten fügte sie hinzu: «Vielleicht stimmten die Silberlinge ja.» Erst kurz zuvor war die Finanzbeamtin Lopez wegen Steuerhinterziehung zu 90 Tagessätzen verurteilt worden, das jedoch wurde erst später bekannt.

Vielleicht war Hermann Scheer wirklich der Urheber des Vorwurfs, die Abweichler seien gekauft worden; er fügte sich in sein Feindbild. Scheer hatte sich etwas vorsichtiger ausgedrückt als Helga Lopez, wenn auch nicht weniger ehrenrührig, als er öffentlich darauf hinwies, dass schon 1972, beim Misstrauensvotum gegen Bundeskanzler Willy Brandt, versucht worden sei, «einen politischen Kurswechsel mit Stimmenkauf zu verhindern». Der Versuch war sogar erfolgreich gewesen; damals waren CDU-Abgeordnete mit Stasi-Geld bestochen worden und hatten deshalb Rainer Barzel, für den es sonst gereicht hätte, nicht zum Kanzler gewählt; die Rolle des Parlamentarischen Geschäftsführers der SPD-Fraktion Karl Wienand und seines Chefs Herbert Wehner ist bis heute ungeklärt. An diesen durch die DDR erfolgreich verhinderten Kanzlerwechsel knüpfte Scheer an, wenn er sagte, so etwas erledige man «entweder mit Geld oder mit Zusicherung von Posten». Auf Nachfrage, ob er damit sagen wolle, Koch habe Walter gekauft, antwortete Scheer: «Sagen wir mal so: Es ist schwer vorstellbar, dass die ganze Aktion ohne das Mitwirken von Koch gelaufen ist.» Gewiss hatte Koch in den letzten acht Monaten nicht die Hände in den Schoß gelegt und passiv dabei zugesehen, wie man ihm politisch den Garaus machen wollte. Die Unionsfraktion hatte jeden einzelnen SPD-Abgeordneten genau unter die Lupe genommen und zu möglichen Wackelkandidaten vorsichtig Kontakt gesucht. Aber Bestechung durch «Stimmenkauf», also letztlich kriminelle Machenschaften? Das war schon starker Tobak. Scheer beließ es allerdings dabei. Die Rolle des Scharfmachers, die ihm zum Beispiel in der «Anne Will»-Talkshow zugedacht war, übernahm der schleswig-holsteinische SPD-Vorsitzende Stegner.

Oft forderten die Befragten, die Abgeordneten sollten ihre Mandate aufgeben. Der Parteiausschluss wurde gelegentlich nahegelegt, vereinzelt auch offen verlangt. Am Montag leiteten drei Ortsvereine sogenannte Ordnungsverfahren ein, die darauf zielten, Everts, Tesch und Walter aus der SPD auszuschließen: Wiesbaden-Mitte, Gießen-Mitte und Frankfurt-Bonames. An den nächsten Tagen, zumeist schon am Dienstag, folgten weitere 17 Ortsvereine mit solchen Anträgen.

Unter diesen zwanzig Ortsvereinen waren allein fünf aus Frankfurt. In Hessen gibt es knapp tausend SPD-Ortsvereine, und jeder von ihnen konnte ein solches Verfahren einleiten.

Insgesamt bestimmten in den ersten beiden Tagen keine zwei Dutzend Funktionäre das öffentliche Erscheinungsbild der hessischen SPD. Und keineswegs alle äußerten sich negativ. Manche beklagten den Schaden für die SPD, ließen aber offen, wer ihn angerichtet hatte. Oder sie stellten den späten Zeitpunkt der Entscheidung in Frage, aber nicht die Entscheidung selbst.

Dagegen sagte der Florstädter Bürgermeister Herbert Unger, Walter habe sich «immer noch zur rechten Zeit geäußert». Seine Gewissensentscheidung müsse man akzeptieren. Der Friedberger Bürgermeister Michael Keller bezeichnete Forderungen, Walter aus der Partei auszuschließen, als «dumme Forderungen zu einer dummen Zeit». Damit würden «keine Probleme gelöst». Auch der Darmstädter Oberbürgermeister Walter Hoffmann sprang den Vieren entschieden bei. Der SPD-Ortsverband im Darmstädter Stadtteil Kranichstein verlangte Ypsilantis Rücktritt und forderte die Vier ausdrücklich auf, in der SPD zu bleiben: Sie repräsentierten «die wahre Stimmung in der Bevölkerung und auch an der eigentlichen SPD-Basis».

Eine öffentlich-rechtliche Treibjagd

Die wahre Stimmung? Ulli Nissen war in Tränen aufgelöst. Sie hatte die Pressekonferenz im Landtagshaus am Bildschirm verfolgt und fühlte sich jetzt wie Witwe Bolte vor ihrem Lebenstraum im Apfelbaum. Nicht dass Ulli Nissen hohe Drehzahlen fremd waren. Aber diesmal war es selbst ihr zu viel. Sie eilte aus dem Landtag, um sich in einer Apotheke Beruhigungskügelchen zu kaufen.

Die Bankkauffrau war 1987 aus Hamburg nach Frankfurt gekommen, hatte sich inzwischen aber selbständig gemacht, als Frauenvermögensberaterin und Hausverwalterin. Ihr eigentlicher Beruf, nein, ihre Berufung, war jedoch, Frau zu sein. Gut, wenn man dann auch eine ist. Ulli Nissen war aus schierer Leidenschaft und Begeisterung, aus mitunter geradezu fieberhafter Überzeugung Frau, mehr eigentlich noch als Frau, Fraufrau, und deshalb auch Politikerin geworden. Frauenpolitikerin natürlich. Um der Sache willen, denn, das sagte Ulli Nissen immer, Ehrgeiz hatte sie persönlich überhaupt nicht. Ihr ging es um anderes. Was, hatte sie auf einer Internetseite notiert, auf der sie sich 2008 als Frankfurter SPD-Kandidatin für den Bundestag vorstellte (in alphabetischer Reihenfolge): Gerechtigkeit, Gleichberechtigung, Menschenrechte, Menschenwürde, Offenheit, Solidarität und Toleranz. Und diese Begriffe hatte sie, wie eigentlich alles, was sie sagte, mit Ausrufezeichen versehen, gern auch mit zwei oder drei, weil ein Ausrufezeichen für ihr Gefühl oft nicht ausreichte.

Für die SPD hatte Ulli Nissen sich das erste Mal im Bundestagswahlkampf 1972 engagiert, den die SPD unter das Motto «Willy wählen!!!» gestellt hatte. Die Ausrufezeichen stammen aus Nissens Erinnerung; auf den Aufklebern, die damals so begehrt waren, dass sie für bis zu fünf Mark verkauft wurden, gab es sie nicht. Sechzehn Jahre später war Nissen Juso-Sprecherin in Frankfurt und seit 1996 Vorsitzende der ASF. Manche Genossen übersetzten das mit «Arbeitsgemeinschaft für Saugen und Fegen», um die darin besonders engagierten «sozialdemokratischen Frauen» zu necken, die nicht gerade für überbordenden Humor bekannt waren. Mit Frauenschicksalen vor Augen wie etwa dem der Französin Marie Gouze, die 1793 geköpft wurde, kann einem der Spaß ja auch vergehen.

Gouze hatte sich mit ihrem Künstlernamen Olympe de Gouge selbst geadelt, stand aber im Lager der Revolution und hatte 1791 eine Erklärung der Rechte für das «an Schönheit wie an Mut überlegene Geschlecht» verfasst. Ulli Nissen lobte dafür einen Preis aus, den «Olympe-de-Gouge-Preis», der 2007 von der Arbeitsgemeinschaft sozialdemokratischer Frauen an die damalige CSU-Politikerin Gabriele Pauly verliehen wurde, weil die sich von den Männern in ihrer Partei nicht habe kleinkriegen lassen. Die Fürther Landrätin hatte zunächst unter kräftigem Zutun besagter Männer den Sturz Edmund Stoibers angestoßen, sich dann allerdings von der öffentlichen Begeisterung für ihre Person mitreißen lassen und ihren Vorschlag, Ehen gesetzlich zu befristen, mit einem fotografischen Auftritt in Latexhandschuhen kombiniert. Daraufhin hatte sich der Wind in der CSU gedreht.

Frauen wie Everts, Metzger und Tesch dagegen sah Ulli Nissen, die zu den entschiedensten Anhängern Ypsilantis gehörte, mit anderen Augen. Jetzt allerdings fast tränenblinden. Zurück von der Apotheke, lief sie Anne Reidt, der ZDF-Korrespondentin, vor dem Landtag in die Arme und machte ihrem Herzen weinend Luft. Reidt war selbst eher bedrückt, weil ihr inzwischen klargeworden war, dass sie soeben eine Falschmeldung in die Welt gesetzt hatte. Sie hatte damit einen Ton aufgenommen und öffentlich angeschlagen, der die Fernsehberichterstattung an diesem Tage prägte.

Reidt jedenfalls wurde Nissens Gemütsbewegung in der Tendenz ein bisschen zu viel. Sie fürchtete, Nissen werde ihr in ihrer Not womöglich noch um den Hals fallen. Die konnte sich aber insoweit beherrschen. Daraufhin gingen beide wieder ihrer Wege.

Was mag Nissens Anwesenheit im Landtag in diesen Stunden bewirkt haben? Zu den Großen der Geschichte wird man sie nicht rechnen wollen. Aber vielleicht wäre die Geschichte doch ein klein wenig anders verlaufen, wenn Ulli Nissen an diesem Tage nicht dem einen oder anderen Journalisten begegnet und so auch zur Quelle der Tränen in der Berichterstattung geworden wäre. Tags darauf hatte sie sich fast schon wieder gefasst. Da erklärte sie dem Hessischen Rundfunk in die Kamera, für sie sei es «ein wunderschöner Gedanke», dass man im Mittelalter «solche Leute» wie die abtrünnigen Abgeordneten «geteert, gefedert und geviertelt» hätte.

Insgesamt gewannen Zuschauer der «Hessenschau» den Eindruck, dass andere Meinungen, wenn auch nicht so zugespitzt, in der SPD nicht existierten – und dass eine andere Sicht gar nicht möglich sei. Schon in einem frühen Radio-Kommentar des Landessenders war zu hören, die Vier hätten «einen weit größeren Wortbruch begangen, als Ypsilanti ihn plante». Hinter ihrem Verhalten müsse man «die Absicht vermuten, maximalen Schaden anzurichten». Beides wurde nahezu wörtlich vom selben Kommentator, Christoph Scheffer, auch im Deutschlandradio gesendet. Im Rundfunk-Kultursender des HR sprach der Moderator Florian Schwinn von einem «politischen Amoklauf», und Scheffer nannte Walters Schritt «in keinster Weise mehr nachvollziehbar»; worauf Schwinn zum Besten zu geben wusste, die «Abtrünnigen» hätten «die Moral, die Ethik mit Füßen getreten», während Scheffer überlegte, ob alles nicht «sehr bewusst so platziert worden ist, dass man die Bombe in allerletzter Sekunde platzen lässt».

Am Abend wurden Aussagen der Vier in der «Hessenschau» im Fernsehen denn auch sarkastisch und rhythmisch mit «sagen sie – sagen sie – sagen sie» begleitet. Die Moderatorin Constanze Angermann begann ihr Interview mit Schaub, der nun nicht Innenminister werden würde, mit der schon im Ton einer Antwort gestellten Frage: «Sie könnten heulen, oder?» Was Schaub, den noch nicht viele heulend angetroffen hatten, eher verdutzt quittierte. Am nächsten Tag leitete Angermann die «Hessenschau» im Stile einer Kriegsberichterstatterin ein: «Treffer, versenkt. Anders kann man das ja nicht nennen, was die vier Landtagsabgeordneten der SPD Metzger, Walter, Tesch und Everts gestern angerichtet haben. Vier gegen Ypsilanti? Nicht nur. Viele sprechen von Verrat. Die Gewissensentscheidung der Vier bekommt allmählich den Beigeschmack eines Racheaktes.» Der HR berichtete, seit der Pressekonferenz fehle von den Vieren «jede Spur», sie seien «abgetaucht» oder «auf Tauchstation». Der Sender unterlegte düstere Zeitlupenbilder der vier Abgeordneten mit bedrohlicher Musik und Sonargeräuschen aus dem Film «Das Boot». So wurden sie als U-Boote präsentiert: «die Vier, die den ganzen Schlamassel angerichtet haben».

Michael Hanfeld bezeichnete die distanzlose Berichterstattung des Hessischen Rundfunks später in der FAZ zutreffend als «Treibjagd». Ob sie die Zuschauer beeindruckte? Ein einsamer Beitrag, in dem die «Hessenschau» nicht nur erzürnte SPD-Funktionäre präsentierte, sondern Leute auf der Straße befragt hatte, ergab ein völlig anderes Bild. Bis auf eine Ausnahme äußerten sich alle zustimmend; auch der unbedarfteste Zuschauer konnte sich vorstellen, dass es ziemlich lange gedauert haben musste, wenigstens diesen einen zu finden.

Zudem war aus Umfragen längst bekannt, dass die große Mehrheit der Bevölkerung und sogar ein erheblicher Teil der SPD-Anhänger Dagmar Metzgers Verhalten begrüßten. Viele Bürger hatten sich über den Bruch des Wahlversprechens geärgert, viele waren, wie sich schon im Wahlkampf gezeigt hatte, generell gegen eine Zusammenarbeit mit der Linkspartei, und entsprechend war die Zustimmung für die SPD seit Ypsilantis erstem Vorstoß sowohl im Bund als auch in Hessen unter 25 Prozent gesackt. Auch die politischen Kommentatoren überall im Land missbilligten fast unisono Ypsilantis Kurs.

Desgleichen viele Sozialdemokraten, zumal im Bund, die den zweiten Anlauf Ypsilantis für politischen Irrsinn hielten und das auch sagten. Umso einmütiger erschien demgegenüber die hessische SPD. In Berlin war bereits von einem Zug der Lemminge die Rede; die Parteispitze mühte sich, nicht mit den «hessischen Verhältnissen» identifiziert zu werden. Nun aber hatten die Vier auf ihrer Pressekonferenz die äußere Geschlossenheit aufgebrochen. Sie hatten berichtet, dass der demokratische Prozess in der Partei gestört, die Einigkeit unecht und die Geschlossenheit in Wirklichkeit Verschlossenheit war.

Für viele Bürger und Beobachter war das endlich eine Erklärung. Doch der HR verbreitete in den ersten Tagen weiter das Bild der einigen Partei mit einer Handvoll fragwürdiger Dissidenten.

Die Wirkung in die hessische SPD hinein sollte man nicht unterschätzen. Da diente, neben der internen Kommunikation, der HR als wesentliche Informationsquelle: Auch der kleine Genosse vor Ort erfuhr als Erstes aus der «Hessenschau», wie die Stimmung im Lande war. Mit ein bisschen Glück konnte er dann am nächsten Morgen in der Zeitung nachlesen, dass es daneben noch andere Standpunkte gab, selbst in der eigenen Partei.

Ein wesentliches Mittel, Konformitätsdruck auszuüben, ist die Konformität selbst.

Wie man durch Niederlagen gewinnt

Will man deutsche Politik besser verstehen, empfiehlt sich der Weg auf den Dachboden, wo mit ein bisschen Glück in irgendeiner Kiste, säuberlich in Plastikfolie eingebunden, noch «Putzgers Historischer Weltatlas» aus der Schulzeit liegt. Das Buch gibt es schon über 130 Jahre, aber welche Ausgabe man zur Hand nimmt, ist gleichgültig, denn die Karten, auf die es ankommt, zeigen sowieso viel Älteres: das bunte Mosaik eines in lauter Herrschaftsgebiete zerteilten Reichs. Und dieser alte, zersplitterte Bodenbelag existiert immer noch unter der glatten Auslegeware der Bundesrepublik Deutschland. Er scheint auch in den Bezirken der deutschen Parteiverbände durch und erklärt deren hartnäckigen Einfluss. Und das nicht nur in Hessen.

Hier wurde der Wiederaufbau nach dem Krieg maßgeblich von der Sozialdemokratie gestaltet, ähnlich wie im Bund von der Union. So konnte die SPD zur Hessen-Partei werden und diese Stellung jahrzehntelang behaupten. Mit dem Zustrom neuer, durchweg akademisch gebildeter und eher theoretisch orientierter Mitglieder, der hier stärker war als irgendwo sonst, begann sich Ende der sechziger Jahre die zuvor feste Verbindung, ja teilweise Identität des mitgliederstarken Verbandes mit der Bevölkerung zusehends aufzulösen. Allein in den drei Jahren nach 1968 war die Mitgliederzahl um ein Viertel gewachsen. Viele der Neulinge waren Dutschkes Aufforderung gefolgt, sich auf den «Marsch durch die Institutionen» zu machen, eine Anspielung auf Maos «langen Marsch», und diese Generationskohorte besetzte im Laufe der Jahre zahlreiche Schlüsselstellungen. Sie legte sich wie ein Sperrriegel zwischen die SPD und ihre früheren Milieus, die Handwerker und Arbeiter, das kleine Bürgertum.

Das Weltbild jener neuen, durchweg linken Sozialdemokraten wuchs in den wattierten Wänden des akademischen Raumes, und das erklärt sowohl die Distanz zur Arbeitswelt und die unbedingte Empathie mit Empfängern staatlicher Leistungen als auch die Tendenz zum Rückzug aus der Gesellschaft. Am stärksten war diese Gruppe in den hessischen Großstädten. Folgerichtig begann dort der Machtverlust der SPD. Walter Wallmann, der 1977 als erster CDU-Oberbürgermeister in den Frankfurter Römer einzog, hat den Niedergang der Sozialdemokratie dort nicht etwa bewirkt, sondern nur benutzt; nicht von ungefähr wurde er später auch der erste Ministerpräsident, den die CDU in Hessen gestellt hat. Der Prozess, der in den Kommunen begonnen hatte, setzte sich im ganzen Land fort, wenngleich die SPD sich unter Hans Eichel nach Wallmann noch einmal acht Jahre an der Landesregierung behaupten konnte. Trotzdem konnte Eichel den Trend nicht dauerhaft umkehren, und nach seiner Niederlage 1999 verschärfte er sich weiter. Insgesamt ließ der Einfluss der Hessen-SPD auf die Bundespartei, der einst beträchtlich gewesen war, immer mehr nach – bis hin zur weitgehenden Isolation im Jahr 2008. Statt «Hessen vorn» hieß es jetzt «Hessen hinten».

Die Wähler bestrafen Parteien, die sich von ihnen abwenden, aber nicht unbedingt die Politiker, die dafür verantwortlich sind. Denn die Wähler verteilen die Macht zwischen den Parteien, haben jedoch keinen Einfluss auf die Machtverteilung innerhalb einer Partei. Unter Umständen werden die Verantwortlichen für den Niedergang einer Partei durch Wahlniederlagen sogar gestärkt. Das ist zwar ziemlich das Gegenteil von dem, was man in Staatsbürgerkunde lernt, aber es stimmt dennoch. So kann die Partei in einen Zustand geraten, den manche Beobachter als «narzisstisch», andere als «autistisch» bezeichnen. Die Wirklichkeit außerhalb der Partei wird dann nicht mehr wahrgenommen. Umfragen unter den Funktionären der hessischen SPD im Sommer 2008 ergaben da ein charakteristisches Bild: eine auffällige Unzufriedenheit mit der Demokratie, eine auffällige Distanz zur Bundes-SPD, aber Zufriedenheit mit dem eigenen Landesverband.

Dass eine Partei sich so verkapseln kann, liegt letztlich an den Wahllisten. Diese Listen bestimmen nämlich, wer auch bei schlechten Ergebnissen in den Landtag oder Bundestag gelangt. Wer vorn auf der Liste steht, kommt immer ins Parlament – solange nur die Partei die Fünf-Prozent-Grenze durchbricht. Die SPD könnte ruhig noch weiter in der Wählergunst absinken, sagen wir auf 13 Prozent. Die ersten zehn Kandidaten auf ihrer Landesliste würden dennoch unweigerlich in den Landtag kommen. Von einem Wahlergebnis, das ihnen persönlich Sorgen machen müsste, sind sie also ziemlich weit entfernt.

Und wer wo auf der Liste steht, entscheiden die Parteien, nicht die Wähler. Die hessische SPD macht das mit dem sogenannten Hessenschritt. Der verteilt die Plätze zwischen den Bezirken Hessen-Süd und Hessen-Nord, die erst einmal ihre eigenen Listen aufgestellt haben, entsprechend ihrer Größe. Am Anfang der aktuellen Liste stehen derzeit mit Schäfer-Gümbel und Ypsilanti zwei Südhessen, dann folgt mit Reinhard Kahl, dem parlamentarischen Geschäftsführer, der erste Nordhesse. Die nächsten beiden Plätze haben wieder Südhessen, dann kommt ein Nordhesse. Es ist wie beim Stricken, durchweg: zwei Süd, einer Nord. Das Gesamtverhältnis beträgt am Ende ungefähr fünf zu zwei.

Die Reihenfolge auf der Liste entsteht dadurch, dass höhere Funktionsträger vor niedrigeren kommen. Das ist nicht immer ganz eindeutig, aber es sorgt zum Beispiel dafür, dass die Bezirksvorsitzenden einen bombensicheren Listenplatz erhalten, sofern sie einen wollen. Bei Grumbach, dem Südhessenchef, ist es der achte. Schaub, der Nordchef, kehrte dem Landtag 2003 den Rücken, weil Walter ihn beim Kampf um den Fraktionsvorsitz ausgestochen hatte; stattdessen wurde er Bürgermeister der nordhessischen Industriestadt Baunatal, wo ein VW-Werk steht. Als Bezirksvorsitzender ist Schaub aber auch ohne Landtagsmandat mächtig und redet ein entscheidendes Wörtchen dabei mit, wer aus Nordhessen auf die vorderen, sicheren Listenplätze gelangt.

Jetzt wird es ein bisschen kompliziert. 55 Wahlkreise gibt es in Hessen, aber 21 Landkreise und fünf kreisfreie Städte. Auf einen Landkreis (kreisfreie Städte eingeschlossen) entfallen also im Schnitt zwei Wahlkreise. Die SPD-Gliederung folgt der Aufteilung des Landes: Ihre Verbände richten sich nach den Landkreisen und den fünf Städten Frankfurt, Offenbach, Kassel, Wiesbaden und Darmstadt. Die SPD-Verbände in diesen Städten und den Landkreisen heißen Unterbezirke. Weil die Zahl der Wahlkreise mehr als doppelt so hoch ist, muss die Partei in den Unterbezirken in der Regel zwei Bewerber aufstellen, je einen für die beiden Wahlkreise, aus denen ein Landkreis normalerweise besteht.

Jeder Unterbezirk stellt also zwei Landtagskandidaten – so lässt sich gewähren, dass alle Regionen vertreten sind. Nun müssen die beiden Kandidaten so auf der Liste platziert werden, dass alle Unterbezirke auf ihre Kosten kommen. Wenn das nicht so gemacht würde, hätten manche Unterbezirke nur Kandidaten in der hinteren Hälfte, und die entsprechende Region wäre am Ende nicht mehr im Landtag vertreten. Also kommt der eine Kandidat in die vordere Hälfte der Landesliste, der andere in die hintere. Der eine erhält somit einen aussichtsreichen oder sicheren Platz, der andere einen schlechten oder sogar aussichtslosen. Aber wer bekommt welchen? Das ist die Entscheidung zwischen Töpfchen und Kröpfchen.

Hier greift zunächst die Hierarchie: Höhere Funktionäre genießen den Vorrang vor niedrigeren. Dann kommt die Seniorität: Wer länger im Landtag ist, erhält den besseren Listenplatz, der Abgeordnete wird dem Neubewerber vorgezogen. Erfahrung soll begünstigt werden.

Die entscheidende Rolle beim Erstellen der Liste aber spielen die höheren Funktionäre. Wer auch sonst? Unter anderem dafür werden sie von den Delegierten der Ortsvereine gewählt. Die Führungsgremien stricken die Listen zusammen, danach stimmen die zuständigen Parteitage darüber ab – erst in den Bezirken, dann auf Landesebene –, allerdings nur summarisch. Freilich können auch dort noch Bewerber in Einzelabstimmungen um einen besseren Listenplatz kämpfen. Damit stellen sie sich indes nicht nur gegen den Konkurrenten und das Verteilungsprinzip, sondern zugleich gegen die Parteiführung. Deshalb nennt man das «Kampfkandidatur», die Aussichten sind normalerweise schlecht, und darum kommt es selten vor.

All das wirkt kompliziert, ist aber beim näheren Hinschauen ziemlich klar. Und grundsätzlich auch ganz gut. Viele Bürger sehen in politischen Wahlen nur die Auseinandersetzung um die großen Streitfragen, doch zunächst einmal sichern die Wahlen, dass jeder Bürger seinen örtlichen, unmittelbar zuständigen und ansprechbaren Abgeordneten hat – und zwar auf allen Parlamentsebenen: Kreis, Land, Bund. Zweitens ist dafür gesorgt, dass in den Parlamenten nicht alle vier oder fünf Jahre lauter Anfänger, sondern durchweg erfahrene Leute sitzen, die wissen, was sie tun.

Auch hier scheint also noch das alte territoriale Mosaik durch die Moderne durch. Und das System bietet von jeher einigen Spielraum, so etwas wie «ständische» Repräsentation zu verwirklichen: Man kann Personen mit den unterschiedlichsten Eigenschaften, Berufs- und Erfahrungshintergründen zu Abgeordneten machen, um eine Volkspartei möglichst nah an das Volk heranzubringen, eine Art Abbild von ihm zu erzeugen. Etwas, das die hessische SPD dreißig Jahre lang sehr gut beherrschte. Seither nicht mehr.

Normalerweise bemühen sich Parteien zusätzlich, ihre Flügel ausgewogen auf allen Etagen der Liste abzubilden. Man kann die Liste aber missbrauchen, um innerparteiliche Mehrheiten zu zementieren, und genau das, nichts anderes, ist die Kernfrage der politischen Kultur. Sie wird innerhalb der Parteien beantwortet, im Umgang untereinander.

Der Trick ist ganz einfach: Man muss die obengenannten

Prinzipien gelegentlich durchbrechen und dafür sorgen, dass bei der Entscheidung zwischen unterer oder oberer Hälfte der Liste die Gefolgsleute des eigenen Flügels den guten Platz bekommen. Oder man macht ehrgeizige Aufsteiger zu Gefolgsleuten, indem man sie dort platziert. Auf den ersten 30 Listenplätzen der hessischen SPD überwogen zuletzt die Linken.

Nur durch das gute Ergebnis vom Januar 2008 mit vielen Direktmandaten war das Verhältnis zwischen den Parteiflügeln in der Fraktion dann trotzdem ausgeglichen. Dem linken Flügel wurden 22 Abgeordnete zugerechnet, dem rechten 20. Die SPD hatte eben mehr Abgeordnete in den Landtag bekommen als zuvor, wobei sie auch noch 27 der hessischen Wahlkreise, fast die Hälfte, direkt gewonnen hatte. Auch Everts, Metzger und Tesch gehörten 2008 zu diesen stolzen Siegern, die in ihren Wahlkreisen die meisten Erststimmen bekommen hatten. Dagegen hätten es Metzger und Tesch über die Liste nicht in den Landtag geschafft.

Nachdem nun die SPD durch Ypsilantis Wortbruch in der Wählergunst abgestürzt war, konnte man sich leicht ausrechnen, dass bei einer vorgezogenen Neuwahl keine dreißig SPD-Abgeordnete mehr in den Landtag gelangen würden. Und 2003, bei ihrem bis dahin schlechtesten Ergebnis, hatte die SPD auch nur zwei Mandate direkt gewonnen. Bei einem solchen Wahlausgang wird die Liste irgendwo hinter Platz 25 einfach abgeschnitten.

Mit anderen Worten: Der Aderlass begünstigte die Vorherrschaft der Linken. Wenn in einer Partei ein Flügel übermächtig wird, stärken ihn deren Niederlagen bei allgemeinen Wahlen.

Frankfurter Verhältnisse

Der Frankfurter SPD-Abgeordnete Gregor Amann war neu im Bundestag, und vielleicht machte ihm die Bundespolitik auch deshalb so richtig Spaß, nicht zuletzt im Ausschuss für Arbeit und Soziales. Doch er konnte sich ausrechnen, dass es nicht ganz einfach werden würde, wieder hineinzukommen. 2005 hatte er es geschafft, weil er seinen Wahlkreis in Frankfurt mit knapp vierzig Prozent der Erststimmen direkt gewonnen hatte. So war er an Ulli Nissen vorbeigezogen, die als Linke den besseren Listenplatz für die Bundestagswahl besetzte. Weil aber das Zweitstimmenergebnis, das über die Mehrheitsverhältnisse zwischen den Parteien entscheidet, für die SPD zu schlecht war, hatte sie es nicht nach Berlin geschafft.

Wenn man im «Putzger» auf die alten Karten guckt, kann man schon die heutige Stellung Frankfurts erahnen: Als freie Reichsstadt, Ort der Kaiserwahlen und bald auch -krönungen, verkehrsgünstig am Main und nah am Rhein gelegen, konnte es sich zum bedeutendsten Zentrum von Handel und Wandel in der deutschen Mitte entwickeln. Heute ist die Stadt einer der wichtigen Finanzplätze der Welt, der einzige dieser Bedeutung in Kontinentaleuropa. Der Frankfurter Flughafen liegt im Größenvergleich weltweit auf Rang acht, in Europa nach London und Paris auf Platz drei und, was die Fracht betrifft, knapp auf dem zweiten Rang. Seine Bedeutung als Quelle des Wohlstands verdeutlicht vielleicht am besten eine Kleinigkeit: Der größte Fischmarkt Deutschlands liegt nicht mehr in Hamburg oder Bremerhaven, sondern in Frankfurt. Knotenpunkte für den europäischen Verkehr sind aber auch das Frankfurter Kreuz und der Frankfurter Hauptbahnhof.

Dabei ist Frankfurt mit nicht einmal 700 000 Einwohnern keine besonders große Stadt. Aber sie bildet den Magnetkern eines Ballungsraums, der Menschen anzieht. Zu denen auch

Ulli Nissen, die 1959 in Essen das Licht der Welt erblickt hatte, und Gregor Amann gehörten, der 1962 im schwäbischen Ravensburg geboren wurde. Zur Politik war er durch die ASF gekommen. Das war aber nicht Nissens ASF, sondern die «Aktion Sühnezeichen/Friedensdienste». Dort hatte Amann ein Freiwilliges Jahr gemacht und sich zugleich in der Friedensbewegung engagiert. Es war die Zeit der Nachrüstungsdebatte. Zum Studieren war Amann nach Frankfurt gegangen und hatte außerdem bald beim Flughafen angeheuert – nicht nur, um sein Studium zu finanzieren, sondern auch, weil das die Chance bot, mit wenig Geld überall hinzukommen. 1988 war Amann in die SPD eingetreten und schon bald Ortsvereinsvorsitzender geworden. Nach seinem Abschluss als Politologe arbeitete er weiter beim Flughafen, bis er 2001 Geschäftsführer der Frankfurter SPD geworden war.

Geschäftsführer der Frankfurter SPD: Das wäre was gewesen, früher mal. Doch mittlerweile koalierten im Römer Schwarz und Grün, die CDU-Oberbürgermeisterin Petra Roth war mit über sechzig Prozent zum zweiten Mal wiedergewählt worden, und die Sozialdemokraten hatten in der Stadt fast nichts mehr zu melden. Bei der Stadtverordnetenwahl 2006 lagen sie noch bei 24 Prozent: Zwischenstation eines langen Abstiegs. Ihrem Selbstbewusstsein allerdings tat das keinen Abbruch. Im hessischen SPD-Landesverband spielten Frankfurter Genossen weiterhin eine herausragende Rolle, schon weil sie den Südhessen-Bezirk dominierten. Ypsilanti und Grumbach hatten hier ihre Landtagswahlkreise, und Grumbach war auch Frankfurter SPD-Vorsitzender.

Den Namen des Sozialdemokraten, der 2007 gegen Petra Roth antrat, kennt selbst in Frankfurt kaum jemand. Er hieß Franz Frey. Ihm erging es ähnlich wie 2003 in ganz Hessen Gerhard Bökel. Beide Politiker galten als ordentlich, aber ausstrahlungsschwach; in Wahlkämpfen erfuhren sie freilich auch keine wirksame Unterstützung aus den eigenen Reihen. Als Pragmatikern fiel ihnen die undankbare Rolle zu, den Niedergang ihrer Partei zu verkörpern, für den sie selbst am wenigsten konnten. Amann hatte eng mit Frey zusammengearbeitet und sich dabei mit den Frankfurter Jusos verkracht, die ihm im Wahlkampf als Theoretiker entschieden zu fleißig vorkamen und als Praktiker, etwa beim Kleben von Wahlplakaten, entschieden zu faul. Die Jusos wiederum verziehen ihm nicht, dass Amann daraufhin als Geschäftsführer junge Sozialdemokraten unterstützte, die seine skeptische Einschätzung der Frankfurter Jusos teilten. Für sie war er ein Rechter.

Mit seinem kahlrasierten Schädel, dem Stiernacken und dem gewaltigen Bauch entsprach Amann zudem auf fast schon ideale Weise einem Bonzen-Klischee. Von weitem erinnerte er an Helmut Kohl in der zweiten Hälfte seiner Kanzlerschaft. Erst aus der Nähe erkannte man den Ring im Ohr und dass er viel jünger war. Der schlanke Jüngling mit dem langen blonden Haar, der im Bonner Hofgarten gegen die Nachrüstung demonstriert hatte, schien irgendwie noch durch. Als Amann 2005 in den Bundestag gewählt wurde, war er 43 Jahre alt; aber rechts? Er war eher der Typ des friedensbewegten Grünen, in gesellschaftlichen Fragen liberal, und das passte gut in die Weltläufigkeit der merkwürdig kleinen Großstadt Frankfurt mit ihrem hohen und zugleich, sowohl nach Herkunft wie sozialem Status, stark gemischten Ausländeranteil. Nicht von ungefähr waren hier die Multikulti-Ideen gekeimt. Wirtschaftspolitisch allerdings hielt Amann es mit dem Markt. Das hing mit seinen Amerika-Aufenthalten und wieder mit dem Flughafen zusammen: Amann hatte einfach dessen ökonomische Bedeutung begriffen.

War das nun rechts? Darüber wurde zum Beispiel auf einer Sitzung des Arbeitskreises der Frankfurter Linken Ende November 2008 heftig gestritten, weil zwei Altspontis den dort das Wort führenden, durchweg mehrere Jahrzehnte jüngeren Jusos in die Quere kamen. Die beiden Alten waren erst spät zur SPD gestoßen, hatten aber ihr Leben lang Gesellschaftspolitik gemacht – einerseits im Kopf und auf Zetteln, andererseits irgendwo auf der Nahtstelle zwischen Sozialfall und Sozialhelfer. Dort weiß man nie, ob der Betreffende Subjekt oder Objekt von Sozialpolitik ist, indes ist die Lösung einfach: subjektiv Subjekt, objektiv Objekt. Das gibt es vielfach in den früheren Zentren der Revolution, besonders in Frankfurt und Berlin: Kinder, die diese Revolution zwar nicht gefressen, aber angeknabbert hat, und die inzwischen alt geworden sind.

Die beiden ehemaligen Spontis nun hatten ganz richtig entdeckt, dass die Misere der Hessen-SPD etwa zu der Zeit, als die anwesenden Jungsozialisten geboren worden waren, in den Kommunen begonnen hatte. Also sollte am besten dort ein neuer Anfang gemacht werden, befanden sie. Vor allem müsste das innerparteiliche Zanken aufhören. Die jungen Löwen wollten jedoch keine Belehrungen von alten entgegennehmen, in deren Mähnen bereits Motten hausten – und schon gar nicht über deren seitenlanges, engbedrucktes Thesenpapier mit dem einleitenden Engels-Zitat diskutieren. So ging das Zanken gleich wieder los. Unter anderem drehte es sich auch um Amann und Nissen; die beiden Oldtimer wollten wissen, wieso Amann als Gegner der Afghanistan-Intervention rechts, Nissen als Befürworterin dagegen links sein sollte. Doch die Jusos hatten in Amann nun mal einen Hauptfeind erkannt, schon das machte ihn zum Rechten. Außerdem vertrat er ihrer Meinung nach neoliberale Ansichten.

Amann hatte sich solcher Nachrede schon länger zu erwehren. Den Ypsilanti-Kurs sah er mit erheblicher Skepsis, hatte aber den ganzen Sommer hindurch geschwiegen und im Herbst auch. Er wollte nicht immer derjenige sein, der querschießt. Außerdem hatte er als Bundestagsabgeordneter, nach dem Senioritätsprinzip, inzwischen gegenüber Ulli Nissen ein Anrecht darauf, vor ihr auf der Liste für die nächsten Bundestagswahlen platziert zu werden (selbst dann allerdings würden seine Aussichten auf eine Rückkehr in den Reichstag alles andere als rosig sein). Trotzdem fand Amann Anfang Dezember 2008, gut einen Monat nach der Pressekonferenz der Vier, dass die Zeit gekommen sei, den Mund mal wieder aufzumachen. Spitzenkandidat der SPD war inzwischen schon Thorsten Schäfer-Gümbel; die CDU versuchte, ihn als Marionette darzustellen, da Ypsilanti weder Landes- noch Fraktionsvorsitz aus der Hand gegeben hatte. Tatsächlich stammte er aus dem Kreis ihrer Unterstützer, stand dort mit Ende dreißig aber noch in der dritten Reihe.

Schäfer-Gümbel war Unterbezirksvorsitzender in Gießen, einem sozialdemokratischen Verband, der sich, was linke Positionen betraf, traditionell von keinem anderen in Hessen übertreffen lassen wollte. Hier war gelegentlich die Auffassung vertreten worden, Kuba sei ein demokratisches Musterland, und es lag noch nicht lange zurück, dass Schäfer-Gümbel eine Solidaritätsadresse trotzkistischer Extremisten zugunsten des venezolanischen Präsidenten Hugo Chavez unterzeichnet hatte. Zu Andrea Ypsilanti aber war er inzwischen doch auf Distanz gegangen; in einem Interview mit der «Süddeutschen Zeitung» hatte er am 1. Dezember gesagt: «Der Fehler war der Wortbruch.» Er hatte dafür sogar um Entschuldigung gebeten.

Das unterschied sich deutlich von der Wortwahl Ypsilantis, die zwar unentwegt behauptete, ihren Fehler eingestanden zu haben, und sich dabei geradezu als Verfolgte gerierte. Aber das waren Entschuldigungen für das Versprechen gewesen, nicht für den Bruch des Versprechens. Es war ungefähr so, als würde man nach dem Fremdgehen beim Ehepartner für das Treuegelöbnis um Verzeihung bitten. «Ich habe immer erklärt, dass es ein Fehler war, im Wahlkampf zu sagen, wir machen keine Politik mit den Linken», erklärte Ypsilanti beispielsweise am 9. November in der Talkshow von Anne Will. Doch seien ihr eben «die Inhalte der Politik sehr, sehr wichtig». Sie klagte kindlich: «Wie oft muss man einen Fehler zugeben, und wie oft muss man einen Fehler erklären, damit er auch mal verziehen wird, wenn man sagt, warum man ihn gemacht hat.» Wenig später erläuterte sie in der «taz» noch einmal den Hintergrund ihres Versprechens: «Wir hatten 2007 geglaubt, dass es die Linkspartei nicht ins Parlament schafft.» Eine Zusammenarbeit auszuschließen fiel da natürlich leichter.

Schäfer-Gümbel hatte seine Aussage gegenüber der «Süddeutschen Zeitung» selbständig gemacht, denn noch am Tag des Erscheinens musste er sie in einer gemeinsamen Erklärung mit Ypsilanti halb zurücknehmen: «Die Debatte, wo der Fehler lag – in der Aussage vor der Wahl oder der Abkehr danach –, ist müßig.» Das erinnert an die mehr oder minder subtilen Formeln des «agree to disagree», welche die Vereinbarungen zwischen Bundesrepublik und DDR über menschliche Erleichterungen im Berlin des Kalten Krieges kennzeichnete. Und Ypsilanti quengelte weiter; ein paar Tage später behauptete sie: «Koch und die FDP hatten versprochen, nicht mit den Grünen zu regieren», dann aber um sie geworben: «Ich habe nirgends gelesen, dass dies ein Wortbruch war. Das war es nur bei mir.»

Müntefering war nicht entgangen, dass Ypsilanti mit ihren «Entschuldigungen» unentwegt Öl ins Feuer goss. Er hatte deshalb gesagt, die hessische SPD müsse sich «bewusst sein», dass der Bruch des Versprechens, nicht mit der Linkspartei zusammenzuarbeiten, «ein Fehler war und ein Fehler ist, und sie sollten das auch aussprechen, die Sache ausräumen und dann neu beginnen». An diesen Rat hielt sich Schäfer-Gümbel, als Einziger.

Bei ihm hörte sich die Bitte um Entschuldigung aufrichtiger an, obzwar er nur die Worte seiner Interviewer wiederholt hatte. Gleich nach der Wahl im Januar 2008 hatte er, nicht anders als die Vorsitzende, das Versprechen, nicht mit der Linkspartei zusammenzuarbeiten, noch einmal erneuert: «Wir wollen nicht, wir können nicht und wir werden nicht.» Sechs Wochen später half er mit, das Gegenteil in seinem Unterbezirk durchzudrücken. Ende April, als das Kind im Brunnen lag, sprach Schäfer-Gümbel allerdings auf einem lokalen Parteitag von «Irrungen und Wirrungen» und bat schon einmal um Entschuldigung für den «Schwenk», doch damals spielte er noch keine herausgehobene Rolle.

Amann fand richtig, was Schäfer-Gümbel gesagt hatte. In Berlin hatte er oft genug die Verwunderung zu spüren bekommen, mit der inzwischen auf die hessische SPD geschaut wurde. Mit Bestürzung sah er, wie weit sie sich inzwischen isoliert hatte, und deshalb meinte Amann, dass es an der Zeit sei, Schäfer-Gümbel beizuspringen. Dazu bot der Parteitag der Frankfurter SPD Gelegenheit, der am 6. Dezember auf dem Messegelände im Hotel Maritim stattfand. Amann war kein ängstlicher Mann. Er würde zwar nicht mehr Bungee springen wie früher, aber nur, weil er dafür inzwischen zu schwer geworden war. Sich an einem Seil aus fünfzig Meter Höhe zu stürzen erforderte inzwischen allerdings auch weniger Kühnheit, als vor einem SPD-Parteitag in Hessen auszusprechen, was die meisten Bürger dieses Bundeslandes dachten. Auf dem Landesparteitag am 1. November hätte Amann das noch nicht gewagt: «Sonst hätten sie mir ins Knie geschossen.» Inzwischen aber war Ypsilanti gescheitert.

Im Maritim redete Amann kaum länger als eine Minute: Er wandte sich an Schäfer-Gümbel, der nebenan auf dem Podium saß, hieß ihn willkommen, lobte ihn für seine Rede und sagte zu diesem Thema nichts weiter, als dass er es gut und richtig gefunden habe, den Wortbruch offen als Fehler einzugestehen. Da erhob sich unter den Genossen bereits deutliches Grummeln – wohlgemerkt, in Anwesenheit des gelobten Spitzenkandidaten. In den Sitzreihen begannen einige, über Amann herzuziehen. Natürlich gab es auch Zuhörer, die Amanns Auffassung teilten, und mehrere von ihnen sagten ihm das anschließend. Zaghaft geklatscht hatte allenfalls eine Handvoll. Ansonsten hatte, wer Amanns Meinung war, zu seinem Satz geschwiegen. Das Schweigen hört man nicht, wohl aber das Murren. Wie war also die «wahre Stimmung»?

Ulli Nissen legte einen ganz anderen Auftritt hin. Da ging es vor allem um die Abweichler. Sie sei doch bei allen wichtigen Diskussionen in der Partei dabei gewesen, sagte Ulli Nissen, und niemals habe einer von den Spätabweichlern auch nur im Ansatz Kritik geäußert. Im Gegenteil. Sowieso könne in der SPD jeder frei seine Meinung sagen, sie tue das doch auch. Dann braute sie im Dampfkessel ihrer Erregung die nun schon hundertmal gebraute Suppe, und das Publikum johlte und klatschte. Ganz bei sich und unter anderen, nahm Nissen sich nun Carmen Everts vor, nannte sie eine Lügnerin und fügte hinzu: Wenn Lügen kurze Beine hätten, dann müssten dieser Person schon «die Beine abfaulen». Da war die Begeisterung grenzenlos. Für keine Aussage bekam Nissen mehr Applaus. Wie also war die «wahre Stimmung»?

Der Applaus lässt sich messen, Schweigen nicht. Und schon gar nicht, was die Leute denken. Unübersehbar war den Frankfurter Genossen Ulli Nissen lieber als Gregor Amann; außer Amann hatte es an diesem Samstag kein anderer Redner gewagt, auch nur leise Kritik an Ypsilantis Wortbruch zu üben. Dabei konnte dessen verheerende Wirkung auf die Wählerzustimmung eigentlich von niemandem bestritten werden – doch hier geschah es. Auch sonst gab es in Frankfurt keine Selbstkritik, nur strotzendes Selbstbewusstsein und gelegentliche Äußerungen des Stolzes auf den Einfluss der Frankfurter Sozialdemokraten in der hessischen SPD. Dass die Partei in Stadt und Land am Boden lag, schien diesen Stolz nicht zu trüben.

Trotzdem wäre es falsch, aus der fast vollständigen Mundtotenruhe auf eine mehr oder weniger vollständige Einheit der Partei zu schließen. Im Gegenteil, man kann am Beispiel Frankfurts sogar besonders gut zeigen, dass es nicht so war, weil hier das ideologische und personelle Kraftzentrum Ypsilantis lag. Auf jenem Parteitag Anfang Dezember ging es nämlich nicht nur um Vergangenheit und Gegenwart, sondern auch um die Zukunft. Im Januar standen Neuwahlen bevor, und dafür musste schleunigst wieder eine Landesliste erstellt werden. Man hätte einfach die alte nehmen können – aber die SPD-Führung wollte Everts, Metzger, Tesch und Walter nicht nochmals aufstellen; um zu verhindern, dass sie sich bewarben, hatte sie sogar ihre Mitgliedsrechte suspendiert. Und anders als beim letzten Mal wusste diesmal jeder, dass die Abgeordneten, die nicht in der ersten Hälfte der Liste standen, im Januar aus dem Landtag fliegen würden.

Vor allem das beschäftigte auch Michael Paris. Der Abgeordnete mit dem einprägsamen Nachnamen stammte aus einer Arbeiterfamilie mit starker sozialdemokratischer Tradition. Schon als Kind war er bei den Falken aktiv gewesen; von dort glitt er wie auf einer Spielzeugrutsche in die Frankfurter Kinder- und Jugendarbeit, der er ein Leben lang auf eigenwillige Art treu blieb. Daraus wurde dann der betriebsame Beruf des «Kulturberaters». Er gestaltete sich zum metrosexuellen Dandy, der Luxuslimousinen fuhr, sich die Achselhöhlen rasierte, so gut wie nackt auf Luftmatratzen posierte und Bilder seiner dritten Frau in Unterwäsche in der «Bild»-Zeitung platzierte. Mit besonderer Leidenschaft kümmerte sich der Vater von vier Kindern (mit drei Müttern) um pädagogisch betreute

Spielplätze und Spielmobile; in den siebziger Jahren hatte er einen der ersten Abenteuerspielplätze in Deutschland angelegt. Inzwischen rühmte sich sein Verein «Abenteuerspielplatz e.V.», der größte Kulturveranstalter in Frankfurt zu sein. Ob es nun um Kinderprojekte oder SPD-Wahlkampf ging: Plakate mit Paris' Konterfei oder zumindest seinem Namen hingen eigentlich immer irgendwo in Frankfurt. 1999 schaffte er es, nicht zuletzt dank einer selbstfinanzierten, auffälligen Kampagne und dank seiner umtriebig erworbenen Bekanntheit, Landtagsabgeordneter zu werden. Vier Jahre später, als die SPD unter dreißig Prozent rutschte, musste er wieder aus dem Landtag ausscheiden. Und 2008 hatte er es wieder hineingeschafft.

Freilich von einem sehr schlechten Listenplatz aus: 45, dem letzten der fünf Frankfurter Wahlkreise, die in Abständen die Landesliste durchsetzten. Wie Tesch und Metzger war Paris nur in den Landtag gekommen, weil er seinen Wahlkreis direkt gewonnen hatte: mit dem besten Ergebnis eines Sozialdemokraten in Frankfurt. Besser als Ypsilanti, besser als Grumbach. Paris war trotzdem so schlecht platziert, weil in seinem Fall das Senioritätsprinzip außer Kraft gesetzt worden war. Den sicheren Platz auf der Liste, der eigentlich ihm zugestanden hätte, bekam der Neubewerber Turgut Yüksel. Das Argument: Yüksel war Türke. Einen Migrationshintergrund hatte Paris nicht zu bieten, er hatte das Licht der Welt in Frankfurt erblickt und es nur vom Ostend nach Bergen geschafft. Das gereichte ihm bei der Bewerbung um einen Frankfurter Wahlkreis nun zum Schaden.

In Wirklichkeit aber ging es hier weder um das Regional- oder das Senioritätsprinzip noch um die Berücksichtigung von Minderheiten, sondern darum, dass Paris nicht zur Parteilinken gehörte und manchen auch wegen seiner Posen abstieß. Er war für den Flughafen und pflegte kein grundsätzlich misstrauisches Verhältnis zur Wirtschaft. Also musste er, wie Amann, nach hinten auf die Liste. Mit welchem Argument das jeweils verbrämt wurde, spielt im Grunde keine Rolle: Bei Paris war es ein Türke, bei Amann, in Gestalt von Ulli Nissen, eine Frau. Dass diese Begründungen rein instrumentell waren, sieht man am Beispiel von Silke Tesch, die als Frau mit Behinderung in der SPD-Fraktion gleich doppelt hätte begünstigt werden können. (Dass sie die einzige Vertreterin des Handwerks in der Fraktion war, interessierte sowieso nicht.) Aber nichts von alldem nützte ihr, denn diese Kriterien waren vorgeschoben; sie dienten der linken Mehrheit nur bei Bedarf als Mittel, die Grundsätze des Ausgleichs außer Kraft zu setzen und stattdessen ihre Vorherrschaft zu festigen. Die Methode ist alt, sie heißt Kaderpolitik.

Vor der Wahl 2008 hatte Paris sich auf dem Parteitag mit einer Kampfabstimmung zu wehren versucht, jedoch knapp verloren. Bei dieser Abstimmung wurden auf einmal etwa zwanzig Stimmen mehr abgegeben als bei den Abstimmungen davor und danach; Paris fürchtete, das Ergebnis sei manipuliert worden, konnte das aber nicht beweisen. Jetzt, vor der Wahl 2009, versuchte er einen Beschluss der Frankfurter SPD zu erreichen, dass bei der Listenaufstellung die Kandidaten bevorzugt werden sollten, die ihren Wahlkreis direkt gewonnen hatten – also bei den Wählern beliebt waren. Das würde ihm selbst am meisten nützen, denn kein SPD-Kandidat in Frankfurt hatte in seinem Wahlkreis so viele Stimmen bekommen wie er. Völlig abwegig ist es ja auch nicht, Kandidaten aufzustellen, die gewählt werden, und so hatte Paris mehrere Frankfurter Ortsvereine für diese Idee gewonnen, die wiederum dem Parteitag entsprechende Anträge vorgelegt hatten. Die Gegenseite stellte den Antrag, darüber gar nicht erst abzustimmen, weil es in der SPD nicht um Personen, sondern um Inhalte gehe: Und über diesen Antrag gab es die erste Abstimmung. Hier bot sich folglich die Chance, die Mehrheitsverhältnisse und somit die wahre Stimmung in der Partei zu erkennen.

Jedenfalls so ungefähr, denn Frankfurter SPD-Parteitage waren unübersichtlich. Dazu trug nicht wenig bei, dass ständig Bewegung im Saal war. Ein knappes Dutzend Jusos streifte mit wichtiger Miene einzeln oder in kleinen Gruppen umher, wie an unsichtbaren Fäden dirigiert von ihrem ehemaligen Vorsitzenden Claudius Blindow, der, wie das Leben so spielt, inzwischen als Parlamentsmitarbeiter bei Yüksel untergekommen war. Die Jusos, im Alter zumeist den dreißig näher als den zwanzig, hatten Gesichter aufgesetzt, die äußerste Entschlossenheit ausstrahlten, ungefähr wie die «Freunde der italienischen Oper» in Billy Wilders Film «Manche mögen's heiß». Ein besonders junger, besonders schmächtiger Bursche trug auf schwarzem Shirt den roten Stern der Sowjetmacht, der allerdings zusammen mit dem weichen weißen Gesicht des Knaben die erhofft aufreizende Wirkung verfehlte. Die anderen glichen eher kleinen Gerhard-Schröder-Ablegern mit kräftigen Kiefern auf der Suche nach Zäunen zum Reinbeißen.

Regelmäßig holten sie sich Rat, Anweisungen oder einfach ein Gefühl der Geborgenheit bei Blindow. Der war seinerseits durch ein unsichtbares Band mit Grumbach verbunden, der neben Ypsilanti und Schäfer-Gümbel mit unbewegter Miene und niemals nachlassender Aufmerksamkeit auf dem Podium saß und selbst kaum je das Wort ergriff – der eigentliche Regisseur des Parteitags.

Wenn geredet wurde, verteilten sich die Jusos im Saal und unterstützten Delegierte, die ihnen stützenswert vorkamen – wie beispielsweise Ulli Nissen –, mit Applaus, bei anderen – wie beispielsweise Gregor Amann – murrten und knurrten sie wie missgelaunte Schäferhunde, die an der Leine zerren. Vor den Abstimmungen zogen sie sich zusammen und suchten wieder Blindows Nähe. Dann stimmten sie per Handzeichen im Pulk mit ab. Sie hielten Stimmkarten oder jedenfalls Zettelchen in der Hand, die als Stimmkarten durchgehen konnten. Wer sich mit Frankfurter Parteitagen nicht auskannte, mochte sich wundern, dass die Jusos dort so viele Delegierte hatten. Hatten sie auch gar nicht.

Unter solchen eher bizarren Bedingungen zeitigen Stimmergebnisse eine gewisse Unschärfe. Dennoch ließ sich erkennen, dass das Verhältnis etwa achtzig zu sechzig Stimmen betrug. Zugunsten der Linken. Allerdings hatte die konfuse Parteitagspräsidentin, die ehemalige Bundestagsabgeordnete Rita Streb-Hesse, bei der Abstimmung über die Abstimmung unterwegs vergessen, wer jetzt eigentlich wofür stimmen sollte und ob das Ja ein Ja zur Ablehnung der Befassung oder zur Zustimmung der Ablehnung oder vielmehr das Nein die Fortsetzung der Debatte bedeutete; jedenfalls entschied sie für Weitermachen, also irrtümlich gegen links. Das wiederum führte bei den Jusos, die sich um die Früchte ihres Zorns betrogen sahen, zu einer Gemütsbewegung. Sie wurde auf der Oberfläche ihres Pulks als rhythmische Zuckung sichtbar, ungefähr so wie auf der Haut eines Rindes, das von Bremsen gepeinigt wird. Die Jusos hatten verständlicherweise den Impuls, die Auszählung anzufechten, besannen sich aber eines Besseren. So kam es wider Erwarten zu der von Paris angestrebten Abstimmung, bei der sich dasselbe Verhältnis ergab, und diesmal wurde es richtig zugeordnet. Damit war gesichert, dass Paris nicht in den Landtag zurückkehrte. Nur einer unter vielen, pars pro toto.

Für den Beobachter in diesem Maschinenraum der Demokratie ergab sich, einmal abgesehen von der belebenden Wirkung auf den Verfassungspatriotismus, demnach ein ziemlich fester Eindruck hinsichtlich der Mehrheitsverhältnisse in der

Frankfurter SPD: vier zu drei. Also doch ganz anders, als der äußere Verlauf es nahelegte. Und nicht zu vergessen: Dieses Abstimmungsverhalten kam nach dem großen Knall. Ähnlich war es im Landesverband. Die Abgeordneten in der Fraktion hatten sich in «Aufwärts» und «Vorwärts» sortiert: 20 rechts, 22 links. Bei der Auswahl des Spitzenkandidaten 2006 hatte Walter auf der Vorstellungsrunde durch die Unterbezirke sogar 18 von 26 und eine knappe Stimmenmehrheit gewonnen. Und selbst auf dem Gesamtparteitag, wo die Funktionäre Oberwasser haben, hatte Ypsilanti sich nach einem exakten Patt in einem zweiten Wahlgang nur mit hauchdünner Mehrheit durchgesetzt. Von einer linken Einheitspartei konnte folglich keine Rede sein.

Allerdings von einer Linken, die ihre Mehrheit – wo sie diese einmal hatte – entschlossen instrumentalisierte, wie das Frankfurter Beispiel zeigt: in Personalfragen, bei Geschäftsordnungsdebatten, beim Verhindern von inhaltlichen Auseinandersetzungen (was nur an Rita Streb-Hesse gescheitert war) und schließlich durch Einschüchterung und massive Hetze gegen Einzelne. Der SPD-Spitzenkandidat, die SPD-Partei- und Fraktionsvorsitzende, der SPD-Bezirksvorsitzende in Personalunion mit dem Vorsitzenden des Stadtverbandes, der SPD-Fraktionsvorsitzende im Römer: Alle waren anwesend, als Ulli Nissen sich in ihren Phantasien über faulendes Fleisch erging. Keiner von ihnen sagte etwas dazu, niemand rügte sie oder rief auch nur zur Mäßigung auf. Auch keiner der Frankfurter Ortsvereinsvorsitzenden, die später ihre Entschuldigung annahmen und ihre Kandidatur zum Bundestag abermals guthießen – nachdem diese Geschichte veröffentlicht worden war und sich wieder einmal gezeigt hatte, dass derartige Verkehrsformen außerhalb der hessischen SPD wenig Anerkennung fanden.

DREI Der Mensch ist kein einsamer Jäger

Homo homini

Wölfe jagen das Ren in der baumlosen Tundra in weitgezogener Reihe. Sie halten zueinander beträchtlichen Abstand, sodass sie sich gerade noch im Augenwinkel haben, und bilden damit eine Front, die ihre Beute zwingt, immer weiter zu laufen. Sie haben aber auch andere Jagdtechniken, mitunter treiben einige die Beute auf ein Versteck zu, wo schon andere Wölfe aus dem Rudel warten. Dergleichen erfordert eine sehr gute Zusammenarbeit. Die Mitglieder des Rudels müssen einander fast blind verstehen.

Schimpansen beherrschen das noch wesentlich besser. Am liebsten jagen sie kleinere Affen, die keine Chancen haben zu entkommen – obwohl sie leichter sind und daher freier klettern können. Doch die Schimpansen bereiten ihre Jagd gründlich vor, sie kreisen die Beute von vornherein ein, sodass deren Fluchtwege abgeschnitten sind. Weil die Primaten einander dabei oft nicht einmal sehen können, erfordert ihr Jagdstil eine geradezu nachtwandlerische Kooperation.

Jane Goodall, die auszog, in kenianischen Schimpansen die besseren Menschen zu entdecken, und die das Sozialverhalten dieser Tiere in der freien Wildbahn in den sechziger Jahren des letzten Jahrhunderts als Erste gründlich studiert hat, musste bald feststellen, dass Schimpansen auch untereinander nicht nur nett sind, ja dass sie gegen benachbarte Gruppen regelrechte Kriege führen, mit exzessiver Brutalität. Inzwischen ist das viel umfassender erforscht – auch die Grausamkeit, die Schimpansen bisweilen im eigenen Rudel an den Tag legen, vor allem wenn eine Gruppe über ein einzelnes Tier herfällt. Das kann mit schwersten Verletzungen, sogar mit dem Tod des Opfers enden, das dabei förmlich in der Luft zerrissen wird.

Wölfe und Schimpansen sind große soziale Jäger. Dennoch führen sie auf diesem Planeten nur mehr ein geduldetes Dasein in den wenigen Lebensräumen, die der Mensch ihnen lässt. Es gibt kein Tier, egal wie groß, egal wie stark, das er nicht jagt und erlegt – und das schon seit der Vor- und Frühgeschichte, als er noch mit Faustkeilen und Speeren bewaffnet war. Nicht von ungefähr hat sich der Mensch die Erde untertan gemacht; das liegt an seiner Intelligenz und Sozialität. Er ist kein einsamer Jäger.

Es fällt uns nicht schwer, diese Tatsache anzuerkennen. Weniger gern sehen wir einer anderen ins Auge: Unser Erfolg hängt auch damit zusammen, dass wir eine so überaus aggressive Spezies sind.

Das gilt nicht zuletzt im Umgang untereinander. Auch hier fällt es uns leichter, liebevolle Seiten zu akzeptieren als die Tatsache, dass unsere Art jederzeit genauso in der Lage ist, Leichenberge aufzuhäufen. Aber was in der Bibel steht, stimmt: Wir wählen wirklich zwischen Gut und Böse, und die ungeheuren Kräfte, die in unserer Sozialität verborgen liegen, machen diese Entscheidung so folgenschwer. Als Einzelner ist der Mensch schwach, in der Natur kann er sich, nackt und bloß, kaum durchsetzen, doch als Gruppe, erst recht als Art ist er wild und gefährlich. Und niemand weiß das besser als wir selbst auf dem Grund unseres einsamen Herzens.

Ulli Nissen sagte auf dem Frankfurter Parteitag, dass in der SPD jeder seine Meinung offen aussprechen könne, und wiederholte das auch später noch. Sie selbst habe nie etwas anderes getan. Mobbing und Hetze sind jedoch keine Formen der Meinungsäußerung, sondern soziale Waffen.

In Wahrheit fällt es Menschen durchaus nicht so leicht, ihre Meinung zu sagen. Einfach ist es nur unter – wirklich oder vermeintlich – Gleichgesinnten. Man ist an guten Beziehungen interessiert, ja mehr noch: auf sie angewiesen, und deshalb ist es oft schon schwer, einem anderen auch nur freundlich zu widersprechen. Man will ihm nicht zu nahe treten, Harmonie ist wichtiger als unbedingte Ehrlichkeit. Und das ist bereits der Zustand der gemilderten Normalität. Vertritt jemand jedoch seinen Standpunkt entschieden, dann fällt es viel schwerer zu widersprechen, und wenn einer auch noch erkennen lässt, dass er keine andere Meinung dulden will, widerspricht man ihm in der Regel überhaupt nicht mehr, die Folgen sind ja immer unerquicklich.

Im tiefsten Herzensgrunde ist uns bewusst, dass wir voneinander abhängig sind. Unablässig stimmen wir unser Verhalten darauf ab. Wir haben von früh an eingeübt und hören nie damit auf, uns mit den Augen der anderen zu sehen: Wir sind durch und durch sozial, noch viel mehr, als uns im Eigenheim unserer vermeintlichen Individualität bewusst ist. Die Gedanken, die wir für unsere halten, teilen wir mit Tausenden, vielleicht Millionen anderen. Gedanken, die niemand je hatte, können auch wir nicht denken. Unsere Unabhängigkeit ist eine Fiktion, und wahre Autonomie gibt es wohl nur im Wahnsinn. Niemand, mag er auch das Gegenteil behaupten, strebt wirklich danach. Auch da hat die Bibel recht: In Wahrheit suchen wir Liebe. Deshalb fürchten wir den Verlust der

Sozialität, den Ausstoß aus der Gemeinschaft. Und es gibt tatsächlich keine von Menschen verhängte Strafe, die nicht mit diesem Verlust verbunden ist. Schon der Akt des Strafens selbst enthält eine Exkommunikation.

Trotzdem fällt es in der Gruppe mitunter sogar leichter, anderen zu widersprechen, als im Gespräch zu zweit. In der Gruppe kann man Rückenwind bekommen oder einfach darauf vertrauen, dass genug andere anwesend sind, mit denen man seine Meinung teilt. Darum funktioniert der freie Meinungsaustausch in Gruppen oft besser: weil die Gruppe dafür einen besonderen Schutz bietet. Wenn sie es tut. Umgekehrt ist es nahezu unmöglich, einer Gruppe als Einzelner entgegenzutreten, wenn diese ganz offensichtlich nichts von dem wissen will, was man zu sagen hätte, ja darüber in Zorn gerät. In solchen Situationen bietet man nicht nur einem einzelnen Menschen die Stirn, sondern sozusagen der Spezies – und zwar in ihrer Schreckensgestalt. Der Anteil der Personen, die dazu, ohne psychisch gestört zu sein, grundsätzlich in der Lage sind, bemisst sich vermutlich eher in Promille als in Prozent.

Hetzreden wie die von Ulli Nissen, von Applaus unterstützt, schüchtern andere ein, sie schaffen Schweigen. Wer auf solche Weise sagt, was er für eine Meinung hält, macht es anderen schwer, die ihre auszusprechen. Selbst die nicht ganz wenigen, die solche Reden abstoßend oder auch bloß lächerlich finden, trauen sich dann nicht mehr ins Feuer, weil sie den Eindruck gewinnen müssen, dass sie von einer riesigen Mehrheit Andersdenkender umgeben sind. Hetzen ist folglich ein ausgezeichnetes politisches Mittel, um indirekten Zwang auszuüben, um eine Gruppe zu homogenisieren. Wenn es von oben gedeckt wird.

Und genau das geschah in der hessischen SPD. Außerhalb der Partei verfehlte es seine Wirkung allerdings ganz. Sosehr die Tiraden mancher SPD-Funktionäre und ihre öffentliche Verstärkung durch den Hessischen Rundfunk geeignet waren, in die Partei selbst hineinzuwirken und die Minderheit dort in die Schraubzwinge zu nehmen, so sehr veranschaulichten und belegten sie zugleich den «unvorstellbaren Druck», von dem Everts und Tesch in der Pressekonferenz gesprochen hatten.

Die phantastischen Vier

Im Übrigen wurde der Schritt von Metzger, Tesch, Everts und Walter außerhalb der hessischen SPD durchweg anders beurteilt. Das schlug sich in der Bewertung der Kommentatoren nieder: Auch die fiel einheitlicher aus als gewöhnlich. Denn genau wie die Wähler begrüßten viele Journalisten, die der SPD und den Grünen sonst politisch näherstanden als der Union, das Verhalten der Vier. Deshalb wurde es überwiegend positiv bewertet, zum Teil sogar enthusiastisch; sie wurden die «vier Aufrechten» genannt, und die «Frankfurter Allgemeine» unterlegte ihr Titelfoto, das Metzger, Walter, Tesch und Everts zeigte, mit der Zeile: «Die phantastischen Vier». Reinhard Mohr griff diese Bezeichnung in einer «Hymne an die phantastischen Vier» noch am selben Tag in Spiegel-Online auf. Im begleitenden Video war allerdings von «Heckenschützen» die Rede.

Doch das blieb eine Ausnahme, von «Viererbande» sprach außer dem «Neuen Deutschland» nur die «Berliner Zeitung». Der «Stern» schrieb von «selbsternannten Aufrechten». Ansonsten jedoch wurde das Geschehen in Hessen, etwa in der «Welt», als eine «Sternstunde der Demokratie» beschrieben – freilich als «Desaster» für die SPD. Oft war von einem «Scherbenhaufen», gelegentlich von einem «Fiasko», einem «politischen Trümmerfeld» oder einem «Tollhaus» die Rede, verantwortlich dafür wurde durchweg Andrea Ypsilanti gemacht. Die Darstellung der Abweichler, ignoriert oder unter Druck gesetzt worden zu sein, wurde allgemein geglaubt. Selbst im Leitartikel der «Frankfurter Rundschau», die Ypsilanti und die SPD-Linke lange entschieden unterstützt hatte, stellte Uwe Vorkötter fest: Ypsilanti habe das Innenleben ihrer Partei «offenkundig nur noch selektiv wahrgenommen». Sie habe die Minderheit nicht ernst genommen, ihre skeptischen Bemerkungen zwar gehört, aber nicht zugehört. «Sie wollte sich über die innerparteilichen Gegner hinwegsetzen. Mehr noch, sie hat sie gedemütigt.»

Die inzwischen um Walter bereinigte hessische SPD-Führung kam also von Anfang an mit ihrer Darstellung, betrogen, ja regelrecht hereingelegt worden zu sein, in der Öffentlichkeit nicht durch – ein weiteres Symptom der Abkapselung. Der Grund dafür war schlicht und einfach ihr früheres Verhalten: Bereits im Frühjahr hatte die Ypsilanti-SPD in ihrem Umgang mit Dagmar Metzger offenbart, wie sie mit innerparteilicher Kritik umging. Erst als die öffentliche Empörung deswegen unüberhörbar wurde, mäßigten sich die Einpeitscher – nicht zuletzt, weil sie dazu auf Parteitagen von der Leitung aufgerufen wurden, und zwar ausdrücklich aus Sorge um das Image der Partei in der Öffentlichkeit. Nach der Pressekonferenz flog der solchermaßen zugeschraubte Deckel dann abermals vom Dampfkessel, und die Beobachter sahen ihr Urteil aus dem Frühjahr bestätigt. Sie diagnostizierten «tobsüchtige Wut» und «unflätige Beschimpfungen». Von «innerer Brutalisierung» schrieb der «Spiegel»; in der Partei herrschten «Angst, Hass und Intrige». Auch die «Zeit» konstatierte «Hass». Andere sprachen vom «offenen Krieg».

Viele Kommentatoren verwiesen auf den inneren Zusammenhang zwischen diesen Umgangsformen und dem avantgardistischen Anspruch der Ypsilanti-Gruppe, die sich als Vorkämpfer einer «sozialen Moderne» und einer «neuen politischen Kultur» geriere. Ypsilanti hatte mehr als einmal behauptet, «ihrer Zeit voraus» zu sein – ein Urteil, das gewöhnlich der Nachwelt überlassen bleibt. Auch nach ihrem Scheitern bekräftigte sie: «Wir haben nicht nur die Frage nach der Macht gestellt, sondern nach den Macht- und Herrschaftsverhältnissen.» FAZ-Herausgeber Werner D'Inka sah in solchen Sprach- und Aktionsmustern «Autismus, Autosuggestion und den Verlust der Bodenhaftung», Thomas Schmid in der «Welt» den rückwärtsgewandten «Aufstand einer verspießerten Rhein-Main-Linken gegen alles, was die Zeit erfordert». Schmid wusste, wovon er sprach, wenn er in diesem Zusammenhang «gewissenserstickenden Druck» konstatierte: Er kannte diese Szene sehr gut, weil er in Frankfurt in den sechziger und siebziger Jahren selbst eine wichtige Rolle in ihr gespielt hatte. Das «avantgardistische Selbstverständnis dieser SPD», schrieb er nun, «ist anmaßend, wie alle Politik, die Heilsbringer sein will». Schon in der Woche zuvor hatte «Zeit»-Chefredakteur Giovanni di Lorenzo Ypsilantis geplanten zweiten Anlauf als einen linken «Putsch gegen den Wähler» gegeißelt: Die daran beteiligten Politiker der SPD, Grünen und Linkspartei würden «die Stimmung ihrer eigenen Parteifunktionäre und Sympathisanten mit dem Willen des Volkes verwechseln».

Offensichtlich herrschte gegenüber den Vieren eine gewisse Dankbarkeit, weil sie Ypsilanti daran gehindert hatten, ihr Ziel zu erreichen. Im «Wiesbadener Kurier» schrieb Christian Stang: «Ihre Weigerung, den Weg in die totale Abhängigkeit von einer marxistisch-kommunistischen Sektierergruppe mitzugehen, verdient Beifall und nicht Empörung.» Sie hätten «der SPD in Wahrheit einen großen Dienst erwiesen». Die SPD allerdings lag nun in Hessen danieder; Hermann Rudolph,

Herausgeber des Berliner «Tagesspiegel», nannte es beklemmend, «eine solche Partei, die einmal einen Eckstein der deutschen Sozialdemokraten und der Bundesrepublik bildete, derart zertrümmert am Boden zu sehen». Für alle Beobachter war klar, dass Ypsilanti eine schwere, persönlich vermutlich endgültige Niederlage erlitten hatte.

Doch das bedeutete keineswegs, dass die SPD künftig nicht mit der Linkspartei zusammenarbeiten würde. Im Gegenteil: Nahezu alle Sozialdemokraten, die sich öffentlich dazu äußerten, im Land oder im Bund, kündigten an, das vor Wahlen nie wieder kategorisch auszuschließen. Müntefering hatte es ausdrücklich ins Benehmen der Landesverbände gestellt, nur im Bund wollte er nichts mit der Linkspartei zu schaffen haben – als verfügten die Länder im Bund nicht über eine eigene Kammer, den Bundesrat.

Hatten die Anhänger einer Zusammenarbeit mit der Linkspartei in der SPD also tatsächlich auf ganzer Linie verloren? Die «taz» konstatierte das Gegenteil: «Die SPD beginnt die Politiker zu isolieren, die auf die Linkspartei nur mit einem Tabu zu reagieren wissen.» Ein zutreffendes Urteil. In der «taz» wurde aber ebenso beobachtet, dass sich die SPD dadurch gegenüber den Wählern weiter isolierte. Klaus Peter Klingelschmitt schrieb, das Desaster in Hessen sei «das Resultat der politischen Instinkt- und Rücksichtslosigkeit, mit der sich die Parteiführung über alle Widerstände hinwegsetzen wollte», sowie ihres Desinteresses an rund siebzig Prozent der Wähler.

Soweit überhaupt Kritik an den Abweichlern laut wurde, bezog sie sich auf den späten Zeitpunkt der Entscheidung von Everts, Tesch und Walter. In der «Stuttgarter Zeitung» schrieb Joachim Worthmann, die drei taugten «nicht gerade als Vorbilder im Sinne des aufrechten Ganges», und auch Uwe Vorkötter nannte ihr Vorgehen in der FR «nicht akzeptabel», «stillos und illoyal». Die «Berliner Zeitung» übernahm die kämpferische Wortwahl aus der Politik, die drei hätten ihr Gewissen erst spät entdeckt, und kontrastierte das mit einer Beschreibung Dagmar Metzgers. Auch Hermann Rudolph sprach von «Heldentum in letzter Minute» und meinte, dieses Heldentum schmecke schal, «sieht man einmal von Dagmar Metzger ab, die von vornherein mit offenem Visier kämpfte».

Doch Heldentum hat keiner der Vier jemals beansprucht. Wenn sie als Helden angesprochen wurden – und das geschah oft –, wiesen sie das zurück, sichtlich unangenehm berührt. Walter und Everts nannten das eigene Verhalten immerhin «tapfer» oder «mutig». Silke Tesch wehrte auch das ab. Sie hatte Mühe, sich zu verzeihen, dass sie nicht schon im März den Mut gefunden hatte, Metzger offen zur Seite zu stehen. Sie fand sich feige.

Auftritt Stegner: Das Krokodil

Dabei hätten sie Andrea Ypsilanti die Stimme einfach in geheimer Wahl versagen können. Denn die Verfassung sieht, im Bund wie in den Ländern, für die Wahl des Regierungschefs eine solche geheime Abstimmung vor. Nicht von ungefähr: Damit soll verhindert werden, dass Abgeordnete von der eigenen Partei oder Fraktion genötigt werden. Es geht also nicht um Heimlichkeiten, sondern darum, das «imperative Mandat» zu verhindern, durch das Abgeordnete zu bloßen Befehlsempfängern ihrer Partei würden. Das Wahlgeheimnis schützt die Freiheit der Wahl. Aus demselben Grunde sind auch die allgemeinen Wahlen geheim: Andernfalls wären sie nicht frei.

Kein Wunder, dass die Parteien immer wieder Mittel ersonnen haben, das Wahlgeheimnis zu durchbrechen. Sowohl die Grünen im Hessischen Landtag als auch die FDP im Bad Homburger Stadtparlament hatten früher einmal Stimmzettel markiert, um beweisen zu können, dass sie dem jeweiligen Regierungschef als Koalitionspartner treu zur Seite standen und Gegenstimmen nicht aus ihren Reihen, sondern denen seiner eigenen Partei kamen. Das übliche Verfahren zur Markierung von Stimmzetteln ist die Verwendung einer besonderen Tinte, einer lilafarbenen zum Beispiel, oder das Anbringen von Zeichen, etwa einem Fähnchen an der rechten oberen Ecke des Stimmkreuzes. Es müssen Kleinigkeiten sein. Natürlich kann man solche Methoden auch einsetzen, um von vornherein abweichende Stimmabgaben zu erschweren oder gar unmöglich zu machen. Aber wenn es ruchbar wird, ist die Wahl ungültig.

Am einfachsten wäre es, wenn Wackelkandidaten ihren Stimmzettel einem Aufpasser aus der eigenen Partei vorzeigen müssten, doch das wird durch die nach drei Seiten blickdichten Wahlboxen verhindert. Trotzdem befürchtete der hessische Landtagspräsident Norbert Kartmann von der CDU, bei der geplanten Ministerpräsidentenwahl Ypsilantis könnte mittels Vorabsprachen oder auch indirekt Druck auf Abgeordnete der SPD-Fraktion ausgeübt werden, ihren Wahlakt durch Markierungen zu belegen. Kartmann ließ deshalb besondere Stimmkarten anfertigen: mit Kunststoff beschichtet, sodass sie sich nicht beschriften ließen. Die Abgeordneten sollten für Ja, Nein oder Enthaltung stimmen, indem sie die Markierungen mit einem Dorn durchstießen, also die Karten lochten. Aber wie das mit technischen Innovationen so ist: Es findet sich immer eine Möglichkeit, sie mit anderen technischen Neuerungen auszuhebeln. Und so kursierte in der SPD-Fraktion schon bald die Idee, verdächtigte Abgeordnete könnten ihre Stimmabgabe per Handyfoto dokumentieren.

Schließlich hatten alle das Beispiel von Heide Simonis vor Augen, deren Wiederwahl als Ministerpräsidentin nach zwölf

Jahren am 17. März 2005 im Kieler Landtag gescheitert war. Ihr fehlte eine einzige Stimme, aber auf die war sie angewiesen; ihre rechnerische Mehrheit war sogar noch knapper als drei Jahre später in Hessen, wo Ypsilanti mit den Grünen und der Linkspartei immerhin auf zwei Stimmen Vorsprung hoffen konnte. Den naheliegenden Weg in eine große Koalition wollte Simonis nicht beschreiten, weil darin die stärkere Partei das Amt des Ministerpräsidenten beanspruchen kann – und das wäre die CDU gewesen. «Ja, und wo bin ich dann?», hatte sie im Fernsehen gefragt. Auch Ypsilanti hätte in einer großen Koalition nicht Chefin werden können; ein Zurücktreten hinter Roland Koch allerdings hätte nicht zu ihrem gefühlten Wahlsieg gepasst.

Es gab noch weitere Parallelen zwischen Kiel und Wiesbaden. CDU und SPD waren fast gleich stark, und in beiden Landtagen waren fünf Parteien vertreten. Auch in Kiel war es um eine «Tolerierung» der rot-grünen Koalitionspartner gegangen, wenngleich nicht durch die Linkspartei, sondern durch den SSW, den «Südschleswigschen Wählerverband». Und wie Ypsilanti hatte Simonis vor der Wahl erklärt, eine Tolerierung durch den SSW komme für sie nicht in Betracht. Zudem war der schleswig-holsteinische SPD-Landesverband traditionell stark links ausgerichtet, etwa so wie Hessen-Süd. Die Polarisierung zwischen SPD und CDU war allzu stark, grenzte mitunter an Feindschaft und fand ihren Tiefpunkt in hassdurchtränkten Affären.

In beiden Parteien kam es zu einem gewaltigen Aderlass, die Führungspositionen wurden nahezu vollständig ausgetauscht. So gelangte Heide Simonis in die Staatskanzlei. Sie zog auch den jungen Ralf Stegner empor, der nicht lange zuvor mit einer Arbeit über «Theatralische Politik made in USA» promoviert worden war. In seiner Doktorarbeit wollte Stegner nicht nur die dramatisierte Oberfläche der amerikanischen

Politik untersuchen, sondern auch hinter die Kulissen schauen. Ihn beschäftigte weniger das Stück als seine Inszenierung; er hatte erkannt, dass Politik, die ja auf Zustimmung angewiesen ist, mit solchen Mitteln beträchtlichen Einfluss auf die öffentliche Meinung nehmen kann. Jeder erfolgreiche Politiker muss diese Kunst anwenden.

Andere mochte Stegners steiler und schneller Aufstieg verblüffen, er selbst empfand ihn keinesfalls als unangemessen. Viele Genossen sahen im Harvard-Wimpel, der in jedem seiner Büros hing, Stegners Hochmut verkörpert, der sich auch in seiner Intellektuellen-Attitüde mit Gelehrtenfliege, mehr aber noch auf seinem Gesicht abzubilden schien, wo die schräge Linie der einseitig hochgezogenen Oberlippe im Verein mit den oft unmutig verkniffenen Augen in einem bleichen, weichen Gesicht Ungeduld und Überheblichkeit abzubilden schien. Schon als jungem Staatssekretär sagte man ihm nach, dass das Foto auf seinem Schreibtisch nur ihn selbst zeige.

Tatsächlich machte sich Stegner wenig Mühe, zu verbergen, dass er sich anderen überlegen fühlte, zumindest geistig. Das galt auch für die SPD im Bund. Seit er Finanzminister war, nutzte Stegner jede Chance, bundesweit öffentlich in Erscheinung zu treten; sein neuer Job bot dazu gute Gelegenheiten, denn kundige Finanzpolitiker sind rar. In den Fernsehtalkshows war er ein gern gesehener Gast. Er gehörte zu den am häufigsten eingeladenen Politikern im Sonntagstalk bei «Sabine Christiansen». Deren Sendung inszenierte Politik fast wie im Puppentheater: Die Rollen von Kasperle und Gretel, Großmutter, Wachtmeister und Krokodil mussten besetzt werden, und Stegner zählte zu den wenigen Politikern, die gern das Krokodil gaben.

Dabei fehlte ihm eine Hausmacht in der schleswig-holsteinischen SPD. Vorübergehend war er mal stellvertretender Vorsitzender eines Kreisverbandes. Erst 2005 bekam er sein erstes

Landtagsmandat, wurde dann aber auch gleich Mitglied des Landesvorstands. Da ging er schon hart auf die fünfzig zu, ein Alter, in dem Heide Simonis Ministerpräsidentin geworden war, als Älteste seit dem längst in Vergessenheit geratenen Helmut Lemke. Alle ihre Vorgänger waren jünger gewesen: Engholm keine fünfzig, Barschel keine vierzig, Stoltenberg Anfang vierzig, und sowohl Engholm als auch Stoltenberg waren vorher schon Bundesminister gewesen.

Zwar hatte Heide Simonis in ihrer saloppen Art vor der Landtagswahl 2005 angekündigt, dass sie nicht, wie drei Jahre zuvor der sächsische Ministerpräsident Kurt Biedenkopf, dermaleinst «vom Stuhl gekratzt und rausgetragen» werden wolle, aber im gleichen Atemzug hatte sie deutlich gemacht, dass sie die volle Wahlperiode im Amt bleiben werde: «Leute, die hoffen, dass ich gewinne und dann zurücktrete, täuschen sich.» Öffentlich gab Simonis eine Frau, die ihr Herz auf der Zunge trägt, und kam damit bei vielen Leuten gut an. Unentwegt redete sie vor allem über sich oder darüber, wie sie die Welt sah – doch auf eine irgendwie erfrischende Weise, nicht so wohlabgewogen wie andere Politiker. Erst nach ihrem entwürdigenden Abgang wurde vielen klar, dass es sich bei Heide Simonis tatsächlich vor allem um Heide Simonis drehte. Mitgliedern ihres Kabinetts gingen ihre lautstarken, dramatischen Auftritte hinter verschlossenen Türen schon länger auf die Nerven. Damals hatte sich bei manchen die Hoffnung geregt, ihre schlechte Laune und ihre Ausbrüche könnten dem Amt, nicht der Menschheit gelten, und sie werde womöglich anderen Platz machen. Stattdessen war Simonis geblieben und hatte sich 2005 in ihren dritten Wahlkampf als Spitzenkandidatin gestürzt. Und vielleicht hätte sie mit Ach und Krach gesiegt: wenn sie denn im Landtag gewählt worden wäre. Doch dann fehlte ihr eine Stimme.

Der Verdacht gegen Stegner hätte sich vielleicht alsbald in

Luft aufgelöst, wenn der Finanzminister selber das Theatralische in der Politik in den nachfolgenden Tagen nicht so übertrieben zelebriert hätte. Am Nichtwahltag hatte Stegner mit seiner Bewertung «ehrlose Schweinerei» nur den Ton der Auseinandersetzung vorgegeben. Aber am nächsten Vormittag faxte er zusätzlich noch einen Brief an die Fraktionsgeschäftsstelle. In auffallend ungelenkem Stil forderte er darin «die/den Abgeordnete/n, die/der alleine (?) weiß, an wen dies adressiert ist», zur Umkehr auf, beschimpfte den Adressaten jedoch zugleich als «Verräter», «feige», «schäbig», «charakterlos» und unterstellte ihm, wahlweise, Motive «egozentrischer Geltungssucht», «feiger Rache» oder Korruption. Dann forderte er ihn auf, sich öffentlich zu stellen – ein offenkundig unernster Vorschlag. «Wie alle anderen 33 Kolleginnen und Kollegen von SPD, Grünen und SSW, die in allen Wahlgängen Heide Simonis zur Ministerpräsidentin gewählt haben, bin ich empört, schockiert und auch ratlos», schrieb Stegner, als solle auch der Letzte begreifen, dass er Simonis gewählt hatte. Zugleich fiel er damit aus der gewohnten Rolle, Ratlosigkeit entsprach nicht seinem Selbstbild. «Ich weiß auch nicht, was jetzt die richtige Konsequenz ist.» Unstegnerischer konnte man es nicht ausdrücken.

Wenn man das Theatralische in der Politik übertreibt, verfehlt es seine Wirkung. Meistens geht der Schuss dann sogar nach hinten los. Und das Gleiche passierte Stegner gut drei Jahre später schon wieder, als er auf allen Kanälen das Krokodil spielte, indem er sich zum bundespolitischen Hauptverfolger der vier sozialdemokratischen Abweichler in Hessen aufschwang. Derselbe Kopf rennt meistens gegen dieselbe Wand.

Trauerarbeit zorniger Art

Stegner machte damit sogar seinen mühsam aufpolierten Ruf wieder zunichte. Nach dem Scheitern von Heide Simonis 2005 hatte er alles getan, um eine große Koalition zu verhindern, allerdings ohne Erfolg, und war schließlich Innenminister der neuen Regierung geworden. Immerhin aber hat er sie dann bald an den Rand des Zerfalls getrieben. Stegner hasste den CDU-Ministerpräsidenten Peter Harry Carstensen, dessen ofenhafte Selbstzufriedenheit ihm eine einzige Provokation war; und dass nun ein Mann das Land nach Art eines «Dorfbürgermeisters» regierte, während er selbst wieder bloß Minister war, machte ihm zu schaffen. So kam es, dass Stegner aus der Landesregierung scheiden musste. Zum Ausgleich hatte er sich den Fraktionsvorsitz und die nächste Spitzenkandidatur ausbedungen, doch wenn seine Unbeliebtheit im Lande andauerte, würde ihm das am Ende wenig nützen. Also bemühte er sich fortan, sein Rabauken-Image loszuwerden, kämmte sich die Haare nicht mehr im Frühtau zu Berge und legte sogar seine geliebte Kriegsfliege ab. Stattdessen ließ er sich im Polohemd mit offenem Kragen sehen. Es reichte jetzt nicht mehr, links zu sein, er musste es auch noch schaffen, umgänglich zu wirken. Seit Monaten lächelte sich Stegner nun schon durch das Land.

Nach dem 3. November 2008 aber brach die Charme-Offensive zusammen. Schon vor der geplanten Abstimmung im Wiesbadener Landtag hatten Journalisten begonnen, Stegner nach seiner Meinung über Ypsilantis Chancen zu fragen; natürlich nicht frei von Hintergedanken. Er stellte sich der Herausforderung zunächst gleichmütig, dann aber, nach der Pressekonferenz der Vier, gerierte er sich bald als Großinquisitor der deutschen Sozialdemokratie. Von Anfang an hatte Stegner das Vorgehen der Abweichler als «Schande» bezeichnet und ihren Ausschluss verlangt: «Ein solches Verhalten kann in keiner Partei geduldet werden.» Er geißelte es als «charakterlos und völlig niederträchtig» und bezeichnete die Vier als «Desperados», die angeblich eine Regierung mit Roland Koch bilden wollten. Die innerparteiliche Solidarität sei «völlig verletzt» worden. Das Ganze sei «Provinztheater».

Und in diesem Theater spielte Stegner nun abermals das Krokodil. Es gab keinen zweiten Sozialdemokraten, der in den ersten vierzehn Tagen nach der Pressekonferenz in der Öffentlichkeit dermaßen präsent war.

Ansonsten entsprachen solche Ausfälle eher dem Repertoire der Linkspartei. Deren Abgeordneter Hermann Schaus hatte die SPD-Abweichler «hinterlistige Schweine» genannt, Janine Wissler sprach von einer «absoluten Sauerei», vom bösartigen «Schlachten einer Spitzenkandidatin», und ihr Kollege Willi van Ooyen nutzte die Gelegenheit, die Vier als Handlanger einer «Stahlhelm-Fraktion der CDU» zu denunzieren: ein von ihm als letztem Geschäftsführer der nach 1989 mit der DDR erloschenen «Deutschen Friedensunion» indes gewohnheitsmäßig benutzter Begriff. Schon auf der Pressekonferenz hatten Abgeordnete der Linkspartei eine Karikatur hochgehalten, auf der vier teuflisch grinsende, fette Schweine dargestellt waren.

Die Zeichnung war ziemlich aufwendig. Warum gab es sie überhaupt? Schließlich lag zwischen der ersten Agenturmeldung und dem Erscheinen der Linkspartei-Demonstranten im Dorint nur gut eine Stunde. Die Erklärung: Das Bild war bereits zwei Tage zuvor, zum SPD-Parteitag, in der «Frankfurter Neuen Presse» abgedruckt worden. Der Zeichner hatte sich an einen Vorgang erinnert, der fünfzehn Jahre zurücklag. Damals hatten im Frankfurter Römer vier mutmaßlich sozialdemokratische Abgeordnete dem ungeliebten Oberbürgermeister Andreas von Schoeler in geheimer Wahl einen Denkzettel verpasst und den Grünen-Bewerber für das Umweltdezernat durchfallen lassen. Schoeler nannte sie die «vier Schweine». Der Zeichner fragte sich, ob durch Ypsilantis Albträume nicht auch solche Schweine geisterten. Auf seiner Karikatur hatte er sie als mürrische Prinzessin in ein Himmelbett gelegt, das die fiesen Dickhäuter umstanden.

Dieses Bild hatte die Linkspartei einfach herauskopiert und vergrößert. Die Demonstranten hatten auch Transparente mitgebracht, auf denen zu lesen war: «SPD-Rechte stützt Stahlhelmfraktion der CDU» und «Mein Gott Walter – Lügner Verräter Spalter». Solche Formen der Auseinandersetzung, vor allem in dieser persönlich bedrohlichen Zuspitzung, waren mit dem Einzug der Linkspartei in den Hessischen Landtag zurückgekehrt; aus anderen Länderparlamenten kannte man sie sonst eher von rechtsradikalen Abgeordneten der DVU oder NPD. Sie stammen eigentlich aus einem anderen, dem totalitären Zeitalter, hatten aber in politischen Splittergruppen fortexistiert. Die Linkspartei betrachtete die parlamentarische Auseinandersetzung ohnehin nur als eines von drei Instrumenten zur Überwindung der «kapitalistischen Gesellschaftsordnung». Während Pressekonferenzen gewöhnlich der unbeeinflussten Information der Öffentlichkeit dienen, erhofften ihre Abgeordneten sich von dieser Veranstaltung eigene Publizität; sie wussten, dass sie anschließend selbst reichlich interviewt werden würden, und wollten außerdem «Flagge zeigen».

Zum «Flaggezeigen» gehörte auch, dass man die Abgeordneten quasi zu Hause zu stellen suchte. In Everts' Dorf errichteten Linke einen Infostand vor dem Bäcker, in Silke Teschs Dorf umzingelten sie deren Haus mit Plakaten, die sie an den Laternenmasten befestigten. Unverkennbar war bei alldem allerdings auch, dass der auf persönliche Einschüchterung angelegte Politikstil inzwischen auf die hessische SPD übergegriffen hatte.

Tiraden gab es freilich auch aus der Bundes-SPD. Der niedersächsische SPD-Vorsitzende Garrelt Duin wetterte über die «Schweinerei», Heide Simonis erkannte auf «Mobbing» und vermutete, die Sache sei von langer Hand geplant worden. Im Vergleich zu ihr sei Ypsilanti sogar noch schlechter dran, weil sie «gleich zweimal öffentlich hingerichtet worden» sei. Die nordrhein-westfälische SPD-Chefin Hannelore Kraft dagegen nannte den Vorgang bloß «moralisch verwerflich». Der frühere SPD-Generalsekretär Klaus Uwe Benneter, seit 2005 Justiziar der sozialdemokratischen Bundestagsfraktion, sagte, ein Ausschlussverfahren gegen die «Dissidenten» sei «das Selbstverständlichste von der Welt», denn: «Parteischädigender kann man sich nicht verhalten.» 1977 war er als Juso-Vorsitzender auf Betreiben von Egon Bahr aus der Partei ausgeschlossen worden, weil er öffentlich zwischen Unionspolitikern und Kommunisten wie folgt unterschieden hatte: Letztere seien «Gegner», mit denen man auch zusammenarbeiten könne, Erstere jedoch «Feinde».

Berlins Regierender Bürgermeister Klaus Wowereit dagegen sagte nur, man habe hier erst «kurz vor Toresschluss sein Gewissen entdeckt», nahm Dagmar Metzger aber ausdrücklich von diesem Vorwurf aus. Das war logisch zwingend, wenn man den Zeitpunkt der Entscheidung in den Mittelpunkt der Kritik stellte. Darum würdigten die Darmstädter Abgeordnete inzwischen auch viele Sozialdemokraten, die sie noch vor wenigen Monaten scharf getadelt hatten.

So kam zu einem Zeitpunkt, an dem Dagmar Metzgers Hinauswurf aus dem Landtag schon dadurch gesichert war, dass man sie nicht wieder aufstellen würde, und während Parteiordnungsverfahren mit dem Ziel des Ausschlusses gegen sie liefen, das Lob ihres Heldentums auch in der SPD vorübergehend in Mode. Es war aber nur die freundliche Hülle für den tödlichen Tadel, der die drei anderen Abgeordneten traf. Ein

Meister in der Herstellung dieses Konfekts war von jeher der vormalige, seit 2005 stellvertretende Bundestagspräsident Wolfgang Thierse; wegen seiner strubbeligen Haar- und Barttracht einst als «Ossibär» verniedlicht, hatte Thierse sich im Amt eine präsidiale Attitüde zugelegt; er umhüllte sein Gift mit mildem Schmelz und einer Glasur hoheitlicher Abgewogenheit. Jetzt proklamierte er eine «Trauerarbeit zorniger Art». In einem Interview, das am 7. November in der «Welt» erschien, forderte er «Konsequenzen» für die Parteifreunde, die Ypsilanti «abgeschossen» hätten. Allerdings halte er nichts von eiligen Parteiausschlüssen. Das Thema werde sich durch Neuwahlen «wohl von selbst» erledigen: «Eine erneute Kandidatur der Vier für die SPD», sagte er, «kann ich mir nicht recht vorstellen.» Und fügte hinzu: «Mir scheint, dass mancher, der sich auf sein Gewissen beruft, sich allein Kommunikation und Diskussion entziehen will.» Er respektiere Gewissensentscheidungen. Doch diese hätten «ganz furchtbare Folgen», denn die Vier hätten «die eigene Partei auf absehbare Zeit fast politikunfähig gemacht». Im Übrigen hätten sie zwar einen Wortbruch abgelehnt, aber einen anderen Wortbruch begangen. Auf die Frage seines Gesprächspartners, ob es auch Versäumnisse bei Frau Ypsilanti gegeben habe, antwortete Thierse: «Das kann ich nicht beurteilen.»

Gewissen

Worin genau Thierses Respekt vor dem Gewissen eigentlich bestand, wurde nicht recht deutlich, aber eine gewisse Berechtigung war seinen Erörterungen nicht abzusprechen. Hinter der Berufung auf das Gewissen kann sich wirklich alles Mögliche verbergen; Hegel, die Exzesse der Französischen Revolution vor Augen, schrieb sogar, das Gewissen sei stets auf dem

Sprunge, «ins Böse umzuschlagen». Ist ein «gutes» Gewissen überhaupt eines? Sogenannte Ermessensfragen als solche des Gewissens auszugeben, hat der Berliner Theologe Richard Schröder einmal eine «Strategie des Fanatismus» genannt und dazu angemerkt, die Berufung auf das Gewissen könne zu den «subtilen Formen der Tyrannei» gehören: «Mein Wille geschehe.» Deshalb war auch Hegel schon zu dem Schluss gekommen, dass das Gewissen dem Urteil unterliegen müsse, ob es «wahrhaft» sei. Doch gibt es keine Möglichkeit, sich darüber letzte Klarheit zu verschaffen. Niemand kann in einen anderen Menschen hineinsehen. Mehr noch: Auch man selbst kennt sein Gewissen nicht. Oder will es nicht kennen.

Sprachgeschichtlich gesehen, bildet «Wissen» den Stamm von Gewissen, und das Wort, lateinisch «conscientia», meint genau dies: Mitwisser von sich selbst zu sein. Dabei geht es nicht um alltägliche Entscheidungen, sondern um solche, die letzten Endes darüber bestimmen, wer man ist. Und diese Frage – wer man ist – kann man kaum von der scheinbar sehr ähnlichen Frage trennen, wer man gern wäre. Der Unterschied ist, wenn man ihm nachgeht, beinah unbegreiflich fein und wiegt doch unendlich schwer; nur das Gewissen kennt ihn, und es erteilt seine stumme Antwort im Spiegel.

Als wichtigste Symbolgestalt des Gewissens in der deutschen Geschichte gilt Martin Luther. Seinen Satz aus dem Jahr 1521, gesprochen vor dem Kaiser und Reichstag zu Worms, wo er widerrufen sollte, glaubt jeder zu kennen, und jeder Protestant lernt ihn bis heute im Konfirmationsunterricht: «Hier stehe ich, ich kann nicht anders, Gott helfe mir, amen!» Vielen Katholiken blieb diese Satzkette der Inbegriff trotziger Anmaßung, vielen Protestanten die Urformel für Bekenntnismut. Auch Carmen Everts berief sich darauf. Wie so oft bei geflügelten Worten hatte allerdings auch Luther in Wirklichkeit etwas anderes gesagt: «Wenn ich nicht durch das Zeugnis der Heiligen Schrift oder durch klare Vernunftgründe überzeugt und überwunden werde, so bleibe ich überwunden durch die von mir angeführten Schriftstellen und mein Gewissen bleibt im Worte Gottes gefangen und ich kann und will nicht widerrufen, da es beschwerlich, ungut und gefährlich ist, gegen das Gewissen zu handeln. Gott helfe mir, amen.»

Luther hatte sich also keineswegs allein auf sich selbst berufen, sondern Vernunftgründe anerkannt, sich darüber hinaus auf die Schrift bezogen und schließlich sogar sein Gewissen als abhängig bezeichnet: «im Worte Gottes gefangen». Nach Freiheit klang das nicht. Kant nannte das Gewissen einen «inneren Gerichtshof des Menschen» und knüpfte dabei direkt an den Apostel Paulus an, der in seinem Brief an die römische Gemeinde geschrieben hatte, die Gebote Gottes seien auch den Heiden «ins Herz geschrieben»: «Ihr Gewissen legt Zeugnis davon ab, ihre Gedanken klagen sich gegenseitig an und verteidigen sich.»

Luther war ein Verehrer des Apostels Paulus. Durch Paulus hatte sich ihm das Geheimnis der göttlichen Gnade erschlossen, und in diesem Licht sah er seither auch das Gewissen: «Sooft Gottes Wort verkündet wird, schafft es fröhliche, weite, sichere Gewissen in Gott, weil es das Wort der Gnade ist, das Wort der Vergebung, ein gutes und mildes Wort. Sooft Menschenwort verkündigt wird, macht es die Gewissen traurig, eng, ängstlich bei sich selbst, weil es das Wort des Gesetzes, des Zornes und der Sünde ist, das enthüllt, was man nicht getan hat und wie viel man schuldig ist zu tun.» Luther sah Gott also nicht als personalisierten Normenkodex und letzte moralische Instanz, sondern als denjenigen, «der das Gewissen fröhlich, frei und sicher macht in all den Irrungen und Wirrungen, denen auch das gewissenhafteste Gewissen nicht entgeht». So drückte es Richard Schröder aus. Das sei, fuhr er fort, etwas ganz anderes als jenes permanent gute Gewissen, das «in seiner Unerschütterlichkeit von Gewissenlosigkeit kaum zu unterscheiden ist».

Dagegen sieht eine moderne Deutung in das Gewissen nur gesellschaftliche Sitten und Maßregeln eingeprägt: zumeist bedrückende Forderungen, die aber letztlich beliebig sind, sodass man sich ihrer im Grunde nur zu entledigen braucht – gegen innere Widerstände. Schröder bemerkt, in dieser Sicht sei die wahre Freiheit gar nicht Freiheit des Gewissens, sondern Freiheit vom Gewissen. Doch «schaudern wir zurück vor solcher Konsequenz», und darum bleibe sie unausgesprochen. Das «Philosophische Wörterbuch der DDR», der marxistisch-leninistischen Denkweise folgend, hat dafür eine gar nicht so unangemessene Lösung gefunden: Es verzichtete einfach auf das Stichwort «Gewissen». In der Welt des neuen Menschen sollte es nicht mehr vorkommen.

Denn das Gewissen ist ein mächtiger Störenfried – wenn es nicht, mit Joseph Ratzinger zu sprechen, als «Schutzmantel der Subjektivität» missbraucht wird. Es macht nicht nur dem Einzelnen zu schaffen, es stört auch nicht bloß die einheitliche Willensbildung in Gruppen, sondern ist der letzte, mitunter unüberwindliche Hort des Widerstands gegen politische Unterdrückung, wie die Schicksale von Märtyrern wie Dietrich Bonhoeffer oder Edith Stein zeigen, die bereit waren, aus Gewissensgründen das eigene Leben zu opfern. Doch selbst das ist kein zuverlässiges Kriterium, um Heilige von Fanatikern zu unterscheiden, denn die Berufung auf das Gewissen wird zwar plausibler, wenn jemand bereit ist, dafür Nachteile in Kauf zu nehmen, doch können selbst in solchen Fällen genauso gut andere Motive den Ausschlag gegeben haben: Neid zum Beispiel, Trotz, Rache oder Begehren. Von außen wie von innen kann man die Stimme heißer Leidenschaften mit den Qualen des Gewissens verwechseln. Wie Woody Allen sagte: «Das Herz ist ein elastischer kleiner Muskel.»

Das ist der Grund, weshalb in solcher Lage regelmäßig Gewissensprüfer auf den Plan treten. Die «Frankfurter Rundschau» beispielsweise ließ unter der Überschrift «Von wegen Gewissensfrage» zum Fall der Vier einen freien Mitarbeiter den «Missbrauch» der Gewissensentscheidung mit einem «Aufmerksamkeitsdefizit» erklären. Und Heribert Prantl urteilte in der «Süddeutschen Zeitung» vom 4. November: «Die Gewissensgründe, auf die sich Walter beruft, gelten für ihn nicht» – wobei Walter sich in der Pressekonferenz als Einziger nicht auf sein Gewissen berufen hatte. Später allerdings tat auch er es. In Prantls Augen war er «der Spiritus Rector der vier SPD-Abweichler», der lenkende Geist; er habe Ypsilanti aus Rache «politisch erwürgt». Prantl nannte Walter einen «Tollhäusler» und den kleinen «Nero der SPD». Die SPD in Hessen, schloss Prantl, sei verbrannt wie Rom. Ypsilantis Scheitern sei auch ein Schlag für die Ambitionen von Steinmeier und Müntefering, wenn diese im Herbst 2009 die Bundestagswahl gewinnen wollten.

Die Gefühle in der Berliner Parteispitze waren da eher gemischt. Einerseits beschädigte die hessische Affäre zweifellos den Ruf der SPD; dazu kam, dass nun fast jede Hoffnung auf eine Mehrheit in der Bundesversammlung für Gesine Schwan erloschen war, durch deren Kür zur Bundespräsidentin vier Monate vor der Bundestagswahl im Herbst die SPD gern ein Zeichen gesetzt hätte. Andererseits aber war dieses Ende mit Schrecken vielleicht doch jenem Schrecken ohne Ende vorzuziehen, der aus einer Ypsilanti-Regierung von Gnaden der Linkspartei hätte erwachsen können. Mancher in Berlin hielt, was sich in Wiesbaden abspielte, schon längst nicht mehr für Politik, sondern für «Esoterik». Allerdings war so gut wie nichts dagegen zu machen. Wenn es um die Stellung der Abgeordneten ging, hatte Müntefering ohnehin seine eigene Meinung. Für ihn waren die Abgeordneten der eigentliche

Dreh- und Angelpunkt des politischen Systems, oder vielmehr: lauter Dreh- und Angelpunkte. Das sagte er auch in der Pressekonferenz, die er, notgedrungen, am Nachmittag des 3. November gab: «Es gibt keine größere Verantwortung als die der gewählten Abgeordneten. Und die müssen letztlich entscheiden, wie sie sich verhalten.»

Wie viele andere sprach Müntefering von einem «schweren Schlag für die SPD» und sagte, das Parteipräsidium sei «hochgradig empört». Er vermied es aber, selbst auf Nachfragen, das Wort «parteischädigend» in den Mund zu nehmen, sondern antwortete, es sei «schade, dass es so passiert ist». Jetzt komme es vor allem darauf an, dass «die Glaubwürdigkeit der Sozialdemokraten und der Politik keinen Schaden nimmt». Daher zähle der Umgang untereinander: «Die SPD darf jetzt in Hessen kein Kleinholz miteinander anrichten.» Man müsse «miteinander reden». Dabei hatte Müntefering noch immer die Möglichkeit einer großen Koalition in Wiesbaden im Auge. Die SPD, sagte er, müsse erkennen, dass sie «mit ihrem Versuch gescheitert» sei, aber auch Koch müsse einsehen, «dass er gescheitert ist. Dass es für ihn keine Chance gibt, auf der Grundlage des Wahlergebnisses vom Frühjahr für sich die Ministerpräsidentschaft zu reklamieren. Das sind die Feststellungen.»

Doch in Ypsilantis Umgebung kamen hauptsächlich Münteferings Bemerkungen über das Gewissen an: «Dass man das 24 Stunden vorher entdeckt, das ist mir nicht geheuer.» Müntefering benutzte dabei als einer der Ersten öffentlich die Formulierung, die schon im Präsidium gefallen war: Die Abweichler hätten erst wenige Stunden vor der Abstimmung «ihr Gewissen entdeckt». Dadurch fühlten sich diejenigen bestätigt, die seit dem Vormittag in ohnmächtiger Wut auf die vier Abweichler blickten, während sich die inzwischen «untergetauchten» Abgeordneten selber wie wahnsinnig über ihren

Parteivorsitzenden aufregten. Vor allem Silke Tesch war der Meinung: «Man entdeckt sein Gewissen nicht. Entweder man hat eines oder man hat keines.»

Müntefering war freilich nie so weit gegangen, den Rebellen das Gewissen abzusprechen. Er äußerte Bedenken wegen des späten Zeitpunkts, mehr nicht: «Das ist für mich der kritische Punkt», sagte er. «Ist das eine Gewissensentscheidung, ja oder nein? Ich mag das von hier aus nicht beurteilen. Das kann für den einen oder anderen so sein. Da muss man vorsichtig sein, Gewissen sind verschieden ausgebildet.» Und dann folgte wieder Münteferings Credo. Nach über vierzig Jahren in der SPD glaube er nicht an Gehorsam in der Politik. Die SPD war ihm nicht gefolgt, als er ihr einen Generalsekretär vorschlug. Er selbst hatte gegenüber seinem Nachfolger Beck ebenfalls keinen Gehorsam an den Tag gelegt, bevor er dann zum zweiten Mal selbst wieder Parteivorsitzender wurde. Niemand wusste daher besser als Müntefering, wovon er sprach, wenn er in jenen Wochen und Monaten, in Interviews wie in Hintergrundgesprächen, in seiner tastenden, knappen Art darüber redete: Am Ende liege die Verantwortlichkeit «einzig bei den gewählten Abgeordneten».

Frau XY und die Agenda 2010

Die Schärfe der Auseinandersetzungen in der hessischen SPD hatte viele Ursachen, und die wichtigsten davon lagen in der Geschichte des Landesverbandes selbst. Aber der Streit an sich gehörte in einen größeren Zusammenhang: die harten innerparteilichen Kämpfe um die Agenda-Politik des Bundeskanzlers Schröder. Sie hatten gleich mit deren Einführung 2003 begonnen, und noch fünf Jahre später befand Müntefering, dass der SPD nicht die große Koalition, sondern ihre Regierungsjahre davor schwer zu schaffen machten. Er hatte, sobald er sich nach einigem Hin und Her für diesen Weg entschieden hatte, Schröders Arbeitsmarktreformen als Fraktionsvorsitzender und später auch als Parteivorsitzender in einer Art Tandem mit dem Kanzler entschlossen durchgesetzt. Das Prinzip der Reformen hieß «Fördern und Fordern». Es war der erste ernsthafte Versuch, dem Sozialstaat das Fett abzusaugen.

Wie Müntefering hatte auch der nordrhein-westfälische Ministerpräsident Wolfgang Clement diese Politik unterstützt. Schröder legte daraufhin die traditionell feindlichen Ministerien für Wirtschaft und Arbeit kurzerhand zusammen und stellte Clement an die Spitze des neuen Superministeriums. Der machte seinen Job mit Eifer, doch mit weniger diplomatischem Geschick als Müntefering, wenigstens soweit es die eigenen Genossen betraf. So wurde Clement für SPD-Linke und Gewerkschafter zur Symbolfigur eines «neoliberalen» Kurses, ein Kampfbegriff, der zunehmend die innerparteilichen Auseinandersetzungen prägte. Manchmal wurden die Anhänger der Agenda-Politik in Ypsilantis Umfeld auch «Marktradikale» genannt.

Als die Agenda 2003 vorbereitet wurde, war Andrea Ypsilanti gerade SPD-Landesvorsitzende geworden. Bis dahin selbst in Hessen nahezu unbekannt, fiel sie bald bundesweit auf, indem sie öffentlich Schröders Reformpolitik kritisierte. Der Kanzler half dabei unfreiwillig mit, indem er sie als «Frau XY» aus Hessen abqualifizierte. Ypsilanti und Clement nahmen somit von Anfang an gegensätzliche Positionen im SPD-Präsidium ein, wobei Clement ungleich einflussreicher war. Aber fünf Jahre später hatten sich die Gewichte verschoben. Clement war längst aus der aktiven Politik geschieden, schrieb Texte für durchweg bürgerliche Zeitungen und Zeitschriften und setzte sich obendrein als Berater für eine Zeitarbeitsfirma ein. Bei der Linken hießen solche Unternehmen seit dem Lied von Ton Steine Scherben 1971 «Sklavenhändler». Falls Clement vorgehabt haben sollte, die Genossen noch mehr gegen sich aufzubringen, hätte er schon bei der Rüstungs- oder Atomindustrie anheuern müssen. Aber auf die Linken nahm er keine Rücksicht mehr. Wenige Wochen vor dem Ende des Landtagswahlkampfs 2008 hatte er in einem Beitrag für die «Welt am Sonntag» darüber nachgedacht, ob man Andrea Ypsilanti wegen Scheers Energiepolitik die Verantwortung für Hessen anvertrauen könne; und wer sich Clements Überlegungen zu eigen machte, konnte diese Frage im Grunde nicht mehr bejahen.

Quittiert wurde das von seinem Ortsverein Bochum mit der Einleitung eines Ordnungsverfahrens, das auf Clements Parteiausschluss zielte. Im August 2008 entschied die nordrhein-westfälische Landesschiedskommission der Partei, den ehemaligen Ministerpräsidenten und Bundesarbeitsminister aus der SPD auszuschließen. Diese Entscheidung erhellte wie ein Blitz den Riss in der deutschen Sozialdemokratie. Der Feind wurde in den eigenen Reihen geortet, Genossen waren einander ein Gräuel. So schrieb der Graphiker Klaus Staeck am 17. Januar 2009 an den Komponisten Rudolf Krause: «Mir bereitet es große Probleme, mit Leuten wie Silke Tesch in einer Partei zu sein.» Manche Genossen glaubten, einander nicht mehr ertragen zu können. Bundeskanzler Schröder hatte 2005 den Graben gewaltsam zu schließen versucht, indem er die Partei in vorzeitige Neuwahlen führte, doch damit war er gescheitert. Seither lief eine Gegenreformation durch die SPD, die ihren größten Erfolg in Andrea Ypsilantis Wahlergebnis feierte; jetzt, im Sommer danach, hatte die Parteiführung alle Hände voll zu tun, Clements Rauswurf abzuwenden. Diese Angelegenheit wurde vor die Bundesschiedskommission getragen, SPD-Generalsekretär Hubertus Heil trat als Bevollmächtigter der Parteiführung dem Verfahren bei, in dem Clement von seinem früheren Ministerkollegen Schily vertreten wurde. Es stand kurz vor dem Abschluss, als es in Hessen knallte.

Clement gehörte zu den wenigen ehemals führenden Sozialdemokraten, die den hessischen Dissidenten daraufhin uneingeschränkt öffentlich zur Seite traten. Aber was heißt wenigen? Es waren fünf: außer Clement noch der betagte Klaus von Dohnanyi, Rudolf Scharping, Klaus Bölling und, als einzige aktive sozialdemokratische Politikerin, Susanne Kastner, die Bundestagsvizepräsidentin. Alle wandten sich gegen die Ausschlussverfahren. Bölling sagte: «Nicht die Dissidenten, wohl aber die hessische Parteivorsitzende hätte ein Parteiordnungsverfahren verdient, weil sie ihre Partei zielstrebig demoliert hat.» Und Scharping schrieb von «politischem Exorzismus»: «Er gefährdet die Volkspartei SPD.» Dohnanyi wiederum vertrat die Ansicht, gerade die aktuelle Finanzkrise sei nicht die Zeit für «politische Experimente», die Zukunft eines der wirtschaftsstärksten Länder der Bundesrepublik dürfe nicht «geopfert» werden. Er sprach vom «Irrsinn in Hessen».

Gut drei Wochen nach der Pressekonferenz der Vier war Clement nicht mehr Mitglied der SPD. Zwar hatte die Bundesschiedskommission es bei einer Rüge belassen wollen, womit Clement sich womöglich widerwillig abgefunden hätte. Aber dass er nun «noch eine Art Revers unterschreiben sollte», seine Worte in Zukunft sorgfältig zu wählen, nahm er nicht hin. Nach seiner Interpretation hatte die Schiedskommission sinngemäß gesagt, Parteimitgliedschaft bedeute eingeschränkte Meinungsfreiheit, und dem wollte er sich nicht unterwerfen. Dohnanyi meinte dazu, der Austritt Clements wie bald zehn Jahre zuvor der Lafontaines offenbarten die innere Spannung der SPD – eine innere Spannung unter äußerem ökonomischem Anpassungsdruck, der letztlich daher rührte, dass das Wirtschaftswunder seit vierzig Jahren vorüber war. Aber es trug immer noch Früchte in den Köpfen.

Auch die CDU durchlebte denselben Konflikt, doch anders als die Union hatte die SPD an ihrer Seite einen blutsaugenden Konkurrenten, Lafontaines Linkspartei. Sie war für manche sozialdemokratischen Anhänger sehr anziehend, weil in ihr die illusionären Hinterlassenschaften zweier untergegangener Welten verschmolzen wurden: die des kapitalistischen Wirtschaftswunderlandes und die des sozialistischen Arbeiter- und Bauernstaates. Und so wurde die Frage des Umgangs mit der Linkspartei zu einem Medium der innerparteilichen Auseinandersetzung der SPD über ihren künftigen Kurs.

Freie Abgeordnete

Streit aber schwächt den Sinn für Maß und Mitte. Nur deshalb konnte so schnell in Vergessenheit geraten, dass eine Ministerpräsidentenwahl in erster Linie keine Parteisache ist – sondern eine des Parlaments. Ebendarin lag der Makel der HR-Berichterstattung: Sie vermittelte das Geschehen hauptsächlich als innere Angelegenheit der SPD. In Wirklichkeit ging es aber nicht nur darum, ob sich Parteimitglieder einer Mehrheit unterwerfen, sondern um eine durch das Wahlgeheimnis geschützte Entscheidung freier Abgeordneter; daher vertrat der Verfassungsrechtler Hans Herbert von Arnim auch die Ansicht, ein Parteiausschlussverfahren gegen die Vier sei rechtlich «völlig abwegig». Dass gewählte Abgeordnete von ihrem freien Mandat Gebrauch machen wollten, könne nicht als parteischädigendes Verhalten ausgelegt werden.

Eine Partei hat überhaupt keine Abgeordneten, obwohl das oft irrtümlich so ausgedrückt wird. Sie schlägt sie nur vor, doch sind es die Wähler, die sie zu Abgeordneten machen.

Und diese Abgeordneten sind, wie es im Grundgesetz heißt, «Vertreter des ganzen Volkes, an Aufträge und Weisungen nicht gebunden und nur ihrem Gewissen unterworfen». Auch in der hessischen Verfassung steht: «Die Abgeordneten sind Vertreter des ganzen Volkes.» Von Parteien ist da nicht einmal die Rede.

Über die Parteien sagt das Grundgesetz lediglich, dass sie an der politischen Willensbildung mitwirken; der Abgeordnete wird also vor den Parteien, die ihn in der Regel ins Parlament entsenden, durch die Verfassung geschützt. Seine Stellung ist ein Resultat beständiger politischer Auseinandersetzungen, seine Rechte und Pflichten sind kein Ergebnis phantasievoller Überlegungen, sondern der Geschichte. Das Parlament ist das Machtzentrum des demokratischen Staats geworden, weil es nach und nach die Vorrechte anderer Institutionen geschleift hat. Um die gesetzgebende Gewalt tatsächlich ausüben zu können, darf es keinem fremden Willen unterworfen sein. Das gilt für das Parlament als Ganzes ebenso wie für den einzelnen Abgeordneten.

Deshalb steht die Idee des «freien Abgeordneten» am Anfang der demokratischen Entwicklung, wo sie sich zunächst gegen den König richtete, bald aber auch gegen andere. Sie wurde in England vorbereitet; Edmund Burke legte das in einer Rede in Bristol 1774 beeindruckend dar. Er führt dort aus, dass der Abgeordnete kein Sachwalter anderer Interessen sei, nicht einmal der seiner Wähler: «Ihre Wünsche sollten für ihn großes Gewicht haben, ihre Meinung hohen Respekt, ihr Interesse uneingeschränkte Aufmerksamkeit», am Ende aber dürfe er «seine vorurteilsfreie Meinung, sein reifes Urteil, sein aufgeklärtes Gewissen» weder irgendeinem Menschen noch irgendeiner Gruppe opfern. Auch in Frankreich formulierte Abbé Sieyès, ein Abgeordneter sei kein Delegierter seines Wahlbezirks, sondern «wahrer Repräsentant der Nation». Das floss wörtlich in die Verfassung von 1791 ein. Dagegen standen die Vorstellungen Jean-Jacques Rousseaus, für den die Abgeordneten «Kommissare» des Volkes sein sollten. Ein Entwicklungsstrang verläuft von dort über die Schreckensherrschaft des Wohlfahrtsausschusses nach der Französischen Revolution bis zu den «Volksdemokratien», in denen die Abgeordneten dem Befehl der kommunistischen Partei unterworfen waren. Auch die Hitler-Diktatur nahm die Form eines Einparteienstaats an. Die Herrschaft einer Partei über die staatlichen Institutionen, auch die Abgeordneten, ist ein maßgebliches Kriterium für den Unrechtsstaat.

In der repräsentativen Demokratie jedoch hatte sich das freie Mandat gegen das imperative durchgesetzt und damit zugleich der Übergang von der ständischen zur parlamentarischen Repräsentation, in der im Prinzip jeder Abgeordneter werden konnte. «Jedermann muss ohne Rücksicht auf soziale Unterschiede, insbesondere auf seine Herkunft, seine Ausbildung und sein Vermögen die gleiche Chance haben, Mitglied des Parlaments zu werden», sagt das Verfassungsgericht. Darum gibt es die Diäten. Bismarck, der das allgemeine Wahlrecht als «schädliche Institution» betrachtete, hatte sie abgeschafft. Sein Diätenverbot sollte das allgemeine Wahlrecht aushebeln, indem es nur den wohlhabenden «intelligenteren Classen» den Zugang zum Parlament eröffnete; das richtete sich vor allem gegen die Sozialdemokratie, und die wehrte sich, indem sie ihre Abgeordneten selbst bezahlte. So entstand das politische «Nebenbeamtentum»: Damals, am Ende des 19. Jahrhunderts, erwuchs der Typus des Parteifunktionärs als politischer Beruf – und mit ihm wiederum eine Bedrohung der Freiheit des Mandats, weil der Abgeordnete als Angestellter der Partei in beinah vollständige Abhängigkeit von der Parteiführung geriet. 1906 wurde das Diätenverbot im Reich abgeschafft, seither galten auch dort, wie zuvor schon in vielen Länderparlamenten, Diäten wieder als «unverzichtbar». Das bedeutet: Der Abgeordnete musste die Diäten annehmen, ob er wollte oder nicht, ob er das Geld brauchte oder nicht. Das ist bis heute so. Die Diäten sollen ihn von seiner Partei unabhängiger machen. Aber auch andere materielle Abhängigkeiten sollen dadurch ausgeschlossen werden.

In der modernen Demokratie führt letztlich kein machtpolitischer Weg am Parlament vorbei. Deshalb kann das Ringen um den Einfluss auf Abgeordnete nicht enden, und das soll es auch nicht, denn erst dadurch wird parlamentarische Repräsentanz möglich. Er selbst jedoch ist letztlich nur dem Ganzen, dem Gemeinwohl, verpflichtet. Was das ist, entscheidet am Ende – sein Gewissen.

VIER Eine Tauchfahrt in die Schweiz

Lange Wege

Nach der Pressekonferenz schossen die Fotografen noch einmal Fotos, und einer von ihnen, ein gedrungener Typ mit Schiebermütze, brachte Silke Tesch zum Lächeln, als er ausrief: «Guckt mal nach unten, hier liegt so 'n kleiner Dicker!» Das ärgerte sie, weil sie ja eigentlich nicht fröhlich aussehen wollte. Nicht lachen und kein Mitleid erwecken. Tesch konnte Mitleid nicht ausstehen, überhaupt lag es ihr nicht, das Einfühlungsvermögen fremder Leute zu stimulieren. Vielleicht kam sie schon deshalb nicht auf so bezwingende Sätze wie Carmen Everts, die über diese paar Meter von «Aachen» nach «Genf» und wieder zurück von «Genf» nach «Aachen» später eindringlich sagte: «Dieser Weg, das war der längste meines Lebens.»

Die Mutter von Silke Tesch hatte im Sommer eine Gehirnblutung erlitten, sie war in ein Krankenhaus nach Siegen gebracht worden, und dort besuchte ihre Tochter sie in jenen Wochen täglich. Das waren viele lange Wege gewesen, zu lang für die nagelneue Prothese, und deshalb hatte Tesch die Eingewöhnung abbrechen müssen und erst einmal wieder das alte Ersatzteil umgeschnallt. Im Herbst ein neuer Versuch. Inzwischen war die Umstellung auf die neue Prothese gerade so weit fortgeschritten, dass es kein Zurück mehr gab: Das Bein verformt sich in solchen Phasen; danach, Anfang November, passte die neue Prothese noch nicht und die alte nicht mehr. Eigentlich hätte Silke Tesch Gehhilfen benötigt, die guten alten Krücken oder wenigstens einen Stock. Aber so wollte sie sich nicht sehen, geschweige denn filmen und fotografieren lassen, schon gar nicht unter diesen Umständen. Kein Mitleid.

Silke Teschs Darstellungskunst richtete sich daher an jenem Tag eigentlich nicht auf die Bühne, sondern auf den kurzen Weg dorthin und wieder zurück: Niemand sollte merken, dass sie behindert war, und es merkte auch niemand.

Ein seltsamer Gegensatz: Während Tesch ihre Gefühle verbarg, hatte Everts Gefühle anschaulich werden lassen, die sie aktuell genau genommen schon nicht mehr haben konnte; aus der moralischen Zwickmühle war sie ja bereits heraus, die Wahlkabine war kein Thema mehr. Wahrscheinlich war der kurze Weg zwischen den beiden Räumen an diesem Tag für Tesch doch der längere. Merkwürdigerweise wäre es früher umgekehrt gewesen: Die einzige Politikerkollegin, die größere Mühe mit dem Vorankommen gehabt hatte als sie, war Carmen Everts, die vor gut einem Jahr noch über 160 Kilo gewogen hatte. Damals war sie in einem Pulk meistens die Letzte gewesen.

Jetzt hatten sie ihre Erleichterung gemeinsam. Umarmungen wurden ausgetauscht. Es war wenige Minuten nach zwei Uhr. Die Anspannung fiel von ihnen ab, einer sagte: «Es ist eigentlich gut gelaufen», und die anderen stimmten zu. Der Raum «Aachen» hatte zwei Fenster, Everts öffnete das linke, Tesch das rechte. Metzger und Tesch rauchten. Die Damen saßen vor dem rechten Fenster, Walter stand am linken. Gegenüber, auf der anderen Straßenseite, waren Büroangestellte, die herüberschauten; sie würden sich wohl erst am Abend zusammenreimen können, wen sie da sahen.

Nachdem Fernsehleute des HR noch einige Aufnahmen gemacht hatten, saßen die Vier und ihre Abgeordneten-Mitarbeiter, Dagmars Mann Mathias und ihr Schwager Michael Metzger, Jürgen Walters frisch angetraute Ehefrau Esther sowie sein Kompagnon Gerhard Tille noch eine Weile beisammen. Lothar Tesch war bereits heimgefahren. Die Vier hatten ihre Handys wieder eingeschaltet und festgestellt, dass schon während der Pressekonferenz Anrufe und Mitteilungen eingegangen waren, die Speicher begannen, zügig vollzulaufen. Die Telefone vibrierten und tirilierten bald fortlaufend; als Everts die Nummer einer Studienkollegin aus Berlin erkannte, nahm sie den Anruf an und erfuhr, dass deren Mann die Pressekonferenz im Radio gehört hatte: Sie wollten ihr sagen, dass sie «klasse» fänden, was Everts gemacht hatte, und ihr alles Gute wünschen.

Es waren noch fast sämtliche Schnittchen da, aber so richtig nach Essen war allen nicht. Wieder und wieder gingen sie die Pressekonferenz durch, ließen sich von den Beobachtern erzählen, wie sie ihre Sache gemacht hatten, erzählten einander, wie sie das Auftreten der jeweils anderen bewerteten. Auch mit dem Frage-und-Antwort-Teil der Pressekonferenz waren sie insgesamt zufrieden. So weit, so gut.

Dagmar Metzger hatte den drei anderen vor Augen gehalten, was auf sie «losstürmen» würde. «Vielleicht legt ihr euch ein zweites Handy zu, eine zweite SIM-Karte.» Das Internet, Notebooks und Handys hatten die Welt zu einem Dorf gemacht, «Öffentlichkeit» bedeutete nicht mehr dasselbe wie auch nur zehn, geschweige denn zwanzig Jahre zuvor. Wenn sich damals Leute äußern wollten, konnten sie nur das Festnetztelefon benutzen, einen Brief oder, wenn es ganz eilig war, ein teures Telegramm senden. Das Synonym für einen Öffentlichkeitssturm waren damals «Waschkörbe» voller Briefe oder Postkarten, aber solche Schreiben waren doch wenigstens einen Tag unterwegs gewesen. Per Mail oder SMS ließ sich das auf Sekunden reduzieren, und die Mailadressen von Abgeordneten sind über das Internet frei zugänglich.

Am Sonntagabend hatte Lothar Tesch seine Frau verwundert gefragt: «Wieso packst du denn deinen Koffer?» Silke Tesch hatte geantwortet: «Weil ich ein paar Tage mit den anderen zusammen sein muss. Und weil ich erst mal verschwinden muss.» Den drei Frauen erschien es, nachdem sie sich einmal zu der Pressekonferenz entschlossen hatten, schlicht «undenkbar», danach gleich wieder auseinanderzugehen. Deshalb hatten sie am Sonntag beschlossen, zu dritt mit Everts' Wagen wegzufahren. Sie hätten auch gern Jürgen Walter mitgenommen, doch der wollte nicht; vor allem, weil seine Frau Esther nicht wollte.

Zusammenzubleiben war insbesondere für Everts wichtig. Sie empfand ein Bedürfnis, sich zu erklären, auch jenseits der Pressekonferenz. «Es gab so viel zu erzählen, hundert Mosaiksteine.» Hinzu kam aber noch etwas anderes: Es war nicht schwer vorauszusehen, dass die kommenden Angriffe sich auf die drei Spätentschiedenen konzentrieren und inhaltlich stark voneinander abweichen würden – je nachdem, ob es um Walter, Everts oder Tesch ging. Und weil sie beschlossen hatten, gemeinsam zu handeln, wollten sie sich nun, nach der Pressekonferenz, «nicht auseinanderdividieren lassen» und ihre künftigen Äußerungen abstimmen, zumal ihnen bewusst war, dass sie ganz unterschiedliche Rollen gespielt hatten, namentlich Dagmar Metzger. Nun wollten sie die Pressekonferenz erst einmal wirken lassen, und sobald es, vielleicht nach einigen Tagen, erforderlich sein sollte, sich zu äußern und mit Journalisten zu sprechen, wollten sie auch das wieder gemeinsam machen.

Und so beschlossen die drei Damen, zusammen loszufahren; nur wohin? Tesch und Everts fühlten sich völlig erschöpft. Everts' Befinden hatte sich seit Wochen dramatisch verschlechtert, sie war meistens kalkweiß. Obendrein hatte sie einen gravierend klingenden ärztlichen Befund; Sorgen machte sich darüber aber nur Silke Tesch, verwundert, dass Everts die Sache zu verdrängen schien. Doch wie auch immer: Nach Ruhe und Erholung sehnten sich beide. Wo freilich konnte man die unter diesen Umständen finden?

Metzger bot das Ferienhaus ihrer Schwiegereltern in der Schweiz an. Dort machte der Metzger-Clan seit Jahrzehnten Skiferien; das geräumige Haus lag in einiger Abgeschiedenheit auf etwa 1500 Metern Höhe in der Nähe von Chur in Graubünden. Von Wiesbaden war es in gut fünf Autobahnstunden zu erreichen. Everts war noch nie in der Schweiz gewesen. Sie sah sich schon am prasselnden Kaminfeuer in der Holzhütte sitzen, ein gutes Buch auf den Knien, und durch ein Panoramafenster hinaus auf die verschneiten Berge blicken.

Unterwegs nach Süden

Aber zunächst einmal war es schwierig, überhaupt aus dem Dorint hinauszugelangen. Wagner, der Leiter der Personenschutzgruppe, hatte angesichts der rasch zunehmenden Zahl von Journalisten und Demonstranten entschieden, weitere Kollegen hinzuzuziehen. Um eins, als die Pressekonferenz begann, hatte sich auf dem Korridor ein dichtes Menschenknäuel gebildet; ohne die Hilfe der Beamten wären die Vier kaum hindurchgekommen. Während der Pressekonferenz waren dann weitere Demonstranten vor dem Hotel angelangt, sodass einstweilen nicht daran zu denken war, das Gebäude ungestört zu verlassen. Und auch nicht ungefährdet: Wagner war zu dem Schluss gekommen, dass ein beträchtliches Aggressionspotenzial vorlag. Eine gut begründete Einschätzung, wenn man sich die bald darauf verbreiteten Aussagen von Parteigenossen wie Ulli Nissen vor Augen hält, bei denen niemand ausschließen konnte, dass Fanatiker sie wörtlich nahmen. Deshalb hatte Wagner für die Häuser und Wohnungen der Vier auch schon Objektschutz angeordnet. In vergleichbaren Fällen hatten «autonome» Linke andernorts wiederholt Brandanschläge verübt.

Und deshalb hieß es im Raum «Aachen» nun erst einmal abwarten, bis sich die Journalisten und Demonstranten verlaufen hatten, denn jetzt hatten die Fachleute vom Landeskriminalamt das Heft in der Hand. Erst gegen halb drei brach man auf. Die Vier trennten sich von ihren Weggefährten und fuhren mit den Beamten im Aufzug in die Tiefgarage. Everts' Wagen, zu dem sie nun befördert werden mussten, war längst fortgebracht worden, wohin, das wussten die Abgeordneten nicht. Im Parkhaus stiegen sie in einen abgedunkelten VW-Bus, ein Zivilfahrzeug des LKA in «off-road-grey»; mit einem zweiten Fahrzeug, einem Personenwagen, fuhren weitere Beamte voraus. Die Polizisten in den beiden Autos verständigten sich per Funk. Nachdem die Vorhut geklärt hatte, dass der Weg frei war, raste der Bus in ziemlichem Tempo aus dem Parkhaus, dabei schlug deutlich hörbar die Dachantenne an. Dann ging es mit quietschenden Reifen um die nächste Ecke.

«Es war ein bisschen wie Derrick für Arme», sagte Everts später, und tatsächlich hatte sie kurz das Gefühl, in einem Film zu sein, im falschen sogar; während die Polizisten sich per Funk verständigten, dass die Wagen nicht verfolgt wurden, sagte sie sich, dass das jetzt wirklich kein Kino war. Auch Silke Tesch fühlte sich eigentlich nicht wie jemand, der beschützt wird. Sie fand es seltsam unpassend, «dass man als

Abgeordnete im 21. Jahrhundert aus der Hauptstadt abtransportiert werden muss».

Bald darauf hielt der Bus am Bahnhof, wo Walters Wagen stand, und Walter fuhr von dort die paar Kilometer über den Rhein nach Mainz, um sich mit seiner Frau zu treffen.

Im Zickzack-Kurs ging es weiter. Das Ziel war, wie sich schließlich herausstellte, die Polizeiwache in Bierstadt, dem größten östlichen Vorort Wiesbadens. Dort parkte Everts' Auto. Die ganze aufregende Fahrt hatte nur ein paar Minuten gedauert: Es war zwanzig vor drei.

Sonniges, kaltes Wetter. Die Frauen blieben draußen auf dem Parkplatz, liefen hin und her und telefonierten. Tesch sprach mit ihrem Vater, Everts mit Bökel. Der sagte ihr, dass ihm während ihrer letzten Sätze die Tränen in den Augen gestanden hatten. So verging mit Telefonaten und dem Abhören der Mailboxen eine ganze Weile, dann erschien der Leiter der Polizeiwache auf dem Parkplatz: «Sie müssen nicht im Freien telefonieren.» Die Abgeordneten bedankten sich, sagten aber, dass sie nun weiterwollten. Trotzdem dauerte es noch, bis sie loskamen. Insgesamt verbrachten sie eine Dreiviertelstunde vor der Wache. Irgendetwas hielt sie fest.

Dann setzte sich Everts ans Steuer, Tesch stieg nach hinten durch, Metzger nahm den Beifahrersitz. Gleich als Erstes schalteten sie das Radio ein, sie wollten keine Nachrichten verpassen. Wohin sollte die Reise gehen? Nach Süden, in die Schweiz, so viel war klar. Everts gab «Basel» in den Navi ein, was nach Metzgers Meinung schon ungefähr hinhauen würde, und das Gerät leitete sie im Südosten aus der Stadt heraus auf die Autobahn 671, einen Zubringer, der auf der östlichen Rheinseite an Mainz-Kastel vorbei und hinter Hochheim über den Main auf die A60 führt. Dann südlich an Rüsselsheim vorbei, wo Andrea Ypsilanti aufgewachsen war. Von jetzt an, auf der ganzen Fahrt durch Südhessen, erst über die A67, anschließend entlang der Bergstraße auf der A5, fiel den Frauen angesichts der vorüberziehenden Orte ein, wer aus der Fraktion dort wohnte oder von dort stammte; wie alle Landespolitiker hatten sie das Netz der Wahlkreise im Kopf. So zogen auf der Fahrt nicht nur Ortsnamen an ihnen vorüber, sondern auch Gesichter: Menschen, mit denen sie bis vor kurzem noch, mal recht, mal schlecht, in der Fraktion zusammengearbeitet hatten. Sie machten Witze, ob sie dem einen oder der anderen nicht einen Kurzbesuch abstatten, eine Tasse Kaffee mit ihm trinken sollten. Es waren schwarze, sarkastische Scherze – auch wenn zu diesem Zeitpunkt noch niemand ahnte, wie schlimm es tatsächlich werden würde.

Everts fuhr einfach geradeaus, zügig, und die Gespräche im Wagen verstummten. Die Frauen hingen ihren Gedanken nach. Silke Tesch sehnte sich nach ihrem Zuhause, während Dagmar Metzger ja nicht wirklich in die Fremde reiste: Sie liebte das Haus in der Schweiz, das ihr aus unzähligen Skifreizeiten und Urlauben wohlvertraut war. Für beide brachte die Fahrt auch die Trennung von ihren Männern mit sich. Bei Everts war das anders; sie fuhr aus der Einsamkeit ins Zusammensein. Sie fühlte, wie ihre Anspannung nachließ, aber mit der Spannung auch die Energie. Allerdings rissen sie die Radiomeldungen immer wieder aus der Erschöpfung, inzwischen wurden ja die ersten scharfen Reaktionen im Hessischen Rundfunk gesendet. Positive Stimmen waren kaum zu hören, nur einmal, irgendwann, ein beifälliges Wort des Darmstädter Oberbürgermeisters Walter Hoffmann.

Nach einer Weile ging Dagmar Metzger auf, dass sie nicht unverwandt nach Süden fahren durften, denn Basel liegt an die zweihundert Kilometer nordwestlich von Chur. Sie wechselten deshalb bei Wiesloch auf die A6 und fuhren erst einmal weiter durch den Kraichgau Richtung Heilbronn. Etwa eineinhalb Stunden waren sie nun unterwegs. Zusehends müde und erschöpft, steuerten sie den nächsten Rastplatz an. Obwohl sie so lange gefahren waren, schien das Ziel nicht näher gerückt, ja fast weiter entfernt als zuvor. Es ging auf fünf Uhr zu: Die Sonne war bereits untergegangen. Metzger und Tesch rauchten, und wieder führten sie Telefonate. Vor allem Everts nahm beinahe jeden Anruf an. Sie telefonierte überhaupt gern und lange.

Inzwischen war die Welle der Aufmerksamkeit schon über das Land gegangen. Auf dem Rastplatz wurden sie auch sogleich von einem Fernfahrer angesprochen; der Mann hatte Dagmar Metzger erkannt, stieg aus seinem Führerhaus und kam auf sie zu. Er gratulierte ihr zu ihrer Standfestigkeit und sagte, wie er sich für sie freue, dass sie nach so langer Zeit noch Mitstreiter gefunden habe. Metzger: «Ja, und neben mir stehen die beiden anderen Frauen!» Aber da war Silke Tesch schon auf der Flucht. Anders als Everts und Metzger genoss sie es nicht, erkannt zu werden; und wenn sie allein unterwegs war, passierte das in der Regel auch nicht. Der Fernfahrer ließ sich indessen nicht stören und erzählte, dass er sich in den letzten Monaten über Metzger mit vielen Truckern unterhalten habe: «Wir hätten nicht gedacht, dass es so etwas in der Politik noch gibt ...» Das spiegelte in aller Kürze Metzgers nahezu explosiven Ruhm: In diesem Jahr hatte das politische Deutschland seinen Superstar gefunden. Dass Leute sie ansprachen, weil sie ihrer Begeisterung einfach Luft machen mussten, passierte ihr nun schon seit Monaten.

Zumal Metzger durch ihre markanten Züge, die strahlend blauen Augen, die aufrechte Haltung, vor allem aber die ausgefallene, üppige Hochsteckfrisur leicht wiederzuerkennen war. Tesch nannte Metzger die «blonde Banane» und Everts den «Rotschopf». Wie eine Popband auf Tournee wurden sie von nun an auch zu dritt oder viert überall sofort erkannt. Allenthalben angestaunt und angesprochen, wurden sie nicht selten auf einen Espresso oder gleich zum Essen eingeladen; man hielt ihnen Handys hin, damit sie ein paar Worte mit dem Vater zu Hause wechselten, der doch ein solcher Fan von ihnen sei, oder Zettel, auf die sie ihr Autogramm schreiben sollten; gar nicht so selten kam auch einfach jemand daher und übergab wortlos eine rote Rose. Tesch erinnerte sich nach insgesamt drei Monaten lediglich an einen einzigen Fall, wo sie mürrisch angebrummt worden war.

Und sie waren ja auch wirklich leicht wiederzuerkennen. Dabei ist es gar nicht so einfach, Popgruppen wiedererkennbar zu machen, selbst wenn es sich nicht um Politiker handelt. Sie sollen einerseits als Gruppe auffallen und sich von anderen Bands unterscheiden, andererseits soll das Gesamtbild nicht die einzelnen Musiker schlucken, die folglich gleichfalls möglichst unverwechselbar sein müssen. Wie macht man das? «Destiny's Child» zum Beispiel: Das sind drei schwarze Sängerinnen, die nie mit der gleichen Haarfarbe auftreten. Meistens sind sie blond, rot, braun. Oder die deutschen «No Angels»: blond, rot, braun, schwarz. So kann man die Frauen auseinanderhalten wie Halmasteine.

Auch die Vier waren leicht wiederzuerkennen. Und wie im Popgeschäft entstand die auffällige Optik mit der klaren Unterscheidbarkeit zunächst durch die Frisuren und ihre Farben. Auf einer Karikatur sah man sie später als vier kleine Schweinchen, diesmal allerdings in niedlicher Ausführung. Der Zeichner hatte sie allein durch die Haare kenntlich gemacht: Dagmar Metzgers blonder Bienenkorb, Carmen Everts' kupferroter Kurzschnitt, die braune Lockenmähne von Silke Tesch und Walters schwarze Koteletten. Vier Personen, vier Farben, vier Frisuren. Das hätte sich eine Werbeagentur nicht besser ausdenken können.

Weck, Worscht un Woi

Walter konnte sich wie ein Sieger fühlen, als er auf dem Bahnhofsparkplatz, wo die Polizei ihn abgesetzt hatte, in seinen BMW stieg. Er hatte die Tolerierung einer rotgrünen Minderheitsregierung durch die Linksradikalen verhindert: Der von ihm zuletzt so scharf kritisierte Koalitionsvertrag würde nicht mehr umgesetzt und Andrea Ypsilanti nicht mehr Ministerpräsidentin werden, nach menschlichem Ermessen war ihre Karriere vorüber.

Aber für ihn selbst sah es nicht besser aus. Deshalb fuhr er mit gemischten Gefühlen über den Rhein nach Mainz. Sein Handy konnte er praktisch nicht mehr benutzen; auf jeden Anruf, den er machte, kamen mindestens drei Anrufe herein, es klingelte und klopfte nahezu unablässig. Andererseits durchströmte ihn Erleichterung. Und inzwischen auch Appetit. Seit Stunden hatte er nichts gegessen. Nachdem er seine Frau abgeholt hatte, gingen beide in die Mainzer Altstadt, und Walter gönnte sich die regionale Spezialität: «www», Weck, Worscht un Woi, allerdings ohne Woi, den Wein. Sie standen beim Metzger Ebling in der Augustinergasse an einem Stehtisch im Freien. In Walters offenen Hemdkragen sah man das Lederband, an dem ein goldener Fächerfisch hing. «Wenn mich jetzt einer erkennt», sagte er, «die denken doch auch, ich hab sie nicht mehr alle, nach dieser Pressekonferenz in aller Ruhe durch Mainz zu laufen und Worschtweck zu essen.» Dann setzten sie sich in das Altstadt-Café und sprachen über die Pressekonferenz, die Esther Walter im Fernsehen verfolgt hatte. Als ehemalige Pressesprecherin kannte sie sich mit Öffentlichkeitsarbeit aus.

Sie hatten sich erst im Mai näher kennengelernt und bald ineinander verliebt. Im Juni hatte Esther Petry dann als Sprecherin von Partei und Fraktion der Christdemokraten ihren

Resturlaub genommen und war schließlich am 15. Juli zu einem Medienprojekt der Industrie- und Handelskammer in Mainz gewechselt. Für die 36-Jährige war das ein Karriereknick, aber Walters Stellung ließ ihr, wenn sie zusammenleben wollten, keine andere Wahl. An einen Rückzug des stellvertretenden SPD-Vorsitzenden aus der Politik war zu diesem Zeitpunkt nicht zu denken. Üble Nachreden gab es dennoch, weil manche Sozialdemokraten schon die Vorstellung, nähere Beziehungen zu einem Christdemokraten zu unterhalten, befremdlich fanden. Tatsächlich hatten Walter und Petry bei einem Abendessen einmal durchgespielt, in welchen politischen Fragen sie unterschiedlicher Meinung waren, aber nichts Bedeutsames gefunden. Sie stand in der Union eher links, er in der SPD eher rechts, da ergaben sich in Sachfragen keine fundamentalen Konflikte. Im August hatten sie geheiratet und die Hochzeit in den Rheingauer Weinbergen gefeiert. Esther Petry hatte Walters Namen angenommen, und auf dem Fest hatte Carmen Everts ihrem Hobby gefrönt und gesungen: «Your Song», «Just the Way You Are» und «Just the Two of Us».

Natürlich war Esther Walter nicht entgangen, dass ihre Ehe in schwierigen politischen Zeiten begann, aber dass sie so schwierig werden würden, hatte sie doch nicht geahnt. Was würden die nächsten Tage und Wochen bringen? Wohl nichts Gutes. Esther hatte von allen, die von der Entscheidung für die Pressekonferenz gewusst hatten, die stärksten Zweifel, dass Walter mit seiner Begründung durchkommen würde. Sie schätzte die Chancen als bestenfalls fünfzig zu fünfzig ein. Walter wiederum rechnete als Einziger der Vier mit einer Neuwahl möglicherweise noch im Dezember, danach würden er und seine Frau privat vor einem Trümmerhaufen stehen. Immerhin, er hatte seine Kanzlei; die allerdings war, offen gestanden, ein eher bescheidenes Refugium. Zwar hatte er als Rechtsanwalt in all den Jahren praktiziert, aber der größte Teil seiner Energie hatte doch der Politik gegolten. Zur Ungewissheit kam für Esther Walter ein ungeahnter Rollenwechsel. Während ihr Mann es gewohnt war, als Akteur im Zentrum öffentlicher Aufmerksamkeit zu stehen, hatte sie bisher zu den Beleuchtern der politischen Bühne gehört; nun wurde Esther Walter, ob sie wollte oder nicht, in einem gewissen Maße selbst hinaufgezerrt, vielleicht nicht ganz nach vorn in das grellste Scheinwerferlicht, aber doch in eine hochgradig kontroverse Rolle. Und deshalb hatte sie Angst, wurde von Schwindelanfällen heimgesucht, war übernächtigt und müde.

Die erste Novemberwoche hatte sie sich freigenommen und die Pressekonferenz in der Wohnung ihrer Mutter am Bildschirm verfolgt. Ihre zierlichen Hände waren schweißnass, die rechte steckte in einem Verband, weil sie sich am Samstag in der Sauna eine Verbrennung zugezogen hatte. Da sie schon viele Pressekonferenzen professionell beobachtet hatte, fiel ihr jetzt auf, wie Silke Tesch wiederholt ihre Lockenpracht mit links zurückwarf (wie ein junges Mädchen in der Disco) oder wie Everts am Ende ihrer Ausführungen jeweils die Hände vor einem zum Strich verkniffenen Mund faltete; es machte Esther Walter zu schaffen, wie defensiv und übertrieben zurückgenommen ihr Mann auftrat, fast als gestehe er eine Schuld; und immer wieder staunte sie über den glänzenden Auftritt von Carmen Everts, die kurz zuvor noch geschwankt hatte wie Röhricht. Zudem war es Everts am Wochenende besorgniserregend schlechtgegangen.

Und nun dieser sichere Auftritt unter Hochdruck. Esther Walter war verblüfft. Zwar sah sie als geübte Beobachterin einige Schwächen, und insgesamt fand sie die Pressekonferenz mit der anschließenden Fragerunde zu lang. Doch alles in allem, meinte sie, sei es den Vieren gelungen, ihre Beweggründe zu vermitteln, und diese Einschätzung teilte sie mit ihrem Mann, als sie im Altstadt-Café darüber sprachen.

Walter ging es inzwischen richtig gut. Er fühlte sich befreit. Etwas besorgt war er um ihrer beider Sicherheit; er sagte seiner Frau, sie müssten vorsichtig sein, ein bisschen aufpassen; einbunkern allerdings sollten sie sich auch nicht. Weil sie noch nicht lange in der neuen Wohnung lebten, waren Adresse und Telefonnummer von dort weitgehend unbekannt, das war schon einmal tröstlich. Von den zum Teil wüsten Drohanrufen, die mittlerweile in der Kanzlei eingegangen waren, erfuhr Walter erst später am Nachmittag. Seiner Frau sagte er davon nichts. Einer der Anrufer hatte Walters Geburtstag am 23. August erwähnt und gesagt, seinen nächsten werde er nicht mehr erleben. Es blieb nicht die einzige telefonische Morddrohung. Er ordnete sie extremistischen Anhängern der Linkspartei zu. Und machte sich auch Sorgen, dass diese Leute seine Eltern aufs Korn nehmen könnten.

Das Ehepaar beschloss daher, Walters Eltern in Gernsheim zu besuchen und sie behutsam mit der Lage vertraut zu machen. Auch die Eltern hatten die Pressekonferenz am Bildschirm verfolgt. Walter bat sie, in nächster Zeit vorsichtig zu sein. Es stellte sich dann aber bald heraus, dass die Eltern im Dorf immer wieder zum Schritt ihres Sohnes beglückwünscht wurden, und als Walters Mutter das erste Mal nach der Pressekonferenz in den Supermarkt kam, begannen die Leute dort sogar Beifall zu klatschen.

Und dann waren die Anfeindungen nicht das, was Walter an diesem Tag hauptsächlich beschäftigte. Er kannte beides aus den letzten zweieinhalb Jahren ja zur Genüge. Schon in der innerparteilichen Auseinandersetzung um die Spitzenkandidatur 2006 hatte er lernen müssen, dass hier mit härtesten Bandagen gekämpft wurde; schon damals wurde ihm nachgesagt, mit der CDU anbändeln zu wollen, und die innerparteilichen Gegner nannten ihn den «kleinen Koch», was man in seiner vollen Tragweite erst ermessen kann, wenn man sich die ungeheure negative Fixierung der hessischen Sozialdemokraten auf den Ministerpräsidenten klarmacht: Sie sahen Roland Koch als den Mann, der ihnen nicht nur 1999 den Wahlsieg mit niederträchtigsten Mitteln, nämlich einer Unterschriftenkampagne gegen die doppelte Staatsbürgerschaft, gleichsam gestohlen, sondern das obendrein angeblich mit Schwarzgeld finanziert hatte. Amoralisch und kriminell war er in ihren Augen. Und dann hatte er 2003 auch noch die absolute Mehrheit gewonnen. Für manche Genossen, besonders für die Jusos, stand Koch auf der Schurkenliste gleich hinter Hitler und Goebbels.

Dieser Furor hatte seinen verschämten Grund nicht zuletzt darin, dass die SPD so gut wie niemanden mehr aufbieten konnte, der Koch im Landtag argumentativ und rhetorisch das Wasser zu reichen vermochte. Walter sah sich in derselben Kampfgewichtsklasse wie den Ministerpräsidenten; indem er gelegentlich Anerkennung für Kochs Kompetenz äußerte, kam nicht zuletzt diese Selbsteinschätzung zum Ausdruck. Wenn die beiden im Landtag die Klingen kreuzten, waren oft fesselnde Duelle entstanden – einer der Gründe für die Pragmatiker, Walter zu ihrem Vormann zu erheben. Aber vielen Linken erschien suspekt, dass Walter den Ministerpräsidenten als Mann mit Eigenschaften sah und nicht als eine Art Schwarzmagier wie Lord Voldemort in den Harry-Potter-Romanen. Auch deshalb wurde ihm unterstellt, im Grunde dieselbe Politik wie Koch machen zu wollen. Die Agenda-Gegner hefteten Walter das Etikett «neoliberal» an, seit dem Berliner Regierungswechsel so ziemlich das schlimmste Schimpfwort für Sozialdemokraten.

Kann man sich an so etwas gewöhnen? In gewisser Weise war Walter inzwischen weichgeklopft, aufgerieben, zumal er Stück für Stück an Einfluss verloren hatte. Im Dezember 2006 beim Parteitag in Rotenburg hatten noch die Hälfte der Funktionäre und die Hälfte der Landtagsfraktion hinter Walter gestanden, und mehr als die Hälfte der Partei hatte ihm zuvor das Vertrauen ausgesprochen. Nicht einmal zwei Jahre später war er fast völlig isoliert. Da hatten Walters Verhaltensweisen und der innerparteiliche Machtkampf zusammengewirkt. Manche Beobachter fühlten sich damals an die psychodynamischen Prozesse einer Sekte erinnert. Deren Zeichen war das Ypsilon, und zum Schluss trugen es fast alle am Revers. Wer es nicht anlegte, musste sich, umgeben von Y-Trägern, beinah nackt vorkommen. Auf die Frage, warum er selbst es nicht trage, hatte Walter geantwortet: «Ich hab es mir schon auf den Arsch tätowieren lassen.»

Diese Zeiten waren jetzt vorbei. Schon dass er sich mit dergleichen nicht mehr herumschlagen musste, verschaffte Walter deshalb, trotz aller Unwägbarkeiten, ein Gefühl beträchtlicher Erleichterung. Er hatte zwar am Dienstag noch zu arbeiten, aber ab Mittwoch wollte das Ehepaar sich dann an der See den Wind um die Nase wehen lassen. Bei Walters Vater, der aus Bayern stammte, lag ein Prospekt mit Urlaubshotels aus dem Bayerischen Wald auf dem Tisch, und schnell war der Beschluss gefasst, stattdessen dort ein paar Tage zu wandern und zu entspannen; Esther würde sich am nächsten Tag um eine Herberge kümmern.

«Es war nicht das Gefühl, jetzt ist Schluss mit der Politik», sagte Walter rückblickend über diese Stunden nach der Pressekonferenz. Doch im Gegensatz zu den drei Frauen, die zu diesem Zeitpunkt durchaus noch die Hoffnung hatten, sich in der Fraktion behaupten zu können, hielt Walter das für nahezu ausgeschlossen. «Mir war das völlig klar, dass ich bei Neuwahlen nicht mehr kandidieren kann.» Und selbst wenn es wider Erwarten keine vorgezogene Neuwahl geben sollte, würde an eine Fortsetzung der «normalen» Arbeit in der Fraktion für ihn nicht zu denken sein. «Der Zustand der hessischen SPD war mir ja zur Genüge bekannt.» Durch seinen Schritt hatte er sich «neben diese Partei gestellt»; in einer Abgeordnetentätigkeit und in politischen Auseinandersetzungen «innerhalb der SPD» sah er für sich keine Zukunft mehr. Er hatte auch nicht die Vorstellung, dass irgendwann, falls am Ende bei alldem doch noch etwas Vernünftiges herauskommen sollte, er und die drei Frauen als «die Retter der SPD» dastehen würden. Im Übrigen: «Woher hätten denn auch die Unterstützer kommen sollen? Selbst die Funktionäre des sogenannten rechten Flügels waren Frau Ypsilanti doch kritiklos gefolgt.»

Nun allerdings, am Abend nach der Pressekonferenz, fühlte er erst einmal, wie die Spannung, unter der er seit Monaten, wenn nicht Jahren gestanden hatte, sich löste. Eine ungeahnte Ruhe kam über ihn. Ansonsten galt nach diesen aufreibenden Tagen für ihn wie für seine Frau: «Wir waren einfach platt.»

Die Schönste im ganzen Land

Platt: Das war auch der Ausdruck, den Tesch und Everts für ihren Zustand auf dem Rastplatz an der A6 verwendeten. Dagmar Metzger ging es noch ganz gut, sie war ja erst am Samstag in die Gespräche und Vorbereitungen einbezogen worden. Bei den beiden anderen hatten die aufreibenden Diskussionen schon am Mittwoch der Vorwoche begonnen, sie schliefen seit einer ganzen Weile nicht mehr gut. Bei Everts kamen die nicht nachlassenden Magenbeschwerden hinzu; sie war aufgewühlt gewesen, hatte haltlos geweint und sich mit Worten und Gedanken unentwegt im Kreis gedreht, in auffallendem Gegensatz zu der sonst kontrollierten, rationalen Art, die sie sich selbst zuschrieb. Jetzt, auf dem Rastplatz, fühlte sie sich, als ob ihr Akku leer, ja, «als ob der Lebenssaft rausgelaufen» wäre.

Sie sprachen darüber und gestanden sich ein, dass sie erschöpft waren, wohl auch etwas konfus. Es war dunkel geworden, und ihr Ziel in der Schweiz lag noch immer weit weg.

Wieder führten sie Telefongespräche, schrieben und lasen SMS. Zum Teil mussten sie die Handyspeicher löschen, weil die mit Kurzmitteilungen zugelaufen waren, um neue SMS lesen zu können; bei Silke Tesch standen binnen kurzem 54 solcher Mitteilungen auf der Liste. Dann stürzte ihr Handy ab. Viele Absender bekundeten Respekt, aber es gab, vor allem aus der Partei, auch solche, die Unverständnis oder Ärger zum Ausdruck brachten. Everts hatte auf ihrer Mailbox so viele Anrufe, dass sie es schließlich aufgab, alle abzuhören. Silke Tesch erfuhr überrascht von einem Anrufer, dass infolge ihrer Pressekonferenz die Fraport-Aktie sprunghaft gestiegen war, um mehr als zehn Prozent. Der Mann, ein Verwandter, scherzte: Warum sie ihm nicht vorher von ihrem Vorhaben erzählt habe, dann hätte er Aktien der Flughafengesellschaft gekauft. In diesem Sinne wurde sie noch mehrfach angesprochen. Keiner von ihnen besaß Fraport-Aktien.

Bald sahen sie ein, dass sie nicht mehr lange zu fahren vermochten, dass es das Beste sei, irgendwo zu übernachten; sie konnten die Reise ja am nächsten Morgen ausgeruht fortsetzen. Dann erinnerte sich Dagmar Metzger, «in der Nähe» einmal in einem schönen Hotel gewesen zu sein – im fränkischen Ansbach, das sie «Arnsberg» nannte. Everts schaffte es trotzdem, das Haus auf ihrem Laptop zu finden, es handelte sich um den Schwarzen Bock, ein kleines Hotel und Restaurant in einem malerischen Rokokogebäude des mittelfränkischen ehemaligen Hohenzollernsitzes. Ansbach ist, gemessen an seiner geringen Größe, besonders reich an Baudenkmälern, und manch einer kennt den Ort vielleicht auch als letzten Aufenthalt des geheimnisumwitterten Kaspar Hauser. Der hatte es 1828 mit bizarren Äußerungen und Verhaltensweisen zu europäischer Bekanntheit gebracht und später das nachlassende Interesse mit fingierten Angriffen auf die eigene Person wiederholt neu angestachelt, wohl auch, weil seine maßlose Eitelkeit nicht mehr mit seiner untergeordneten Arbeit als Schreiber in Einklang zu bringen war. Hauser kam schließlich durch einen Messerstich ums Leben, der im Polizeibericht als «Selbstverwundung ohne Tötungsabsicht» eingeordnet wurde. In Ansbach ist er begraben.

Der Fall Hauser ist ein frühes Beispiel für eine «fama publica», eine gleichsam unter Mitwirkung der Öffentlichkeit ersponnene, schillernde Geschichte. Die Legenden, die sich um Hauser ranken, sind nahezu unüberschaubar, und sein Name ist immer noch international bekannt; man kann ohne Übertreibung sagen, dass es sich um einen der berühmtesten Deutschen handelt. Jakob Wassermann widmete ihm einen vielgelesenen historischen Roman über «die Trägheit des Herzens», Paul Verlaine, Stefan George und Georg Trakl schrieben drangvolle Gedichte über ihn. Noch 1968 stellte ihn Peter Handke in den Mittelpunkt eines Sprechstücks, im selben Jahr setzte Reinhard Mey ihm mit einer anrührenden Ballade auf Deutsch und Französisch ein musikalisches Denkmal, und 1974 drehte Werner Herzog über Hauser seinen Film «Jeder für sich und Gott gegen alle». In Ansbach findet man Hausers Figur gleich dreimal in Bronze gegossen. Dabei war er nur ein hysterischer Schwindler, der Glaubwürdigkeit erlangte, weil er völlig in seiner Rolle aufging, die im Wechselspiel mit seinen Befragern erst Gestalt gewann. So gelang es ihm, geistreiche, einfühlsame und phantasiebegabte Menschen in seinen Bann zu ziehen; vor allem jedoch wurde seine mitleiderweckende und zugleich schockierende Geschichte auch massiv für politischen Streit genutzt. Aus dem polaren Spannungsfeld der Politik stammte, wie stets in solchen Fällen, letzten Endes die ständige Energiezufuhr. Das war die Quelle seines Ruhmes.

Metzger, Tesch und Everts hatten keine Ahnung, dass sie ausgerechnet an dem Tag, als sie wie niemand sonst im Brennpunkt aller Aufmerksamkeit standen, an einen Ort fuhren, der in einer modernen Öffentlichkeitsgeschichte ein eigenes Kapitel verdienen würde. Everts gab «Ansbach» in ihren Navi ein, und nach etwa einer halben Stunde, fünf Uhr war schon vorbei, ging es weiter in Richtung Nürnberg nach Osten. So nahe, wie Metzger gedacht hatte, war das Hotel allerdings auch wieder nicht. Sie fuhren noch mehr als eine Stunde und redeten ziemlich viel; zwischendurch regten sie sich über die Dinge auf, die im Radio gesagt wurden, durchweg böse Kommentare von Parteigenossen zu ihrer Pressekonferenz. In Ansbach kauften sie an einer Tankstelle erst einmal Zeitungen, Süßigkeiten, Kartoffelchips, Nüsschen, Getränke und Zigaretten – was man so braucht, wenn man abends fernsehen will. Die Leute erkannten sie und starrten sie an. Gegen halb sieben im Hotel angekommen, trafen sie sich, nachdem sie ihre Zimmer bezogen hatten, gleich wieder bei Silke Tesch, um die Nachrichten zu sehen, denen im ZDF ein «spezial» mit Müntefering-Interview und in der ARD ein «Brennpunkt» folgte. Parallel beantwortete vor allem Carmen Everts SMS.

Silke Tesch saß in dem kleinen Zimmer auf dem Bett, ihr taten die Beine weh. Carmen Everts hatte sich den Sessel geschnappt, und Dagmar Metzger musste mit der Kofferablage vorliebnehmen. Zuvor hatten sie vergeblich versucht, die «Hessenschau» hereinzubekommen, aber das klappte hier in Mittelfranken nicht. Nun sahen sie zum ersten Mal die Reaktionen Münteferings und Stegners und waren entsetzt. Über Stegner konnten sie sich wunderbar aufregen, aber sie sagten sich auch: «Der hat's nötig», und machten sich ein bisschen lustig. Von ihm hatten sie nichts anderes erwartet.

Die Enttäuschung über Müntefering ging tiefer. Die Frauen hatten auf Unterstützung seitens der Parteiführung gehofft, ermuntert durch die kritischen Signale aus Berlin gegenüber Ypsilantis Politik. Nachdem das ausgeblieben war, war aus ihrer Sicht jetzt die Gelegenheit für den Parteivorsitzenden gekommen, sich zugunsten einer großen Koalition in Hessen auszusprechen. Doch der tat es nicht – oder allenfalls indirekt, versteckt. Am meisten empörte Tesch sein Satz über das Gewissen, das man «24 Stunden vorher entdeckt», was er «seltsam» und «unglaubwürdig» fände. Als Abgeordneter, sagte Tesch, müsste Müntefering doch wissen, was das Ganze für eine Vorgeschichte gehabt habe. Walter dagegen, bei sich daheim, bewertete die Äußerungen anders, er fand sie abgewogen und eher zurückhaltend; ein Parteivorsitzender könne nun einmal nicht gutheißen, wenn Abgeordnete bei einer Ministerpräsidentenwahl ausscherten, das wäre in der CDU auch nicht anders.

Nach dem Essen – Dagmar Metzger unternahm einen Spaziergang durch die verwinkelten Gassen der Ansbacher Altstadt – gingen Everts und Tesch zurück aufs Zimmer. Da war Everts schon so müde, dass sie mehrmals kurz einschlief. Als Dagmar Metzger zurück war, schauten die Frauen sich noch das «heute journal» und die «Tagesthemen» an, sie hatten die Chipstüten geöffnet und tranken jede ihr Fläschchen: Metzger die geliebte Holunder-Bionade, Everts Cola light, Tesch ein stilles Wasser.

Silke Tesch war doch ein wenig erstaunt über den Rummel, den sie ausgelöst hatten. Schon auf der Fahrt hatten die Frauen Witze gemacht, dass sie sich ein bisschen wie Bankräuber fühlten auf ihrer Flucht durch die Republik. Das Gefühl, «ein großes Ding» gedreht zu haben und unter lauter neugierigen Augen in gewisser Weise auf der Flucht zu sein, ließ sich nicht abweisen. Dass Tesch, die kleine Abgeordnete aus dem Hinterland, nun gewissermaßen die nationale Bühne betreten hatte, war ihr keineswegs geheuer. Nicht dass sie auf der Welt nicht schon herumgekommen wäre; sie war ein aktiver Mensch, und ihr Mann hatte in vielen Ländern gearbeitet. Auch nach Iran war sie schon gereist, sie kannte den Tschador von innen.

Aber nach ganz oben hatte sie nie gestrebt, und ein hohes Maß an Aufmerksamkeit war ihr unangenehm. Sie sei eben, sagte sie, ein unauffälliger Typ. So unauffällig war sie durch ihre pfundschwere Lockenmähne freilich auch wieder nicht: Wie ihre beiden Schwestern war sie mit üppigem Haar gesegnet; wenn sie damit in ihrem röhrenden, ab ungefähr zehn Grad offenen Roadster irgendwo vorfuhr oder nach dem Absteigen von ihrer feuerroten Ducati den Helm abzog und die Haare ausschüttelte, guckten die Leute natürlich hin. Aber so oft machte sie das ja nun auch nicht. Sie sagt: «Ich bin Durchschnitt.» Dass sie im ARD-«Brennpunkt» mitspielte, befremdete sie; sie hatte auch gar nicht mit einer Sondersendung gerechnet.

Everts schon. Ihr war klar, dass es so kommen würde. Vielleicht hatte sie auch nur mit größerer Genauigkeit beobachtet, dass Metzger zwar in der Partei geduckt, gedrückt und gedemütigt worden war, andererseits aber die ganze Nation ihr zugejubelt hatte. Zugleich hatte sie wahrgenommen, dass Metzger diese Rolle durchaus angemessen fand. Sie war schließlich eine kluge, selbstbewusste Frau, warum sollte sie ihr Licht unter den Scheffel stellen? Wenn Metzger unangenehm gewesen wäre, die Blicke auf sich zu ziehen, hätte sie eine andere Frisur wählen müssen. Auch sonst war ihr Outfit zwar damenhaft gediegen, aber keineswegs zurückgenommen – Metzger kleidete sich im Rahmen des gesellschaftlich Angemessenen sogar ziemlich auffallend, und sie zeigte gern, was sie hatte: ob das nun ein Pelzbesatz am Mantel war, ein schickes Kostüm, modische Schuhe, ein Dekolleté oder Schmuck. Im März, nach ihrer zweiten Pressekonferenz, hatte ihre Schwiegermutter ihr einen alten Goldring mit einem großen Amethyst geschenkt und dazu im Scherz gesagt: «Immer wenn die Andrea dir auf den Geist geht, dreh ihn dreimal rum und verhex sie.» Metzger nannte ihn ihren Kampfring.

Sie war, zu ihrem Bedauern, kinderlos geblieben und hatte ihr ganzes Berufsleben in guter Stellung gearbeitet. Ihr Mann war ein erfolgreicher Anwalt, die beiden lebten in einer schmucken Villa, umgeben von Kunstgegenständen, in Eberstadt, dem südlichen Darmstädter Vorort am Rande des Odenwalds und den Hängen der dort allmählich in die Höhe strebenden hessischen Bergstraße. Darmstadt, einst Hauptstadt der deutschen Lebensreform- und Jugendstilbewegung, war lange eine Hochburg der SPD, und so erklärt sich der ungewöhnliche Umstand, dass die bürgerliche Stadtaristokratie in einem Viertel wohnte, in dem die Straßen nach lauter sozialdemokratischen Hausheiligen benannt waren: Karl Marx, August Bebel, Friedrich Ebert, Heinrich Delp, Carlo Mierendorff, Carl Ulrich. Aber von den proletarischen Wurzeln der Arbeiterbewegung war man in dieser Gegend mindestens drei Generationen weit entfernt. Die Metzgers, jene Familie, in die Dagmar Feist 1994, von Berlin kommend, eingeheiratet hatte, galten als «die Kennedys von Darmstadt»; es waren selbstbewusste, gestaltungsfreudige Sozialdemokraten, die sich nicht als unterdrückte Oppositionelle verstanden, mit Staat und Gesellschaft als Gegenüber, sondern seit Jahrzehnten politische Verantwortung trugen – und die sich dafür nicht schämten.

In diesen festgegründeten familiären Stolz, der kein Hochmut war, hatte sich das mit einem Hauch Berliner Schnauze grundierte Selbstbewusstsein Dagmars von Anfang an reibungslos eingefügt. So war sie alles in allem gar nicht so schlecht darauf vorbereitet, die unvermutete Rolle, die ihr nach der Wahl in den Landtag schon vor dessen konstituierender Sitzung zugefallen war, mit einer Selbstverständlichkeit zu füllen, die anfangs viele Beobachter nachgerade umwarf. Sie hatte keine Schwierigkeiten damit, sich im Mittelpunkt vieler, sogar: aller Blicke zu finden; und Ähnliches kann man, bei völlig anderem persönlichen Hintergrund, über Carmen Everts sagen: Eine Frau, die sich die Haare kupferrot färbt, will nicht im Schatten verschwinden. Everts hatte den größten Teil ihres Lebens im Hintergrund gestanden, dadurch blieb verborgen, dass sie selbst sich eher vorn sah.

Seit sie schlank geworden war, zählte zu ihren liebsten Beschäftigungen, sich Sachen zum Anziehen zu kaufen, und sie stimmte ihren meist kräftigen Lidschatten farblich genau auf ihre Kleidung ab. Überhaupt schminkte sich Everts mutig, und sie hatte eine unübersehbare Leidenschaft für Schmuck; an vielen Fingen pflegte sie auffällige Ringe zu tragen, die Nägel peppte sie mit Lack, ovalen Verlängerungen und gelegentlich glitzernden Stickern auf.

Silke Tesch wählte ihre Kleidung ebenfalls mit Bedacht, aber in den Farben zurückhaltend, und ihr Make-up beschränkte sich im Wesentlichen auf Lippenstift und Wimperntusche – wenn sie sich überhaupt schminkte. Die kurzgeschnittenen Nägel lackierte sie farblos. Aber in ihrem Revier, zu Hause im Hinterland, kannte sie jeder, und viele Leute redeten in den höchsten Tönen über sie. Sie war nicht öffentlichkeitsscheu; als Abgeordnete im ländlichen Raum, als Ortsvereinsvorsitzende, durfte sie es auch nicht sein. Sie ließ sich auf jedem Grillfest, jeder öffentlichen Grundsteinlegung, jedem Vereinsjubiläum blicken. Das ist auch die einzige Art, wie man Wahlkreise direkt gewinnen kann, jedenfalls wenn man kein prominenter Politiker ist oder der Wahlkreis für die eigene Partei derart bombensicher, dass den Wählern egal ist, wen sie dort aufstellt.

Durch persönlichen Kontakt und Umtriebigkeit kann man Ansehen allerdings nur im öffentlichen Nahbereich gewinnen.

Im weitesten Sinne in der Nachbarschaft. Dazu braucht man keine Vermittler, keine Medien: Die wirken in die Ferne. Sie machen eine Person bei vielen bekannt, die ihr im Leben niemals begegnen und trotzdem das Gefühl haben, sie gut zu kennen, bei Stars von Fernsehserien unter Umständen besser als die eigenen Nachbarn.

Als durch und durch soziale Wesen leben Menschen immer in einer Art Öffentlichkeit, sogar wenn sie ganz allein sind. Sie sind es gewohnt, sich mit den Augen anderer zu sehen; interessanterweise ist diese Fähigkeit die Grundlage des Gefühls, ein Individuum, ein «Ich» zu sein. Es gibt ein technisches Instrument, mit dem sich das überprüfen lässt, aus Glas und Metall. Damit kann man bei Kindern feststellen, wann die sogenannte Ich-Bildung beginnt, und auch, dass es einige Tierarten gibt, die eine Individualität besitzen.

Dieses Instrument ist der Spiegel. Eine glänzende Wasseroberfläche tut es auch. Kinder erkennen sich darin erstmals im Alter von zwölf bis achtzehn Monaten; einige Affenarten, Delphine, Elefanten und sogar Elstern besitzen ebenfalls diese Fähigkeit. Der Spiegel verwandelt den eigenen Blick in den eines anderen. Aber er ist natürlich kein anderer. Der Spiegel schweigt. Nur im Märchen antwortet er auf die Frage: «Wer ist die Schönste im ganzen Land?»

Auch die Augen der anderen sind ein Spiegel. Im Nahbereich kann man einigermaßen kontrollieren, ob der simulierte Blick sitzt, ob die Vorstellungen darüber, wie andere einen sehen, ungefähr zutreffen: indem man darüber spricht und, viel wichtiger, indem man lernt, die Zeichen zu deuten, die andere aussenden. Manche können das besser, andere schlechter. Es hat mit dem Charakter zu tun, auch mit der Stärke des Ichs. Silke Tesch war da durch ihre Behinderung seit dem achten Lebensjahr in einer besonderen Lage; mit einem solchen Schicksal zieht man immer Blicke auf sich. Und doch sah

Tesch sich nicht als behindert, das entsprach einfach nicht ihrem Bild von sich selbst. Für sie war es seit mehr als vier Jahrzehnten selbstverständlich, nicht lädiert zu sein und andere davon zu überzeugen, dass sie es nicht war. Das begann, als sie klein war, mit den Spielkameraden und Mitschülern und setzte sich fort mit den Freunden, die sie als hübsches Mädchen immer gehabt hatte: ein Kampf um das eigene Bild, ein Kampf um den Blick der anderen. Ihr Leben lang musste sie ihnen beibringen, so wenig Mitleid mit ihr zu haben wie sie selbst. Damit vertrug es sich schlecht, auf einer Pressekonferenz vor laufender Kamera, wie sie es empfand, auf die Tränendrüse zu drücken. Eigentlich konnte sie das nicht, weil sie sich seit mehr als vierzig Jahren auf das Gegenteil spezialisiert hatte. Auf Nahkampf.

Demgegenüber war ihr das Reich der Fernwirkungen, jedenfalls wenn es um die eigene Person ging, immer unheimlich gewesen. Hier hat man keinen unmittelbaren, persönlichen Einfluss auf das Image, das eigene Bild in den Augen der anderen: Alles funktioniert indirekt, über Medien, und insofern gleicht die sogenannte breite Öffentlichkeit tatsächlich einem Spiegel, für den man sich zurechtmachen kann, der aber weder hört noch versteht. Einem Spiegel indes, der wie im Märchen spricht und mitunter sogar schreit, der ein unvorhersehbares Eigenleben entfaltet und seine Meinung dauernd ändert, nur nicht dann, wenn man es erwartet. Und trotzdem ist man vor ihm genauso allein wie zu Hause vor dem Spiegel im Badezimmer. Vielleicht noch mehr.

In ihrem Badezimmer wäre Silke Tesch an diesem Abend viel lieber gewesen. Ihr 1995 gebautes Haus im Hügeldorf Kleingladenbach glich einer warmen Höhle, und manchmal nannte sie es auch so: «meine Höhle». Es folgte überhaupt nicht der Einteilung, die man ansonsten von Häusern kennt, sondern war gewissermaßen aus Lebensräumen zusammengestoppelt. Der größte Raum in der Mitte enthielt eine doppelte Küchenzeile, einen im Winter bullernden Holzofen und in einer Erkerecke, mit Blick auf die bewaldeten Hügel der anderen Talseite, über denen morgens die Sonne aufging, einen langen Holztisch. Darauf standen immer ein Teller mit Süßigkeiten und ein mehr oder weniger gefüllter Aschenbecher, außerdem lagen da Papiere, Zeitungen und Motorsportzeitschriften, ein kleines Stahlgriff-Taschenmesser, das als Brieföffner diente, und wenigstens ein halbes Dutzend billiger, zum Teil recht bunter Lesebrillen, deren Zahl sich deshalb vermehrte, weil Lothar Tesch eine neue kaufte, sobald er die alten verlegt hatte – bis sie dann alle wieder nach und nach hier auf dem Tisch zusammenkamen. Im oberen Teil des hohen Raums gab es noch eine hölzerne Galerie, auf deren Brüstung hintereinander drei faule Stoffbären schliefen, und unten vor dem Haus lag im Garten am Hang ein riesiger dunkelbrauner Neufundländer herum, der ab und zu mit abgrundtiefem Bass anschlug.

Das Haus veränderte sich dauernd, wie ein lebendes Wesen, der jüngste Anbau nach Süden diente als eine Mischung aus Diele, Wintergarten, Wohn- und Arbeitszimmer: mit Schreibtisch und Computer auf der einen Seite und auf der anderen einer Sitzgarnitur mit knallrotem gläsernem Couchtisch. Überdacht wurde dieser neueste Teil von einer beeindruckenden Holzkonstruktion, einem flachgeneigten Zeltdach ohne Stützbalken, das Silke Tesch mit ihrem Mann zusammen selbst entworfen hatte – was weniger erstaunlich ist, wenn man sich vor Augen hält, dass die beiden viele Jahre einen Dachdeckerbetrieb geführt hatten. «Unsere Dachdeckerin», sagten Metzger und Everts, wenn Silke Tesch, was gelegentlich vorkam, auf jemanden schimpfte und dabei ordentlich losbollerte.

Ihr Haus war ganz unverkennbar auf den einen Zweck angelegt, bewohnt zu werden, und so vermittelte es auch ein Charakterbild von Silke Tesch, von ihrer Art, sich im Leben einzurichten, und ihren Maßstäben dafür: Sie war eigensinnig, und das Sein war ihr wichtiger als der Schein.

Aber jetzt, in Ansbach, fühlte sie sich ausgeschlossen und handlungsunfähig. Zwar hatte sie, zusammen mit den anderen, die Lawine in Gang gebracht und ihr so etwas wie eine Richtung zu geben versucht, doch konnten sie inzwischen nicht mehr tun, als abzuwarten, was auf sie niederprasselte. Das heimelige Hotel und die Stadt mit ihren engen Gassen boten da wenigstens etwas Schutz: vor der Tür keine Kamerateams oder Journalisten. Es war elf vorbei, die anderen waren in ihre Zimmer gegangen; Tesch hatte das Fenster weit aufgerissen, um den Qualm herauszulassen. Mit ihrem Mann konnte sie nicht mehr telefonieren: Der schlief vermutlich schon. Die Gespräche mit ihm hatten den Nachmittag und Abend wie kleine Wegmarken durchsetzt, beim letzten hatte er erzählt, dass die Polizei schon in Kleingladenbach gewesen war und empfohlen hatte, das Auto besser in die Garage zu stellen. Die LKA-Beamten hatten aber auch gesagt, dass sie gut fanden, was seine Frau gemacht hatte, und ihr herzliche Grüße ausrichten lassen. Und dass sie sich keine Gedanken machen solle, es würde regelmäßig Streife am Haus gefahren.

Silke Tesch ging ins Bett. Sie konnte auch sonst in Hotels nicht gut einschlafen, aber diesmal sehnte sie sich besonders stark nach Hause. Dieser Drang sollte sie auf dieser ganzen Reise begleiten, er ließ nicht nach. Sie fühlte sich nicht verloren, aber es hätte ihr mehr Kraft gegeben, in ihrer Höhle zu sein. Und so erschöpft sie auch war, kam sie doch nicht zur Ruhe. Sie wälzte sich im Bett von einer Seite auf die andere und grübelte, was nun werden sollte. Zwischendurch schaltete sie den Fernseher ein, aber die Gedanken kreisten weiter.

«Was hast du deiner Familie angetan?» Sie trug Verantwortung. Ihr Mann war gesundheitlich schwer geschädigt, das Geschäft schon lange geschlossen. Für das Haus hatte sie eine hohe Abzahlungsrate gewählt, um möglichst bald mit der Finanzierung durch zu sein. Wenn der Landtag sich auflöste, würde sie nicht einmal Ruhestandsbezüge erhalten. Der Stichtag, an dem sie die sechs Jahre Abgeordnetenzeit zusammenhaben würde, lag noch fünf Monate entfernt. Und würde sie Arbeit finden? «Du bist fünfzig Jahre alt, hast eine Behinderung und setzt alles aufs Spiel.» An diesem späten Abend wurde ihr das alles noch einmal sehr bewusst. Aber sie fand, dass sie letztlich keine Wahl gehabt hatte, und dachte sich: «Es wird schon werden.»

Die Uhr hatte zwölf geschlagen. Ein paar Türen weiter schlief Carmen Everts schon wie ein Stein.

Schlummers Bande

Carmen Everts hat zweierlei Erinnerungen an jene Nacht (wie auch an die folgenden Nächte): dass sie völlig erschöpft in tiefen, festen Schlaf sank, aber auch, dass sie aufgewühlt und unruhig träumte. Beim Aufwachen morgens fühlte sie sich in der Regel trotzdem aufgeräumt und zuversichtlich, während sie abends oft ein großer Katzenjammer heimsuchte. An ihre Träume erinnerte sie sich nur bruchstückhaft. Ein bisschen erzählte sie den anderen beim Frühstück darüber. Everts träumte sozusagen sozialdemokratisch, «in Parteizusammenhängen». Das war auch in dieser Nacht so: Da steht sie auf einem Sommerfest und unterhält sich mit einem alten Genossen aus dem Ortsverein Klein-Gerau, sie lobt die Arbeitsgemeinschaft sozialdemokratischer Frauen, die das Kuchenbüfett reichhaltig bestückt hat, doch der Genosse reagiert nicht freundlich wie gewöhnlich, sondern ausgesprochen unwirsch und grob. Everts fühlt sich auf einmal schrecklich unpassend dort. In anderen Traumsplittern erlebt sie sich in Gremiensitzungen, im Unterbezirksvorstand, in der Fraktion, auf dem Landesparteitag, es sind Gesprächsfetzen aus der Erinnerung, die sie in diesen Träumen oder im Halbschlaf nacherlebt; die Gesprächspartner raten ihr freundlich, aber bestimmt, sich zurückzuhalten, oder reden wortreich auf sie ein. Manchmal wird sie auch heftig angegriffen. Es waren Szenen, die sich ihr eingeprägt hatten und nun wie von einem fremden Willen immer tiefer in ihr Gedächtnis geschnitten wurden.

Anders als Metzger und Tesch, die beide schon über dreißig waren, als sie in die Politik gingen, hatte Everts bereits im Kindergartenalter, mit vier Jahren, für die SPD gearbeitet. Das war 1972, in der heißesten Wahlschlacht der Nachkriegsgeschichte, als Bundeskanzler Brandt seine Mehrheit im Bundestag verloren hatte und in vorgezogener Neuwahl um sein Amt kämpfte. Damals war zwischen der Union auf der einen und SPD und FDP auf der anderen Seite mit bislang unbekannter Härte polarisiert worden: Wie nie zuvor wurde die Auseinandersetzung zu einer Entscheidung zwischen Gut und Böse stilisiert, vor allem durch die Regiearbeit Herbert Wehners, der seine Sätze vom Juni 1960, ein «Feindverhältnis» zwischen den großen Parteien würde die Demokratie töten, und das damals noch geteilte Deutschland könne «unheilbar miteinander verfeindete christliche Demokraten und Sozialdemokraten» nicht ertragen, vergessen zu haben schien. Damit holten er und Brandt quasi den Stil der Außerparlamentarischen Opposition ins Parlament; so schafften sie es, viele junge Leute an die SPD zu binden, die andere führende Sozialdemokraten, etwa Helmut Schmidt, lieber draußen gehalten hätten.

Auch Everts' Familie trat seinerzeit fast geschlossen in die

SPD ein, ihr Vater, ihre Mutter, Onkel und Tanten, und die kleine Carmen ging mit der Mutter nachmittags Handzettel verteilen. «Wann stecken wir wieder Willy in den Kasten?», hatte sie gefragt. Die Mutter erzählte diese Geschichte bei einer Wahlveranstaltung in Wilhelmshaven dem Bundestagsabgeordneten Herbert Ehrenberg, und bald darauf kam ein Buchgeschenk mit einem Autogramm des Bundeskanzlers nach Fedderwardergroden, einem 1936 erbauten Retortenstadtteil Wilhelmshavens, in dem die Familie in jenen Jahren wohnte. Carmen Everts hütete das vergilbte Taschenbuch mit dem prickelnden Titel «Ratifizieren oder nicht? Die großen Reden zur Debatte der Ostverträge im Bundestag im Februar 1972» fortan wie ihren Augapfel, ihr Leben lang.

Bis heute bildet dieser Wahlkampf für die SPD einen Gefühlsanker. Das verbindet Ulli Nissen mit Carmen Everts oder Franz Müntefering mit dem jungen hessischen SPD-Abgeordneten Marius Weiß: Beide tragen nach fast vierzig Jahren noch immer voller Stolz den dicken roten Nadelkopf in der Reversecke, mit dem sich die Willy-Wähler damals öffentlich zu Brandt bekannten. Müntefering war 1972 Stadtrat von Sundern, Weiß noch nicht einmal geboren, und trotzdem waren beide noch Jahrzehnte danach Teil des damals entstandenen Soges. Ypsilantis Wahlkampf gut 35 Jahre später war von Brandts nicht grundverschieden; man kann im roten Ypsilon einen Abkömmling des roten Stecknadelkopfes sehen; auch Polarisierung und Personenkult prägten beide Kampagnen.

Und beide Feldzüge waren erfolgreich. Brandt erreichte das beste SPD-Wahlergebnis der Nachkriegsgeschichte, Ypsilanti trug der SPD in Hessen immerhin einen Stimmenzuwachs von fast acht Prozentpunkten ein. Aber der Erfolg war das eine; in beiden Fällen hatte die Partei schwer daran zu tragen, dass die einmal entfesselten Kräfte auch dort wirksam blieben, wo man es sich schon bald nicht mehr wünschte. Und für beide

Zauberlehrlinge war der große Erfolg der Anfang vom Ende. Als Kanzler konnte sich Brandt nach seinem Sieg nur noch achtzehn Monate halten. Ypsilanti hatte gut ein Jahr nach dem ihren alle Führungsämter verloren.

Zwischen diesen beiden Ereignissen spannte sich sozusagen Carmen Everts' politisches Leben. Natürlich wusste sie als kleines Kind Anfang der siebziger Jahre noch nicht, worum es eigentlich ging; aber durch den Brandt-Wahlkampf hatte sie doch so etwas wie eine politische Prägung erfahren. In gewisser Weise traf wohl auf sie zu, was Müntefering, der aus einer Zentrums-Familie stammte, einmal sagte: «Die großen politischen Parteien sind auch nur säkularisierte Kirchen.» Als Jugendliche ging Everts zu den Falken, mit zwanzig Jahren, am 1. März 1989, wurde sie ordentliches Parteimitglied und engagierte sich fortan stark in der SPD, ja machte sie zusehends zu ihrem Lebensinhalt. Sie blieb alleinstehend, lebte nur mit zwei Katzen zusammen, den größten Teil ihrer Kontakte unterhielt sie mit Genossen. Einen Freund oder Ehemann hatte sie nicht, was sie darauf zurückführte, dass Männer vor akademisch gebildeten, intelligenten Frauen zurückscheuten. So wurde die Partei zumindest in der zweiten Hälfte ihres Lebens zu ihrem wichtigsten Bezugsfeld.

Schon deshalb war der Schnitt vom November 2008 für Everts am schärfsten und tiefsten – und das war einer der Gründe, weshalb die drei Frauen in diesen Tagen erst einmal zusammenblieben. Everts wollte nicht allein sein, die anderen wollten sie nicht alleinlassen: Sie wäre in ein zu tiefes Loch gefallen. Auch so war es ja schon tief genug.

Um neun, halb zehn hatten sich die Frauen zum Frühstück verabredet. Tesch war beizeiten da, die beiden «Grazien» – wie Tesch sie scherzhaft nannte – brauchten ein wenig länger, ein Spiel, das sich nun allmorgendlich wiederholen sollte. Sie ließen sich Zeit mit dem Frühstück, trödelten ein wenig herum.

Everts freute sich auf die Schweiz, während Silke Tesch sich innerlich schon von der Idee verabschiedet hatte, dorthin zu fahren. Es war ihrer Meinung nach zu weit weg, und sie mussten handlungsfähig bleiben. Sie kam zu dem Schluss, dass der Plan, was das Ziel betraf, von vornherein falsch gewesen war. Metzger und Everts hingegen waren ersichtlich anderer Meinung, sie redeten über das Haus, und Metzger schwärmte von den Urlauben, die sie dort verbracht hatte, der Gemütlichkeit in den Bergen, den Abenden mit Freunden und fetzigen Après-Ski-Partys. Allerdings ging auch ihr die Situation langsam ein bisschen an die Nieren. Aber sie versuchte, sich das nicht anmerken zu lassen.

Ihr mitunter strenger, damenhafter öffentlicher Auftritt täuschte: Sie war kein Kind von Traurigkeit. Beispielsweise hatte sie sich in die Cheerleader-Truppe der Landtags-Fußballmannschaft eingereiht. Das war natürlich ein Witz, denn die Altersgruppe «Senior» beginnt bei Cheerleadern mit 17 Jahren. Begründet wurde die Gruppe von Silke Tesch und Nancy Faeser. Die beiden waren schon 2003 zu dem Schluss gekommen, dass die Landtagsmannschaft, die jedes Spiel verlor, dringend Unterstützung brauchte. Anfangs hatte sie nur die rotweißen Hessenfähnchen geschwenkt, wenn die Mannschaft spielte, aber zu Beginn der neuen Wahlperiode 2008 hatte Silke Tesch für sich und Nancy Pompons besorgt. Mit denen wedelten sie herum und feuerten die Fußballer an. Als Metzger und Everts die Show das erste Mal sahen, wollten sie unbedingt dabei sein, und so gab es bald ein Team aus vier Frauen: Faeser, Tesch, Metzger, Everts. Vom «Stadionsprecher» wurden sie bei den Spielen denn auch meistens namentlich begrüßt. Augenblicke, in denen Dagmar Metzger sich sonnte wie eine Eidechse. Im Grunde hätten die Zeitungen am 4. November 2008 mit der Schlagzeile erscheinen können: CHEERLEADER SPRENGEN HESSISCHEN LANDTAG – bis auf Nancy Faeser saßen sie ja komplett auf dem Podium im Dorint.

Den drei Frauen fiel es schwer, sich mit dem Gedanken abzufinden, dass die in vielerlei Hinsicht schöne Zeit in Wiesbaden nun vorbei sein sollte. Auch Metzger hoffte deshalb auf eine große Koalition: Ihr und den anderen erschien das wie eine Rückkehr zur Vernunft. Doch allmählich keimte in ihr die Einsicht, dass daraus nichts werden würde. Die ersten Reaktionen waren ungeheuer scharf gewesen, kaum jemand war ihnen beigesprungen. Sie selbst wurde von der Kritik nun zwar meistens ausgenommen, aber das änderte ja nichts. Metzger begann zu dämmern, dass die Wut auf die drei anderen, vor allem auf Everts und Walter, noch tiefer war als der Zorn auf sie, aber diese Wut würde sie ebenso treffen, sobald der Landtag sich auflöste. Dann würde auch sie ihr Mandat verlieren.

Sie entschloss sich, frische Luft zu schnappen, und ging nach dem Frühstück, das ziemlich lange gedauert hatte, in der Stadt spazieren; die anderen waren in ihren Zimmern, um zu packen, zu telefonieren, fernzusehen. Außerdem wollte Carmen Everts an einer Erklärung arbeiten, mit der sie am Vortag begonnen hatte. Zu alledem hatte Metzger keine Lust. Eigentlich hatte sie schon vor sieben Monaten einen Strich unter dieses Thema gezogen. Jetzt sehnte sie sich nach Ruhe und Abstand, und sie brauchte ein wenig Aufmunterung. Seit ebenfalls sieben Monaten gab es für sie einen originellen Weg, sich die zu verschaffen: einfaches Herumstreifen. Meistens wurde daraus ein warmes Bad in Lob und Anerkennung. Wenn Dagmar Metzger sich auf die Socken machte, traf sie lauter Leute, die lieb zu ihr waren.

Das war auch in Ansbach so. Metzger schlenderte durch die schöne Altstadt, in der Platenstraße kam sie an den beiden Skulpturen vorbei, deren eine Kaspar Hauser als zerlumpten, verwirrten Knaben zeigte, während die andere ihn nach seinem ruhmvollen Aufstieg als feschen Edelmann abbildete. Dazwischen ein Schiller-Zitat: «Der Mensch ist mehr als sie von ihm gehalten, des langen Schlummers Bande wird er brechen und fordern sein geheiligt Recht.» Ein Satz, der ebenfalls über der Pressekonferenz vom Vortag hätte stehen können. Aber Metzger schenkte ihm keine Beachtung. Auf dem Martin-Luther-Platz begegnete sie einem Radfahrer, der bei ihrem Anblick so hart bremste, dass er beinah gestürzt wäre. Auch so allerdings überschlug er sich fast vor Begeisterung, diese Frau hier in seiner Heimatstadt anzutreffen, nachdem sie gestern Abend noch auf allen Fernsehkanälen zu sehen gewesen war. Und gratulierte ihr herzlich.

An der Fränkischen Rezat, dem Flüsschen, das durch Ansbach fließt und das Metzger in ihrer geographischen Unbekümmertheit für die Ruhr hielt, begegnete sie einem Straßenkünstler, der, als Clown verkleidet, am Ufer musizierte. Sofort sprach der Mann sie an, vergewisserte sich, dass er wirklich Dagmar Metzger vor sich hatte, und kündigte an, das nächste Stück allein für sie zu spielen. Davon war sie so gerührt, dass diesmal sie ein Foto von ihm machte – gewöhnlich war sie es, die bei solchen Gelegenheiten geknipst wurde. Aber es gab noch andere Möglichkeiten, sich etwas Gutes zu tun. In einer kleinen Boutique entdeckte sie zwei Schals, die ihr gefielen; sie kaufte beide. Anschließend besorgte sie die Morgenzeitungen. Überall waren die Vier auf dem Titel. Als sie den Laden schon wieder verlassen hatte, kam ihr der Verkäufer hintergerannt: «Sind Sie nicht die Frau Metzger?» Dann wollte er wissen, was sie in Ansbach (aus Metzgers Sicht: Arnsberg) mache, und die beiden unterhielten sich noch eine Weile, und wie stets bekam Dagmar Metzger dabei eine ordentliche Portion Streicheleinheiten. Ob es in diesem Jahr in Deutschland überhaupt einen Menschen gab, der von so vielen unterschiedlichen Leuten so viel persönliches Lob einheimste? Vermutlich nicht. So etwas gibt es sonst nur im Sport.

Währenddessen saß Everts in ihrem Zimmer und arbeitete an der Mitteilung für ihren örtlichen Parteivorstand, mit der sie am Vortag nicht fertig geworden war: Sie erklärte ihren Rücktritt von allen Parteiämtern. Sie wusste, dass sie nach ihrem Schritt in den lokalen Parteigremien keinen Rückhalt mehr haben würde, und kam so den Genossen zuvor, die ihr auf einer für Dienstagabend einberufenen örtlichen Vorstandssitzung sicher das Misstrauen aussprechen würden.

Everts schrieb an die «lieben Genossinnen und Genossen», sie verstehe deren Entsetzen, hoffe aber zugleich, ihre eigenen Gründe «ansatzweise» nachvollziehbar gemacht zu haben, ja dass «der ein oder andere sogar als Gewissensentscheidung akzeptieren» werde, «dass ich einfach nicht anders kann». Sie quäle sich seit Februar wegen der Linkspartei. «Ich habe über die PDS promoviert und sehe erhebliche Defizite in ihrem Verständnis von Demokratie, Rechts- und Sozialstaat und Geschichte. Eine in Teilen verfassungsfeindliche Partei darf nach meiner tiefen Überzeugung nicht Teil oder indirekt Beteiligter einer Regierung in Hessen sein.» Zwischen dieser Überzeugung und der Loyalität gegenüber der SPD sei sie «seit Monaten zerrissen». Und weiter: «Ihr wisst, dass auch ich versucht habe, Bedenken wegzureden und diesen Weg tatsächlich bis zum Ende mitzugehen. Dies tut mir im Nachhinein leid – ich hätte früher erkennen müssen, dass ich nicht nur Parteisoldatin sein kann.» Deshalb stelle sie ihre Parteifunktionen in Kreis, Stadtverband und Ortsverein sowie ihr Kreistagsmandat zur Verfügung. Ihr Landtagsmandat sei dagegen direkt durch die Wähler legitimiert; sie werde es «bis zum Ende dieser Legislaturperiode» ausüben – «wie lange sie auch immer noch dauern mag». Falls gewünscht, stehe sie gern für ein Gespräch zur Verfügung, sobald sich die Aufregung etwas gelegt habe. «Ich bin im Moment selbst mit meiner Kraft am Rande des Erträglichen und bitte um Verständnis.» Die Adressaten wüssten, wie viel Spaß ihr die Parteiarbeit immer gemacht habe, und könnten daran vielleicht ermessen, «welche große Überwindung mich dieser Schritt gekostet hat». Zum Schluss «mit herzlichen Grüßen, Carmen».

Dieses Schreiben gab Everts' Gemütsverfassung gut wieder, und zwar gerade in seiner Mischung aus staatspolitischen und sehr persönlichen Erwägungen. Everts beschäftigte nach der Pressekonferenz nichts mehr als der Verlust ihrer sozialen Heimat, der Partei. Immer wieder brachte sie das auf die Formel, sie habe «ihr Leben verloren»; oft weinte sie dann. Dabei stellte sie einen Zusammenhang her zwischen der Bedeutung ihrer Entscheidung für das Allgemeine wie auch für sie selbst; in ihren Augen fiel beides deckungsgleich in eins. Für Tesch und Metzger gab es auch noch ein Leben außerhalb der Partei, und zur Not konnten sie sagen: «Sch... drauf», was sie gelegentlich auch taten. Wenn dagegen Everts diese Worte wählte, was mitunter vorkam, klang es gekünstelt. Für sie bedeutete der Schnitt noch mehr als nur eine schwere existenzielle Entscheidung, und immer dichter rückte ihr jetzt die Frage, ob sie ihr ganzes Leben womöglich für falsche Zwecke eingesetzt hatte. Ob alles ein Irrtum gewesen sei? «Zwanzig Jahre meines Lebens.» Auch diese Frage stellte sie sich wieder und wieder.

Aber die Vermischung der persönlichen mit der politischen Entscheidung wirkte auf die große Mehrheit der Adressaten befremdlich, ja, bei vielen heizte sie die Wut sogar weiter an. Es war noch nie besonders feinfühlig gewesen, dass Everts unentwegt auf ihre Doktorarbeit hinwies. Wegen des aktuellen Themas hatte es dazu im letzten Jahr gute Gründe und viele Gelegenheiten gegeben, aber vielleicht hätte sie die eine oder andere besser ungenutzt verstreichen lassen. Es mag der berechtigte Stolz auf ihre Leistung gewesen sein, die angesichts einer Herkunft aus einfachsten Verhältnissen doppelt wog, vielleicht auch bloße Arglosigkeit. Doch in einer Partei, die sich an der Basis nach wie vor aus kleinen Leuten zusammensetzt und der alles Elitäre ein Dorn im Auge ist, darf man seine Erfolge nicht allzu deutlich herausstreichen, will man nicht schnell als überheblich gelten. Da ging es Everts kaum anders als Stegner mit seinem Harvard-Wimpel.

Besonders krumm wurde ihr genommen, dass sie betonte, wie schwer ihr die Entscheidung gegen Ypsilanti gefallen sei und wie schlecht es ihr dabei ging. Das lasen die Kritiker als unfairen Versuch, sie zu entwaffnen – wenn man eine Handlung für grundverkehrt hält, tut es ja nichts zur Sache, ob sie dem Handelnden schwergefallen ist. Vor allem frühere Weggefährten brachte Everts' Appell an das Mitgefühl in Wut: Sie hatten schließlich auch eine Entscheidung getroffen und nahmen für sich genauso in Anspruch, dass sie ihnen nicht leichtgefallen war. Und bei einigen stimmte das auch. Aber im Unterschied zu Everts mussten sie nun ohne eigenes Zutun die Folgen von Everts' Entscheidung tragen. An ihrem Elend hatten sie deshalb kein Interesse, Bekundungen darüber empfanden sie als larmoyant.

Und doch: Everts hielt sich noch mächtig zurück. Wie schlecht es ihr wirklich ging, bekamen in diesen Tagen und Wochen nur Metzger und Tesch zu sehen. Und vielleicht nicht einmal die. An der Rücktrittserklärung hatte sie fahrig und unkonzentriert gearbeitet, man merkte es an einigen sprachlichen Schnitzern, und dennoch dauerte und dauerte es, bis sie endlich damit zurande gekommen war. Um Viertel nach elf war sie immer noch nicht fertig. Währenddessen hatte Tesch sich im Gärtchen in dem Innenhof des Hotels verlustiert und dabei eine Reihe von Telefonaten geführt; nun saß sie schon eine ganze Weile auf ihrem pinkfarbenen Koffer im Gastraum und trommelte mit den Fingern, als Everts endlich herunterkam. Tesch fürchtete, mittlerweile wisse der halbe Ort, dass sie hier waren, über kurz oder lang, so glaubte sie, würden Journalisten und Kamerateams auftauchen; was dann? Sie wollte weg. Aber Metzger war noch nicht vom Wellness-Bad in der Menge zurück, und so bestellten sich die beiden Hinterbliebenen erst einmal frischen Kaffee. Als Metzger dann zu ihnen stieß, wollte auch sie einen. Man hatte schließlich, fanden Metzger und Everts, keine Eile. Die Schweiz war nicht mehr sonderlich weit weg, ungefähr vier Stunden Fahrzeit, und es wurde gerade erst Mittag. Man würde also immer noch zum Nachmittagskaffee dort sein.

Alle drei Frauen waren Koffein-Junkies und tranken unentwegt Kaffee, Everts zu Hause sogar aus riesigen Tassen, und obendrein Cola aus grotesk großen Gläsern. In der Regel stand beides vor ihr auf dem Tisch, ihre Bekannten nannten Latte macchiato und Cola, die sie gleichzeitig bestellte, das «Carmen-Gedeck». Während sie nun ihre Koffein-Mahlzeit einnahmen, kreuzte im Restaurant unter beträchtlichem Geschnatter ein Kegelclub auf, gutgelaunte Damen aus der norddeutschen Tiefebene, die eine Busreise machten und nicht schlecht überrascht waren, als sie hier im Schwarzen Bock unversehens ihre Idole entdeckten. Es war, zumindest seitens der Kegeldamen, fast wie ein unverhofftes Wiedersehen.

Für die drei Abgeordneten aber war es nun doch allmählich Zeit zu gehen, und so verstauten sie draußen vor dem Hotel ihre Koffer unter der Heckklappe von Everts' kleinem Cabrio. Es dauerte eine ganze Weile, fast wie bei diesen Holzwürfeln, die man aus lauter Einzelteilen zusammensetzen muss. Man weiß auch, dass es geht. Aber nicht wie.

Auf dem Parkplatz

Als sie endlich loskamen, war es schon zwölf. Und als sie ihren ersten Zwischenstopp machten, war es fünf nach zwölf. Zu diesem Zeitpunkt erschien ihnen die Aussicht, in der Schweiz abgeschnitten dazusitzen, plötzlich nicht mehr so verlockend, denn Everts hatte von Jürgen Walter erfahren, dass es sehr heftige Reaktionen gab. Vielleicht musste man doch früher darauf eingehen als geplant. Und in dem Schweizer Haus gab es keinen Handyempfang, keinen Internetzugang, keinen Fernseher. Was nun? «Kein Problem», sagte Dagmar Metzger, «dann kaufen wir eben einen.»

Also steuerten sie einen Elektronikgroßmarkt an, der sich, einen guten Kilometer weiter, an einer Ausfallstraße in einem jener neuen Einkaufszentren mit viel Parkraum fand, die sich im letzten Jahrzehnt allerorten rings um die Städte herum ausgebreitet hatten. Tesch blieb beim Auto. Sie hatte schon ihre roten Crocs an, weil sie darauf eingestellt gewesen war, auf der Autobahn eine ganze Weile im Wagen zu sitzen. Dennoch war sie die eigentliche Urheberin des Zwischenstopps gewesen: Als Erste hatte sie darauf hingewiesen, dass man sich nicht ganz von den Medien abnabeln durfte. Die Vorstellung, gar nichts mehr mitzubekommen, erschien ihr so, als würde man sich selbst lähmen.

Irgendwann hatte Dagmar Metzger in dem Großmarkt die Fernseher-Abteilung und schließlich auch einen Verkäufer gefunden, dem sie ihr Anliegen vortrug. Sie wollte einen Fernseher, mit dem sie in ihrem Ferienhaus in der Schweiz nicht zuletzt HR-Sendungen angucken konnten. Der Verkäufer fragte nach den Anschlussmöglichkeiten und wies darauf hin, dass es nicht möglich sein würde, in Graubünden per Antenne den Hessischen Rundfunk zu empfangen; überhaupt werde es dort, südlich von Chur, vermutlich keine bundesdeutschen

Sender geben. Da müssten sie sich schon eine Satelliten-Schüssel aufs Dach setzen. Das traute Dagmar Metzger sich verständlicherweise nicht zu, und so kaufte sie den Fernseher vorerst nicht, sondern ging zurück auf den Parkplatz, um sich mit den anderen zu besprechen.

Ließ sich nicht vielleicht in der Schweiz ein Monteur finden? Wie aber die Schüssel dorthin bringen? Waren solche Schüsseln nicht sehr groß? Zusammen mit dem Fernseher und Silke Tesch würde sie sich schwerlich auf der Rückbank unterbringen lassen ... und einen Anhänger besaß das Cabrio nicht, nicht einmal eine Anhängerkupplung. Oder sollte man Fernseher und Satellitenschüssel erst nach der Ankunft kaufen? Metzger konnte sich nicht erinnern, in der Nähe ihres Ferienquartiers jemals einen Elektronikgroßmarkt gesehen zu haben. Gab es dergleichen überhaupt in der Schweiz?

Die Lage war schwierig. In Tesch, die sowieso nicht in die Schweiz wollte, keimte Hoffnung auf. Everts telefonierte. Ein Mann kam herbei, er hatte sie erkannt und fragte, ob er mit seinem Handy ein Foto von ihnen machen dürfe. Tesch erlaubte es nicht. Sie befürchtete, sich am nächsten Tag mit ihren roten Schlappen an den Füßen in der «Bild»-Zeitung wiederzufinden. Die Zeitung war gerade dabei, im ganzen Land sogenannte Leserreporter mit Videokameras auszurüsten (während die Politik über die Überwachung öffentlicher Räume durch fest installierte Kameras stritt), und Tesch fühlte sich schon überwacht genug. Überhaupt wollte sie so schnell wie möglich weg von diesem Parkplatz, wo jetzt, am frühen Nachmittag, bereits ein gewisser Publikumsverkehr herrschte. Sie verstand nicht, warum die anderen beiden nicht begriffen, dass es für sie keine Ruhe mehr geben würde, sobald sie von Journalisten entdeckt werden würden.

Wobei es übrigens keineswegs so war, dass sie selbst keinen Kontakt zur Presse hielten. Es gab eine ganze Reihe von Journalisten, die sie anriefen. Auf diese Weise blieben sie mit nahezu allen bedeutenden Zeitungen und Zeitschriften sowie der Landes- und jeweiligen Heimatpresse in Verbindung, baten aber bei ihren Gesprächspartnern um Verständnis dafür, dass sie zunächst stillhalten und einstweilen keine weiteren zitierbaren Aussagen machen wollten. Freilich bestimmten sie selbst, wen sie anriefen und mit wem sie sprechen wollten; Anrufe nahmen sie nur an, wenn sie den Anrufer oder seine Nummer auf dem Display erkannten und mit ihm reden wollten; Rückrufe machten sie nur, wenn sie das für richtig hielten. Auch ein führender HR-Journalist war unter den Angerufenen.

Das hielt den Sender nicht davon ab, an diesem Tag seine düstere U-Boot-Geschichte vorzubereiten: Von den Abgeordneten, hieß es, fehle «jede Spur, sie alle sind abgetaucht». Und: «Heute forderten mehrere SPD-Ortsvereine den Parteiausschluss der Vier, und die waren abgetaucht.» Und: «Die Tatsache, dass die Vier nicht erreichbar sind, macht es natürlich auch unmöglich, sie nach ihrer Meinung zu fragen.» Blubb, blubb.

Walter verbrachte übrigens den ganzen Dienstag in seiner Anwaltskanzlei in Gernsheim. Er hatte noch einige Akten durchzuarbeiten. Silke Tesch wurde vom HR bei einem der drei vorgeblich streng geheimen Telefongespräche aufgestöbert, die sie an diesem Tag mit der Geschäftsführerin ihres Unterbezirks, Eva Wenckebach, führte. Wenckebach, die vor der Kamera eben noch heftig auf die Unerreichbare geschimpft hatte, ließ sich während des Gesprächs vom HR filmen, ohne Tesch dies mitzuteilen, und wies währenddessen hochkonspirativ mit dem Finger auf den Telefonhörer – ein Meilenstein des investigativen Journalismus, an dem sich die Zuschauer noch am selben Abend laben durften.

Die drei Abgeordneten in Ansbach hätten womöglich weniger Anstrengungen unternommen, sich unter diese Zuschauer einzureihen, wenn sie vorhergesehen hätten, wie der HR den Tag nutzen würde. Und wenn es schon kein Fernsehen sein sollte, wollten sie die Sendungen wenigstens im Radio verfolgen. So kam die Idee auf, einen Weltempfänger zu kaufen. Das klang schon mal gut: als könnte man damit die ganze Welt empfangen. Also sicher auch den Hessischen Rundfunk. Metzger machte sich wieder auf in den Elektronikgroßmarkt, während Everts in diesem Moment Metzgers Schal keine Ruhe ließ; sie fand es gemein, dass die Kollegin gleich zwei neue Schals hatte, und war zu dem Schluss gekommen, dass sie auch mindestens einen brauchte. Notfalls irgendwas anderes. So blieb Tesch wieder allein beim Wagen zurück. Sie war anhaltend nervös, weil sie fürchtete, entdeckt zu werden. Außerdem schien es ihr absurd, dass sie nun alle möglichen Anstrengungen unternahmen, um etwas gegen die Abgeschiedenheit ihres Ziels zu tun. Warum dann überhaupt dorthin fahren? Sie stand am Wagen, telefonierte ein bisschen oder schrieb SMS, wobei sie mürrisch Filterzigaretten der Marke «West» rauchte, weil die ein paar Cent billiger waren.

Einer, der an diesem Tag auch zu viel rauchte, war Marius Weiß. Bei ihm waren es «Gauloises Blondes» in der roten Packung, die auf dem Frankfurter Campus, wo Weiß vor noch gar nicht so langer Zeit Jura studiert hatte, zu den meistgerauchten Sorten gehörten; es gab dort sogar einen Automaten, der keine andere Marke enthielt. Weiß, in Bielefeld geboren und als junger Mann nach Idstein in den Taunus gezogen, war 2008 mit 33 Jahren in den Hessischen Landtag gekommen. Als Wirtschaftsanwalt aus einem wohlhabenden Wahlkreis war er alles andere als ein Gegner des Flughafenausbaus, und entsprechend hatte er sich im Landtag von Anfang an der Gruppe Aufwärts angeschlossen. Sein Büro im Landeshaus lag dem von Tesch schräg gegenüber, und weil deren Zimmer, seit das

Rauchen im Landeshaus verboten wurde, ein Haupttreffpunkt für die Raucher geworden war – Tesch hielt sich nämlich nicht daran –, hatten Weiß und sie sich schnell kennengelernt. Auch sonst zog Weiß bald mit den Aufwärts-Leuten los, zum Beispiel zum abendlichen Beisammensein in der Kneipe, und schließlich gehörte er zur Fußballmannschaft des Landtags, deren Cheerleader ja auch sämtlich aus der Aufwärts-Truppe stammten. Außerdem saß Weiß in der alphabetischen Sitzordnung des Plenums direkt hinter Silke Tesch, die den jungen Mann von Anfang an unter ihre Fittiche nahm.

Für einen Abgeordneten-Novizen konnte es eigentlich keinen höllischeren Start geben als den in der siebzehnten Wahlperiode des Hessischen Landtags, vor allem wenn er zu den Kandidaten gehört hatte, die im Wahlkampf ihren Wählern wieder und wieder versprochen hatten, dass es keine Zusammenarbeit mit der Linkspartei, schon gar keine Tolerierung einer sozialdemokratischen Ministerpräsidentin geben werde. Weiß tat das aus Überzeugung. Er hatte Verwandte in der DDR gehabt, in Erfurt und Annaberg-Buchholz, und sich zu Weihnachten von seiner Mutter erklären lassen, warum die Pakete, die er bekam, schon geöffnet und nur notdürftig verklebt waren. Oder warum bei den Telefongesprächen zum Geburtstag die Verbindung, wenn man ein falsches Wort benutzt hatte, plötzlich weg war. Die Vorstellung, mit der SED-Nachfolgepartei politisch zusammenzuarbeiten, war ihm ein Gräuel, und deshalb befand er sich nach der Wahl in einer schwierigeren Lage als andere sozialdemokratische Kandidaten, die sich in dieser Frage nicht festgelegt hatten. Weiß dagegen wurde in seinem Idsteiner Wahlkreis, nachdem Ypsilanti ihren Kurs geändert hatte, sofort massiv mit dem Thema «Wortbruch» konfrontiert.

Den Kurswechsel selbst hatte er übrigens, genau wie Dagmar Metzger, zunächst nicht mitbekommen. Wie sie war er damals in den Urlaub aufgebrochen und Ende Februar, also einen Monat nach der Wahl, mit seiner Freundin nichtsahnend nach Argentinien geflogen. Und wie Metzger hatte er seine Reise in der Fraktionsgeschäftsstelle angemeldet: Aus der Einladung für die Fraktionssitzung am 4. März war nicht im Ansatz hervorgegangen, dass die Parteiführung dort beschließen lassen wollte, ein Tolerierungsmodell mit der Linkspartei auszuloten. Erst in Buenos Aires erreichte ihn die Nachricht von der Weigerung Metzgers, den Weg Ypsilantis mitzugehen. Sofort trat er die Rückreise an. Das erwies sich als schwierig, weil keine Tickets zu haben waren; doch schließlich bekam Weiß einen Notsitz in einer Alitalia-Maschine und traf am Samstag, dem 8. März, nach 16 Stunden Flug- und Wartezeit am Frankfurter Flughafen ein, nahm ein Taxi in die Stadt und langte etwa eine Stunde zu spät auf der gemeinsamen Sitzung von Fraktion und Parteirat an: jenem Tribunal, auf dem Dagmar Metzger von wütenden Genossen zusammengeschrien wurde. Daran beteiligte Weiß sich nicht. Aber er fand auch nicht den Mut, darauf aufmerksam zu machen, dass er selbst vom Kurswechsel der Parteiführung nicht weniger überrascht worden war, geschweige denn, dass er sein Wahlversprechen ebenso wenig brechen wollte wie Dagmar Metzger.

Der 3. November war für Weiß dann wieder ein wahrhaft höllischer Tag gewesen. Am Morgen hatte in der «Frankfurter Rundschau» gestanden, dass er sich zwei Tage zuvor auf dem Parteitag bei der Abstimmung über den Koalitionsvertrag enthalten hatte. Zwar hatte Weiß das intern angekündigt, weil er ebenso wie Walter glaubte, dass dieser Vertrag letztlich das Ende des von der SPD nach außen hin noch immer befürworteten Flughafenausbaus bedeutete. Aber durch den «Rundschau»-Artikel geriet er nun, einen Tag vor der Abstimmung, als möglicher Abweichler zusätzlich ins Fadenkreuz. Nach

Lektüre des Artikels rechnete er sich aus, dass er am späten Nachmittag auf der Fraktionssitzung unter Druck geraten würde. Er war noch zu Hause und überlegte sich, wie er vorgehen wollte. Dann rief um 10.39 Uhr auch noch Carmen Everts auf seinem Handy an.

Eine Ahnung von dem, was jetzt bevorstand, habe er, sagt Weiß, schon vor diesem Telefonat gehabt. Am Samstag beim Parteitag in Fulda hatte er noch ziemlich lange mit Everts gesprochen, auch Tesch war dabei gewesen. Ihm war aufgefallen, dass die beiden «schon sehr, sehr seltsam drauf» waren. Die meiste Zeit waren sie gar nicht im Saal unter den Delegierten, sondern hatten draußen gesessen und Kaffee getrunken, und Tesch hatte geraucht wie vor fünfzig Jahren die Schlote im Hinterland.

Das Telefongespräch am Vormittag des 3. November stellen Everts und Weiß unterschiedlich dar. Everts sagt, sie habe Weiß informiert, weil auch er auf dem Landesparteitag dem Koalitionsvertrag nicht zugestimmt habe und die Vier nicht gewollt hätten, dass er von ihrer Entscheidung erst aus der Presse erfahre. Also habe sie ihn am Telefon darüber in Kenntnis gesetzt und auf die bevorstehende Pressekonferenz hingewiesen. Sie erwarte nicht, habe sie gesagt, dass er sich zu ihnen geselle, weil man eine so wichtige persönliche Entscheidung nicht so kurzfristig fälle. Außerdem habe sie ihm am eigenen Beispiel ausdrücklich aufgezeigt, welche negativen Konsequenzen sich daraus ergeben würden: der Verlust der Parteiämter, der mutmaßliche Verlust des Mandates. «Marius, ich kann dir als Kollegen nicht raten, jetzt so kurzfristig noch dazuzustoßen. Ich möchte einfach, dass du das weißt. Geh damit jetzt um, wie du magst.» Weder habe sie ihn noch er sie zu überzeugen versucht. Weiß sei in dem kurzen Telefonat eher still gewesen. Er habe zugehört und schließlich gesagt, dass er sich ihnen nicht anschließen werde. Weiß dagegen berichtet,

Everts habe ihm eröffnet, dass sie «den Weg nicht mitgehen» könnten und dass es nachher, um ein Uhr, eine Pressekonferenz geben werde. Sie wolle ihm das vorher sagen, um ihm die Chance zu geben, mitzumachen. Es sei noch Platz im Zug, «und wenn du da aufspringen möchtest, ist das kein Problem». Weiß verstand das eher als Freundschaftsdienst. Aber als einen, der ihn in Teufels Küche bringen konnte. Er war ohnehin schon hochnervös. Er fragte Everts: «Habt ihr noch jemand anders angerufen?» Die gab zur Antwort, dass sie soeben mit Michael Paris telefoniert hätten.

Daraus schloss Weiß, Paris wisse vermutlich ebenfalls, dass er, Weiß, angerufen worden sei. Die Sache würde sich nicht unter dem Deckel halten lassen. So etwas, darüber war sich der Rechtsanwalt klar, kommt früher oder später immer heraus. Und wahrscheinlich eher früher. Er entschloss sich, auf der Fraktionssitzung am Abend, die ursprünglich mit Blick auf den bevorstehenden Machtwechsel feuchtfröhlich im gläsernen Lokal Lumen auf dem Marktplatz hätte ausklingen sollen, die Flucht nach vorn anzutreten, und tatsächlich griff Norbert Schmitt ihn mit Bezug auf den FR-Bericht vom Morgen auf dieser Sitzung heftig an. Weiß erwiderte darauf mit einer etwa viertelstündigen Rede, in der er sich verteidigte und zugleich über Everts' Anruf am Vormittag berichtete, nicht ohne mit einer gewissen Zuspitzung hinzuzufügen, dass er sich dem Ansinnen verweigert habe.

Dass Carmen Everts ihm die Möglichkeit zum Einstieg geben wollte, kann nicht wirklich strittig sein: Was sonst wäre der Zweck dieses Anrufs gewesen? Die Vier, genauer: Everts und Walter, riefen vor der Pressekonferenz überhaupt nur zwei Abgeordnete an, nämlich die beiden, bei denen sie es für wahrscheinlich hielten, dass sie Ypsilanti nicht wählen würden; sie wollten ihnen ohne Frage noch zu diesem Zeitpunkt die Gelegenheit zum Mitmachen geben, aber andererseits nicht die Chance, ihnen in die Quere zu kommen. Wenn es nur darum gegangen wäre, Bescheid zu sagen, hätte eine SMS genügt, wie bei anderen Weggefährten auch. Die mokierten sich später darüber, dass sie auf diese Weise gleichsam in Klassen eingeteilt worden seien: Die erste wurde angerufen, die zweite bekam eine SMS, die dritte erfuhr von der Pressekonferenz erst durch die Medien. Aber was hätten die Vier machen sollen? Überall anrufen und Bescheid sagen?

Vor allem Nancy Faeser, die Empfängerin einer SMS, fühlte sich tief getroffen. Sie war die einzige Cheerleaderin, die zurückblieb, aber sie wäre von der Parteiführung für ihre Kooperation beim Linkskurs auch mit dem Justizministerium belohnt worden, einem Traumjob für die hübsche junge Anwältin, die oft mit mädchenhafter Stimme sprach und den Spitznamen «Prinzessin» trug. Ihre anwaltlichen Mandate in der angesehenen Frankfurter Kanzlei, für die sie arbeitete, hatte sie bereits abgewickelt und als künftige Ministerin auch personelle Zusagen gemacht. Umso härter sah sie sich jetzt durch ihre alten Mitstreiter düpiert.

Vor der Pressekonferenz hatten Everts, Tesch und Walter unter sich aufgeteilt, wer wen verständigen sollte; sie hatten sich die Namen sogar auf Zettel notiert. Von denen, die per SMS kontaktiert wurden, rief einer umgehend zurück: der junge Bundestagsabgeordnete Sören Bartol aus Teschs Wahlkreis Marburg-Biedenkopf. Er sagte ihr, dass sie «wahnsinnig» sei, dass sie das nicht machen könne und welche Folgen dieser Schritt für sie haben werde: «Du bist tot, du bist tot, du bist tot.» Immer wieder. Bartol wurde später bei der Aufstellung der Landesliste für die Bundestagswahl 2009 auf einen völlig aussichtslosen Platz verbannt.

«So ist das, wenn man um sein Überleben kämpft», hatte Silke Tesch gesagt, nachdem das Telefongespräch mit Weiß am Dienstag an die Öffentlichkeit gedrungen war: Everts habe

Weiß bereden wollen, und der habe sich «empört» dagegen zur Wehr gesetzt. Außerdem zitierte die «Frankfurter Rundschau» Weiß mit den Worten, er sei «menschlich und persönlich tief enttäuscht». Michael Paris berichtete über Walters Anruf, der habe ihm das Bevorstehende angekündigt und gefragt, ob er mitmachen wolle. Um seine Zukunft brauche er sich keine Gedanken zu machen. Danach äußerte Paris sich nicht mehr öffentlich dazu, sagte nur, «die Vier haben sich mit ihrem Verhalten selbst aus der Fraktion ausgegrenzt».

Aber natürlich war mit den beiden Anrufen von Walter und Everts die Hoffnung verbunden gewesen, dass die Angerufenen noch mitmachen würden. Ob es vier oder fünf Dissidenten im Landtag gab, hätte einen Unterschied bedeutet. Fünf Abgeordnete: Das war die Mindestzahl zur Gründung einer Fraktion, so wie sie die Landtagsgeschäftsordnung vorschrieb (die freilich mit einfacher Mehrheit geändert werden konnte). Am Samstag und Sonntag hatten die Vier die verschiedenen künftigen Möglichkeiten durchgespielt, darunter auch diese Fraktionsidee. Allerdings mehr im Scherz. Da hatten sie schon die Posten verteilt: Bei fünf Personen hätte es ja genug für alle gegeben. Aber da sie nicht alle aus der SPD austreten wollten, war dieser Weg ohnehin versperrt.

Auf dem Parkplatz bei Ansbach hatte Tesch inzwischen die Überzeugung gewonnen, dass sie nie in die Schweiz kommen würden. Sie wartete jetzt nur noch, bis auch die beiden anderen das begreifen würden, wobei sie gelegentlich mit wohlgesetzten Anmerkungen nachhalf; Everts nannte das später scherzhaft «psychologische Kriegsführung». Zeit dafür gab es genug, denn insgesamt verbrachten sie an die drei Stunden auf dem «schiddeligen Parkplatz»: telefonierend, diskutierend, lamentierend, schimpfend, lachend, doch unfähig, sich endlich auf den Weg zu machen. Die Ruhe und Abgeschiedenheit der Berge wäre ihnen willkommen gewesen, nicht aber die damit verbundene Passivität. Was jetzt auf sie niederprasselte, war zu einem großen Teil hässlich und bedrohlich, und deshalb fiel es ihnen schwer, sich von ihrem schönen Plan zu verabschieden. Sie hätten gerne einen Schlussstrich oder wenigstens einen Zwischenstrich gezogen, so wie ein Kaufmann unter einen wichtigen, fertig durchgerechneten Posten. Doch wann Schluss war, entschieden nicht sie. Und darum konnten sie der großen Welle, der Gefahr nicht gleichmütig den Rücken zukehren. Sie konnten ihre Zukunft nicht aus den Augen lassen.

Girls Camp

Esther Walter wusste schon, warum sie gleich gesagt hatte: «Ich mach nicht Psycho-Urlaub in dieser Clique, wo's dann nur um dieses Thema geht und von morgens bis abends diskutiert wird: Was war? Was ist? Was wird sein?» Verglichen damit fiel Jürgen Walter die Trennung von den Damen schon etwas schwerer. Aber eigentlich war es ganz vernünftig, dass die beiden noch einen Tag in Hessen geblieben waren, um die Presselage zu beobachten. Unablässig hatten Journalisten angerufen, und es hatte unzählige Einladungen zu Interviews und Talkshows gegeben. Durch diese Gespräche erlangte Walter Informationen, und so wurde ihm und seiner Frau am Dienstagnachmittag allmählich klar, wohin sich die Dinge entwickelten. Die Pressekonferenz war eher ein Erfolg und erstaunlich gut vorbereitet gewesen, aber gerade daran knüpften sich jetzt Fragen, denen mehrere Journalisten nachgingen. Saß der Urheber, so fragten sie sich, womöglich in der Staatskanzlei? War nicht alles von langer Hand geplant?

Außerdem hieß es in der Landeshauptstadt, Walter habe Michael Paris am Vortag, falls er einsteigen werde, eine «goldene Zukunft» versprochen. Zusammen mit den Bestechungsvorwürfen und den Gerüchten, die Vier würden eine schwarzgelbe Koalition stützen, schien das Grund genug, mit einer weiteren Stellungnahme herauszukommen. In den Telefonaten zwischen Griesheim und dem Ansbacher Parkplatz wurde die Sache ausgiebig hin und her gewendet, und am Ende, nach knapp drei Stunden, war bei Everts und Metzger in einem umständlichen, von Teschs vorsichtigen Hinweisen geleiteten Erkenntnisprozess der Entschluss gereift, nun doch nicht in die Schweiz zu fahren. Stattdessen sollte es nach Regensburg gehen. Dort war Carmen Everts vor einer Weile mit der Doktorengruppe des Chemnitzer Politologen Eckard Jesse in einem komfortablen Tagungshotel untergekommen, dem Courtyard Marriot, das, wie Everts und Metzger es sich wünschten, auch einen kleinen Wellness-Bereich mit einer Sauna bot.

Im Courtyard könnten sie sich abermals mit den Walters treffen, die das Hotel fortan «Girls Camp» nannten. Und man konnte dorthin diskret Journalisten einladen. Es befand sich ein wenig außerhalb der Stadt am Europakanal, was für das Ehepaar Walter günstig war. Esther hatte inzwischen ein Quartier im Bayerischen Wald gefunden, und so lag die Domstadt an der Donau für sie gewissermaßen auf dem Weg. Von Ansbach war Regensburg ebenfalls nicht weit entfernt – keine zwei Autostunden. Everts buchte drei Zimmer, zunächst einmal für zwei Nächte, und Walter verabredete mit Thomas Holl von der «FAZ» für den nächsten Tag einen Interview-Termin. Am Donnerstag sollte dann Konstantin von Hammerstein vom «Spiegel» eintreffen. Was das Fernsehen anging, entschieden sich die Vier für einen Auftritt bei «Beckmann» am kommenden Montag. Damit stand fest, dass sie spätestens am Freitag heimfahren würden.

Als sie um kurz vor fünf Uhr im Hotel eintrafen, bekamen

Metzger und Tesch Zimmer nebeneinander, während Everts als Nichtraucherin eine Etage höher zog. Sie hatte fast den ganzen Tag telefoniert und so gut wie jeden Anruf angenommen, im Gegensatz zu Tesch und Metzger, die ihre Handys nur noch ab und zu für Rückrufe nutzten. Dabei hatte sie etliche Male ihre Geschichte erzählt: von ihrer Zerrissenheit, ihren Gewissensnöten, ihrem Zusammenbruch, ihrer Entscheidung, ihrem Rückgrat. Sie konnte kein Ende finden. Die anderen rieten ihr, das Telefonieren doch einfach mal sein zu lassen, Everts aber wollte oder konnte nicht. Ihre Sehnsucht nach Ruhe mochte echt sein, nur fand sie keinen Weg dorthin.

Das Courtyard lag ein wenig außerhalb der schönen Regensburger Altstadt mit ihrem Dom, in dem der Bruder des Papstes lange Jahre Kapellmeister gewesen war. Regensburg war im Zweiten Weltkrieg Opfer schwerer Luftangriffe gewesen, doch war der historische Kern mit seinen Häusern, Gassen und Gewölben im Wesentlichen verschont geblieben. Es waren Frauen, die zu seiner Rettung beigetragen hatten: Zusammen mit dem Domprediger Johann Maier hatten sie 1945 für eine gewaltlose Übergabe der Stadt an die amerikanischen Truppen demonstriert. Maier wurde sogleich festgenommen, wegen Wehrkraftzersetzung zum Tode verurteilt und am nächsten Tag auf dem Moltkeplatz gehenkt. Auf dem Schild um seinen Hals stand «Ich bin ein Saboteur». Danach verließen Wehrmacht und SS die Stadt, und der Bischof, der sich versteckt gehalten hatte, kam wieder aus seinem Keller. Es war der 23. April 1945.

Everts, Metzger und Tesch gingen kaum in die Altstadt. Meist hielten sie sich im Courtyard auf, das alle Annehmlichkeiten eines modernen Hotels und zugleich eine gewisse Abgeschiedenheit bot. Und wieder entwickelte sich Silke Teschs Zimmer sofort zum Hauptstützpunkt. Nachdem sie ausgepackt hatten, fuhren sie zum Bahnhof und kauften, was ihnen an Zeitungen noch fehlte, wobei sie wiederholt von Leuten beobachtet wurden, die oft selbst noch schnell einen Blick auf die Zeitungen warfen und sich anhand der Fotos vergewisserten, dass sie tatsächlich die drei Abgeordneten vor sich hatten.

Zurück im Hotel, studierten sie die Zeitungen. Everts las ihre Mails und surfte im Internet. Die Gefühle waren gemischt, abhängig von den Reaktionen. Ihnen war bewusst, wie Everts sagte, dass sie «einen Riesenaufschlag» gemacht hatten. Was zurückkam, übertraf dennoch sowohl im Guten wie im Bösen ihre Erwartungen. Mit der Erfahrung Metzgers vor Augen hatten sie versucht, sich auf das Kommende vorzubereiten, aber was die eigenen Empfindungen betraf, war ihnen das nicht gelungen. Carmen Everts fühlte sich entehrt. Tesch wunderte sich über die Brutalität. Dabei war ihnen klar gewesen, dass manche einfach nur die Gelegenheit nutzen würden, alte Auseinandersetzungen auf einer neuen, größeren Bühne fortzusetzen; in Parteien gibt es, wie in allen Gruppen, nun einmal nachhaltige Feindschaften. Und dass die entschiedenen Anhänger des Linkskurses wütend reagierten, war auch keine Überraschung.

Sonderbarer erschien ihnen, dass sich selbst solche Sozialdemokraten zum Teil mit beträchtlicher Härte von ihnen abgrenzten, von denen sie bis dahin zumindest vermutet hatten, dass sie ihre politische Haltung teilten. Wenn sie es nicht sogar mit Sicherheit wussten. Und wie vehement sich manche Leute aus ihrem politischen Nahbereich, den jeweiligen Wahlkreisen, von ihnen lossagten! Überrascht musste Tesch zur Kenntnis nehmen, dass sogar Genossen, denen sie zuvor geholfen hatte, nun wütend über sie herfielen.

An diesem Abend hofften sie aber noch auf eine große Koalition, darauf, dass Mitstreiter aus «Netzwerk» und Aufbruch die Gunst der Stunde nutzen und dass sich nun all diejenigen, die den Linkskurs der Partei mit Skepsis sahen, deutlicher artikulieren würden. «Was werden die sagen, die dir sehr nahestehen, auch politisch nahestehen?», hatte sich Silke Tesch gefragt. «Das hat mich mehr interessiert als die Leute, die mich beschimpft haben.» Jetzt, gut 24 Stunden später, wusste sie die Antwort: Die meisten hatten gar nichts gesagt. Oder hatten sie und die anderen drei zum Mandatsverzicht aufgefordert. Also war klar: «Die outen sich nicht.» Nur sehr wenige hatten es gewagt, den Kopf herauszustecken.

Abends, wieder beim gemeinsamen Fernsehen und Telefonieren, führte Tesch mehrere Gespräche mit örtlichen Genossen, und mehrere drängten sie, am Donnerstag auf einer Sitzung des Unterbezirks zu erscheinen. Tesch antwortete: «Ich hab keine Lust, mich wie blutiges Fleisch vor die Wölfe zu werfen.» Sie kündigte an, erst einmal eine Erklärung an die SPD-Mitglieder ihres Wahlkreises zu schicken, die sie an diesem Abend noch fertig machte; darin schrieb sie, der Zeitpunkt der Pressekonferenz sei für viele nicht nachvollziehbar gewesen: «Wenn man eine richtige Entscheidung trifft, ist der Zeitpunkt aber von nachrangiger Bedeutung. Man kann mir lediglich den Vorwurf machen, dass ich nicht direkt Dagmar Metzgers Entscheidung gefolgt bin. Diese kam im März für mich überraschend – ich hatte damals nicht den Mut. Aber jeder Termin zwischen diesem besagten Tag und dem 3. November 2008 hätte meiner Meinung nach den gleichen Effekt gehabt.» Sie habe, fuhr sie fort, eine Tolerierung durch die Linke nie als Option betrachtet. Jeder wisse das. «Mehrfach habe ich Andrea Ypsilanti in den vergangenen zwei Jahren seit ihrer Wahl zur Spitzenkandidatin um ein Gespräch gebeten. Erst nach der Sommerpause in diesem Jahr gab es dieses, und dann noch ein Telefonat, in dem ich ihr meine Sorge erneut berichtet habe – aus Zeitgründen ihrerseits waren die Gespräche immer sehr kurz und ohne Ergebnis. Aufgrund dieser Kritik wurde ich schon früh als Abweichlerin bezeichnet.» Nachdem dann der

Parteitag am 1. November Ypsilanti zur Bildung der Koalition legitimiert hatte, habe sie sich entscheiden müssen, «ob ich diesen Weg wirklich weiter bis zum Ende gehen kann». Heimlich mit Nein zu stimmen sei für sie nie in Frage gekommen: «Entweder musste ich den für mich unerträglichen Weg, den ich für unser Land für völlig falsch halte, mitgehen oder mich offen im Sinne meiner Wählerinnen und Wähler erklären.» Viele der Adressaten hätten mit ihr zusammen einen außerordentlich erfolgreichen Wahlkampf geführt, «und wir haben gemeinsam dieses Direktmandat gewonnen. Ihr habt für mich gekämpft und alles gegeben. Aber Ihr alle kanntet auch meine politischen Grundwerte. Ich konnte nicht über meinen Schatten springen und musste diesen Weg gehen.» Und dann noch: «Ich weiß um die Belastung für die Partei. Aber mein Landtagsmandat ist direkt durch die Wählerinnen und Wähler in meinem Wahlkreis legitimiert, und deshalb werde ich dies bis zum Ende dieser Legislaturperiode ausüben.»

Unterdessen telefonierte Everts mit ihrem Unterbezirksgeschäftsführer, der dazu die örtliche Vorstandskrisensitzung verlassen musste. Sie litt unter der Kälte des Gesprächs. Außerdem hatte sie erfahren, dass ihre Nachfolge im Landtag bereits geregelt war; ein Genosse, der vorschlagen wollte, sie wieder aufzustellen, hatte darauf verzichtet; stattdessen war er aus der Partei ausgetreten. In ihrem Büro im Unterbezirk waren schon die Bilder und das Türschild abgehängt, ihr Name, ihre Fotos und Ankündigungen von der Homepage gelöscht. Vom Einladungskopf für eine Benefizgala im November, die sie selbst vorbereitet hatte, war ihr Name ebenfalls entfernt worden. Alles binnen 24 Stunden. Sie war erschüttert. Sie solle, erzählte sie den anderen, «ausgelöscht werden». Metzger sagte: «Wie damals in der Sowjetunion.»

Noch am Vortag hatte Everts den heimischen Genossen geschrieben, sie sei zu jedem Gespräch bereit. Das war ihr vergangen. Wie in Ansbach legte sie sich auf das Bett in Silke Teschs Zimmer mit der Empfindung, dass ihr Körper sich in sich selbst zurückzog. Und wieder war da diese umfassende Erschöpfung, verbunden mit Magenkrämpfen und Durchfall. Seit vierzehn Tagen schon. Auch Silke Tesch fühlte sich, als habe sie «mit einem Bären gekämpft». Man konnte sich nicht dagegen wappnen. Metzger sagte, das sei ganz normal. Sie habe sich im März meistens gefühlt wie nach einem Boxkampf.

Everts war es, als ob Wellen über sie hinwegschossen. Ihrer Selbsteinschätzung nach war sie ein «Kontrollmensch», der seine Schritte und wohl auch die Reaktionen der anderen in A, B, C einteilte; nun hatte sie nichts mehr in der Hand. Silke Tesch empfand sich wie «eine Nussschale auf hohem Wasser». Oder wie jemand, der am Strand steht, und da kommt eine Riesenwelle: «Wird sie dich mitnehmen? Oder gehst du unter? Du guckst drauf zu, kannst nicht nach hinten weg, sie kommt und kommt und kommt. Und du weißt nicht: Packst du's oder packst du's nicht?»

Schwestern

Johann Schwabl interessierte sich nicht besonders für Politik, und wenn, dann war ihm Bayern dabei näher als Hessen. Dort war in der Vorwoche mit Horst Seehofer ein neuer Ministerpräsident inthronisiert worden, nach ungefähr zwei Jahren voller Irrungen und Wirrungen, welche die CSU bei der Landtagswahl am 28. September die absolute Mehrheit gekostet hatten. Zum ersten Mal seit 46 Jahren musste sie nun wieder mit einem Koalitionspartner regieren, der FDP. Zugleich verzeichnete die SPD im Freistaat mit weniger als 19 Prozent ihr schlechtestes Ergebnis in der Nachkriegsgeschichte.

Bei so grundstürzenden Neuerungen mochte im benachbarten Hessen geschehen, was wollte. Schwabl gehörte zu den gar nicht so vielen Deutschen, die von der Pressekonferenz der Vier nichts mitbekommen hatten; dass Walter ein Ministeramt abgelehnt hatte, war sein letzter Stand. Schwabl hatte genug mit seiner schwerkranken Frau zu tun. Zur Tür seiner Wohnung in der weißgrünen Reihenhaussiedlung führte eine Rollstuhlrampe, im Haus gab es einen Treppenlift. Die Frau litt an multipler Sklerose.

Er war früher Drucker gewesen und hatte es sogar zur Prokura gebracht, nun aber ging er auf Mitte siebzig zu und war schon eine ganze Weile in Rente. Er hielt sich durch Schwimmen fit, ging auch gern in die Sauna, meist abends, wenn die Rollläden vor den Fenstern der Reihenhaussiedlung in der Giselastraße wie auf ein geheimes Kommando nacheinander herunterrasselten und der Pflegedienst seine Frau versorgt hatte. Auch am Abend des 6. November saß er in der Sauna und ließ genüsslich die Hitze in seinen Körper eindringen, als sich auf einmal die Tür öffnete und eine Dame im weißen Badetuch eintrat. Sie setzte sich hinter ihm auf die oberste Stufe, sodass er sie im Rücken hatte. Irgendwann begann er eine Plauderei, und wie nicht selten unter Fremden kam das Gespräch bald auf die Politik; Schwabl begann, ausgehend von den Missständen in Regensburg, der Unbekannten die bayerischen Verhältnisse zu erläutern – wobei er bald erstaunt feststellte, wie ungewöhnlich bewandert die fremde Dame war. Sie sagte: «Bei uns in Hessen sieht es auch nicht so gut aus.» So kam man auf die knappen Mehrheitsverhältnisse im Wiesbadener Landtag. «Wie viele Stimmen fehlen denn dem Koch?», fragte Schwabl. «Drei», war die Antwort. Schwabl grübelte ein wenig, dann hatte er die Lösung. Das sei doch ganz einfach, sagte er, die hessische CDU solle «dem einen» – er kannte Walter, aber der Name fiel ihm nicht ein – einfach «den richtigen Ministerposten» geben. «Und den andern zwoa geben sie wos in die Taschen nei.» Darauf sprang die Dame empört auf und rief: «Mit mir nicht!»

Schwabl erschrak, ihm entfuhr ein «Jesus Maria!», und als er nun in der Fremden Dagmar Metzger erkannte, meinte er, ihn treffe gleich der Schlag. Er bat um Entschuldigung, sagte, dass er sich vorkomme wie der Elefant im Porzellanladen. Metzger: «Ja, das sollten Sie auch.» Darauf entspann sich der übliche Dialog, Schwabl gab seiner Bewunderung Ausdruck. Zuletzt bat er um ein Autogramm. Metzger hätte es ihm gern gegeben, aber wie? Sie saßen beide, in Badetücher gehüllt, in der Sauna. Metzger verbiss sich das Lachen und versprach, an der Rezeption eine Visitenkarte mit Autogramm zu hinterlegen – und bat Schwabl, niemandem zu sagen, dass sie in Regensburg abgestiegen war. Keiner dürfe das wissen.

Es war um dieselbe Stunde, dass Carmen Everts einen Zusammenbruch erlitt. Auf dem Bettrand in Silke Teschs Zimmer sitzend, hatte sie plötzlich zu weinen begonnen. Tesch saß gerade am Laptop und kehrte ihr den Rücken zu; sich umwendend sah sie, dass Everts, die eben noch zusammengekrümmt dagesessen hatte, sich auf das Bett fallen ließ, von Weinkrämpfen geschüttelt. Sie konnte gar nicht mehr aufhören. Tesch redete beruhigend auf sie ein, aber Everts war untröstlich, und wenn sie etwas sagte, dann bloß: «Ich will mein Leben zurück.»

Und tatsächlich waren an diesem Donnerstag die Würfel gefallen. Müntefering hatte zwar noch einmal versucht, den Zorn zu beschwichtigen: «Wir sollten bedenken, das sind ja alles Genossen», hatte er gesagt. Aber dann wurden die konkreten Entscheidungen der hessischen Parteigremien wirksam: die Ausschlussanträge der Ortsvereine, zu denen sich auch noch die der beiden Bezirke gesellten, der vorläufige Entzug der Mitgliedsrechte ohne rechtliches Gehör, der Ausschluss aus der Fraktion ohne ordentliches Verfahren, der Plan, die Vier im Landtag neben die Linkspartei zu setzen. Das Wichtigste aber:

An diesem Donnerstag hatte sich nacheinander erst die CDU, dann auch die SPD für eine Neuwahl des Landtags ausgesprochen. Die Grünen hatten das bereits zu Beginn der Woche getan, die FDP forderte die Neuwahl schon seit dem Frühjahr. Der Hessische Landtag konnte sie mit einfacher Mehrheit durch Selbstauflösung herbeiführen, ein Schritt, den Grumbach praktisch erzwungen hatte, indem er am Vorabend einen Beschluss seiner Südhessen erwirkte, dass man unter keinen Umständen in eine große Koalition eintreten würde. Damit war die Angelegenheit geklärt – und zugleich, dass die Abgeordnetenzeit für Everts, Tesch, Metzger und Walter am 18. November, in zwölf Tagen, vermutlich ein für alle Mal enden würde. Und wenn das alles gewesen wäre, wozu dieser Beschluss getaugt hätte: Das war er den Vorstandsmitgliedern wert.

Nun muss man wissen, dass vorgezogene Landtagswahlen für alle Abgeordneten so etwas wie einen politischen Tod bedeuten. Sobald ein Landtag sich auflöst, dürfen sie sich, zum Beispiel auf dem Briefkopf, nicht einmal mehr Abgeordnete nennen. Doch die einen würden nach der Wahl wiederauferstehen, die anderen nicht, und zu Letzteren gehörte ohne Zweifel Carmen Everts. Donnerstag war normalerweise ihr Tag für Wahlkreisarbeit: Damit war es vorbei, ebenso wie mit den Sitzungen und Terminen im Kreisverband und Ortsverein am Montag, mit der Bürobesprechung und Fraktionssitzung dienstags in Wiesbaden, mit den Ausschuss- oder Landtagssitzungen am Mittwoch, der Koalitionsrunde im Kreis am Freitag, dem Wochenendprogramm am Samstag und Sonntag samt Festen, Jubiläen, Sportveranstaltungen, Geflügelzuchtvereinen. Ihr Leben. Auch das «Girls Camp» würde sich am nächsten Tag auflösen. Dann würde Everts wieder zurückkehren in ein, wie sie sagte, aus den Fugen geratenes Dasein. Selbst der «kleine Hoffnungsfunken», vielleicht noch im Kreistag bleiben zu können, war erloschen; eine Genossin hatte ihr am Telefon die Stimmung zu Hause mit einem einzigen Wort geschildert: eine «Katastrophe».

Trotzdem traf Tesch der Zusammenbruch von Everts unvermutet. Everts war ihr in den letzten Tagen eher stark erschienen, ungeheuer vital und umtriebig – bis auf die Abende. Unablässig hatte sie telefoniert; vormittags, wenn Metzger und Tesch warm eingepackt in Korbmöbeln auf der Terrasse des Hotels saßen, ging sie am Kanal auf und ab und sprach in ihr Handy. Es war, als hätte die Pressekonferenz für sie nie aufgehört, als würde sie sich wieder und wieder erklären müssen, bis dann mit dem Sonnenuntergang die körperliche Erschöpfung kam. Doch am nächsten Morgen war sie erneut fröhlich und frisch gewesen, und das Telefonieren ging weiter. Tesch war davon in gewisser Weise beeindruckt gewesen. Und nun schien Everts mit einem Schlag fix und fertig. Sie weinte bitterlich.

Das änderte sich erst, als Dagmar Metzger im weißen Bademantel aus dem Dampfbad zurückkam und ihnen berichtete, wie ein fremder Herr sie dort um ihre Visitenkarte gebeten habe. Und sie habe keine dabeigehabt! Da löste sich die Stimmung im Zimmer in übersprudelndes Gelächter.

Immerhin waren die drei Frauen inzwischen vier Tage lang fast unentwegt zusammen gewesen, und ihre Beziehung zueinander hatte sich verändert. Darüber sprachen sie später, zumindest in den ersten Wochen, fast enthusiastisch. Sie waren schon vorher Kolleginnen gewesen, aber jetzt war etwas Neues entstanden. Waren sie Freundinnen? Auch dieser Begriff passte nicht. Freundinnen öffnet man die Tür, man vertraut einander, spricht über alles. Aber das hier war noch etwas anderes. Die Reise in die Schweiz, die nie an ihr Ziel gelangte, hatte etwas wie «Schwestern» aus ihnen gemacht. Das war das Wort, das sie dafür fanden. Wie Schwestern teilten sie nicht Ausgesuchtes miteinander, sondern – zumindest in diesen Tagen, auf dieser Fahrt – ihr Leben. Und wie bei

Schwestern nahmen sie einander so, wie sie eben waren, mit ihren Eigenarten und Unzulänglichkeiten, ohne darüber nachzudenken. Es war ein Verhältnis, wie es eigentlich nicht entsteht unter Erwachsenen, die gewohnt sind, über alles zu entscheiden; selbst über ihr Herz.

Andere Zeiten hatten den Begriff «Kameradschaft» für solche Bande. Es gibt sie unter Bergsteigern, Fußballern oder in Schulklassen – im Prinzip in allen Gruppen mit starkem Zusammenhalt. Am meisten aber unter Soldaten, die gemeinsam Erfahrungen miteinander gemacht haben, die nur sie kennen können. Deshalb ist der Begriff in Deutschland auch in Verruf geraten, wo man alles Militärische, vor allem wenn es pathetisch überhöht wird, mit Argusaugen betrachtet. Dennoch: In der Bundeswehr findet das Wort «Kamerad» noch Verwendung, so wie das Wort «Genosse» in der SPD, das Ähnliches meint. Aber man kann Kameradschaft nicht erzwingen, und kein Wunsch macht sie zur Wirklichkeit, eben weil sie nicht die Frucht geteilten Willens oder geteilter Überzeugung, sondern geteilter Erfahrungen ist.

Daher kann man auf Veteranentreffen beobachten, dass Kameradschaft sogar die Feinde von gestern verbindet. Sie sind einander näher als den Nachgeborenen, die nicht nachempfinden und folglich oft nicht verstehen können, dass in der Schlachtenhölle etwas Menschliches entstanden sein soll, eine Nähe und Verbundenheit, die sogar die Bereitschaft einschließt, das eigene Leben für die anderen aufs Spiel zu setzen – «als wär's ein Stück von mir», wie es in Ludwig Uhlands Lied vom guten Kameraden heißt. Es ist nicht Sympathie, die das bewirkt, nicht jene spontane Vertrautheit, die man als «Chemie» bezeichnet, auch nicht die Seelen- oder Wahlverwandtschaft, die Fremde einander näherbringen kann als leibliche Geschwister. Kameradschaft kommt nicht von innen, sondern von außen. Feuer ist ihre Metapher: Wir sind zusammen durchs Feuer gegangen, das Feuer hat uns zusammengeschweißt.

Doch die Schweißnaht hält nicht. Mit dem Feuer verschwindet auch die Kameradschaft, und was die Veteranen teilen, sind bloß Sehnsucht und Erinnerungen. Die Romane beider Nachkriegszeiten sind durchdrungen von dieser traurigen Sehnsucht, die so grundverschiedene Charaktere wie Jünger, Remarque, Renn oder Böll verband. In der Weimarer Republik bewegte diese Sehnsucht auch die Politik. Die Soldaten des Ersten Weltkrieges versuchten ihre Kameradschaft in Männerbünden festzuhalten, auf der rechten wie linken Seite des politischen Spektrums, und viele von ihnen fanden den Weg in eine zivile Gesellschaft nicht mehr zurück. Das ist kein deutsches Phänomen, ähnlich war es beispielsweise bei den amerikanischen Vietnam- oder Golfkriegsveteranen. Und genau genommen gelingt es nie, die Kameradschaft über den Krieg hinaus aufrechtzuerhalten. Sie ist eine zwar stark empfundene, aber nicht wirklich tiefe Bindung.

Das war bei den Vieren nicht anders, zumal Walter ja gar nicht erst mit ins «Girls Camp» gefahren war, sondern mit seiner Frau auf dem Großen Arber wanderte. Natürlich konnten sie das Geschehen nicht hinter sich lassen, und schon der erste Mann, den Walter nach einem Gasthaus mit zünftigem Essen fragte, erkannte ihn: «Sind Sie nicht dieser hessische Politiker?» Auch hielt er weiter Kontakt zu den drei Frauen. Aber wenn er mit Esther wanderte, schalteten sie die Handys aus und waren dann einige Stunden lang nicht mehr erreichbar. Außerdem war der Ort so abgelegen, dass Walter den «Spiegel»-Journalisten, der am Freitag kam, gebeten hatte, ihm Zeitungen mitzubringen. Selbst Internet-Zugang gab es im Hotel nur, wenn man einen Automaten regelmäßig mit einer Münze fütterte.

Für die drei Frauen wiederum endete die enge Gemeinschaft, als sie am Freitag heimfuhren, jede von ihnen in ihr eigenes Zuhause. So überwältigend stark sie ihre Nähe mitunter auch empfunden hatten: Im Grunde kannten sie einander kaum. Keine von ihnen hatte zuvor eine Freundschaft mit einer der anderen verbunden. Vorübergehend, im Feuer, sahen sie einander wie ohne Schatten. Trotzdem blieben sie drei verschiedene Frauen, mit verschiedenen Leben und sehr unterschiedlichen Charakteren.

Vor allem Tesch und Metzger, auf die ihre Männer warteten, waren froh, wieder nach Hause zu kommen. Tesch wusste, dass an diesem Freitagnachmittag, während Carmen Everts den Astra nach Nordwesten steuerte, ihre Tochter auf der Gegenspur nach Würzburg unterwegs sein würde, und es stimmte sie leicht wehmütig, dass sie einander an diesem Wochenende nach all der Aufregung nicht mehr begegnen sollten. Es war noch nicht lange her, dass Julia ihr eine Postkarte geschickt hatte – über Politik hatten sie da schon länger nicht mehr gesprochen, die junge Frau kannte die schwierige Lage ihrer Mutter und hatte respektvoll geschwiegen. Auf der Karte stand: «Nicht der Wind, sondern das Segel bestimmt die Richtung.» Das fiel ihr jetzt wieder ein.

Als Tesch spätabends in Kleingladenbach ankam, zeigte ihr Mann ihr den Riesenstapel Post, der im Arbeitszimmer auf sie wartete. Aber sie hatte keine Lust mehr, sich mit den Briefen und unzähligen Mails zu befassen, die bei ihr eingegangen waren, aß und ging zu Bett. Die Post würde sie später beantworten. Dasselbe hatten sich die anderen vorgenommen. Metzger allerdings war noch nicht einmal mit der Post aus dem März fertig. Es waren damals schon Tausende gewesen, und nun waren noch einmal Tausende dazugekommen, bei Everts und Tesch allein bis zu diesem Freitagabend 4200 Mails und viele hundert Briefe, und etwa die gleiche Anzahl noch einmal bei Metzger und Walter.

feige@hinterfötzige.verräterin.uk

In diesen Mails und Briefen war viel Material zusammengekommen, von weit mehr Personen, als Umfrage-Institute normalerweise befragen. Allerdings sind die Briefschreiber weder repräsentativ noch zufällig, sie haben sich ja aus eigenem Antrieb gemeldet – zweifellos, weil sie besonders stark an dem Geschehen Anteil genommen haben. Die meisten schrieben oder mailten aus Hessen, daneben auffallend viele aus den neuen Bundesländern oder Berlin, es gab aber auch Post und Mails aus dem Ausland, aus Kanada, Australien, Argentinien, sogar aus China. Das ist weniger verwunderlich, wenn man sich vor Augen hält, dass schon im März über Dagmar Metzger in ausländischen, selbst amerikanischen Zeitungen berichtet worden war. Tatsächlich war der Fall ja überaus selten; in der deutschen Nachkriegsgeschichte gibt es keinen zweiten.

Wenn man die Schreiben wie eine Abstimmung in Pro und Contra einteilt, ergibt sich ein Verhältnis von drei zu eins: 75 Prozent positive, 25 Prozent negative Stimmen. Das spiegelte ziemlich genau das herrschende Meinungsbild hinsichtlich Ypsilantis Wortbruch wider, wie man es aus Umfragen kannte; außerdem entsprach das Viertel ablehnender Stimmen sowohl dem demoskopisch in den letzten Monaten bundesweit erfassten SPD-Wähleranteil wie dem tatsächlichen Stimmergebnis am 27. Januar 2009 in Hessen. Also darf man vermuten, dass die Briefe doch ganz gut zum Ausdruck bringen, was die Leute im Allgemeinen über die Vier dachten, wenngleich in emotionaler Zuspitzung – so, als habe das Volk hier eine spontane Selbstbefragung durchgeführt. Freilich lag der Anteil der Männer unter den Absendern deutlich höher als der Frauenanteil; bei Silke Tesch betrug er 80 Prozent, bei Carmen Everts sogar 85.

Oft gaben die Absender an, noch nie zuvor an einen Politiker geschrieben zu haben. Viele Mails enthielten nur wenige Zeilen, manche nur einen Satz: «Hochachtung vor Ihrem Mut». Oder es stand lediglich ein Wort im Betreff: «Danke!» Durchweg bargen die Schreiben immer die gleichen Formulierungen, was eben die deutsche Sprache in diesem Zusammenhang hergibt: Sie haben Mut bewiesen, Sie haben Rückgrat gezeigt, ich möchte Ihnen danken für Ihre mutige Entscheidung, Courage, Zivilcourage, Aufrichtigkeit, Ihr aufrechtes, vorbildliches Handeln, Ihre Standhaftigkeit, Gradlinigkeit, Glaubwürdigkeit. Ich ziehe meinen Hut vor Ihnen. Sie haben absolut richtig gehandelt. Sie sind wahre Sozialdemokraten. Ich würde Sie sofort wählen. Ich bekunde Hochachtung, Dank, Respekt, Stolz, dass es Politiker wie Sie gibt. Es gibt sie noch: ehrliche, redliche, aufrechte Abgeordnete. Solche Leute brauchen wir. Sie haben viel für die Politik, gegen die Politikverdrossenheit getan, der Demokratie, dem deutschen Volke, Deutschland einen Dienst erwiesen. Sie haben durch Ihre aufrichtige Gewissensentscheidung wahres Demokratieverständnis gezeigt. Das war eine Sternstunde der Demokratie. Das war Demokratie.

Viele meinten, dass die Vier eine Katastrophe verhindert hätten, und kommentierten den Zeitpunkt mit den Wendungen: Spät, aber nicht zu spät. Besser spät als nie. Auch das Bild des Spiegels wurde sehr häufig erwähnt: Sie können noch in den Spiegel schauen. Männer wie Frauen schrieben, sie hätten die Pressekonferenz mit Tränen in den Augen gesehen. Viele stellten klar, dass sie nicht politisch aktiv oder keine SPD-Wähler seien; immerhin 7,5 Prozent der Absender aber gaben sich als SPD-Mitglieder zu erkennen. Einige davon kündigten ihren Parteiaustritt an, andere argumentierten umgekehrt: Die Vier hätten ihnen diesen Schritt erspart. Fünf Prozent bekundeten, CDU-Mitglieder zu sein. Ein beträchtlicher Teil der Schreiber waren Rentner und ein ebenfalls erheblicher Teil Akademiker: Anwälte, Richter, Ärzte, Doktoren, Pfarrer, Ingenieure, Journalisten, Unternehmer, Lehrer, Rektoren, Studienräte. Es schrieben aber auch Winzer, Polizeibeamte, einfache Angestellte, Lkw-Fahrer, Hausfrauen.

Die handgeschriebenen Briefe und Grußkärtchen waren durchweg sehr viel persönlicher gehalten als die Mails. Die Kärtchen waren mit Bedacht gewählt, sie zeigen aufmunternde Bilder, Sinnsprüche, Bibelverse. Manchmal waren kleine Geschenke beigelegt: Büchlein mit inspirierenden Gedanken zum Beispiel. Für Dagmar Metzger hatte jemand ihr Porträt in Öl gemalt, und später kam zu diesen Geschenken noch ein rot-weiß gebundener Regensburger Knackwurstkranz für eine Brotzeit mit den Kollegen – übersandt, wie Metzger erkannte, von Herrn Schwabl, dem sie bei ihrer Abreise eine unterschriebene Visitenkarte an der Rezeption des Courtyard hinterlassen hatte.

Carmen Everts erhielt eine Collage aus ihren eigenen Fotos, Silke Tesch bekam mit einem Brief einen winzigen handgestrickten Pulli, der sie symbolisch wärmen sollte. Wärme und Zuspruch zu vermitteln, darum ging es den Absendern, die sich mitunter sichtlich Sorgen machten: Sie werden jetzt sicherlich eine sehr schwere Zeit erleben. Sie haben sicher geahnt, was auf Sie zukommt. Bleiben Sie bei aller Kritik, Hexenjagd, Treibjagd stark. Oder einfach: Kopf hoch. Einige dieser Schreiben enthielten die Einladung zum Essen oder Kaffee, manche Absender boten sogar einen ruhigen, abgeschiedenen Ort für Rückzug, Meditation oder Entspannung an. Der Chinese Gao Wei versicherte Carmen Everts seiner Unterstützung und der seiner Freunde, äußerte die Hoffnung, dass sie eines Tages China besuchen werde, und bat um ein Autogramm, das er für alle Zeiten aufbewahren wolle.

Viele sahen in dem Geschehen ein geschichtsmächtiges Ereignis, schrieben wörtlich oder sinngemäß: Sie haben gemeinsam Geschichte geschrieben. Das war eine historische Stunde.

Häufig wurde an Symbolgestalten für Gewissensentscheidungen erinnert, an erster Stelle an Martin Luther und den Satz «Hier stehe ich, ich kann nicht anders.» Aber ebenso an Thomas Morus, Stauffenberg, an Otto Wels, der im März 1933 im Reichstag, wo schon SA-Männer aufmarschiert waren, gegen das Ermächtigungsgesetz gesprochen hatte: «Freiheit und Leben kann man uns nehmen, die Ehre nicht.» Auch diese Sentenz zitierten manche Schreiber. Andere bezogen sich auf Ernst Reuter, Kurt Schumacher und Willy Brandt. Die Ereignisse in Hessen wurden vielfach in einen Zusammenhang mit der sozialdemokratischen Geschichte gestellt, mit der Abspaltung der Kommunisten, der Zwangsvereinigung zur SED in der Sowjetzone, der Machtpolitik in einer Kaderpartei.

Viele Schreiber wandten sich vehement gegen die Linkspartei, in der sie die SED sahen. Darunter waren nicht wenige aus der früheren DDR. Gott sei Dank gebe es in der SPD noch aufrechte Demokraten, die eine Zusammenarbeit mit den Kommunisten verhindert hätten. Über die Niederlegung der politischen Ämter wurde häufig Bedauern ausgedrückt. Als Direktkandidaten, schrieb man ihnen, hätten sie gute Chancen. Ein Absender wollte lieber Everts als Gesine Schwan im «höchsten Amt in dieser Republik sehen». Man könne sie den eigenen Kindern oder Schülern als Vorbild zeigen: «Seht ihr, diese Frau handelt nach ihrem Gewissen!» Auch wurde den Abgeordneten zugutegehalten, dass sie nicht heimlich gehandelt hätten.

Viele empörten sich über die SPD-Führung, schrieben offene Briefe an Ypsilanti oder Lopez, die sie an die Vier weiterleiteten. Einige davon waren persönlich gehalten, in ihnen herrschte ein Ton der Verbundenheit und Vertrautheit vor: Ratschläge für die Zukunft wurden erteilt. Vor allem Briefe an Everts waren geprägt von Mitfühlen, Mitleiden, Mitweinen: «Ich finde es unfassbar, wie mit Ihnen umgegangen wird.» Manche schrieben: «Schon bei der nächsten Wahl wird man es

Ihnen in Ihrem Wahlkreis danken.» Andere: «Es gibt auch ein Leben außerhalb der SPD.» Oder: «Viel Glück als unabhängige Abgeordnete. Es lebt sich freier und ungezwungener!»

Nicht wenige Absender empörten sich über die Bestechungsvorwürfe, andere forderten Parteiordnungsverfahren gegen Andrea Ypsilanti, der «Machtgeilheit» vorgeworfen wurde und von deren Politik sich viele Briefschreiber «zutiefst abgestoßen» zeigten. Der SPD wurden Kaderdenken und Kadavergehorsam nachgesagt, die Angriffe auf die Vier als «dunkle Stunde» bezeichnet. Die Antwort der Partei auf die Pressekonferenz und die bereits dort zu sehenden Plakate der Linkspartei hätten gezeigt, wie berechtigt die Bedenken der Vier seien.

Auch sozialdemokratische Absender äußerten sich so. Einer schrieb einen Rundbrief: «Das ist eine ganz intolerante Schweinerei, die zurzeit in unserer Partei läuft. Wir sind doch die SPD und nicht die ehemalige SED.» Ein anderer Genosse: «Ich gehöre in Schleswig-Holstein zum linken Flügel der SPD. Dennoch möchte ich Dir zu Deiner Entscheidung, die Genossin Ypsilanti nicht zu wählen, gratulieren, weil sie ein Wahlversprechen gebrochen hat und ich eine Zusammenarbeit mit der Linken nicht akzeptieren würde. In der Linken tummeln sich noch zu viele Altkommunisten und in ihr verstecken sich nach wie vor SED-Kader, die seinerzeit DDR-Bürgerinnen und -Bürgern schwer schadeten.» Ein Gewerkschaftsfunktionär äußerte sich «froh, dass Du die Reißleine noch gezogen hast, selbst wenn es für unsere Partei nun schmerzlich wird. Du wirst sicher heute und in den nächsten Tagen eine ganze Menge negativer Mails von Genossinnen und Genossen bekommen, die dir genau beschreiben können, was Du falsch gemacht hast. Ich will Dich mit dieser Mail von den vielen negativen Mails eine Minute ablenken und Dir herzlichen Glückwunsch zu Deiner Entscheidung sagen.»

In der Tat gab es viele negative, sogar hasserfüllte Mails. Ungefähr ein Drittel davon kam von Absendern, die sich als SPD-Mitglieder bekannten, aber wahrscheinlich war die Zahl größer, weil viele dieser Schreiben nur aus Schimpfwörtern bestanden und keinen Absender hatten. Der Männeranteil lag hier noch höher, nahe neunzig Prozent, und vermutlich war das Durchschnittsalter jünger. Die bösen Briefe wiederholten, wenn sie überhaupt argumentierten, die öffentlich vorgetragenen Gesichtspunkte: Kritik am späten Zeitpunkt der Entscheidung, Gleichsetzung eines Wahlversprechens (keine Zusammenarbeit mit der Linkspartei) mit Willenserklärungen (wie die Ablösung Kochs). Manche Absender sprachen den Abgeordneten jedes Recht ab, bei einer Ministerpräsidentenwahl anders als die Partei zu entscheiden. Ihnen wurde vorgehalten, der SPD geschadet und sie durch Hinzuziehung von Sicherheitskräften bei der Pressekonferenz «kriminalisiert» zu haben.

In anderen Briefen wurde darauf abgestellt, dass die Vier den politischen Wechsel in Hessen verhindert, Koch an der Macht gehalten und die SPD um die Durchsetzung ihrer Ziele gebracht hätten. Der «rechtslastige» Koch wurde dabei oft verteufelt, etwa als «Planer für Kindergefängnisse oder -lager», als Lügner, Rechtsextremist und «Verwalter jüdischer Vermächtnisse». Auch die negativen Schreiben stellten, freilich seltener, historische Bezüge her: In der Regel knüpften sie dabei an die Behauptung an, die SPD habe in der Weimarer Republik durch ihre Abgrenzung gegen die Kommunisten den Aufstieg des Nationalsozialismus ermöglicht. Diese These bildet den Kern der «antifaschistischen» Sicht, die aus der KPD selbst stammte; ein Schlachtruf der KPD und des Roten Frontkämpferbundes, die die Weimarer Demokratie ebenso erbittert bekämpft hatten wie die Nazis, hieß folgerichtig: «Wer hat uns verraten? Sozialdemokraten!» Nun tauchte er in unzähligen

Mails an die Vier wieder auf, allerdings ohne seine Fortsetzung, die vielen vermutlich gar nicht bekannt war: «Wer macht uns frei? Die Kommunistische Partei!»

Überhaupt beklagten zahlreiche Schreiben die «Verabscheuung» der Linkspartei, zum Beispiel als «Angst vor den Postkommunisten». Die Linkspartei trage jedoch in Deutschland, etwa Berlin, bereits Verantwortung. Und wie viele Funktionäre vertraten diese Absender die Auffassung, dass Abgeordnete sich entweder der Parteimehrheit beugen oder ihr Mandat zurückgeben müssten – obwohl in der hessischen Verfassung wie im Grundgesetz ausdrücklich das Gegenteil steht. Nur in Diktaturen herrsche die Minderheit über die Mehrheit. Parteitagsbeschlüsse zu missachten, hieß es ironisch, offenbare ein «schönes Demokratieverständnis». Andere schrieben, die Abgeordneten hätten «den Wählerwillen mit Füßen getreten», und eine pensionierte Politiklehrerin pries sich «unendlich glücklich», ihren Schülern das Verhalten der Vier nicht mehr erklären zu müssen. Eine andere Lehrerin, im Vorruhestand, nannte sich, ebenfalls ironisch, «zum ersten Mal froh, jungen Menschen nicht mehr erklären zu müssen, wie Demokratie funktioniert, was Solidarität ist». So verstanden, konnten andere das Verhalten der Vier denn auch als «Putsch» bezeichnen. Bemerkungen dieser Art wurden oft mit Sätzen verbunden, die von Drohungen nicht weit entfernt waren: «Ich hoffe, es wird Ihnen noch leidtun.» Oder in gemäßigterer Form: «Gegen diese hinterhältigen Schüsse aus der eigenen Partei gibt es nur eine Antwort: Neuwahlen! Damit die Verräter im Nichts verschwinden.»

Überhaupt waren Verrat und Verräter in den negativen Schreiben die häufigsten Stichworte. Und natürlich wurde der späte Zeitpunkt der Pressekonferenz thematisiert: «Sie können sich in Ihrer für mich regelrecht niederträchtigen und zutiefst charakterlosen Handlung nicht im Geringsten hinter der aufrechten Frau Metzger verstecken. Frau Metzger hat mit Mut und Anstand bereits von Anfang an ihre Ablehnung verkündet und das über Monate standhaft durchgehalten. Sie dagegen sind völlig unglaubwürdig mit Ihrer rührseligen, über Nacht entdeckten Kabinengeschichte.» Andere bekundeten Gewissensentscheidungen grundsätzlich Respekt, jedoch nicht unter diesen Umständen.

Viele erhoben Bestechungsvorwürfe: «Ihr seid Wahlbetrüger, Ihr seid Feinde Eurer Partei. Geht doch bitte schnell zu dem Wirtschaftsverband, der Euch am Herzen liegt.» Oder: «Wünsche Ihnen viel Spaß und einen geruhsamen Lebensabend mit den Fraport-Geldern. Ihre Karriere hat sich erledigt. Glückwunsch zur Beerdigung der SPD in Hessen.» Oder: «Treten Sie doch gleich bei der CDU als Ehrenmitglied ein.» Oder: «Wie viel Cash haben Sie eigentlich erhalten?» Immer wieder tauchen diese Stichworte auf: Verrat, Verräter, Verräterin. Judas. Judaslohn. Die Begriffe und Formeln wiederholen sich: Ich kann Sie nicht mehr mit Genosse, mit Genossin anreden. Mit Fassungslosigkeit habe ich Ihre Erklärung zur Kenntnis genommen. Ihr Verhalten widert mich an. Ihr Verhalten ist inakzeptabel. Beschämend. Schweinerei. Heuchelei. Pfui Teufel. Bravo, herzlichen Dank, toll gemacht! Glückwunsch zu weiteren fünf Jahren Koch, zu Schwarzgelb. Sie sind charakterlos. Mit unsolidarischen Grüßen. Grußlos. Und unentwegt: Wer hat uns verraten – Sozialdemokraten.

Doch die meisten dieser Schreiben bestanden ohnehin nur aus wüsten Beschimpfungen. Die Lektüre der tausend Briefe gleicht einem Gang in die Tiefe, hinab aus den klimatisierten Räumen einer blanken, wie aus Glas, Stahl und Chrom gebauten Demokratie. Einem Abstieg über Hintertreppen aus kahlem, porösem Beton in vergessene Luftschutzbunker, Katakomben mit bröckelnden Ziegelwänden, gestampftem Boden und dem strengen Anhauch von Rattenkot und Schimmel. Mit modriger, uralter Luft aus Zeiten, als die Geschichte noch nicht in Farbe geschrieben, das Leben noch nicht in Farbe gelebt wurde, sondern im Schwarzweiß der alten Wochenschauen. Ins Reich eines totgeglaubten Dämons.

Die freundlicheren Absender schrieben: «Ich erspare mir die ganze Liste der Schimpfwörter.» Bei vielen Mails stand im Betreff: Hau ab, Verräter, Du widerliche Sau, Schlampe. Sonst nichts. Aus Sachsen-Anhalt: «Ich bin kein Anhänger der Linken. Aber durch solche Pfeifen wie Sie Frau Doktor werde ich die Linken wählen. Eben sagte jemand im TV, Sie und Co sind politische Schweine. Da kann ich nur zustimmen.» Etliche hatten sich eine anonyme Mailadresse zugelegt: enttaeuschter@web.de, oder: keineAntwort@spd-hessen.de, oder: feige@hinterfötzige.verräterin.uk. Einer gab als Adresse an: Zum gekauften Gewissen, 10001 Feiglinghausen. «Für mich haben Sie Ihre Ehre verloren und ich verfluche Sie hiermit.» Oder: «Sie hätten vielleicht im Bereich neoliberale Ideologie und Rattenfänger promovieren sollen!» Oder: «Sie gehören jetzt doch wohl zum Widerwärtigsten, was an deutschen Politikern rumläuft.» Mehr als zwei Drittel der negativen Mails und Briefe waren so.

Manche Absender gaben aber auch freimütig Namen, Wohnort oder Alter an. Frank S.: «Ich wünsche Ihnen die Pest an den Hals.» Dieter R.: «Du intrigante Sau. Auf den politischen Scheiterhaufen gehörst Du.» Thorsten M.: «Mögen Sie menschlich und beruflich nie wieder Fuß fassen.» Ein Absender, der sein Alter mit 81 Jahren angibt, wählt als Anrede «Hallo verlogener Genosse» und schrieb: «Da ist mir jeder Abgeordnete der Linken am Arsch lieber. Als solche charakterlosen Pharisäer. Pfui Teufel. Was wollen die eingebildeten Figuren in der Arbeiterpartei? Solche Typen haben den 2. Weltkrieg und die KZs verursacht.» Lothar S.: «Frau Everts, lernen Sie erst mal richtig arbeiten, Sie und Frau Tesch, Frau Metzger und

Herr Walter sind echt menschlicher Müll, gehen Sie zur CDU, wo Sie hingehören.» Andreas S. «mag es nicht, wenn Menschen Suizid begehen. Sagen Sie mal, tut das nicht weh?» Uwe T. schrieb Silke Tesch: «Verpiss dich, das wäre das Beste, denn du Schlampe stehst für 2,5 Mio. Kinder in Armut, 7 Mio. Arbeitnehmer, die für Hungerlöhne arbeiten und, nicht zu vergessen, die Behinderten, die in Hartz IV vegetieren, denn das findest Du doch super. So was Erbärmliches wie Dich Schlampe gehört entsorgt und zwar sofort.»

ZWEITER TEIL
Vier mal Eins

EINS Silke Tesch oder
Die Geschichte eines Kindes

Häschenschule

Zur Einschulung gab es früher das Bilderbuch «Die Häschenschule», in der ein respektheischender Hasenlehrer, streng durch seinen Zwicker blickend, die Hasenkinder hütete. Die Kleinen sollten lesen, schreiben, rechnen lernen, außerdem gewissenhaft Ostereier bemalen, und es wurde ihnen eingeschärft, sich auf dem Heimweg vor dem Fuchs zu hüten. Das Schuljahr begann damals nach Ostern, erst in der zweiten Hälfte der sechziger Jahre wurde auf den Herbst umgestellt. Silke, im Juli 1958 geboren, kam im Frühjahr 1965 in die erste Klasse der Volksschule in Wallau, einem Ort an der Lahn, direkt an der Grenze zu Nordrhein-Westfalen an den Ausläufern des bewaldeten Rothaargebirges. Kassel, Köln und Frankfurt sind nahezu gleich weit entfernt. Wallau hatte damals 3617 Einwohner, heute sind es ein paar hundert mehr.

Ostern 1966 begann für Silke das zweite Schuljahr, das für alle Kinder nur bis November dauern sollte, weil anschließend mit einem weiteren Kurzschuljahr die Umstellung auf den neuen Einschulungstermin nach den Sommerferien geplant war. 1966 endeten die Sommerferien in Hessen am 16. August, und am letzten richtigen Ferientag, dem Freitag, war das Thermometer auf fast 34 Grad gestiegen. Dann kühlte es sich ab. Am Montag der zweiten Schulwoche regnete es morgens.

Silkes Mutter hatte ihr aufgetragen, nach der Schule zum Bahnhof zu gehen; von dort wollten sie zusammen mit der kleinen Schwester und dem Baby zur Tante fahren. Aber der Unterricht endete an diesem Tag schon nach einer Stunde, die Zweitklässler wurden vorzeitig nach Hause geschickt. Fünf Kinder gingen zusammen, vier Mädchen und ein Bub, mit den damals modernen Namen: Angelika, Werner, Silke, Brigitte, Birgit. Sie liefen von der Schule durch den Nieselregen, erreichten die Hauptstraße des Dorfes und zogen auf dem Gehweg ein Stück hinauf Richtung Osten. Ihre Schulranzen waren klein und aus Leder und nicht halb so schwer wie die der Kinder heute, es waren nur Fibel, Rechenbuch, zwei Hefte und Mäppchen darin. Die Kinder selbst, vor allem die Mädchen, waren zierlich und leicht: Noch immer konnten ihre Väter sie mühelos auf den Arm nehmen.

Silke hatte ihr Pausenbrot aus dem Pergamentpapier gewickelt und davon abgebissen. In der Ortsmitte hätten die Kinder nach links abbiegen sollen, blieben aber stehen, denn hier zog sich der Gehweg, nicht breiter als ein Handtuch, direkt am offenen, nur durch ein Mäuerchen von leidlich einem Meter Höhe abgetrennten Hainbach entlang. Hinter dem Bach lag die Schreinerei der Familie Balzer, daneben das Wirtshaus «Zur Linde», auf der anderen Straßenseite befand sich die Metzgerei Unkel, und schräg gegenüber saß der Schuhmacher Achenbach in seinem Geschäft. Die Wallauer nannten diese Stelle das «Brückelchen»: Der Hainbach wurde hier durch eine Betonröhre unter der Straße hindurchgeführt. Die Kinder liebten es, an dieser Stelle ins Wasser zu schauen, aber ihre Eltern hatten ihnen eingeschärft, dass sie schnell weitergehen sollten, denn der Gehweg war am «Brückelchen» schmal zwischen Mauer und Straße geklemmt und die Kurve gefährlich. An diesem Tag jedoch glitzerte etwas silbern im Bach; die Kinder blieben an der Mauer stehen und versuchten zu erkennen, was es war. Ein Schmuckstück?

Der Lastwagen kam aus Biedenkopf, er fuhr auf der Bundesstraße 62 nach Süden. Damals gab es noch nirgendwo in Deutschland Umgehungsstraßen, die Verkehrsadern führten, wie von alters her, mitten durch die Orte. Es war ein Dreiachser der Firma Krupp, am Kühlergrill seiner weit vorgewölbten Haube prangten drei Ringe, die ursprünglich einmal Eisenbahnräder symbolisiert hatten: Diese Erfindung, der nahtlose Radreifen, hatte Krupps märchenhaften Reichtum begründet. Der Bau von Lastkraftwagen war nur ein Nebengeschäft des Industriegiganten. In jenen Jahren mussten die schweren Dieselmaschinen der Laster noch geduldig vorgeglüht werden, und wenn sie dann, laut nagelnd und polternd, endlich in Gang kamen, rüttelten und schüttelten sie so, dass die breiten Bleche über den Vorderrädern mit ihren Peilstäben, an deren Spitzen Kugeln wie aus Elfenbein steckten, stürmisch schwankten. Die Wagen hatten Gesichter wie Gottheiten von Bären oder Hunden, mit gewaltigen, vorstehenden Schnauzen, doch bei diesem war die Schnauze stumpf, gleich einer Bulldogge oder einem Boxer. Der Krupp K 340 F war ein brandneues Fahrzeug und gehörte zum technisch Besten, was es damals gab.

Das Kopfsteinpflaster war regennass, als der Wagen die abschüssige Straße hinunterkam, hinter sich einen doppelachsigen Hänger; zusammen wog die Fuhre an die 32 Tonnen, in Schach gehalten von gut zweihundert PS und gleich drei exzellenten Bremssystemen. Das Gefälle von 6,5 Prozent endete in der Ortsmitte. Dort folgte die Straße einer Linkskurve, nicht besonders scharf, aber uneinsehbar. Kurz davor machte die

Fahrbahn einen kleinen Schlenker nach rechts. Bei den Einheimischen hieß das harmlos aussehende Straßenstück mit der leichten Verschwenkung und der anschließenden Kurve die «Gasse»; im Rennsport nennt sich so ein Streckenverlauf Schikane. Hier gab es häufig Unfälle, und nicht selten verirrten sich die Autos dabei in die Schaufenster der umliegenden Geschäfte. «Höllenecke» – noch so ein Begriff der Wallauer für diese Stelle, der Berg darüber hieß «Höllenstein». Und hier verlor auch der Fahrer des Krupp-Lasters die Kontrolle über sein Gespann. Die Zugmaschine geriet ins Schleudern, der Hänger brach aus und krachte in die niedrige Mauer rechts der Straße vor dem Bach. Wo die Kinder standen.

Schreiner Balzer hörte den Knall. Er meinte sogar, einen harten Schlag zu spüren. Er rannte aus der Werkstatt und sah den Lastwagen, dessen Anhänger die Mauer durchbrochen hatte: Die Achse ruhte auf deren Resten, das hintere rechte Rad hing in der Luft. Dann sah Karl Balzer drei Mädchen im Bach. Im August führte der nur wenig Wasser, an den tiefsten Stellen vielleicht dreißig Zentimeter; im Winter hätte es die Kinder mit sich fortgerissen. Zwei von ihnen lagen gleich vornan. Balzer sprang hinab, hob die Kinder nacheinander hoch und gab sie an die Männer weiter, die ebenfalls herbeigelaufen waren. Die ersten beiden Mädchen schrien und weinten vor Angst oder Schmerzen, aber sie bluteten nicht und hatten keine ins Auge fallenden Verletzungen, obwohl es sie, wie sich bald herausstellte, übel erwischt hatte. Die Männer, darunter Schuhmacher Achenbach, trugen sie um die nächste Straßenecke zu Doktor Krämer, dessen Praxis nur zwei Häuser weiter in der Forsthausstraße war.

Das dritte Mädchen war etwas weiter geschleudert worden, es lag im Bach reglos auf der linken Seite. Der 31 Jahre alte Balzer erkannte Silke nicht, mit deren Vater er selbst zur Schule gegangen war. Er sah nur ihre Beine. Auch sie blutete kaum, obwohl sie grässliche Wunden hatte. Balzer erblickte das offene Fleisch, weiß «wie unter dem Fingernagel». So eine große Wunde hatte er noch nie gesehen. Vielleicht war es der Schock, vielleicht das kalte Wasser, die bewirkten, dass kein Blut floss. Als Balzer das Kind hochhob, schlackerte das linke Bein unterhalb des Knies lose herum, als würde es nicht mehr zum Körper gehören. Er hielt das Kind unter Nacken und Oberschenkeln und übergab es einem der Männer: «Hier, pack sie!» Inzwischen hatte sich ein Menschenauflauf gebildet; die Leute schimpften und fluchten über die Gefahrenstelle, die längst hätte beseitigt werden sollen.

Aber es waren fünf Kinder gewesen, die an der Mauer gestanden hatten – Zeugen hatten sie noch kurz zuvor von der gegenüberliegenden Straßenseite aus dort gesehen. Wo waren die anderen beiden? Waren sie doch vom Bach unter die Straße oder gar in die Lahn gerissen worden? Man suchte sie, bis sich herausstellte, dass Werner und Angelika nach Hause gelaufen waren, als hätten sie den Teufel im Nacken.

Werner hatte den Unfall kommen sehen und noch vier Jahrzehnte später das Gefühl, er sei schuld gewesen: Denn er war es, der das glänzende Teilchen im Bach entdeckt hatte, stehen geblieben war und die Mädchen darauf aufmerksam gemacht hatte. Er sah den Lastwagen die Straße herabkommen. Dann schaute er wieder in den Bach. Was da lag, sah wie ein Füller aus. Die Kinder guckten. War der Lastwagen nicht merkwürdig schnell gewesen? Der Bub blickte wieder die Straße hinauf. Er sah, wie der Wagen ins Schleudern geriet, wie der Hänger auszubrechen drohte; er stieß Angelika, die vor ihm stand, nach vorn und rannte los. Er fühlte den mächtigen Luftstoß des Hängers fast wie einen Schlag im Nacken. Nach einigen Metern drehte er sich angsterfüllt um. Angelika lief weiter. Das Hinterrad des Hängers hing über der Mauer. Die Mädchen waren verschwunden. Werner rannte und rannte.

Zu den Männern, die herbeigelaufen waren, hatte auch Karl-Ludwig Dersch gehört, ein 21 Jahre alter Handelsvertreter. Er stand gerade in der Metzgerei, als er den Knall hörte. An der Unfallstelle nahm er von Balzer ein Mädchen entgegen und lief mit dem Kind auf den Armen zum Arzt um die Ecke. All das spielte sich in nicht viel mehr als einer Minute ab, aber noch heute sieht auch Dersch die Wunden an Silkes Beinen vor sich. «Der Krämer war ja Militärarzt im Krieg», sagt Balzer, «der hatte wirklich Ahnung von solchen Verletzungen. Er hat das Bein vermutlich abgebunden.» Tatsächlich habe die Kleine später, als sie nach vielen Monaten aus dem Krankenhaus zurückkehrte, ihre Prothesen wie eine Heldin getragen, mit einem gewissen Stolz. «Als käme sie aus dem Krieg», sagt Balzer. «Eine starke Persönlichkeit», sagt Dersch. «Sie ist immer ihren Weg gegangen, hat viel gekämpft, hat nie gejammert.»

Beide Männer beschäftigt noch immer, dass die Mädchen in den Bach gefallen und mit dem Leben davongekommen sind. Der Lkw hatte ja die Mauer durchbrochen. «Eigentlich hätten die Kinder Brei sein müssen», sagt Dersch: Da habe der Herrgott seine Hand im Spiel gehabt. Vermutlich hat der Anhänger die Mädchen erwischt, sie fortgeschleudert, bevor er die Mauer erreichte. Eines der beiden anderen Mädchen hatte ebenfalls offene Brüche an den Unterschenkeln, das andere eine Schädelverletzung mit schwerer Gehirnerschütterung. Bei Silke aber ging es um Leben und Tod.

In die Klinik

Wie sie in den Bach gekommen war, wusste Silke nicht. Nur noch, dass sie dort gestanden hatte und dann auf einmal im Wasser lag. Sie versuchte aufzustehen. Die Beine knickten ein. Sie hörte Birgit und Brigitte furchtbar schreien, konnte aber nicht sehen, was mit ihnen war, konnte überhaupt nichts sehen. Sie versuchte, sich das Blut aus den Augen zu wischen. Es ging nicht. Dann fühlte sie, wie sie aufgehoben und zum Doktor getragen wurde.

Lange war sie dort nicht, es fügte sich nämlich, dass ein Krankenwagen des Wegs kam, der sie, die am schwersten verletzt war, sofort einlud und in die 30 Kilometer entfernte Uniklinik nach Marburg brachte. Im Krankenwagen kamen die Schmerzen. Sie erhielt Medikamente. Der Wagen raste über die Landstraße, Silke nahm wahr, dass er um ein Haar selbst noch in einen Unfall verwickelt worden wäre. Zwischendurch verlor sie das Bewusstsein, wachte aber bald wieder auf.

Die große Aufregung um sie im Krankenhaus bekam sie mit. Sie sagte: «Ich hab Hunger.» Ihr war das von der Mutter gebutterte, mit Wurst belegte Brot eingefallen, das sie gerade zu essen begonnen hatte.

Zu Hause, oben am Berg, hatte Johanna im Garten gestanden, als sie das Martinshorn hörte. In kleinen Orten macht man sich, anders als in Großstädten, Sorgen bei diesem Ton: Meistens ist jemand betroffen, den man kennt. Aber ihre Tochter wähnte Johanna sicher in der Schule. Bis Nachbarn gelaufen kamen und sagten, dass sie ins Dorf hinuntermüsse, weil Silke verunglückt sei. «Wenn du sie noch lebend sehen willst, musst du dich beeilen.» Als sie unten ankam, war der Krankenwagen mit Silke schon fort. Sie hörte das Gerücht, ihr Kind sei tot.

Silkes Vater Friedrich war bereits in Marburg. Als Fliesenleger arbeitete er in der Tannenberg-Kaserne auf dem Marburger Rücken, dem dortigen Höhenzug. Ein Soldat brachte die Nachricht, die Tochter sei schwer verletzt in der Klinik eingetroffen; Friedrich fragte den Diensthabenden, ob man ihn mit dem Wagen hinbringen könnte; der lehnte ab. Da machte sich der Vater zu Fuß auf den Weg. Unterwegs traf er einen Bekannten aus Wallau, der nahm ihn mit und brachte ihn das letzte Stück zur Uniklinik. Dort waren inzwischen auch die anderen Mädchen eingetroffen.

Die ersten Stunden vergingen mit der Notoperation und der Wundversorgung. Um Mitternacht war unumstößlich, dass das linke Bein nicht erhalten werden konnte. Die Eltern mussten eine Einverständniserklärung unterzeichnen, dass der linke Unterschenkel ihrer Tochter abgenommen werden würde.

Der Befund für das rechte Bein war nicht viel besser, es war ebenfalls offen gebrochen, und auch dort fehlten Teile von Knochen, Muskeln, Haut. Unter den Ärzten gab es eine Diskussion darüber, ob sich das Bein erhalten lassen würde. Ein schwerer Entschluss: Bei so großen Schädigungen besteht die Gefahr unbeherrschbarer Infektionen, und im Zweifel steht das Glied gegen das Leben. Doch eine Oberärztin wollte wenigstens den Versuch unternehmen, das Bein zu bewahren, und setzte sich durch.

Für das Bein wurde über dem Krankenbett eine Konstruktion gebaut, aus der in der ersten Zeit beständig eine Lösung in die offenen Wunden träufelte. Das Bein selbst war auf einer Schiene fixiert, bewegen konnte Silke sich kaum. Aber sie war mit dem Leben davongekommen, zudem konnte durch die erzwungene Ruhe ihr unbemerkt gebliebener Schädelbruch ausheilen.

Der Anblick des Beines muss katastrophal gewesen sein. Aber Silke selbst wusste nicht, wie schwer ihre Verletzungen waren. Die Konstruktion auf dem Bett wurde mit weißen Laken abgedeckt; und auch später, als Silke in die Kinderstation umzog, lagen ihre Beine unter stoffbezogenen Drahtkörben. Dass einem ein Körperteil fehlt, spürt man nicht. Zunächst sagte ihr auch niemand etwas. Die Ärzte und Silkes Eltern wollten mit dieser betrüblichen Nachricht warten, bis das

Kind wieder bei Kräften war, und die Schwestern achteten sorgfältig darauf, dass Silke, zum Beispiel beim Bettenmachen, nichts auffiel: Sie erkannte nur riesige Verbände. Bis eines Morgens eine Lernschwester einfach die Decke vom Bett zog und Silke sah, dass ihr der Fuß fehlte. Silke Tesch hat wenig Erinnerungen an die Zeit vor dem Unfall und keine an den Unfall selbst, aber an diesen Augenblick erinnert sie sich genau.

Auch, woran sie dachte: «Oje, wie erzählst du das denn der Mama?»

Jahrzehnte danach stellt sich Silke Tesch, inzwischen selbst Mutter, gelegentlich noch vor, wie es ihrer Mutter, wie es ihren Eltern damals wohl ging. Und was für eine harte Zeit sie nach dem Unfall durchgemacht haben. Johanna war so durch den Wind, dass sie bei ihren täglichen Fahrten zwischen Wallau und Marburg immer wieder in den falschen Zug stieg. Sie war eine Frau, die Wert auf schicke Kleidung legte, aber ihre Pumps, so sagte sie später den Töchtern, wenn die nach Kinderart in die Schuhe ihrer Mutter steigen wollten, hat sie sich in diesen Marburger Monaten alle «verlaufen». Die Eltern ließen sich an Silkes Bett von ihrem Kummer nichts anmerken. Sie saßen nicht da und weinten oder klagten; sie strahlten Zuversicht aus.

Aus ihrer eigenen Erfahrung schloss Silke Tesch, dass Eltern in solchen Momenten, wenn sie ein Kind mit einer Behinderung haben, sich leicht zu große Sorgen machen, wie ihr Kind das verkrafte: «Ein Kind macht sich über die Folgen dieser Dinge überhaupt keine Gedanken. Es wäre mir nicht in den Sinn gekommen, mich zu fragen: Kann ich damit jetzt noch Fahrrad fahren, kann ich laufen? Man macht sich solche Gedanken nicht. Man weiß nur, es ist was ganz Schlimmes, und überlegt, wie erzählst du das deiner Mama? Oje, die wird aber traurig sein. Wie wird die Mama das verkraften?»

Blut und Wunden

Silkes Eltern hatten es auch zuvor nicht immer leicht gehabt. Johanna, evangelisch wie die meisten im Hinterland, war sehr gläubig; die Feier ihrer Konfirmation fiel mit der Beisetzung ihrer Mutter zusammen. Deren Tod machte sie zur Waise, denn der Vater war schon gestorben, als sie sieben Jahre alt gewesen war. Sie kam in das Haus eines Vormunds, der sie in eine Fabrik nach Holzhausen in die Lehre gab. Ihren Wunschberuf, Krankenschwester, konnte sie nicht erlernen.

Auch Silkes Vater hatte nicht Fliesenleger, sondern Förster werden wollen. Sein Vater gehörte zu den Vermissten des Zweiten Weltkriegs, er kehrte nie zurück. Um dabei mitzuhelfen, das 1935 gebaute Haus seiner Eltern abzuzahlen, musste Friedrich früh Geld verdienen und kam mit 14 Jahren auf die Amalienhütte, ein Emaillierwerk nahe Wallau. Seinem Berufswunsch blieb er insofern treu, als er später Jäger wurde, was ihm Gelegenheit gab, oft in den Wald zu gehen. Nicht selten brachte er Jungtiere von dort nach Hause, sodass Silke, ihre beiden jüngeren Schwestern und der später geborene Bruder wie in einem Bilderbuch oft kleine Vögel aufpäppelten, die aus dem Nest gefallen waren, oder Häschen, ein Rehkitz, einen Frischling, denen sie Milch aus der Flasche gaben.

Silke begleitete ihren Vater gern in den Wald. Er lehrte sie Vogelstimmen und die Namen von Tieren und Pflanzen. Diese Gänge waren für Silke auch eine Gelegenheit, ihrem Vater zu beichten, wenn sie etwas ausgefressen hatte, das sie der strengeren Mutter lieber nicht eröffnete. Beide Eltern waren fleißig; das Haus hatte der Vater nach Feierabend zu einem großen Teil mit den eigenen Händen gebaut, und auch die Mutter arbeitete an den Nachmittagen, zusätzlich zur Hausarbeit. Dann musste Silke ihre kleinen Geschwister hüten.

Die Kinder standen im Vordergrund, die Eltern unternahmen viel. Obwohl die Mittel knapp waren, bezeichnet Silke Tesch ihre Kindheit als reich. Wenn Friedrich in der warmen Jahreszeit von der Arbeit heimkam, hatte Johanna oft schon den Picknickkorb gepackt; dann ging es zum Baden an die Eder. Die Mutter war darauf bedacht, dass die Kinder gute Schulabschlüsse machten, sie lernte mit ihnen. Und der Zusammenhalt der Geschwister war ihr wichtig: dass die Kinder sich vertrugen und die Familie nicht auseinandergerissen wurde. Das hat sie erreicht. Noch Jahrzehnte später hielten die Geschwister zusammen. Johanna legte Wert darauf, dass die Kinder vier eigene Charaktere blieben, dass jedes seinen eigenen Weg fand.

Aber natürlich hat der Unfall der ältesten Tochter diese Familie geprägt. Sehr schnell fassten die Eltern damals einen Entschluss: Sie hatten 1966 drei Kinder, zwischen denen jeweils vier Jahre lagen, Silke und ihre beiden jüngeren Schwestern; die kleinste war im Vorjahr zur Welt gekommen. Johanna und Friedrich beschlossen, Silke nicht zu verhätscheln, ihr nicht mehr Aufmerksamkeit zu schenken als den beiden anderen. Und daran hielten sie sich, so gut sie konnten. Obschon es zunächst nicht einfach war, denn Silke blieb fünf Monate in der Klinik. Die Eltern besuchten sie täglich.

Die ersten Tage und Wochen vergingen wie die unablässig tropfende Lösung über dem offenen Bein. Dann begannen die Operationen. Stück für Stück wurde Haut aus dem Oberschenkel nach unten verpflanzt, um die Wunden abzudecken. Die Haut musste anwachsen und die so entstandenen neuen Wunden oberhalb der Knie verheilen, danach folgte die nächste Operation. Am schwersten waren für Silke die ständigen Äthernarkosen. Auch der Verbandswechsel alle zwei Tage war mit so starken Schmerzen verbunden, dass er nur unter vollständiger Betäubung ausgeführt werden konnte. Silke entwickelte eine schneidende Angst vor den Narkosen; den Geruch von Äther, einer auf das Gesicht gedrückten Gummimaske empfand sie als unerträglich – und wurde trotzdem wieder und wieder in Tiefschlaf versetzt. Immer wenn die Wirkung der Schmerzmittel abklang, musste Silke die Zeit überbrücken, bis sie nach ungefähr fünf Stunden ein neues bekam. Etwa zwei Dutzend Mal musste die Achtjährige in diesen Monaten eine Narkose und die anschließenden Schmerzen durchstehen. Ganze Tage verbrachte sie in der Ätherschwärze, Wochen im Nebel morphinhaltiger Medikamente.

Aber sie hatte auch Spaß. Als sie, vom Tropfapparat befreit, endlich aus dem Einzelzimmer verlegt werden konnte, war sie auf der kleinen Station mit neun anderen Kindern zusammen. Die Betten waren so gestellt, dass die Jungen und Mädchen einander sehen konnten, und es war wie im Kindergarten oder in der Schule. Jeden Morgen kam eine pensionierte Lehrerin und unterrichtete sie.

Krankheit und Schmerzen machen Kinder nicht zu Erwachsenen; die Kinder taten, was Kinder eben tun: Sie spielten, lachten, flitzten, wenn sie das konnten, durchs Zimmer. Ein Vierjähriger mit rotem Haarschopf verwandelte den nüchternen Raum in einen Spielplatz und kletterte auf alles, worauf er klettern konnte, auf den Galgen über seinem Bett und immer wieder auch auf die Drahtkörbe über Silkes Beinen, wo er dann in stolzer Höhe thronte.

Nachmittags und an den Wochenenden brachten die Ärzte mitunter ihre Kinder mit, soweit sie in Silkes Alter waren; sie sollten mit ihr reden und spielen, es waren alles Söhne. Dann ging es wie im Tollhaus zu, es wurde wild getobt. Für Silke war zu dieser Zeit an Laufen oder gar Toben noch nicht zu denken. Sie wurde in einen ledernen Stuhl mit Rollen gesetzt, vor dem ihr grauste, doch die Jungs verwandelten den Stuhl in einen Autoskooter, in dem Silke wie auf der Kirmes umhergewirbelt wurde, sie schrie und lachte. Damals begann für sie auch das

Anpassen der Prothesen, die Eingewöhnung. Verfrüht hatte der Chefarzt Silke versprochen, dass sie das Krankenhaus verlassen dürfe, wenn sie Weihnachten wieder laufen könne. Daran war allerdings wegen der Schwere ihrer Verletzungen gar nicht zu denken.

Sie war ein lebhaftes, fröhliches Kind, ein hübsches, zierliches Mädchen mit blonden Haaren, braunen Augen und einem ruhigen, forschenden Blick. Es gibt ein Foto von ihr aus jenen Tagen: Eine Laterne hängt am Regal, das Bild muss im November gemacht worden sein. Silke schaut offen und entspannt in die Kamera, mit freundlicher Miene. Sie sitzt aufrecht und hat sich halb zur Fotografin, einer Krankenschwester, herumgedreht. Man sieht den abgedeckten Aufbau über ihren Beinen, aber wer nicht weiß, worum es sich dabei handelt, könnte es nicht deuten. Silke ist es nicht anzusehen. Ihr Gesicht ist frei von Kummer, Gram, Pein. Sie wirkt völlig unverletzt.

Dieser Weg

Nach jeder Operation lag ein Steifftier oder die Puppe neben ihr im Bett, an einem winzigen Tropf, mit einem frischen Verband. Die waren auch operiert worden, und darüber freute sich Silke. Die Stofftiere brachten ihr Besucher mit; bald hatte sie einen kleinen Zoo. Der Lastwagenfahrer, der die Mädchen angefahren hatte, wollte sie ebenfalls besuchen, aber Silke mochte ihn nicht sehen. Er hatte ihren Eltern etwas Geld gegeben, fünfzig oder hundert Mark, davon hatte Silkes Mutter eine große Sprechpuppe gekauft, damals ein wertvolles Geschenk. Immer wieder, wenn Johanna zu Besuch kam, brachte sie neue Sachen zum Anziehen für diese Puppe mit: Kleider, Hosenanzüge, gestrickte Pullover. Später rechnete Silke Tesch sich aus, dass ihre

Mutter die Kleidungsstücke nur nachts gestrickt und genäht haben konnte, allein mit sich und ihren Gedanken.

Herbst und Winter kamen. Wenn Silke, warm eingepackt, zu den Operationen aus dem alten Gebäude gefahren wurde, fühlte sie Sonne oder Regen, endlich auch Schneeflocken auf dem Gesicht, bevor es mit dem Aufzug in die neuen OP-Säle ging. Ein Problem bestand darin, dass Silke schon vorher dünn gewesen, infolge des Unfalls aber stark abgemagert war; also musste sie jetzt, wie die Tierkinder aus dem Wald, wieder aufgepäppelt werden. Sie bekam den sündhaft teuren «Rotbäckchen»-Saft mitgebracht, und beim Essen gab es für sie eine Sonderregelung: Sie durfte sich das Gericht selbst wünschen, allerdings unter einer Bedingung: Sie musste viel, viel Sahne essen. Folglich gab es Sahne zu Grießbrei mit Heidelbeeren, Sahne mit Milchreis und Erdbeeren, Schokoladeneis mit Sahne, und auch das Hauptgericht, am liebsten Gulasch mit Nudeln, wurde kräftig mit Sahne versetzt. Danach bekam sie jahrelang keine mehr herunter.

Daneben bedrückende Erinnerungen: Sie erlitt eine Störung des Gleichgewichtssinns, vermutlich durch die vielen Äthernarkosen und das Morphium, sie büßte das normale Körpergefühl ein. Sie spürte das Bett nicht mehr, obwohl sie es sehen konnte: Es schien weit unter ihr, während sie selbst wie auf einer Wolke schwebte. Sie hatte keinen Halt und fühlte sich nur noch sicher, wenn jemand ihre Hand hielt; sobald der andere losließ, geriet sie in Panik und begann zu weinen. Nach einigen Tagen war das vorüber, weil die Dosen der Medikamente herabgesetzt wurden.

Im Dezember, am Nikolausabend, hatte Silke dann noch einmal Angst. Sie hatte in dem Zimmer einen Fensterplatz, damit sie immer herausschauen konnte; nun fürchtete sie, der Nikolaus könne im Dunkeln vor das Fenster treten und sie erschrecken. Daraufhin schoben die Schwestern sie in die

Mitte des Raumes, sodass die anderen Betten wie eine Wagenburg um ihres herumstanden, und dort, umgeben von all den Kindern, konnte Silke endlich einschlafen. Am nächsten Morgen bezog sie wieder ihren Fensterplatz.

In jener Zeit hatte sie auch begonnen, das Laufen neu zu lernen. Prothesen mit Metallschienen waren in den sechziger Jahren noch ziemlich gewaltig, sodass sich ein Missverhältnis zwischen diesen vergleichsweise schweren Teilen und dem sehr leichten Kind ergab. Wie hart es ist, den Umgang mit solchen orthopädischen Hilfsmitteln einzuüben, wie viel Schmerzen es bringt und welche Geduld, Zähigkeit, Ausdauer es verlangt, kann jemand, der dergleichen nicht erlebt hat, schwerlich ermessen. Aber Silke wollte wieder laufen. Und hatte das Ziel vor Augen, Weihnachten zu Hause zu sein. Sie wusste nicht, dass die Ärzte diese Möglichkeit bereits abgeschrieben hatten.

Das rechte Bein bekam eine Orthese, einen Hülsen-Stützapparat, der den größten Teil der Last am Unterschenkel und Fuß vorbei auf die Erde brachte: Statt mit dem eigenen Fuß trat Silke mit einer Bodenplatte auf, die an zwei Metallschienen befestigt war. Die liefen außen am Bein entlang, hatten am Knöchel und Knie Gelenke und wurden mit Ledermanschetten an Ober- und Unterschenkel festgeschnürt. Das linke Bein bekam eine Prothese, die den Fuß und Unterschenkel ersetzte. Sie war ebenfalls am Knie mit Metallschienen und Gelenken versehen und mit Riemen fest am Oberschenkel verschnürt; wie bei der Orthese wurde möglichst viel Druck über dieses künstliche Außenskelett zum Oberschenkel umgelenkt.

Silke übte fleißig. Tagsüber unter Aufsicht, nachts dagegen zog sich das Kind selbst die beiden Gerüste an, stand auf und trainierte heimlich auf dem Flur weiter. Sie bat die Nachtschwester, sie nicht zu verraten, weil sie Weihnachten unbedingt zu Hause sein wollte. Manchmal stand sie mehrmals auf in einer Nacht. Auf der Station wurde sie inzwischen die «Großmutter» genannt, weil keines der Kinder schon so lange hier war wie sie. Heiligabend fiel 1966 auf einen Samstag, und zwei Tage zuvor gab es eine große Visite auf der Kinderstation, mit dem ganzen Ärzteteam, angeführt vom Chefarzt. Die Kinder und die Schwestern warteten schon, als die Ärzte kamen. Silke ging ihnen aus der Gruppe heraus über den Gang selbständig entgegen. Langsam, mühsam. Einen weiten Weg.

Wenn? Warum?

Unfälle passieren nicht einfach, denkt Silke Tesch. Meist ist mehrerlei anders als sonst. Sie hat das auch bei anderen Unfällen beobachtet, meint aber zunächst den eigenen.
Wenn:
Wenn der Lastwagen langsamer gefahren wäre. Wenn es nicht geregnet hätte, wenn die Straße trocken gewesen wäre. Wenn der Fahrer aufmerksam gewesen wäre. Dann wäre der Anhänger dort nicht ausgebrochen.
Oder:
Wenn der Wagen etwas später gekommen wäre. Wenn er etwas früher gekommen wäre.
Wenn nicht ausgerechnet an diesem Tag die Schule vorzeitig aus gewesen wäre. Wenn Silke nicht das Brot aus dem Ranzen geholt hätte.
Wenn da nicht dieser Füller im Hainbach gelegen hätte wie ein glänzender Köder.
Das waren aber keine Wenns, sondern die Wirklichkeit. Silke Tesch hat so etwas auch von anderen Unfallopfern gehört. «An diesem Tag war etwas anders als normal.» Nicht nur der Unfall selbst. Sondern seine Voraussetzungen, die wie unsichtbare Fäden aufeinander zuliefen.

Warum:
Warum ich? Warum überhaupt? Solche schlimmen Ereignisse passieren oft, weil sie der Grund für etwas Gutes sind, sagt Silke Tesch. Aber man weiß nicht, wofür. Oder erst viel später. Und wirklich sicher bestimmen kann man so etwas nie. Der Unfall verändert einen, wie wäre man ohne ihn geworden? Das kann man nicht wissen.

Durch den Unfall gab es in Teschs Leben viele Monate, die sie im Rollstuhl verbrachte, und noch mehr Monate, Monate, die zusammengerechnet Jahre ergaben, in Krankenbetten, Krankenhäusern; es war ja damals, Weihnachten 1966, nicht zu Ende damit. Der Unfall zwang ihr nicht nur einmal, sondern immer wieder lange Pausen auf. Gleich nach dem Weihnachtsfest musste sie in die Klinik zurück, abermals für Wochen. So ging es weiter.

Ein solcher Unfall ist nicht nur ein einzelnes schmerzhaftes, schmerzliches Ereignis, sondern ein Wendepunkt für das ganze Leben. Für viele Leben. Wer da an Vorstellungen klebt, schönen Plänen aus der Zeit vor dem Unfall, am Irrtum einer Normalität und eingebildeten Verheißungen, dem ist nicht zu helfen.

Vielleicht ist Tesch durch den Unfall eine Kämpferin geworden? «Ich glaube schon.» Vielleicht war sie schon vorher eine und kam dadurch nun besser zurecht? Sie musste durch so vieles allein hindurch. Und dann der Körper, die riesigen Narben, die grob wie in duldsames Holz gehauenen, bizarren Formen. «Ob ich dadurch eine andere Einstellung zu Menschen habe, die nicht ganz vollkommen sind? Man hat einen anderen Blick auf die vermeintliche Unvollkommenheit», sagt Silke Tesch. «Eine äußere Unvollkommenheit gibt es eigentlich nicht. Dem einen fehlt eine Hand, dem anderen ein Bein: Aber deswegen ist der Mensch nicht unvollkommen. Das ist nur äußerlich.»

Das Äußere berührt die Vollkommenheit nicht.

In einem Zeitungsartikel hieß es, sie habe Ministerpräsident Koch als «hässlich» bezeichnet. Aber das Wort kommt in ihrem Sprachschatz gar nicht vor.

Und doch, es bleibt ein Verlust.

«Es gibt größere Verluste. Ansonsten war ich ja sehr vollkommen. Es war nur das Bein. Ich war ja ein hübsches Mädchen.»

Fünfundzwanzig Jahre

Als Silkes Vater sie endlich richtig aus der Uniklinik abholen konnte, im Februar, fuhr er in einem BMW 700 Coupé vor, einem kleinen, italienisch inspirierten Sportwagen mit Zweizylindermotor und Pepitasitzen. Im gerade fertiggestellten neuen Haus bekam Silke nun den großen Raum im Erdgeschoss, der eigentlich als Wohnzimmer vorgesehen gewesen war. Jetzt war dort ein roter Teppich verlegt.

Silkes Eltern taten alles, um ihr ein normales Leben zu ermöglichen und ihre Behinderung auszugleichen. Oft schlug das sogar zu ihrem Vorteil aus: Weil sie nicht mit den anderen Kindern im Fluss schwimmen konnte, bekam sie ein rotes Kanu, wie Winnetous Schwester. Weil sie, zumindest damals noch, nicht auf der nahegelegenen Sackpfeife Ski laufen konnte, besorgte Friedrich ihr einen Skibob. Morgens holten zwei Lehrer sie abwechselnd zur Schule ab; sie trugen das Kind auf den Armen ins Auto und von dort ins Schulgebäude. Genauso wurde Silke auch zurückgebracht, sie konnte ja zunächst nur kleine Strecken zurücklegen. Und immer noch weitere Operationen.

Als sie sich dann zunehmend aus eigener Kraft fortbewegen konnte, trug ihr ein Nachbarsjunge den Ranzen zur Schule; die Strecke war lang und führte auf und ab. Silke lernte Radfahren und Reiten, sie wurde immer beweglicher. Ein bisschen zu beweglich sogar, weil sie alles mitmachte, sogar auf Bäume kletterte. Am Sonntag musste ihr Onkel dann die Schienen schweißen.

Sie wollte leben wie die anderen Kinder. Ihre ebenfalls beinamputierte Tante hatte sie gefragt, ob sie nicht in ihrer Versehrtensportgruppe mitmachen wolle; das empfand das Mädchen fast als Beleidigung. Sie wollte nicht unter Menschen sein, die Behinderungen hatten, «und dann am Ende noch so Kriegsverletzte oder so mit ihren ollen Prothesen». Aber inmitten der anderen Kinder fühlte sie sich angenommen.

Am Anfang, als sie noch weitgehend bewegungsunfähig in dem neuen Zimmer gelegen hatte, kam sehr viel Besuch, darunter auch eine ältere, ledige Frau aus dem Dorf. Sie hatte Klumpfüße. Ihre Beine steckten in hässlichen braunen, hohen Lederschuhen mit Schnüren. Sie erzählte von ihrem «armen, krüpplichen Dasein» und machte Silke Angst damit. Silke bat daraufhin ihre Eltern, die Frau nie mehr in ihr Haus zu lassen. Aber im Dorf begegnete sie ihr noch oft, weil die Frau dort ständig unterwegs war, eine alte, abgeschabte Handtasche am Arm.

Es gab auch Kinder, die Silke, die zunächst Gehhilfen benutzte, hinterherriefen: «Du mit den Stöcken!» Oder Ähnliches. Aber das blieben Ausnahmen, und so war in Silkes Elternhaus immer viel los, die Tür stand offen, Haus und Garten waren häufig voller Kinder.

Nach der vierten Klasse kam Silke auf die Realschule nach Biedenkopf. Sie hatte hervorragende Zeugnisse, aber ihre Eltern hatten Bedenken, ob sie das Gymnasium schaffen könne, der vielen Fehlzeiten wegen. Auch in Biedenkopf fühlte Silke sich von den Mitschülern angenommen. Sie erweiterte ihren Freundeskreis. Meist wurde sie zur Klassensprecherin oder stellvertretenden Klassensprecherin gewählt. Sie waren eine Clique von sieben Kindern, die dort das Sagen hatte. Später begegnete Silke Tesch manchen von ihnen in der Kommunalpolitik wieder; einige waren in der CDU, andere in der SPD, aber weil man sich von Jugend auf kannte, zusammen gespielt und Streiche ausgeheckt hatte, kam man auch nun gut miteinander zurecht.

In der Schulzeit, wenn sie wieder einmal krank gewesen war, besuchten die Mitschüler sie zu Hause, wiederholten den Stoff und machten Schularbeiten mit ihr: etwa in der Zeit, als sie in das rechte Bein einen Marknagel eingesetzt bekommen hatte, der den Knochen von innen stabilisieren sollte. Dadurch wurde das Bein wieder belastbar – was wichtig war, denn Knochen und Muskeln bilden sich zurück, wenn sie nicht benutzt werden. Außerdem bewirkte der Marknagel, dass Silke auf den Hülsen-Stützapparat verzichten konnte.

Äußerlich war sie von anderen Jugendlichen nun kaum zu unterscheiden. Sie humpelte zwar, hatte aber gelernt, das zu kaschieren. Natürlich kamen kurze Röcke nicht in Frage, was Silke mit 15, 16 Jahren zu schaffen machte; sie hätte gern mal einen Minirock getragen wie andere Mädchen, wäre gern mit ihren Freunden schwimmen gegangen; aber sie wollte sich nicht zur Schau stellen oder andere erschrecken.

Die Behinderung tat auch Silkes Rolle als großer Schwester keinen Abbruch. 1971 war zu den Geschwistern noch ein Bruder gekommen. Die Mädchen schauten zu Silke auf, und eines Tages versuchte eines, sich Silkes ausgediente Prothese umzuschnallen: Sie wollte auch so etwas haben.

Selbst in der Pubertät stand die Behinderung für Silke nicht im Vordergrund. Sie haderte mit sich, mit ihrem Körper, ihrem Aussehen, ihrem Leben, ihren Eltern – so wie viele Jahre später ihre Tochter, ja, wie eigentlich alle Jugendlichen in diesem Lebensabschnitt zwischen Kindheit und Erwachsensein –, aber doch keineswegs in höherem Maße. Selbstmitleid gehörte einfach nicht zu ihr. Johanna war Näherin und hatte immer ballenweise Stoff zu Hause. Wenn Silke am Wochenende ausgehen wollte und ihr am Freitag sagte: «Ich brauch heute Abend eine schwarze Schlaghose», dann wurde die genäht. Die Mädchen waren, wie die Mutter selbst, wie aus dem Ei gepellt; mit vierzehn wurde Silke das erste Mal mit auf den Jägerball genommen, und Johanna nähte ihr ein langes Kleid, um das sie alle beneideten.

Nach der Realschule machte Silke ein Praktikum in einem Kindergarten. Sie wollte Erzieherin werden, allerdings nur als Zwischenstation auf dem Weg in den höheren Dienst der Kriminalpolizei: ihr Traumberuf. Sie genoss es, mit Menschen zu tun zu haben, Sachverhalte zu analysieren, Probleme zu lösen und vielleicht auch Geheimnissen auf den Grund zu gehen. Und die Erzieherausbildung würde ihr das Abitur ersetzen: So war das damals noch. Aber zunächst einmal hatte sie Schwierigkeiten, einen Ausbildungsplatz zu finden, der Erzieherberuf war ungeheuer in Mode. Außerdem machte das rechte Bein jetzt große Schwierigkeiten.

Zwischen Knie und Knöchel hatte sich ein sogenanntes Scheingelenk gebildet, wozu es kommen kann, wenn gebrochene Knochen nicht ordentlich zusammenwachsen. Außerdem hatte sich an den alten Bruchstellen, wie nun herauskam, das Knochenmark entzündet. Zu dieser Zeit fand in Marburg ein Ärztekongress statt, auf dem Silkes Fall vorgestellt wurde. Sie war fünfzehn Jahre alt. Wegen der Knochenmarkentzündung stand wieder auf der Kippe, ob das Bein erhalten werden könnte, Spezialisten aus aller Welt waren da, und es wurde erwogen, Silke in der Schweiz oder in den Vereinigten Staaten zu operieren. Schließlich aber fiel die Entscheidung auf einen Professor aus Duisburg, der mit sogenannten *Fixateures externes* experimentierte, wie sie heute in der Knochenchirurgie gang und gäbe sind und häufig den Gips ersetzen.

Der Aufenthalt in Duisburg dauerte Monate. Silke war weit weg von zu Hause, fürchtete um ihr Bein, war bettlägerig und litt starke Schmerzen. Der Marknagel musste aus dem Bein genommen, die Entzündung beseitigt und die Knochen stabilisiert werden. Dazu wurden sie abermals gebrochen. Ein Knochenspan mit frischem Knochenmark wurde aus der Hüfte geschnitten und in die Bruchstelle des Schienbeins eingesetzt; dann bekam Silke den ersten Fixateur: vier Edelstahlstäbe, die durch den Knochen gebohrt wurden, vorn und hinten aus dem Bein herausschauten und miteinander verbunden waren. Das war damals noch eine ziemlich wacklige Geschichte: Die Stäbe verschoben sich bei Belastung nach vorn oder hinten, und Silke rückte sie, als sie endlich zu Hause war, morgens und abends selbst wieder gerade.

Das war im Sommer; ihr Vater fuhr sie zur Kirmes, damit sie ihre Freunde treffen konnte. Silke benutzte noch Gehhilfen. An diesem Samstag, mit mittlerweile 16 Jahren, lernte sie ihren ersten Freund kennen. Die beiden blieben zwei Jahre zusammen. An Bewerbern hatte es nie gefehlt. Auch in dieser Hinsicht erlebte Silke sich nicht als ausgestoßen.

In Duisburg hatte sie im Krankenhaus das Zimmer mit der Leiterin der Sozialpädagogischen Schule geteilt. So fügte es sich, dass sie nun dort einen Ausbildungsplatz bekam. Aber sie litt unter Heimweh, stand oft schon am Mittwoch wieder zu Hause auf dem Bahnhof. Ihr Freund fehlte ihr, ihre Clique und auch die Natur. Nach einem Jahr konnte sie nach Marburg wechseln. Sie schloss die Ausbildung an der Fachschule ab und machte anschließend das Anerkennungsjahr in einem Heim für geistig Behinderte, und da inzwischen die Möglichkeit abgeschafft worden war, diese Ausbildung dem Abitur gleichzusetzen, trennte sich Silke von der Idee, zur Kripo zu gehen. Sie war mit Lothar zusammengekommen, der aus Kleingladenbach stammte und als Dachdecker arbeitete, obwohl er diesen Beruf nicht erlernt hatte. Lothar brachte sie auf einen Turm, um ihr zu zeigen, in welcher Höhe er täglich unterwegs war.

Nachdem die beiden sich einige Wochen kannten, stürzte er vom Dach und musste mit gebrochenen Rippen und Rückenwirbeln für ein Vierteljahr ins Krankenhaus. Es war nicht das letzte Mal. Lothars Firma hatte einen Auftrag in Saudi-Arabien, für Saudi-Zement, eine Bin-Laden-Firma; während er dort arbeitete, ging sein Arbeitgeber pleite, und so beschloss Lothar zusammen mit Silke und einem Kollegen, der den Meisterbrief hatte, sich selbständig zu machen. Das war 1980. Im nächsten Jahr wurde geheiratet. Nebenbei machte Silke ihren Motorradführerschein. Und weil sie in dem neuen Geschäft mit ihrem bisherigen Beruf nichts anfangen konnte, sattelte sie noch einmal um und begann eine Ausbildung als Industriekauffrau. Buchführung, Rechnungswesen, Lohnabrechnungen, Ausschreibungen, Korrespondenz: Das waren die Aufgaben, mit denen sie sich nun beschäftigte. Eine weitere kam hinzu. Sie wurde schwanger.

Julia hätte, so jedenfalls war es ausgerechnet worden, am 10. August 1981 das Licht der Welt erblicken sollen. Aber sie kam zwölf Tage später, am 22. August: dem Datum, an dem 25 Jahre zuvor der Unfall passiert war.

Bis dahin hatte Silke Tesch an diesem Tag immer an den Unfall gedacht, mit dem beklommenen Gefühl, dass sie heute besonders gut aufpassen müsse. Nun änderte sich das. Der 22. August war jetzt der Geburtstag ihrer Tochter. «Da hat man dann ganz andere Dinge im Kopf, als sich über so einen alten Unfall aufzuregen.»

Der Blick aus der Schaufel

Das Marburger Hinterland war früher eine arme Gegend, die Leute lebten von karger Landwirtschaft und dem Holzschlag in den umliegenden Wäldern. Aber es gab, wie im ganzen Gebiet westlich von Marburg und Wetzlar, Bodenschätze, vor allem Erze, und so entwickelte sich der Landstrich mit zahllosen Eisenhütten zu einem Zentrum der Industrialisierung. Das ist bis heute so geblieben, obwohl Bergbau und Verhüttung schon lange keine Rolle mehr spielen. Die Konzerne Thyssen und Krupp haben hier Betriebe gehabt, aber es gab und gibt auch viel Mittelstand, der zu den deutschen Exporterfolgen ordentlich beträgt. Doch trotz Mittellage ist die Gegend abgeschieden und selbstgenügsam geblieben.

Wenn man im Winter bei Frost von Dillenburg durch eine weiß bereifte Spielzeugeisenbahnlandschaft in das Hinterland fährt, dampfen in jedem Ort die Schlote. Die Dörfer reihen sich wie Perlen auf einer Schnur, in keinem fehlt es an Fertigungsbetrieben. Viele leben von besonderem Wissen: Die erfolgreichen Unternehmen haben wie Pflanzen Ableger gebildet und sich so von Ort zu Ort ausgebreitet; oft sind es Ausgründungen von Meistern, die eine gute Idee hatten, ein Patent erworben, sich selbständig gemacht haben: Stanzereien, Formgießereien, Maschinenbau, Betriebe aller Art, die hauptsächlich Metall oder Kunststoffe verarbeiten. Manche beherrschen als Einzige auf der Welt ein bestimmtes Verfahren, andere sind führend in der Herstellung eines Produkts. Aus dem Eisen ist Wissen gewachsen, und dieses Wachstumsprinzip wird von Generation zu Generation weitergegeben, auch durch einen schaffensfrohen, praktischen Lebensstil. Es gibt hier fast keine Arbeitslosigkeit. Es gibt keinen Lehrstellenmangel. Die Erwachsenen sorgen dafür, dass aus den Kindern etwas wird. Wenn doch einmal ein Jugendlicher keinen Ausbildungsplatz zu finden droht, wird ihm einer besorgt. Die Leute, vielfach Facharbeiter, können seit Generationen gut von ihrer Hände Arbeit leben, deshalb sind sie verwurzelt. Sie wachsen zusammen auf und werden zusammen alt, sie kennen einander, ihre Eltern und Kinder, und sie rollen alle das «r», auch die Türken.

Lothar Tesch hatte sich auf Industriemontage, Bauklempnerei und spezielle Flachdächer spezialisiert. Somit war er im ganzen Bundesgebiet und im angrenzenden Ausland tätig. Silke musste dann von zu Hause aus die Geschäfte führen und mit Bauherren und Architekten verhandeln; wenn die Baustellen in der Nähe waren, gehörte der Umgang mit den Leuten dort, eine Männerdomäne, zu ihren selbstverständlichen Aufgaben, und sie fasste auch durchaus mit an. Sie konnte aber anfangs oft nicht mitreden, sodass wichtige Fragen vertagt werden mussten, bis ihr Ehemann wieder da war.

Also nahm sie nach ihrer kaufmännischen Ausbildung an den Fachlehrgängen der Dachdecker in Biedenkopf und Marburg teil. Und an den Wochenenden lernte sie zusammen mit den Männern, die sich auf die Meisterprüfung vorbereiteten. Sie konnte ihnen Fragen stellen; umgekehrt half sie den Männern bei den kaufmännischen und pädagogischen Dingen, die zur Lehrlingsausbildung gehörten. Es war praktisch ihre dritte Ausbildung, und all das setzte sie instand, als Handwerkerfrau einen Betrieb zu leiten, eine Kolonne zu führen, selbständig Leistungsverzeichnisse oder mit Stahlformbauern Verlegepläne zu erstellen. Zu dem Respekt, den ihr viele entgegenbrachten, erwarb sie sich nun Anerkennung als umtriebige Geschäftsfrau und Chefin; auch das erklärt, später, ihren schnellen Erfolg als «Seiteneinsteigerin» in der örtlichen Politik.

Die Geschäfte liefen. Um Silkes Gesundheit war es in den achtziger Jahren meist gut bestellt. Die Duisburger Operationen hatten ihren Zweck erfüllt. Schon während ihrer Schwangerschaft hatte Silke Tesch einen Orthopädietechniker dafür gewonnen, ihr eine der neuen, modernen Prothesen anzufertigen, die den Druck nicht mehr umleiteten, sondern direkt an das Bein weitergaben, so konnte die seit Jahren allzu wenig beanspruchte Beinmuskulatur wieder aufgebaut werden. Nun brachte sich Silke im Winterurlaub mit Mann und Tochter das

Skifahren bei: Sie wollte den beiden nicht immer nur von ferne dabei zusehen. Und eine Abfahrt, das Gleiten über den Schnee, war für sie weniger anstrengend als Wandern oder Laufen. Bis sie sich 1991 – sie waren zum Wintersport in den Alpen – das Bein brach. Der Hang war steil, aber sie war weder schnell noch riskant gefahren, nur immer vorsichtig abwärtsgeglitten; da fühlte sie, dass der rechte Schienbeinknochen oberhalb der Stiefelkante bei einem kleinen Schwung durchknackte, einfach so. Behutsam ließ sie sich in den Schnee sinken. Ihr Mann und ihre Tochter waren weit voraus. Hinter ihr kam ein anderer Skifahrer herab, hielt an, stellte sich als Arzt vor und erkundigte sich nach ihrem Befinden. Sie sagte: «Mir ist das Bein gebrochen.» Der Arzt, der alles gesehen hatte, sagte: «Das kann nicht sein. Das schauen wir uns erst einmal an.» Dann musste er festzustellen, dass sie recht hatte.

Der Transport hinab ins Tal erwies sich als schwierig. Wo Silke sich befand, konnte kein Hubschrauber landen; sie wurde auf eine Trage geschnürt und so von zwei Skiläufern hinuntergebracht, bis sie ein Pistenräumfahrzeug erreichten. Dort schnallte man sie vorn in die Schaufel. Die Fahrt ging weiter. Die Schaufel schwankte wild auf und ab; Silke, die darin auf dem Rücken lag, sah immer abwechselnd Berge und Himmel, und merkwürdigerweise machte das Spaß, wie bei einer Jahrmarktsattraktion. Anschließend wurde sie an einem Lift in einer Art Kiste befestigt, mit der normalerweise Milchkannen zu Tal gebracht wurden; dann kam sie in die Rettungsgondel am Skilift. Unten wartete der Rettungswagen und transportierte sie ins Krankenhaus nach Innsbruck.

Die Ärzte wollten diesen Bruch nicht operieren: zu schwierig, zu langwierig. Das Bein kam in einen Transportgips, und die Familie fuhr mit dem Auto nach Marburg zurück. In der Uniklinik wurde der Bruch versorgt und ein neuer *Fixateur externe* eingesetzt. Am 1. Mai war Silke Tesch aus der Klinik und machte bereits erste Gehversuche auf einer Wiese. Doch der Knochen verheilte nicht mehr ordentlich, und nach neun Monaten war noch immer ungewiss, ob er ohne den Fixateur halten würde. Fast wöchentlich fuhr Silke in die Klinik nach Marburg. Sie sah den wilden Wein an den Lahnbergen die Farbe wechseln: Die jungen Blätter im Frühjahr waren braun, im Sommer grün, im Herbst rot und gelb. Dann fiel das Laub, und nun erblickte Silke auf ihren Fahrten schon wieder die zartbraunen Blätter. Aber der Knochen wollte nicht heilen. Zum dritten Mal sah es so aus, als ob das Bein nicht mehr gerettet werden könnte.

Es hört nicht auf. So ein Unfall ist ungerecht: Er ist doch für sich allein schon schlimm genug, und dann geht es das Leben lang weiter. Auch diesmal fand sich eine Lösung, eine langwierige, schmerzhafte Lösung – aber wenigstens blieb das Bein dran, dank eines Muskelstrangs, der aus Silke Teschs Rücken entnommen und in die Wade transplantiert wurde. Der gesunde Teil ihres Körpers war wie ein Steinbruch für den geschädigten. Aber durch diesen Eingriff konnte die Entzündung des Knochenmarks endlich ausheilen. Auch das linke Bein wurde noch einmal aufwendig operiert. Die alten Hautverpflanzungen waren schlecht durchblutet, und wenn Silke viel unterwegs war, vor allem in der Sommerhitze, rieb sie sich wund. Nun wurde mit den fortentwickelten Methoden der Chirurgie ein günstigerer Zustand geschaffen. Nach sieben Monaten im Krankenbett und Rollstuhl kam Silke Tesch wieder auf die Beine.

Bald danach, 1995, trat sie in die SPD ein. Sie hatte das schon lange vorgehabt, doch erst jetzt ergab es sich durch die Vermittlung einer Freundin, und wie von selbst machte Silke Tesch eine kommunalpolitische Karriere. Bei der Landtagswahl 1999 war sie in ihrem Wahlkreis schon Ersatzbewerberin – das sind Personen, die nachrücken, wenn der Abgeordnete ausfällt.

Und es gab da einen Gedanken: Nach so vielen Schlägen würde das Schicksal ihr weitere womöglich ersparen. Früher oder später trifft es jeden, aber Silke Tesch hatte die Hoffnung, dass sie ihren Teil schon bekommen hatte. Vielleicht sogar für die Familie gleich mit. Dann jedoch fiel Lothar Tesch abermals vom Dach und brach sich Rippen und Wirbel; das war 1996, und von da an war seine Arbeitsfähigkeit stark beeinträchtigt. Zudem erkrankte er. Es hatte relativ harmlos begonnen, mit einer Diagnose der nicht lange zuvor entdeckten Hepatitis C, die er sich vermutlich schon in den siebziger Jahren bei einer Zahnarztbehandlung zugezogen hatte: eine Viruserkrankung der Leber, die häufig einen unauffälligen, aber chronischen Verlauf nimmt; Lothar Teschs Organ war bereits irreversibel geschädigt, als die Diagnose gestellt wurde. 1999 spitzte sich die Lage dann zu, weil sich in seiner Leber ein bösartiges Geschwür gebildet hatte.

Lothar Tesch war nicht mehr arbeitsfähig. Das Ehepaar musste den Betrieb liquidieren. Silke Tesch fand einen Arbeitsplatz als Assistentin der Geschäftsleitung in einem mittelständischen Industriebetrieb. Sie ernährte nun die Familie. Ihr Mann bekam 2002 in der Berliner Charité ein Lebertransplantat, eine Operation, bei der es Komplikationen gab; als Silke Tesch mitten in der Nacht ans Krankenbett gerufen wurde, war Lothar nicht mehr ansprechbar: Sein Leben stand auf Messers Schneide. Aber er kam durch. In diesen Tagen, die sie in einem Gästehaus auf dem Klinikgelände verbrachte, arbeitete sie nebenher in einem Internet-Café an ihrem Flugblatt für den Landtagswahlkampf, denn inzwischen war sie Kandidatin geworden. Im Sommer war sie als Repräsentantin der örtlichen SPD dabei, als in einem Festakt die Wallauer Umgehungsstraße eröffnet wurde. Jetzt mussten die Lastwagen nicht mehr durchs Dorf.

ZWEI Jürgen Walter oder
Wie im Herbst 2006 die Dame den König schlug

Schach mit Knoblauch

Jürgen Walter war von seiner Klugheit erfreut, so wie jemand sich seiner Kraft freut. Mit knapp 28 Jahren war er Volljurist – und sah auf die Langzeitstudenten und abgebrochenen Existenzen herab, die sich um ihn herum in der Politik tummelten, Leute, die nie einen ordentlichen Beruf ausgeübt hatten und zum Teil schon deshalb gegen Studiengebühren waren, weil sie selbst noch «studierten», während sie bereits politische Macht ausübten. Wie viele junge Männer, die schnell und glücklich Karriere machen, war Walter hinter der Fassade flotter Freundlichkeit selbstbezogen und daher empfänglich für die neoliberale Mode, die wie die süßen Cocktails in den Lifestyle-Bars nach ewiger Jugend schmeckte.

Doch 2008 war Walter nicht mehr jung, und wie die drei anderen Dissidenten hatte er in diesem Jahr einen runden Geburtstag. Dagmar Metzger und Silke Tesch wurden fünfzig, Jürgen Walter und Carmen Everts vierzig. Vierzig bedeutet im Leben eines Mannes ungefähr den Punkt, an dem er das, was er erreicht hat, mit dem vergleicht, was er erreichen wollte –

im Lichte dessen, was er noch erreichen kann. Da das in der Regel weit auseinanderklafft, sind Männer um die vierzig oft nicht ganz einfach auszuhalten.

Walter hatte im Sommer geheiratet und war mit seiner schönen Frau in eine Wohnung mit schmucken Schiebetüren und herrlichen Jugendstilfenstern gezogen. Was jedoch die Politik betraf, befand er sich seit Jahren in nahezu unablässigem Sinkflug, und die Pressekonferenz am 3. November kann man auch als unvermeidliche Bruchlandung an dessen Ende sehen. Mit 34 Jahren hatte er als Fraktionsvorsitzender den Scheitelpunkt seiner politischen Karriere erreicht, bei seinem vierzigsten Geburtstag am 23. August war der Traum vom Ministerpräsidentenamt für ihn mit einiger Sicherheit ausgeträumt. Er hatte Mühe, in seinem SPD-Landesverband, dessen stellvertretender Vorsitzender er war, überhaupt noch einen Fuß auf den Boden zu bekommen, und bei seinem Abstieg war er, wie das so ist, all denen wiederbegegnet, die er bei seinem Aufstieg hinter sich gelassen, ausgetrickst oder einfach ignoriert hatte. Wenn je ein Mann nicht nach Brennstoff für eine *midlife crisis* suchen musste, dann Jürgen Walter.

Das hatte er mit der Pressekonferenz am 3. November 2008 gleichsam beglaubigt. Soweit es dabei um den Traum von der großen Koalition ging, konnte Walter sich schwerlich verhehlen, dass er selbst mittlerweile deren größtes Hindernis war. Im Grunde war es undenkbar, dass die Personen, deren Karrieren er soeben ruiniert hatte, ihm das auch noch danken würden, indem sie zuließen, dass er wieder Oberwasser bekäme. Trotzdem schimmerte noch der Plan oder die Hoffnung durch, die Walter schon vor Ypsilantis Wortbruch verfolgte: ein Comeback. Nach Ypsilantis Fall.

Walter brachte es nicht fertig, dieser Frau, die er zutiefst verachtete, Anerkennung zu zollen. Dass Ypsilanti ihn zuletzt in offener Feldschlacht besiegt hatte, konnte er sich nur mit unlauteren Machenschaften erklären. Die näherliegende und treffendere Erklärung aus eigenen Fehlern und Schwächen kam für ihn nicht in Frage; Walter, der als Junge ein begeisterter Schachspieler gewesen war, hielt sich für einen Großmeister des politischen Spiels. Freilich sah er im Schach keine rationale oder gar mathematische Denkkunst, sondern einen Sport, einen Kampfsport: eine psychologische Auseinandersetzung, bei der es darauf ankam, den Gegner zu verunsichern und zu übertölpeln. So ungefähr ließ sich auch Politik begreifen. Walter hatte dabei am liebsten die Initiative, zog also das Spiel mit Weiß vor und griff auf dem Königsflügel an, suchte die schnelle Entscheidung. Auch in der Politik ging es für ihn letztlich darum: Gewinnen. Ein Kniff, um sich bei den Schachturnieren in der Jugend durchzusetzen, war der reichliche Genuss von Knoblauch am Abend gewesen. Man wirft den Gegner mit Atemzügen aus der Bahn.

Walters Anhänger in der Partei bewunderten sein taktisches Geschick, seine Gegner verachteten seine Winkelzüge. Walter hantierte immer mit mehreren Optionen, legte sich nicht fest, hatte schon mehrfach durch plötzliche Positionswechsel überrascht. Widersprüche zwischen Wort und Tat störten ihn nicht, im Gegenteil, sie umgaben ihn mit einer Aura des Geheimnisses. Was mochte er nur wieder aushecken? Es gefiel ihm, wenn andere darüber rätselten. Oft steckte gar kein Plan dahinter. Walters ganze Art war eher spontan, geradezu nachlässig. Zu Verabredungen kam er meistens zu spät, Reden bereitete er oft erst in letzter Minute vor, Sakkos oder Krawatten kaufte er nicht selten unmittelbar vor dem Anlass, zu dem er sie benötigte – er gefiel sich darin, dergleichen nicht nötig zu haben. Mochten sich damit weniger Begabte herumschlagen, Leute wie Gernot Grumbach, sein Hauptgegner im Listenschach.

Grumbach hatte als Studienfach Germanistik gewählt und

mit einer Arbeit über das Spätwerk Karl Mays abgeschlossen. Seine romantische Ader lebte er nun womöglich in der Politik aus, aber sichtbar wurde das nicht. Er gab sich als Schöngeist, und hatte auch als Frankfurter SPD-Vorsitzender nie das Waldstadion betreten, um ein Spiel der Eintracht zu besuchen. Grumbach war so charismatisch wie ein gut durchgetrocknetes Scheit Fichtenholz und hatte jeden seiner Karriereschritte dem Leben gleichsam einzeln abgezwackt; so hatte er in Südhessen die Ochsentour gemacht und dabei das Parteihandwerk gründlich gelernt.

Sechzehn Jahre älter als Walter, war Grumbach erst vier Jahre nach ihm in den Landtag gelangt. Eigentlich war er ein typischer Repräsentant der linken Akademiker aus den späten Sechzigern, die alsbald begonnen hatten, das Schicksal der SPD zu prägen. In den achtziger Jahren zunächst Bezirks-, dann Landesvorsitzender der Jusos, wurde er ein Gefolgsmann Heide Wieczorek-Zeuls. Er hatte Lehrer werden wollen, dann allerdings eine Weile den väterlichen Betrieb geführt, dabei hauptsächlich mit Zahlen hantiert (es handelte sich um eine Firma für Apotheken-Abrechnungen) und von der Politik auch in dieser Zeit nicht Abschied genommen. Und Politik, das hieß im Milieu der Frankfurter Sozialdemokraten Welt-, Außen-, Gesellschaftspolitik, nicht etwa kommunalpolitisches Klein-Klein. Mit den Bankentürmen waren auch die Ambitionen der Sozialdemokratie in den Himmel gewachsen. Und wie Grumbach 2009 immer noch seinen Henriquatre trug, den rechteckigen Bart um den Mund, mit dem seinerzeit Tausende den Marsch durch die Institutionen angetreten hatten, so diskutierte die Frankfurter SPD auf ihrem Parteitag im März unter Grumbachs Vorsitz noch immer vor allem über internationale Finanzpolitik und Maßnahmen der Bundesregierung, als wäre der Stadtverband nicht sechs Wochen zuvor bei der Landtagswahl auf kümmerliche 19,8 Prozent gefallen.

Auch das war Politik: ein Ikebana von Strategiepapieren, Positionspapieren, Programmpapieren und Anträgen, das Organisieren von Mehrheiten und personellen Besetzungen. In den neunziger Jahren zunächst Referent bei Umweltminister Jörg Jordan und anschließend bei Christine Hohmann-Dennhardt, die in der zweiten Hälfte der neunziger Jahre Eichels Ministerin für Kunst und Wissenschaft war, kam Grumbach nach dem Regierungswechsel 1999 in die Landeszentrale für Politische Bildung, und in diese Zeit des sozialdemokratischen Niedergangs in Hessen fiel sein Aufstieg an die Spitze eines der traditionell bedeutendsten SPD-Bezirke in Deutschland: Hessen-Süd. Fortan lief in der hessischen SPD nicht mehr viel an ihm vorbei.

Auf die Frage nach seinem Platz auf der Landesliste hat Grumbach denn auch einmal geantwortet, das sei egal, er mache die Liste. In vielem der Typus des gebildeten Bürokraten, entfaltete er zäh, langsam und präzise seine Allianzen; in der Partei sagte man ihm nach, er habe Dossiers über jeden einzelnen Abgeordneten angelegt. Wenn es darum ging, Delegierte für eine Wahlentscheidung zu gewinnen, sprach er die Betreffenden oft nicht selbst an, sondern suchte anhand ihrer Lebensgeschichte, ihres Umfelds oder ihrer Interessen die dafür am besten geeignete Person aus. Geduldig, wohlbedacht, seine Züge vorausplanend, nutzte er jeden kleinen Vorteil. Ein Stellungsspieler.

Während Walter noch mit vierzig einen jungenhaften Habitus pflegte, sich betont leger kleidete und auch bei offiziellen Anlässen bisweilen das Jackett mit baumelnden Ärmeln einfach über die Schultern hängte, verkörperte Grumbach mit seinem löwensenfbraunen Sakko über schwarzen Rollkragenpullovern aus untergegangenen Perlonarten und einem Gesichtsausdruck wie Löschpapier die Unsterblichkeit des sozialdemokratischen Nebenbeamtentums. Aufgesetzt langsam gehend, schob er sich bei Parteiveranstaltungen sacht durch die Reihen, auf den leisen, weichen Sohlen seiner riesigen schwarzen Mokassins, des einzigen Accessoires, das ihn noch mit Karl May zu verbinden schien. Dagegen mimte Walter mit spitzen Stiefeln lieber den Cowboy.

Nach einer langjährigen Beziehung in seinen zwanziger Jahren war Walter keine dauerhafte neue gelungen; stattdessen rühmte er sich zahlreicher Eroberungen. Er wurde, bis er vierzig war, weder Ehemann noch Vater, verdiente gut und gönnte sich den entsprechenden Lebensstil, den Mercedes SLK eingeschlossen, blieb schlank, sportlich, sah mit seinem vollen Haar und dem faltenfreien Gesicht mit Ende dreißig noch zehn Jahre jünger aus. Sein Wikipedia-Foto zeigte ihn als Fraktionsvorsitzenden im seriösen Dreiteiler über Aktenstapeln, aber mit unübersehbarem Augenzwinkern. Wie einer, der sich verkleidet hat.

Am Rhein aufgewachsen, war er schon als Junge häufig mit seinem größeren Bruder angeln gegangen. Sein Bruder betrieb diesen Sport sein Leben lang weiter, mit Leidenschaft und Gründlichkeit, Jürgen Walter dagegen hielt den Köder nur ab und zu ins Wasser. Und zog doch meistens die größeren Fische heraus. Einmal, in Chile, ging ihm ein riesiger Atlantiklachs an den Haken, wohl an die vier Kilo schwer; besonders beeindruckte Walter dabei, dass Chile am Pazifik liegt, wo es eigentlich gar keine Atlantiklachse gibt. Und gerade dieses völlig Unwahrscheinliche, dieses Unmögliche, nicht nur einen Riesenfisch zu fangen, sondern ihn auch noch dort zu fangen, wo man ihn genau genommen gar nicht finden kann, gab Walter den Kick. Er konnte nicht davon erzählen, ohne zu lachen, und seine Augen strahlten vor Begeisterung. Ein Glückskind.

«Mein Bruder ist zwar sicherlich der weitaus bessere und weitaus geschicktere Angler», sagt er, «aber ich bin das, was man einen ‹lucky fisherman› nennt. Bei mir beißen die Fische.»

Ein anderes Mal, als er im Sommer 2001 mit seinem Bruder Urlaub an der Adria machte, fing er beim Hochseefischen einen über 170 Kilo schweren Thunfisch. Er hatte ihn am Abend gehakt und vom Boot aus mit einer Vierzig-Kilo-Schnur gedrillt. Nach einer Stunde hatte er den Fisch an der Bordwand, doch der zog mit ungeheurer Kraft jählings davon; hätte Walter nicht nachgegeben, wäre die Leine gerissen. Zwei weitere Stunden musste er den Fisch drillen, bis er ihn besiegt hatte. Adria-Rekord. Das Foto mit dem riesigen Tier hing hinter seinem Schreibtisch und wurde jedes Jahr ein Jahr älter.

Tolle Tage

Auch Walters Aufstieg hing mit dem Niedergang der hessischen Sozialdemokratie zusammen. 1999 war er als Juso-Vorsitzender in den Landtag gekommen, also ohne eigenen Wahlkreis, eine seltene Ausnahme. Kurz vor dem Wahltermin war es dem gerade mal zehn Jahre älteren Roland Koch gelungen, die Stimmung mit einer Unterschriftenaktion gegen die doppelte Staatsbürgerschaft zu kippen. Er war durch diese Provokation zu einem der bekanntesten Politiker in Deutschland geworden. Nach der Wahl hatte er sich ironisch bei den Medien für die unfreiwillige Hilfe bedankt. Walter lernte daraus.

Er war damals ein glücklicher Abgeordneter in einer verbitterten Fraktion, die sich einfach weigerte, das Wahlergebnis zu akzeptieren. Vielleicht lag darin sogar ein Keim der Ereignisse von 2008: Gerade die Sozialdemokraten, die so empfanden, führten knapp zehn Jahre später nämlich die Partei. Im März 1999 warf Oskar Lafontaine Bundeskanzler Schröder den Parteivorsitz und sein Ministeramt vor die Füße, und Schröder holte Hans Eichel als neuen Finanzminister nach Berlin. Eichel, der den Landesvorsitz in Hessen einstweilen behalten wollte, bestellte daraufhin Walter in sein Büro und schlug ihm vor, Landesgeschäftsführer zu werden. Diese Position, später in Generalsekretär umbenannt, gehört zusammen mit dem Fraktionsvorsitzenden und dessen parlamentarischem Geschäftsführer zum engsten organisatorischen Führungszirkel der Partei, und ihr Inhaber ist automatisch Mitglied des geschäftsführenden Landesvorstands; bei einem ständig abwesenden Parteivorsitzenden würde sein Einfluss noch stärker sein als gewöhnlich. Walter ging durch den Kopf, dass ihm diese Beförderung in der Fraktion nicht nur Freunde machen würde, aber Eichel sagte: «Stell dich mal nicht so an.» Schröder habe ihm auch nur anderthalb Stunden Bedenkzeit gegeben. Selbstverständlich sagte Walter zu. Und viel Angst vor Neidern kann er nicht gehabt haben, denn er nutzte seine Stellung fortan entschieden.

Und das war nicht der letzte dicke Fisch, den er in seinem ersten Parlamentsjahr fing. Ihm fiel auch die Stellung des SPD-Obmanns im Ausschuss zur Spendenaffäre der CDU zu, was ihn zum Sprecher seiner Partei in dieser Affäre machte und im Landtag so manchen dramatischen Auftritt verschaffte. Walter gehörte dort zu den wenigen, die aus dem Stegreif sprechen konnten, und er pflegte seine Rede mit Sarkasmen zu würzen. Damals fühlte er sich wie «Hans im Glück» – und wie die meisten beachtete er die heimliche Botschaft dieses Märchens nicht.

Als Landesgeschäftsführer hatte Walter auf Entlohnung oder Aufwandsentschädigung verzichtet, weil er sich keine Vorschriften über seine Arbeitszeit machen lassen wollte. Er hatte nur eines verlangt, und das bekam er: Carmen Everts. Die beiden arbeiteten schon seit zehn Jahren politisch eng zusammen. Und was Publizität betraf, erlebten sie ihren ersten großen Tag am 14. Januar 2000. Vom, wie Walter ihn nannte, «gefühlten Spitzenkandidaten» Bökel hatten sie erfahren, dass in Hofheim eine brisante Pressekonferenz mit Koch und dem früheren hessischen CDU-Vorsitzenden Manfred Kanther angesetzt war; dort gestand Kanther, dass jüdische Vermächtnisse als Geldquelle der hessischen CDU eine Erfindung des Schatzmeisters Wittgenstein gewesen waren. Koch versprach die «brutalstmögliche» Aufklärung der Affäre und bestritt jegliche persönliche Beteiligung. Zahlreiche Journalisten, sogar aus dem Ausland, waren anwesend.

Carmen Everts, die gerade ihren Job als Grundsatzreferentin der Fraktion angetreten hatte, war mit im Saal. Sie nutzte anschließend die Gelegenheit, um für Walter, der als Abgeordneter und Landesgeschäftsführer in einer nahegelegenen Gaststätte gewartet hatte, das Pressemanagement zu übernehmen und ihm Gesprächspartner zuzuführen. Zusammen mit dem ebenfalls anwesenden Vertreter der Grünen, Rupert von Plottnitz, gab er wohl an die fünfzig Interviews, einige sogar in englischer Sprache. So wurde Walter an diesem Abend «das Gesicht der Spendenaffäre für die SPD». Durch Everts' Zuarbeit und seine schnelle Reaktion hatte er den Parteisprecher gleichsam ausgespielt, und als der anschließend auch noch in den Urlaub fuhr, hatte Walter freie Bahn.

Die ganze SPD war damals trunken von der Gewissheit, dass der historische Irrtum Koch sich über kurz oder lang von selbst erledigen würde – und Walter strotzte nur so von Selbstbewusstsein. Bei der Auswahl des Spitzenkandidaten wollte er ein entscheidendes Wort mitreden, vor allem Bökels Aufstieg verhindern; sein Kandidat war der Offenbacher Oberbürgermeister Gerhard Grandke. Und auch als Grandke bereits abgewunken hatte, begründete Walter im SPD-Landesvorstand noch, warum er Bökel für ungeeignet hielt. Es war nicht das erste und letzte Mal, dass er – sehr zum Ärger von Carmen

Everts – auf einer verlorenen Position beharrte. Aber Verlieren fiel ihm nun einmal schwerer als Gewinnen. Wenn er selbst nicht Herr des Geschehens war, fehlte ihm die Biegsamkeit und erst recht jene beinah unbedingte Bereitschaft zur Anpassung, wie sie Everts mitbrachte.

Niemand hätte nun von Bökel verlangen können, dass er als neuer Partei- und Fraktionsvorsitzender einen Landesgeschäftsführer hielt, der zusammen mit Ypsilanti und Grumbach gegen ihn gekämpft und sogar, als es keinen Gegenkandidaten mehr gab, noch gegen ihn agitiert hatte. Für Walter wäre das dem Ende seiner politischen Karriere gleichgekommen: Er hatte ja keinen eigenen Wahlkreis. Ohne Parteiamt hätte er es folglich nicht auf die nächste Landesliste geschafft. Aber der gutmütige und mitunter allzu treuherzige Bökel folgte dem Rat Hans Eichels, den jungen, ungestümen Landesgeschäftsführer zu behalten. Auch die Linken kämpften damals übrigens für Walter, weil sie ihn als einen der ihren betrachteten, er gehörte schließlich zur linken Arbeitsgruppe.

Bökel ließ Walter also auf seinem Posten und rettete ihm damit den Kopf. Den bestärkte das wohl eher in seinem Urteil über Bökel. Er hielt ihn für schwach und naiv. Das wurde schon äußerlich sichtbar, indem er sich bei Sitzungen selten neben ihn setzte, sondern lieber hinten, an der anderen Seite des Raumes Platz nahm. So konnte er später kommen und früher gehen. Bökel störte Walters Faulheit und Flapsigkeit; er beobachtete, dass Walter sich für undankbare Arbeiten Everts' bediente, die im Gegensatz zu ihm einen überaus fleißigen, ja arbeitswütigen Eindruck machte. Bökel vertraute ihr. Er rackerte selbst vierzehn Stunden am Tag und schätzte das auch an anderen. Zudem war er fest davon überzeugt, dass Everts ihn schon 1999, beim erfolgreichen Kampf um den Bezirksvorsitz Hessen-Süd, gegen Gernot Grumbach unterstützt hatte. In Wahrheit hatte sie ihn damals nach der gewonnenen Wahl lediglich per E-Mail beglückwünscht und von den großen Hoffnungen geschrieben, die sie mit ihm verbinde.

Vor der Landtagswahl Anfang Februar 2003 waren diese Hoffnungen dann verflogen. Am Wahlabend hatten die Mitarbeiter in der Parteizentrale sich vorsorglich mit Limonen für Unmengen von Caipirinha ausgerüstet, weil sie schon wussten, dass das Ergebnis ohne viel Alkohol kaum zu ertragen sein würde. Wenige Wochen zuvor waren mehrere «Titanic»-Redakteure in graue Anzüge geschlüpft, in Frankfurt von Tür zu Tür gegangen und hatten sich als Bökel ausgegeben, obwohl zumeist keinerlei Ähnlichkeit vorlag; die Leute hatten all diese Bökels stets freundlich willkommen geheißen. Die Wahl brachte der CDU die absolute Mehrheit und der SPD mit 29,1 Prozent ihr bis dahin schlechtestes Ergebnis: Sie hatte mehr als zehn Prozentpunkte eingebüßt und im ganzen Land nur noch zwei der 55 Wahlkreise direkt gewonnen. Für die Hessen-SPD stand sofort fest, dass daran nur die Bundespartei schuld sein konnte, und noch Jahre später machten viele Schröders Agenda-Politik dafür verantwortlich, die in Wahrheit erst im März 2003 angekündigt worden war. Bökel erklärte noch am Wahlabend seinen Rücktritt vom Partei- und Fraktionsvorsitz.

Als Nachfolger im Fraktionsvorsitz schlug er kurz darauf den arbeitsamen Schaub vor, der nun schon seit beinahe acht Jahren den wichtigen Geschäftsführerposten in der Fraktion versah und inzwischen auch Chef der Nordhessen war. Bökel rechnete überhaupt nicht damit, dass da etwas schiefgehen könnte. Er wusste nicht, dass die Linken in kleiner Runde bereits am 5. Januar 2003, als Umfragen der SPD ein Ergebnis unter 30 Prozent vorhersagten, im Gießener «Dach-Café» darüber beratschlagt hatten, wie sie die Partei personell neu und inhaltlich weiter links aufstellen könnten. Walter gehörte mit zu dieser Runde. Etwas verspätet kam auch Grandke hinzu. Schnell einigte man sich darauf, dass nur Walter, Andrea Ypsilanti oder Norbert Schmitt für den Fraktionsvorsitz in Frage kämen. Alle drei waren ehemals Juso-Landesvorsitzende gewesen. Norbert Schmitt allerdings wollte sich nicht bewerben.

Auf der ersten Sitzung des linken Arbeitskreises nach der Wahl ging es ebenfalls um diese Frage. Silke Tesch, damals neu im Landtag, war auf Vorschlag ihres Vorgängers zu dem Treffen gegangen. Danach trat Ypsilanti auf sie zu und fragte von Frau zu Frau nach ihrem Urteil. Tesch: «Andrea, wenn ich das richtig einschätzen kann, wirst du nicht Fraktionsvorsitzende.» Die Würfel in der Linken-Runde fielen zugunsten Walters, den Landesvorsitz sollte Ypsilanti übernehmen. So saßen Bökel, der am Samstag nach seiner Niederlage zu einer Besprechung über seine Nachfolgeregelung geladen hatte, mit Ausnahme von Schaub dann nur Gegner gegenüber: Grumbach, Schmitt, Ypsilanti, Walter. Doch selbst als Walter in dieser Runde seine Kandidatur für den Fraktionsvorsitz ankündigte und Schmitt sagte, dass Ypsilanti Landesvorsitzende würde, glaubte Bökel nicht, dass Schaub bei der Wahl in der Fraktion am kommenden Dienstag verlieren könnte. Doch Schaub bekam nur zehn von dreißig Stimmen, die restlichen zwanzig entfielen auf Walter. Für Everts, die «alle Hoffnungen darauf gesetzt» hatte, dass Walter kandidierte und gewann, war es ein unvergesslicher, «toller Tag».

Auch dieser Coup war die Frucht einer Niederlage, die schon damals die Linke stärkte, und niemand profitierte davon mehr als Walter. Zum zweiten Mal nach 1999 verdankte er es dem Misserfolg seiner Partei bei Landtagswahlen, dass Konkurrenten weggefegt wurden, an denen er unter normalen Umständen nicht vorbeigekommen wäre, und zum ersten Mal war im Zuge dieses Geschehens die in Hessen übliche Statik der Mehrheitsbildung bei einem Spitzenamt durchbrochen worden. In Oppositionszeiten gab es keine wichtigere und besser ausgestattete Position als die des Fraktionsvorsitzenden.

Natürlich war allen Beteiligten bewusst, dass hier eine Vorentscheidung über eine künftige Spitzenkandidatur gefällt worden war. Aber Walter behauptet, mit seinen damals 34 Jahren noch nicht an das Ministerpräsidentenamt gedacht zu haben. Wenn das stimmt, hätte er fast frei von Ehrgeiz sein müssen. Die nächste Landtagswahl war 2008. Walter würde dann 39 Jahre alt sein. Koch war mit vierzig Ministerpräsident geworden. Das sollte sich nicht unterbieten lassen?

Der Riss

Und Ypsilanti? Immerhin wurde sie Parteivorsitzende. Als jugendpolitische Sprecherin der SPD-Fraktion im Landtag war sie niemandem groß aufgefallen, und Walter nahm sie nicht ernst. «Ich hatte sie nicht auf dem Radar.» Doch als die Zeit kam, nutzte sie ihre Chance.

Nach ihrer kurzen Phase als Juso-Vorsitzende Anfang der neunziger Jahre hatte Eichel ihr eine Referentenstelle in der Staatskanzlei besorgt. Im Parlament, in das sie 1999 zusammen mit Walter gelangte, galt sie als blass. Sie beschäftigte sich mit Schulpolitik, aber nicht übermäßig ertragreich: Bis zum Zeitpunkt ihrer Spitzenkandidatur hatte sie ganze zwei Anträge federführend ins Parlament gebracht; der eine sprach sich für die «Beibehaltung des bewährten Petitionsverfahrens» aus, beim anderen ging es um die «Jugendleiter-Card». Nur neun Kleine Anfragen gingen in sieben Jahren auf ihr Konto, sie drehten sich um internationale Partnerschaften, Beratungsstellen für lesbische Frauen und Mädchen, Fortbildungsangebote des Hessischen Sozialministeriums für Mitarbeiter, Aufgaben und Leistungen der Landesehrenamts-Agentur, Nebentätigkeiten von Lehrerinnen und Lehrern, den gemeinsamen Unterricht an der Römerstadtschule Frankfurt am Main und Vorgänge um die Schulleitung am Frankfurter Abendgymnasium. Außerdem hatte Ypsilanti sieben sogenannte Mündliche Fragen eingebracht, zwei davon allerdings wieder zurückgezogen. Niemand erahnte, dass sie dermaleinst antreten würde, in Hessen die «soziale Moderne» nebst «Energiewende» einzuführen. Dazu schien ihre Spur viel zu schmal.

Dass sie sich für Wirtschaft, Verkehr oder Finanzpolitik nicht interessierte, sagte sie übrigens noch als Parteivorsitzende ganz arglos. In Hintergrundgesprächen verblüffte sie mit solchen freimütigen Bekenntnissen. Lieber sprach sie über «patriarchalische Machtstrukturen». In fast schon niederschmetternder Weise schien sie dem Klischee des hübschen Dummchens zu entsprechen, angefüllt mit der feministischen Ideologie der siebziger Jahre. Wenn Walter sie als zweifelsfrei stärkste Frau der Linken bezeichnete, war das ein satirisch vergiftetes Lob.

Nach dem Abitur Mitte der siebziger Jahre hatte Andrea Dill sich auf die Suche nach einem Job und einem starken Mann gemacht, sich zunächst als Sekretärin erprobt und war dann Stewardess geworden. Es fügte sich fast märchenhaft, dass sie sich in einen griechischen Prinzen verliebte, den sie auch bald heiratete. Seither trug sie den Namen eines bedeutenden griechischen Adelsgeschlechts, dessen Verarmung ihren gutverdienenden Mann nicht persönlich betraf. Das Paar zog in ein Einfamilienhaus in den Vordertaunus. In der Fraktion sagte man ihr nach, sie sei in jenen Jahren gelegentlich zum Frühstücken nach New York geflogen – aber ihren liebenswerten Rüsselsheimer Zungenschlag wurde sie trotzdem nicht los. Sie sagte nicht «ich», sondern «isch».

1986, mit Ende zwanzig, entschloss sie sich zu einem Studium der Soziologie; in ihrer Diplomarbeit untersuchte sie anhand fremdgeführter Interviews die Ursachen von Frauenkarrieren und fand sie letztlich bei Männern, was zunehmend an Komik gewann, weil es namentlich auf sie selbst zutraf. Sie war eine Quotenfrau, die ihren Aufstieg gemacht hatte, weil immer wieder Posten mit Frauen besetzt werden mussten, bis hin zur stellvertretenden Landesvorsitzenden, und weil sie unter der Handvoll, die dafür in Frage kamen, am wenigsten abschreckend wirkte: So wurde in der Partei gesprochen, nicht außerhalb, und durchaus auch auf dem linken Flügel. Damen wie Ulli Nissen waren nun einmal nur eingeschränkt vorzeigbar, und dabei ging es nicht um das Aussehen.

Die Zeit, in der junge Menschen massenhaft in die Partei strömten, war damals längst vorbei. Inzwischen hatte die SPD so wenig Aktive, dass Neulinge in den Ortsvereinen oft gleich in den Vorstand aufgenommen wurden. Zudem war durch die zwei aufeinanderfolgenden Wahlniederlagen im Grunde eine ganze Generation aus den Führungspositionen gemäht worden; früher hatte ein Abgeordneter noch mindestens zwei Landtagsperioden benötigt, um an einen halbwegs anständigen Ausschussvorsitz zu heranzukommen. Doch nun sollten Jüngere ans Ruder, und das kam neben Walter auch der elf Jahre älteren Ypsilanti zugute, die wegen ihres frischen Aussehens und vielleicht auch wegen ihres späten Hochschulabschlusses bei den meisten als wesentlich jünger galt.

In der Union jedenfalls bewertete man die Besetzung des sozialdemokratischen Landesvorsitzes mit einer Hinterbänklerin, die zuvor nie aufgefallen war, als Zeichen personeller Verlegenheit und stellte sich auf Walter als möglichen kommenden Herausforderer ein. Dass Walter in den Debatten seinerseits an Koch Maß nahm, war ohnehin jedem klar; manche sozialdemokratischen Abgeordneten erfüllte es sogar mit Stolz, dass ihr junger Fraktionsvorsitzender es mit dem Ministerpräsidenten aufnehmen konnte. Dieser Angreifer-Rolle schrieb Walter es im Übrigen mit zu, dass er sich im Kampf um den Fraktionsvorsitz durchsetzen konnte. Am wichtigsten jedoch schien ihm sein Bekanntheitsgrad, was Walter an Kochs Beispiel und, negativ, auch aus dem Schicksal Bökels gelernt hatte.

Koch musste sich über Bekanntheit keine Gedanken mehr machen. Er spielte in der Bundespolitik eine herausgehobene Rolle und hatte darüber hinaus den Amtsbonus. Walter hingegen stand nach dem Abflauen des Spendenskandals weniger im Rampenlicht als vordem. Allerdings war er als Fraktionsvorsitzender der SPD jetzt zu deren Hauptredner im Parlament aufgestiegen, und diese Rolle füllte er gut aus. «Der weiß, wo es wehtut», hieß es auf der Gegenseite. Ypsilanti hatte in ihrer ersten Wahlperiode im Parlament 14 Mal geredet, durchweg zu belanglosen Anlässen (Walter, zum Vergleich, 44 Mal). In der zweiten Wahlperiode, als Landesvorsitzende, erhöhte sich ihre Schlagzahl, und gelegentlich nahm Ypsilanti nun auch zu grundsätzlicheren Fragen oder zu Themen Stellung, über die sie vorher nicht gesprochen hatte. So etwas kann Kompetenz zeigen, allerdings auch das Gegenteil. Und gerade Wohlmeinende litten Qualen, wenn Ypsilanti sprach. Vor allem aber war sie selbst es, die zu leiden schien. Obwohl sie von Natur aus eher klein und zierlich war, sackte sie hinter dem Rednerpult noch weiter zusammen. Der Eindruck war kläglich. Mit Jürgen Walters Augen betrachtet, war diese Frau ein Nichts.

Aber sie übte. Und nutzte die Zeit. Mit ihrem Team knetete sie die Partei, begann sie, landauf, landab, unter den Delegierten eine Mehrheit zu organisieren, über Posten, Programme und Optionen zu sprechen, sich mit der Stimmung vertraut zu machen – und sie zu beeinflussen. Walter dagegen konzentrierte sich zunächst stärker auf seine Rolle in Wiesbaden. Es blieb ihm auch nicht viel anderes übrig: Er wusste, dass der Wirt seiner Rechnungen immer noch Grandke war. Gegen Grandke hätte Walter sich nicht durchsetzen können, denn der Offenbacher Bürgermeister war erfolgreich und beliebt, und er hatte Führungsfähigkeit in der Kommunalpolitik bewiesen. Bisher war das der landestypische Weg gewesen, sozialdemokratischer Ministerpräsident zu werden.

Vermutlich deshalb pflegte Walter den Kontakt zu Grandke: Kontakt ist Kontrolle. Grandke hielt sich allerdings bedeckt; mehr, als dass er antreten würde, «wenn die Voraussetzungen stimmen», war ihm nicht zu entlocken. Im Dezember 2004 kündigte er an, dass er in Offenbach kein weiteres Mal kandidieren, sondern in die Wirtschaft wechseln würde; danach war Roland Koch lächelnd auf Walter zugegangen und hatte gesagt: «Na, jetzt ist der Weg frei für Sie.» Aber als im Januar 2006 Grandkes Nachfolger in Frankfurts Nachbarstadt am Main die Amtskette umgelegt wurde, wiederholte Grandke nur, dass er sich «aus der Kommunalpolitik» zurückziehe; das gab weiteren Spekulationen Vorschub, er werde, in der Landespolitik, als Ministerpräsidentenkandidat antreten. Dann würde auch der Kreis um Ypsilanti seine Ambitionen aufgeben müssen, glaubte Walter. Sie hatte inzwischen ihre Position in der Partei durch Kärrner-Arbeit erheblich verbessert. Im SPD-Landesvorstand verfügte sie über eine satte Mehrheit.

Auch Walter war für seine Verhältnisse fleißig gewesen. Bökel staunte über die Veränderung; Walter war nun arbeitsamer, stetiger und besser vorbereitet als früher. Im Lauf der Legislaturperiode kam Bökel, contre cœur, zu dem Schluss, dass Walter reif sein könnte für eine Spitzenkandidatur. Andere fanden auch damals noch, dass er seine Hausaufgaben nicht machte, und er selbst meint rückblickend, ihm hätten immer «die letzten zehn Prozent» gefehlt, die ein Politiker brauche, um sich ganz oben durchzusetzen: das letzte Quäntchen Arbeitseinsatz, Fleiß, Willen. Unbedingtheit. Seine Widersacher urteilten, er hätte nur die ersten zehn Prozent besessen, den Ehrgeiz.

Walter setzte auf sein Glück und auf die Medien. Auch Ypsilanti hatte es inzwischen zu einer gewissen Bekanntheit gebracht. Einer ihrer ersten Schritte als Landesvorsitzende war die Kritik an Schröders Reformpolitik gewesen; freilich geriet das bald wieder in Vergessenheit. Sie konzentrierte sich in dieser Phase nicht auf die Öffentlichkeit, sondern auf die Vorbereitung ihrer Kandidatur innerhalb der Partei, auf das Organisieren einer Mehrheit unter den Delegierten des damals noch für den November 2006 vorgesehenen Nominierungsparteitags. Der wichtigste Unterschied in der politischen Orientierung zwischen den beiden Kandidaten: Ypsilanti und die Linke verabscheuten die Agenda-Politik, Walter und die Pragmatiker befürworteten die Reformen auch über die Niederlage Schröders hinaus. Offen sichtbar wurde das im November 2005 an einer Personalie: Der Parteivorsitzende Müntefering war zurückgetreten, weil ihm ein SPD-Parteitag die Linke Andrea Nahles als Generalsekretärin aufzwingen wollte. Daraufhin gaben Ypsilanti und Walter gleichzeitig ihre Standpunkte öffentlich zu Protokoll: Ypsilanti empfahl, Nahles als Generalsekretärin zu behalten, denn sie habe sich «Zustimmung weit über das linke Spektrum hinaus erworben»; Walter dagegen forderte, dass Nahles «sich ganz schnell in die vierte Reihe zurückzieht».

Anfang Februar 2006 entschloss sich Walter zu einem verwegenen, vielleicht auch nur verwirrenden, für ihn aber typischen Schachzug: Er lancierte in einem Redaktionsgespräch mit der FAZ, dass er zugunsten Grandkes auf eine Spitzenkandidatur verzichten werde. Die Zeitung meldete «Walter tritt nicht gegen Koch an», und so ging es durch die Presse. Allerdings hatte Walter genau genommen nur gesagt, dass er die Spitzenkandidatur «nicht anstreben» werde, und darauf hingewiesen, dass es einen «optimaleren» Kandidaten gäbe, dessen Namen er nicht nennen wollte, obwohl jeder wusste, wer gemeint war. Doch seine Wortwahl enthüllt nebenher, dass er sich selbst für optimal hielt, es handelt sich ja um einen nicht steigerungsfähigen Begriff. Und dass er die Kandidatur nicht anstrebe, musste nicht heißen, dass sie ihm nicht zufallen könnte.

Es war ein für Walters Politikstil charakteristischer Schritt: Was als klare Ansage verkauft wurde, verschwamm bei näherem Hinsehen, und der eigentliche Zweck entsprach nicht dem Inhalt. Walter hätte unzweideutig sagen können: Wenn Grandke antritt, stehe ich nicht zur Verfügung. Oder: Ich würde die hessische SPD gern in den Wahlkampf führen, ich möchte Ministerpräsident in Hessen werden. Aber das wäre Schach ohne Knoblauch gewesen. Stattdessen machte Walter eine Aussage, aus der man weder das eine noch das andere sicher schließen konnte. Carmen Everts nannte dergleichen mit strahlenden Augen: «Verwirrung in die Reihen des Gegners tragen.»

Aber es trug nicht weniger Verwirrung in die eigenen Reihen. Ohnehin glaubten viele in der Fraktion und der SPD-Führung, dass Walter nur zu gern kandidieren würde, nicht anders als Ypsilanti. Schon im Frühjahr 2006 hieß es daher in der Partei, dass hier zwei Züge aufeinander zurasten.

Mit PowerPoint zum Wir

Auch die Fraktion hatte sich inzwischen gespalten. In den vergangenen Jahren hatte es dort nur einen Zusammenschluss, den Arbeitskreis der Linken, gegeben, wer da nicht mitmachen wollte, blieb auf sich allein gestellt. Silke Tesch, der nach drei, vier Sitzungen sogar eine Sprecherrolle angedient worden war, fühlte sich in diesem Kreis nicht wohl; ihr kamen die dortigen Diskussionen weltfern vor. Teschs erstes Ziel in der

Fraktion war der Wirtschaftsausschuss, und es gelang ihr auch, hineinzukommen. Diesem Ausschuss arbeitete nach einer Weile auch Everts zu, und so lernte Tesch sie kennen. Walter hatte Everts nach der Wahl zum Fraktionsvorsitzenden von der Partei herüberziehen wollen; das war aber zunächst auf Schwierigkeiten gestoßen, und es dauerte eine ganze Weile, bis sie endlich eine feste Stelle als «parlamentarische Referentin» bekam. Die Anbindung als Zuarbeiterin an den Wirtschaftsausschuss wurde gar erst im Frühjahr 2006 möglich, bis dahin musste sie dem Umweltausschuss dienen, dem Grumbach vorsaß. Everts konnte ihn nicht ausstehen. Bei den Mitgliedern des Wirtschaftsausschusses, dessen Arbeit auch für Walter ein Kraftzentrum bildete, fühlte Everts sich dann richtig wohl.

Tesch war schnell mittelstandspolitische Sprecherin der Fraktion geworden. Und zusammen mit Nancy Faeser gehörte sie zu den Gründern der Aufwärts-Gruppe, die als Sammelbecken für alle dienen sollte, die sich einer pragmatischen Richtung zugehörig fühlten. Das war bald die Hälfte der Fraktion. Ein Teil der Aufwärts-Mitglieder war auch dem «Netzwerk» verbunden, einem Berliner Zusammenschluss, der aus verwandten Gründen entstanden war, aber sich nicht auf Abgeordnete beschränkte, sondern allen Sozialdemokraten offenstand. Sprecher des hessischen Netzwerks war Gerrit Richter, ein ehrgeiziger junger PR-Berater, der Walter so bewunderte, wie ein junger Mann, der nach oben will, den bewundert, der ihn dorthin ziehen soll. Er war 2003 für den Wahlkampf von ihm angestellt worden und inzwischen Kreisvorsitzender der SPD im Main-Taunus-Kreis, aus dem auch Nancy Faeser stammte. Richter, Faeser und Everts: Diese drei bildeten den innersten Kreis um Walter. Faeser teilte Walters politische Auffassungen, und sie bewunderte seine rebellische Attitüde – während er ihr schmeichelnd den Hof machte.

Allerdings galt das Netzwerk inzwischen schon wieder als «rechts», und das setzte seiner Strahlkraft innerhalb der Sozialdemokratie Grenzen. Ein Sozialdemokrat will nun einmal nicht rechts sein. Und doch bildet sich dieses Schema immer wieder aus. Der Konflikt zwischen Pragmatikern und Utopisten begleitet die sozialistischen Bewegungen und Parteien seit Anbeginn; er ergibt sich zwangsläufig aus der Zielvorstellung einer anderen Gesellschaft und dem Streit über die Mittel, sie zu erreichen. In Hessen war all das eingebettet in den Konflikt über die Agenda 2010 des Kanzlers Schröder. Seit der Nachrüstung hatte es in der SPD keine derart umstrittene Politik mehr gegeben, und wie damals mit den Grünen war dies eine der Ursachen für den Aderlass durch die Linkspartei.

Auch der erste Konflikt zwischen Ypsilanti und Walter drehte sich um die Reformpolitik des Bundeskanzlers: Auf einer Landesvorstandssitzung stimmte Walter als einziger Teilnehmer gegen ein Papier, in dem scharfe Kritik an der Berliner Parteiführung geübt wurde. Das war zugleich das Signal, dass er keine Konzessionen an die Linke zu machen gedachte, deren Stimmen er seine soeben erfolgte Wahl zum Fraktionsvorsitzenden verdankte – ein rüder Schritt, der seinen Unterstützern zeigte, dass sie bereits ausgedient hatten. Die Amtsübergabe von Bökel zu Walter hatte noch nicht einmal stattgefunden, da hatte Walter schon demonstriert, dass dieses Bündnis seinen Zweck für ihn erfüllt hatte.

Letztlich war, wie oft in der Hessen-SPD, auch hierbei die Frage des Flughafenausbaus bedeutsam. Da gehörte Walter zu den Befürwortern – wie es der offiziellen Linie der Partei stets entsprochen hatte. Als Linker konnte man in der hessischen SPD nicht ganz nach oben kommen; so war das bisher immer gewesen, und seinem Lebensstil und seiner Grundeinstellung entsprach das Linke ohnehin nicht. In der südhessischen SPD sah Walter folglich bestenfalls eine Art belebendes Element, wo man freischwebend Ideen entwickeln und die schwere Parteimasse mit Luftblasen durchsetzen durfte, solange die Projekte nicht ins «kindlich Lächerliche abglitten». Dann griff das nordhessische Veto in Verbindung mit der kommunalpolitischen, pragmatischen Seite der südhessischen SPD, der sogenannten Fraktion der Landräte. Deshalb glaubte Walter, als Fraktionsvorsitzender auf die Gefühle der Linken nur noch wenig Rücksicht und ihre Verärgerung gelassen in Kauf nehmen zu können. Die bei einigen wirklich tief ging.

Umgekehrt gab es beim rechten Flügel starke Widerstände gegen Andrea Ypsilanti. Und auch hier betraf es nicht nur die Sache, sondern auch die Person. Die Gründe lagen nicht so sehr in Ypsilantis Verhalten – obwohl ihre Kontaktschwäche und Verschlossenheit manchen unangenehm auffiel –, sondern eher in der Einschätzung, dass sie es mit Koch nicht aufnehmen konnte, ja, dass die SPD sich mit ihr als Spitzenkandidatin fürchterlich blamieren würde.

Unter dieser Oberflächenspannung zwischen Walter und Ypsilanti lag allerdings ein Streit, der die ganze Gesellschaft durchzog und sich letztlich um die Frage drehte, ob man Geld ausgeben kann, das man nicht hat. Da Politiker und Privatpersonen das seit Jahren und Jahrzehnten machten, schien die Antwort einfach, aber irgendwie drohte inzwischen an allen Ecken nun auch das nicht vorhandene Geld auszugeben. Für die SPD spitzte sich das auf die Entscheidung zu, ob sie sich zunehmend als Prekariatspartei verstehen wollte, die sich, wie die Linkspartei auch, um die Interessen von Sozialhilfe-Empfängern und Arbeitslosen kümmerte und den Wohlstand verteilte, oder, wie Müntefering es ausdrückte, wieder in verstärktem Maße als Partei der Arbeit, die Leute in Lohn und Brot brachte und erst einmal darauf achtete, dass überhaupt Wohlstand erwirtschaftet wurde. Das stand hinter dem Konzept des «Förderns und Forderns», bei dem die Betonung neuerdings auf dem Fordern lag. Vielen in der SPD war das ein Gräuel, nur widerwillig trugen sie es mit – gerade so lange, wie Schröder vom Kanzleramt aus die Partei in eine Solidarität mit zusammengepressten Zähnen gezwungen hatte. Zum letzten Mal versuchte er es, indem er 2005 eine Neuwahl des Bundestags herbeiführte – und damit sein Ende. Ohne ihren Kanzler war die SPD wieder frei, und seither drehten sich die innerparteilichen Mehrheitsverhältnisse unaufhaltsam zurück, ein überaus zäher Vorgang, der sich noch Jahre hinziehen sollte.

Wobei er auch seine heitere Seite hatte. Thorsten Schäfer-Gümbel und Nancy Faeser heckten den Plan aus, der gespaltenen Fraktion ein «Coaching» zu verordnen, mit Hilfe von Unternehmensberatern sollte sie wieder zu einem schlagkräftigen Team geformt werden. Die Smarties aus Heidelberg führten den unheimlich kreativen Namen «eurosysteams». Auch die CDU hatte ihr reformschnaubendes Leipziger Parteiprogramm von 2003 mittels einer solchen Truppe erdichtet.

«Eurosysteams» sollte nun die hessische SPD-Fraktion für einige zehntausend Euro auf Vordermann bringen – keine ganz einfache Aufgabe. Die aufreibende Arbeit begann im Frühjahr. Die Trainer führten Einzelgespräche mit den Abgeordneten und Mitarbeitern, ließen sich deren Tätigkeit erklären und versuchten herauszufragen, wo der Schuh drückte. Dazwischen gab es unzählige Coachings, unterstützt von Trainingsmodulen und überwacht von einer Steuerungsgruppe aus Faeser, Schäfer-Gümbel, Silke Tesch und Thomas Spies. Die Coachs hatten das vielleicht überkomplexe Verfahren in parallele «Prozesse» unterteilt: Evaluationsprozess, Kommunikationsprozess, Steuerungsprozess und wieder Kommunikationsprozess.

Ganz wichtig dabei: PowerPoint-Präsentationen. Gleich anfangs wurde den Abgeordneten ein Bild von zehn buntgekleideten Freizeitsportlern ins Gemüt gesenkt, Skiwanderern, die über ein Schneefeld auf zerklüftete Felsen zustapften, darüber stand in klarer Schrift «Eine Mannschaft – ein Ziel». Schnell zeigte sich, dass das Motto auf die SPD-Fraktion nicht in vollem Umfang zutraf. Im Gegenteil. Schon in der ersten PowerPoint-Präsentation stellten die Erfolgstrainer deshalb Verhaltensregeln auf: «Unterlassen Sie alles, was beim anderen als Verletzung ankommen könnte!» Das Wort «alles» hatten die Eurosysteamer unterstrichen, damit auch noch der letzte Abgeordnete begriff, dass mit «alles» auch wirklich «alles» gemeint war und nicht vielleicht zum Beispiel nur «einiges» oder «weniges». Eine weitere Anweisung befasste sich mit dem in der Fraktion offenbar verbreiteten Kommunikationsmodell: «Schlägst du mich, schlag ich dich» beziehungsweise «Schlägst du meinen Freund, schlag ich deinen Freund». Dazu gab es die, wiederum unterstrichene, knappe Anweisung: «Unterlassen!» Diesmal wurde noch ein Ausrufezeichen beigesellt. Dritter Rat: «Wenn es heiß hergeht – langsam!» Das klang schon beinah flehentlich.

Aus der gemeinsamen Diskussion hatten sich Leitlinien ergeben: Wertschätzung füreinander ausdrücken, nachfragen statt anklagen, das Freund-Feind-Schema innerhalb der Fraktion aufbrechen, sich als «Freunde» organisieren und zugleich begreifen, dass die Feinde draußen sind. Auch wurde erwogen, sich künftig an Vereinbarungen zu halten und untereinander keine Intrigen mehr anzuzetteln. So stand es in der Präsentation. «Wie kommen wir zum WIR?» Die Antwort: «Hierfür braucht es eine neue Diskussions- und Kooperationskultur!» Lag hier der Ausgangspunkt für die «neue politische Kultur», die Ypsilanti dem ganzen Lande bringen wollte?

Das Coaching ging noch monatelang weiter, und natürlich wurde es selbst in das Spannungsfeld gezogen, das inzwischen die Beziehungen in der Fraktion bestimmte. In einer

Atmosphäre grassierender Unehrlichkeit stiftete es neues Misstrauen und geriet bald in den Verdacht, zur Ausforschung oder Überwachung der Abgeordneten zu dienen. Immerhin aber offenbarte es den massiven Konflikt, die zu diesem Zeitpunkt bereits bestehende Spaltung der Fraktion. Das lag nicht an der Flügelbildung an sich: Parteien haben nun einmal Flügel. Aber die können unter gesunden Umständen auch konstruktiv zusammenarbeiten, sie helfen, ein größeres Wählerspektrum abzudecken, und schützen die Partei vor radikalen Verirrungen. Nein, es lag in der Tat an der politischen Kultur in der Partei und an der ungeklärten Führungsfrage. Ein Teil der Abgeordneten begann sich Gedanken darüber zu machen, ob es sich rächen würde, wenn sie den zuletzt unterliegenden Bewerber um die Spitzenkandidatur unterstützten. Nicht zu Unrecht, wie sich bei der Listenaufstellung für die Landtagswahl 2008 zeigen sollte.

Beim Fraktionscoaching anlässlich einer Klausur im schönen Pörtschach am Wörthersee hieß es denn auch für die Abgeordneten, Farbe zu bekennen: Nach dem Modell der Familienaufstellung, im Beraterjargon «Harvard-Konzept» geheißen, sollten sie sich in einem großen Raum mit Blick auf den See der Rechten oder der Linken zuordnen, und das fiel vor allem jenen schwer, die bis dahin versucht hatten, sich da herauszuhalten; ein Abgeordneter irrte verzweifelt durch den Saal und heftete zwischendurch sehnsüchtige Blicke auf den See vor den Panoramascheiben, bis er sich endlich für die Linke entschied. Drei Abgeordnete, die ohnehin nicht in den Landtag zurückkehren würden, blieben einfach in der Mitte stehen. Das war inzwischen ein ungemütlicher Ort.

Und dann kam heftige Bewegung in die Frontlinien. Am 24. August 2006 teilte Grandke der Landesvorsitzenden Ypsilanti in einem persönlichen Gespräch mit, dass er nicht als Spitzenkandidat zur Verfügung stehe. Für den Verzicht gab

Grandke «ein ganzes Bündel von Gründen» an, von denen er jedoch keinen nannte; immerhin sagte er bald darauf einem Parlamentsmitglied mit Blick auf Wiesbaden, er werde sich als Kandidat nicht von «Irren» abhängig machen. Noch am Vormittag gab es in der Parteiführung in Gegenwart Walters eine kurze Absprache, dass Ypsilanti auf einer Pressekonferenz Grandkes Entschluss bekanntmachen und zugleich ankündigen würde, der Findungsprozess der SPD laufe nach Plan. Aber Walter hatte keine Ahnung, dass die Parteivorsitzende dort zugleich ihre Spitzenkandidatur bekanntgeben würde. Außerdem verfasste sie einen entsprechenden Brief an alle hessischen Parteigenossen, um «sogleich Klarheit und Transparenz zu schaffen», und gab der «Frankfurter Rundschau» ein Interview. Ihm hatte sie von alledem kein Wort gesagt. So verhinderte Ypsilanti, dass er ihr zuvorkommen konnte; und mit seinem im Februar erklärten Scheinverzicht hatte er ihr sogar einen Vorwand dafür geliefert. Walter hatte schon vor Ypsilantis Pressekonferenz das Landtagsgebäude verlassen.

Deshalb war er jetzt in der Klemme. Es blieb ihm, wenn er Ministerpräsident werden wollte, nichts anderes übrig, als ebenfalls seine Kandidatur zu erklären, aber das wagte er an diesem Nachmittag noch nicht. Stattdessen gab er eine Presseerklärung heraus, in der er das «selbstverständliche Recht der Parteivorsitzenden» hervorhob, «jetzt einen Vorschlag zu unterbreiten». Ihre Bereitschaft, gegen Roland Koch zu kandidieren, sei «mit Respekt zur Kenntnis zu nehmen». Diese Formulierung gefiel Walter wegen ihrer für die Öffentlichkeit unkenntlichen, für die Parteifreunde aber unüberhörbaren Süffisanz besonders gut. Knoblauchduft. Er fügte hinzu: «Es bleibt allerdings bei der parteiinternen Vereinbarung, dass der Nominierungsparteitag im November über die Spitzenkandidatur entscheidet.» Erst dort könne darüber beschlossen werden.

Weil er im Februar vorgegeben hatte, auf eine Spitzenkandidatur zu verzichten, galt er am nächsten Tag in der Presse als aus dem Rennen. Stattdessen wurden als mögliche Mitbewerber der Kasseler Oberbürgermeister Bertram Hilgen und die Justizministerin Brigitte Zypries genannt, die aber beide absagten. Auch Lothar Klemm, ehemaliger Wirtschaftsminister und guter Parlamentsredner, winkte ab, desgleichen der Darmstädter Oberbürgermeister Walter Hoffmann. Dadurch hatte Walters Stellung sich unversehens verbessert: Unter den Pragmatikern war er nun in die Poleposition gerückt, da alle anderen gar nicht erst ins Rennen gehen wollten. Wieder hatte ihn die desaströse Verfassung der Partei begünstigt.

Am Tag nach Ypsilantis Erklärung hatte er gesagt, die SPD brauche einen Bewerber, der Chancen habe, gegen Koch zu gewinnen – damit war klar, dass er ihr das abspracht. Anschließend brachte er eine ungenannte «Spitzenkandidatin aus der Bundespartei» ins Spiel, er selbst zauderte also noch. Doch in den nächsten Tagen arbeiteten Everts und er fieberhaft daran, ein Unterstützerteam zusammenzubringen, und am 29. August gab Walter schließlich bekannt, dass er selbst antreten werde: «Ich möchte Ministerpräsident werden.» Dazu hatte ihn öffentlich als Erster der gute Bökel aufgefordert, der sein Urteil durch die eher schmerzlichen Erfahrungen, die er mit Walter gemacht hatte, nicht trüben lassen wollte. Und Walter und Ypsilanti versprachen einander in die Hand, die Auseinandersetzung «fair, offen und auch ein Stück weit freundschaftlich, jedenfalls ohne persönliche Verletzungen» auszutragen.

So ungefähr hatten sich die Erfolgsberater aus Heidelberg das ja auch vorgestellt. Zwar musste wegen der aktuellen Wirrnisse ein von langer Hand geplantes Fraktionscoaching vertagt werden, doch die Smarties sandten einen aufmunternden Brief nach Wiesbaden, wieder im ppp-Stil. Darin wollten sie den Abgeordneten «eine Botschaft zurufen». In Heidelberg machte man sich Sorgen, weil schon eine Kandidatendiskussion von nur wenigen Tagen dem öffentlichen Erscheinungsbild der hessischen SPD alles andere als gut bekommen war; sollte etwa die ganze Arbeit für die Katz gewesen sein? In der CDU dagegen herrschte heller Jubel, wie auch in der Berichterstattung deutlich wurde. Am 7. September mahnten die Trainer: «Erinnern Sie sich noch? Sie hatten sich vorgenommen: Wir wollen in unserem Außenauftritt professionell, proaktiv und medienwirksam sein.» Hatte das überhaupt jemand beherzigt?

Ursprünglich lautete der Plan, dass man, unterstützt von Prozessen und Präsentationen, «auf das Wir einzahlen» wollte. Aber was war dieses «Wir» eigentlich genau? Eurosysteamatisch betrachtet gab es zwei sogenannte Energiefelder, sie waren quadratisch. Das eine war rot, enthielt ein großes Pluszeichen und hieß «Wir». Das andere war schwarz wie die dunkelste Nacht, enthielt ein fettes Minus und hieß «Roland Koch». In dem Schreiben bekam das jeder Abgeordnete noch einmal bildhaft vor Augen geführt. Quadratisch, rot, gut: Wir. Quadratisch, schwarz, schlecht: Roland Koch. «Alles, was das WIR nicht unterstützt bzw. nicht darauf einzahlt», schrieben die Erfolgstrainer, «wird konsequent reduziert und abgeschafft.»

Dumm gegen Böse

Aus der Not ihrer Zerstrittenheit wollte die hessische SPD nun die Tugend des Wettbewerbs machen: Nachdem Walter seine Kandidatur bekanntgegeben hatte, verständigte sich der Landesvorstand darauf, dass er und Ypsilanti sich in einer Art öffentlichem Schaulaufen den 26 Parteibezirken vorstellen sollten. Jeder von beiden bekam je zwanzig Minuten Redezeit, dann folgte eine Fragerunde, dann die Abstimmung, wer der bessere Spitzenkandidat sei. Der Vorschlag kam aus Walters Gruppe; daran erkennt man, dass Walter seine Chancen, sich gegen Ypsilanti im ordentlichen Verfahren, auf einem Parteitag, durchzusetzen, eher schlecht einschätzte.

Wer in den Gremien keine Mehrheit hat, muss die Gremien aushebeln. Da bietet sich wie beim Billard der Weg über zwei Banden an: die Medien und die sogenannte Basis. So hatte Schröder die Entscheidung über die Kanzlerkandidatur 1998 aus den SPD-Gremien zu den niedersächsischen Wählern hin verlagert; so hatte sich Merkel – mit «Regionalkonferenzen» und massiver Artillerieunterstützung aus dem größten Teil der Presse – im Jahr 2000 in der CDU durchgesetzt. In Hessen griff nun Jürgen Walter zu diesem Mittel. Gegenwehr war kaum möglich: Wer sich der Forderung widersetzt, die Basis zu Wort kommen zu lassen, ist schon in der Defensive.

Walter vertraute auf sein Redetalent; vielleicht noch mehr vertraute er darauf, dass Andrea Ypsilanti dieses Talent fehlte. Er ahnte nicht, wie unglaublich gut es ihr bekommen würde, in elf Wochen 26 Mal dieselbe Rede zu halten. Und er manövrierte sich ein weiteres Mal selber aus: Er hatte ja selbst öffentlich darauf bestanden, dass die endgültige Entscheidung über den Spitzenkandidaten erst auf dem Parteitag fallen dürfe; darauf beharrte nun auch die Gegenseite. Die einzige Veränderung war, dass der Nominierungsparteitag von November auf Anfang Dezember verschoben wurde, damit die Zeit für die Vorstellungsrunden reichte, von denen es inzwischen nur noch hieß, dass sie ein «Stimmungsbild» ergeben sollten.

Die erste, am 16. September 2006, gewann Ypsilanti, und zwar im nordhessischen Werra-Meißner-Kreis: für Walter und seine Mitstreiter eine totale Überraschung. Sie hatten nicht für möglich gehalten, dass sie hier, in einer traditionsreichen

Hochburg der Pragmatiker, verlieren würden, und führten das später auf die bessere Vorbereitung des Gegners zurück, der angeblich mit Bussen Gewerkschafter herbeigeholt hatte. Doch es steckte mehr dahinter: Durch den Streit über die Agenda hatten sich die Gewichte in der Hessen-SPD grundlegend verschoben. Die Linken und der jahrzehntelang pragmatisch orientierte Gewerkschaftsflügel schritten jetzt Seit an Seit.

Allerdings ging es so nicht weiter. Schon vier Tage später in Wiesbaden gewann Walter, und das war in dieser gewöhnlich links einzuordnenden Parteigliederung ähnlich verblüffend. Die Ergebnisse waren freilich von minderer Aussagekraft, weil die Veranstaltungen zwar ordentlich besucht waren – meist kamen zwischen 200 und 300 Genossen –, aber doch insgesamt nur gut zehn Prozent der Parteimitglieder sich beteiligten. Und es war noch nicht einmal klar, ob es immer welche waren, in der Regel wurde nicht kontrolliert. Wer kam, konnte mitstimmen. Nach vier Wochen führte Walter knapp mit fünf zu vier.

Ende Oktober entschloss sich Eichel, der sich auch zuvor schon für ihn ausgesprochen hatte, in einem offenen Brief an alle Parteimitglieder für Walter einzutreten. Auch Bundesjustizministerin Brigitte Zypries, Nina Hauer, Gregor Amann und drei weitere SPD-Bundestagsabgeordnete aus Hessen unterzeichneten das Schreiben. Darin hieß es: «Wir brauchen einen Spitzenkandidaten, der das Zeug dazu hat, mit Entschlossenheit und Biss einen erfolgreichen Wahlkampf gegen die Koch-Regierung zu führen. Der seine fachliche Kompetenz bereits unter Beweis gestellt hat, in allen sozialen Fragen der CDU nie einen Millimeter nachgegeben hat und der bei der Bevölkerung über alle Lager hinweg auf breite Zustimmung stoßen wird. Deshalb möchten wir Dich bitten, Jürgen Walter als unseren Spitzenkandidaten zu unterstützen.» Nach übereinstimmender Einschätzung aller Beobachter sei er seit Jahren der Einzige, «der Koch im Landtag erfolgreich Paroli bietet».

Außerdem sei er «jung genug, um Koch alt aussehen zu lassen». Das Ypsilanti-Lager konterte schon tags darauf mit einer Erklärung von zehn hessischen Bundestagsabgeordneten unter Führung von Entwicklungshilfeministerin Heidemarie Wieczorek, der langjährigen Bezirksvorsitzenden von Hessen-Süd, die Walter «Oma Heidi» nannte. In der Erklärung hieß es, Andrea Ypsilanti verkörpere «als Persönlichkeit, in ihrem Politikstil und in ihren politischen Überzeugungen und Inhalten einen klaren, glaubwürdigen und überzeugenden Kontrast zu Ministerpräsident Koch».

Für die einen war Walter unglaubwürdig, und für die anderen war Ypsilanti dumm. Es gibt aus dieser Zeit schöne Bilder, auf denen die beiden gemeinsam in die Kamera strahlen. Im Hintergrund aber tobte längst ein erbitterter, zunehmend persönlich geführter Machtkampf. Bereits Ende September hatten nordhessische Jusos Walter, belegt durch ein Foto seines Dienstwagens auf dem Behindertenplatz, den Willen «zur absoluten Macht» unterstellt und ihn mit Koch identifiziert; umgekehrt munitionierten Walters Anhänger die Presse mit Abträglichem über Ypsilantis Geistesgaben. So enthüllte und überzeichnete dieser innerparteiliche Wahlkampf gnadenlos die Schwächen der beiden. Hinzu kam, dass Walter und Ypsilanti einander nicht ausstehen konnten. Schon auf der ersten Veranstaltung in Großalmerode war beiden auf die arglose Frage eines Genossen, was sie am jeweils anderen schätzten, absolut nichts eingefallen. Ypsilanti: «Wenn er eine Forelle gefangen hat und er räuchert die – dann schmeckt das klasse.» Und Walter: «Ich bin mir sicher, dass es mir nie gelingen wird, den Charme von Andrea zu erreichen.» Beides im Grunde Beleidigungen.

Walter und Ypsilanti vermieden allerdings penibel, öffentlich übereinander herzuziehen. Ypsilanti nannte die Konkurrenz einen «freundschaftlichen Wettbewerb», Walter betonte, dass «keine Gräben aufgerissen werden». Ihre Interviews, darunter auch gemeinsame, waren wie ein Starrkrampf der Langeweile, ihre Standpunkte ließen sich praktisch nicht auseinanderhalten. Walters Rede auf den Versammlungen war staatsmännisch; im Grunde trug er das Regierungsprogramm eines Ministerpräsidenten vor, strich seine Sachkompetenz heraus und winkte mit 100 000 Arbeitsplätzen für Hessen. Als Würze dienten scharfe Angriffe gegen Koch. Ypsilanti sprach eher nach innen, zur Partei. Am Anfang hatte sie sich noch, wie im Landtag, ziemlich holprig ausgedrückt, doch schon auf der ersten Veranstaltung war sie in Fahrt gekommen, und mehr und mehr erwies sie sich als ebenbürtige, fast sogar als die lockerere Rednerin: zum wachsenden Erstaunen der Walter-Anhänger, vielleicht auch zu dem ihrer eigenen Leute. Ihre Rede war eher fordernd als versprechend und zielte darauf, die Welt etwas weicher zu machen, die Globalisierung «sozial zu gestalten», Löhne zu zahlen, «von denen die Menschen leben können». Während Walter sich wirtschafts-, vor allem mittelstandsfreundlich gab, nutzte Ypsilanti – im Zeichen von Massenentlassungen bei teils exorbitanten Gewinnen – die Gelegenheit, sich mit «Unternehmern und Managern» anzulegen.

Beim Flughafenausbau vertraten beide den Standpunkt der Partei, Walter freilich mit mehr Enthusiasmus. Ypsilanti ließ erkennen, dass sie nicht nur den Atomausstieg, sondern auch die Ersetzung fossiler Energieträger durch Biogas, Wasser, Wind und Sonne anstrebte, Walter wiederum lockte mit einer Herabsetzung des Wahlalters auf 16 Jahre. Er grenzte sich vorsichtig gegen den offenbar ehrenrührigen Verdacht ab, eine Koalition mit der FDP anzustreben, hielt aber gleichzeitig Distanz zu den Grünen, während Ypsilanti versprach: «Wir wollen nach links keinen Platz mehr lassen.» Außerdem sandte sie beständig polemische Signale gegen die Agenda: wenn sie etwa versprach, sie werde nicht «Genossin der Bosse sein», sondern der Supermarkt-Verkäuferin. Solche Bemerkungen waren nicht weniger geschickt als Walters süffisante Spitzen. Sie hatten sogar eine strategisch klarere Ausrichtung: Ypsilanti kritisierte vorderhand Koch, traf dabei aber auch den bereits entmachteten Gerhard Schröder und vor allem Walter, den sie beständig mit Koch zu einer Gestalt verschwimmen ließ – doch stets unter der Nachweisbarkeitsgrenze. «Ich will nicht nur den Ministerpräsidenten ablösen, ich will einen klaren Politikwechsel.» So klangen solche Sätze. «Die Leute haben es satt, dass die Parteien und die Politiker nicht mehr unterscheidbar sind.» Im Endspurt griff Ypsilanti zu dem Satz: «Ich bin ganz anders als Roland Koch.» Näher konnte sie in verbrämter Form Walter nicht auf den Leib rücken.

Und wenn etwa der damalige Frankfurter SPD-Vorsitzende Frey (dem bald darauf Grumbach auf diesem Posten folgte) Andrea Ypsilanti das «personifizierte Kontrastprogramm» zu Roland Koch nannte und hinzufügte, Hessen brauche an der Spitze keinen politischen Trickser wie den Ministerpräsidenten, dann war das im Rahmen des Führungsduells doch unverkennbar eine Aussage über Walter. Die nicht zuletzt zeigte, wie miserabel Walters Ruf bei manchen höheren und mittleren, keineswegs nur linken SPD-Funktionären war. Das konnte seine Ursache nicht allein im innerparteilichen Wahlkampf haben; er hatte schließlich viele Jahre in einflussreichen Positionen gehabt, um sich Achtung und Ansehen zu verschaffen.

Im Vordergrund fand bei beiden Rednern über die Wochen hin ein Anpassungsprozess statt. Sie versuchten, auf gedankliches oder lebensgeschichtliches Territorium vorzudringen, das der andere besetzt hielt: entweder indem sie ihm gleichsam erwiderten – Walter etwa dem Pochen Ypsilantis auf ihre Lebenserfahrung mit dem auch in Eichels Brief enthaltenen Satz, er sei jung genug, um Koch alt aussehen zu lassen – oder indem sie einfach selbst übernahmen, was der andere herausstellte. So gewann Ypsilanti den Flughafen im Lauf der Wochen richtig lieb, während Walter zusehends sozial abstieg. Eigentlich hatte es etwas Komisches, wie diese beiden Kinder von Industriemeistern in einer Arbeiterpartei, der die Arbeiter abhandengekommen waren, den Abbeidäbub und das Abbeidämädsche gaben: Walter, Rechtsanwalt, Yuppie-Typ und Sportwagenfahrer, und Ypsilanti, vollendet gestylt, im eleganten Hosenanzug, auf hohen Schuhen, mit geschmackssicherer Highend-Maniküre. Schwielen hatten sie beide nicht an den Händen.

Doch während auf der Bühne die Kandidaten, soweit möglich, einander immer ähnlicher wurden, floss backstage das Blut. Schon bei der dritten Abstimmung waren plötzlich Briefwähler aufgetaucht. In manchen Unterbezirken machte man die Frage, ob überhaupt abgestimmt wurde, von den vermuteten Mehrheitsverhältnissen abhängig, hielt Besucher, die vorzeitig abrücken wollten, an den Ausgängen fest oder schaffte zuverlässige Leute zum Mitstimmen herbei. Generalsekretär Schmitt hatte sich schon früh als Unterstützer Ypsilantis erklärt und nutzte die Parteiressourcen zu ihren Gunsten – jedenfalls warfen ihm das Walters Anhänger vor. Im Hintergrund beharkten sich die Fußtruppen der beiden auf heftigste Weise, fütterten die Journalisten mit allerlei Abträglichkeiten, auch härtesten Diffamierungen. Auf den Punkt gebracht, besagten sie, dass in der hessischen SPD ein Kampf Dumm gegen Böse tobte. Währenddessen wurden auf Ypsilantis Unterstützer-Webpage die von ihr gewonnenen Unterbezirke rot eingefärbt und damit die SPD-Farbe okkupiert; für Walter blieb die Farbe Blau.

Allerdings färbte sich diese Karte nun zusehends blau.

Nach der dritten Abstimmung hatte es 2:1 für Walter gestanden, nach der neunten 5:4. Zu diesem Zeitpunkt, vier

Wochen waren vergangen, berief sich Ypsilanti freilich noch darauf, dass sie nach Stimmen führte. Parteisprecher Steibli jubelte wie aus dem Schraubstock: «Wir haben zwei Stars!» Aber in den Meinungsumfragen rutschte die hessische SPD schon damals, 2006, auf 27 Prozent ab. Dann folgte Eichels Intervention, und Walter verbesserte sein Ergebnis bis Anfang November auf 9:5. Zehn Tage später stand es schon 14:5 für ihn, und nun lag er auch bei den Gesamtstimmen vorn. Damit hatte er mehr als die Hälfte der 26 Bezirke gewonnen. Es half Ypsilanti nicht mehr, dass sie, gleichsam als Ultima Ratio, die Arbeitsgemeinschaft Sozialdemokratischer Frauen für sich ins Feld führte. Nach der letzten Abstimmung hatte Walter in 18 Unterbezirken gewonnen, Ypsilanti nur in acht. Walter und seine Anhänger feierten einen klaren Sieg, die Gegenseite sah in dem Ergebnis, über den Daumen gepeilt, ein Unentschieden. Insgesamt, hieß es, habe Walter nur einen «hauchdünnen» Vorsprung von gut 100 der etwa 7000 abgegebenen Stimmen.

In Walters Truppe wähnte man sich betrogen: Angeblich hatte es im Sommer eine Vorabsprache der Parlamentäre gegeben, dass sich ein deutlich unterlegener Kandidat aus dem Rennen zurückziehen solle. Aber selbst wenn das von beiden Seiten anerkannt worden wäre, bestritt Ypsilantis Kreis ja, dass es eine deutliche Unterlegenheit in diesem ohnehin unklaren und nie näher bestimmten Verfahren gab. Außerdem konnte sie sich dabei nicht allein auf das Parteistatut, sondern auch auf Walters Wort berufen, der schließlich unmittelbar nach der Ankündigung von Ypsilantis Kandidatur erklärt hatte, allein der Parteitag könne darüber entscheiden. Walter galt unter seinen Anhängern als Taktiker von Graden, aber dies war wieder ein Beispiel für sein taktisches Ungeschick, dessen eigentliche Ursache darin bestand, dass er häufig Augenblicks-Entscheidungen ohne letzte Klarheit über Weg und Ziel traf.

Meist ging es bei seinen Schachzügen darum, die Bewegungsfreiheit seiner Gegner einzuschränken, ihre Handlungen zu beeinflussen und sich selbst die Hände frei zu halten. Doch regelmäßig überschätzte Walter seinen Einfluss – weil er die anderen unterschätzte, ja letztlich nicht ernst nehmen konnte, ohne an sich selbst Abstriche zu machen. Und er verkannte oder verneinte die Bindung, die sich für ihn selbst aus seinen Manövern ergab. Er empfand sich als frei, das Gegenteil von dem zu fordern, was er zuvor verlangt hatte. Weil die Worte ihm nur Mittel zu wechselnden Zwecken waren, die sich mit den Zwecken wieder erledigten, nahm er sich selbst nicht beim Wort.

Andere schon. Wie zerstörerisch sich sein Verhalten auf die eigene Glaubwürdigkeit auswirkte, bekam er nicht mit. Das war der – wiederum auf Walter zielende – Hintersinn, wenn Ypsilanti auf den Vorstellungsrunden für sich «Authentizität» in Anspruch genommen hatte.

Im Grunde war bei Walters Winkelzügen gar nicht zu unterscheiden, ob er Schach spielte oder Knoblauchduft verströmte. Für ihn selbst gehörte das sowieso zusammen: ein Kampf, in dem es zwar Regeln gab, der aber letztlich außerhalb des Spielfelds entschieden wurde.

Ein Irrtum. Am Ende wird der König auf dem Brett mattgesetzt, nicht irgendwo daneben. Was Walter als Talent empfand, war in Wahrheit eine Schwäche.

Kann eine Frau das?

Ypsilanti dagegen hatte aus ihren Schwächen Stärken gemacht. Sie war auf den Vorstellungsrunden nicht immer in Bestform gewesen, aber meistens ziemlich gut, und sie hatte sich eine Lockerheit zugelegt, die man so vorher nicht von ihr kannte. Schon gar nicht am Rednerpult. Das war vielen Beobachtern aufgefallen – und auch, dass Ypsilanti es dadurch schaffte, ihre Zuhörer emotional einzufangen. Nur Walter nahm sie nicht ernst. Er hatte sich ihretwegen von Anfang an keine Sorgen gemacht und wollte am Ende nicht noch damit anfangen. Vielleicht brachte er es auch nicht fertig, in einer Frau, auf die er herabsah, einen ebenbürtigen, womöglich gar überlegenen Gegner zu erkennen.

Auch Everts hatte erwartet, dass Ypsilanti nach der ersten Kette von Niederlagen entnervt aufgeben würde, aber sie tat es nicht. Everts lancierte die Erwägung, Ypsilanti seitens der Fraktion dazu aufzufordern, doch daraus wurde nichts. Ohnehin war es abwegig zu erwarten, dass man dieselbe Frau, die beherzt zugegriffen hatte, als sich ihr die Gelegenheit zur Spitzenkandidatur bot, dazu bringen könnte, einfach wieder loszulassen. So blieb nur, immer wieder darauf hinzuweisen, dass die Partei längst entschieden und Ypsilanti eigentlich das Recht verwirkt habe, auf dem Parteitag überhaupt anzutreten. So, als habe sie eine Art Betrug begangen.

Dabei war von Anfang an klar gewesen, dass der Parteitag entscheiden würde. Walter hatte Gerrit Richter jeden einzelnen Delegierten durchleuchten lassen, so gut es ging; er wusste, dass es knapp werden würde, war aber zuversichtlich. Letztlich würde alles wohl von den Reden abhängen. Doch am 1. Dezember, dem Freitagabend vor dem Parteitag in Rotenburg, stellte Everts in dem Unterstützerkreis entgeistert fest, dass Walter seine Rede noch immer nicht fertig hatte. Er konnte ja nicht dieselbe halten wie auf den Vorstellungsrunden, und in der Vorwoche hatte Everts ihn wiederholt bestürmt, ihr seinen Entwurf zur Überarbeitung zu geben, doch es kam und kam nichts. Dabei war es schon früher passiert, dass Walter unvorbereitet aufs Rednerpult stieg; er ließ sich die Reden ungern von anderen schreiben, weil er das niemandem wirklich zutraute, und wenn Everts vorgelegt, mitgewirkt oder nachgebessert hatte, kannte er die entsprechenden Passagen mitunter nicht oder ließ sie beim Vortrag aus. Oft notierte er sich erst in letzter Minute hastig einige Stichpunkte, und so manches Mal hatte er auch schon behauptet, seine Rede zu Hause vergessen zu haben. Dass man vor einem wichtigen Auftritt rechtzeitig (und nüchtern) zu Bett gehen sollte, erschien ihm als kleinkarierter, spießiger Vorhalt. Er scheute Anstrengungen, die ihm papieren erschienen, und unterwarf sich nur widerwillig den Mühen der Konzentration, all dem, was Geduld, Zähigkeit und Selbstdisziplin erfordert und einem das Gefühl geben kann, schwach, unterlegen und auf dieselben unspektakulären Tugenden angewiesen zu sein wie der Rest der Menschheit. Für seine Unterstützer war er, um es mit Everts' Worten zu sagen, «kein einfacher Kandidat». Wenn sie, Faeser und Richter Manöverkritik halten, auf Schwächen von Walters Vortrag hinweisen wollten, reagierte er abwehrend und streitlustig; blieben sie hartnäckig dran, begann er herumzuschreien.

Obwohl er nun schon fast vierzig Jahre zählte, betrachteten ihn nicht wenige in seiner Umgebung wie einen Heranwachsenden. Vor allem bei Frauen vermochte Walter mütterliche Empfindungen hervorzurufen. Schlimmstenfalls erschien er ihnen wie ein ungebärdiger Knabe, dem man nicht böse sein kann. Etwas Jungenhaftes bildete sich auch in seinem Gesicht ab, vor allem im überaus weichen Mund, den müder Trotz umspielte.

Doch dass er sogar am Vorabend des Tages, an dem es für ihn um alles oder nichts ging, noch unvorbereitet war: Everts war fassungslos über dieses Ausmaß an Nonchalance. Oder was es auch war. Sie hatte wieder einmal geackert und gerackert, und Walter, für den sie es tat, schien das alles nicht ernst zu nehmen. So war es schon vor der ersten Kandidatenvorstellung Mitte September gewesen, im Werra-Meißner-Kreis, als er mit einer lässig zusammengestoppelten Rede durchgefallen war. Auch diesmal verließ er die abendliche Runde vorzeitig, um die Nacht noch zum Schreiben der Rede zu nutzen. Er hielt sie nicht zur Probe, ging sie mit niemandem mehr durch. Und obwohl er wusste, wie knapp es werden würde, befasste er sich hauptsächlich mit personalpolitischen Überlegungen. Vor allem beschäftigte ihn die Frage, wer sein Generalsekretär sein werde; Norbert Schmitt hatte Partei gegen ihn ergriffen; Walter erging sich vergnügt in der Vorstellung, wie er ihn ablösen würde. Auch mit seinem Anhängerkreis hatte er an diesem Abend darüber diskutiert, und man hatte freimütig die Namen der Kandidaten hin und her geworfen. Sie redeten sich ein, dass das Rennen schon gelaufen sei. Nach dem Sieg wollten sie das Personaltableau in der Partei gründlich und zügig umbauen.

Als Everts den Kandidaten am nächsten Morgen sah, fragte sie gleich nach der Rede. Walter sagte, sie sei fertig. Everts hatte zuvor die Delegierten ihres Unterbezirks schriftlich aufgefordert, sich an das Votum der Vorstellungsrunde zu halten, das zugunsten von Walter ausgegangen war – das hatte ihr eine Menge Ärger eingetragen, denn die Delegierten waren nun einmal mehrheitlich für Ypsilanti und wollten sich ihr Abstimmungsverhalten nicht vorschreiben lassen. Man hielt ihr entgegen, es gebe kein imperatives Mandat. Zwei Jahre später wiederholte sich dieses Spiel mit vertauschten Rollen.

Die Auslosung für Rotenburg hatte bestimmt, dass Andrea Ypsilanti als Erste sprach. Sie hielt, von allen unbestritten, die Rede ihres Lebens. Die Vorstellungsrunden, in denen Walter die Entscheidung gesucht hatte, waren von ihr wie ein Training genutzt worden. Jetzt war sie, diszipliniert wie ein Leistungssportler, auf den Punkt vorbereitet.

Es gibt zwei Arten, wie deutsche Politiker gewöhnlich reden:

Entweder sie lesen vom Blatt ab, oder sie sprechen frei, und meist ist nicht leicht zu entscheiden, was schlimmer ist. Ypsilanti hatte eine dritte Art entwickelt, nun ja, nicht selbst entwickelt, denn sie war auch in den Vereinigten Staaten gang und gäbe; selbst Obama wandte sie an – und nun eben auch Ypsilanti. Eigentlich spielte sie ihre Rede wie eine Schauspielerin.

Sie hatte sich überaus gründlich vorbereitet. Das begann schon mit dem äußeren Auftritt: Ypsilanti war sehr gut zurechtgemacht, feminin und seriös, zudem eine Schönheit. Sie hatte, obwohl knapp fünfzig, in ihrem Leben wahrscheinlich nie besser ausgesehen; auf älteren Fotos aus dem Landtag ist sie hübsch, aber doch eher graues Mäuschen. Jetzt verhalfen ihr ihre großen dunklen Augen, von einer randlosen Brille unverdeckt, und der volle Mund zu einer ausdrucksstarken Mimik. Und sie hatte ein hinreißendes Lächeln, das nicht nur auf der Rednertribüne, sondern auch im Fernsehen bezauberte. Immer wieder haben Journalisten beobachtet, wie Ypsilanti, die im persönlichen Umgang gehemmt, ja kühl und verschlossen wirkte, dieses wundervolle Lächeln einschalten konnte wie ein Licht und wie es dann, kaum dass die Kamera abgestellt war, im Bruchteil einer Sekunde verlosch, während sich auf ihren Zügen etwas wie eine Traurigkeit oder Fremdheit ausbreitete, eine Art Verlorenheit. Manche dachten auch, einfach schlechte Laune.

Beim Reden sprach Ypsilanti nicht frei, sondern bediente sich wortgetreu der Vorlage, ohne sich die kleinste Abschweifung oder Variation zu gönnen. Sie konnte vorlesen, ohne dass man es merkte; so als habe sie die Formulierung eben frisch erdacht und empfunden. Aber vieles las sie gar nicht ab, sondern hatte es auswendig gelernt und immer wieder mit ihrem Stab geprobt. So wurde der teils von ihr selbst, teils von guten Redenschreibern verfasste Text weiter verbessert, besonders im Sinne anschaulicher Vereinfachung. Schwachstellen wurden ausgefüllt, Kanten glattgehobelt, sprechende Bilder eingefügt, emotionale Schlaglichter gesetzt – aber alles stets verbunden mit dem persönlichen Vortrag. Sämtliche Reden, die Ypsilanti hielt, wurden in Bild und Ton aufgezeichnet, und nach jeder einzelnen beschäftigte sich ihr Team damit, jeden Fehler, jeden Schnitzer, jede Schwäche zu erkennen und zu beseitigen. Mit der Rede wurde die Rednerin optimiert, nicht ein körperloses Manuskript.

Es ist beinah unglaublich, wie weit das reichte, aber durch einen Zufall kam es 2008, am Wahlabend, heraus, als Ypsilanti im Landtag vor die Genossen trat und begeistert ausrief: «Wir sagen heute Abend, die Sozialdemokratie ist wieder da. Wir haben für eine andere politische Kultur in diesem Land gekämpft, und wir haben gewonnen, Genossinnen und Genossen.» Als sei endlich, nach fast zehn Jahren, ein Knoten geplatzt. Das war so stolz, so befreit, so echt und «authentisch», um ein von Ypsilanti häufig verwendetes Wort aufzugreifen. Aber die Kamera hatte auch Ypsilantis Lebensgefährten Klaus-Dieter Stork eingefangen, mit dem sie und ihr zwölfjähriger Sohn in einem Frankfurter Reihenhaus zusammenlebten; es zeigte sich, dass Stork minutenlang Wort für Wort, Satz für Satz mitsprach. Sogar die von ihr betonten Stellen betonte er durch auffälliges Kopfnicken im Hintergrund mit, in sich gekehrt, den Blick selbstvergessen nach oben gerichtet, er tat, was sie tat, wusste, was sie wusste, sagte, was sie sagte, so wie sie es wieder und wieder eingeübt haben mussten – bis hin zu Ypsilantis Dank an die Mitarbeiter, wobei sie, überwältigend spontan, herzlich und seltsam bestimmt, hinzufügte: «Und ich sage an dieser Stelle», diese Helfer hätten wirklich nicht «jede Stunde gezählt, die sie im Büro gesessen haben». Selbst dieses so schön unfertig und ein wenig ungelenk wirkende «Und ich sage an dieser Stelle» sprach Stork Silbe für Silbe mit. Alles war perfekt inszeniert, wenn man einmal von Stork absieht, den im Rausch des Sieges alle guten Geister verlassen hatten.

Aber natürlich sieht man nicht von ihm ab. Wer diese Bilder anschaut, richtet den Blick auf ihn; es lohnt sich aber mehr, Ypsilanti anzugucken und einer schauspielerischen Glanzleistung den verdienten Respekt zu zollen. Wenn Stork sich beherrscht hätte, wäre außer den Eingeweihten niemand, buchstäblich niemand je darauf gekommen, dass Ypsilanti diesen Auftritt wieder und wieder trainiert haben musste. Und weil sie das Wahlergebnis vorher nicht kannte, sogar in mehreren Varianten.

Aber das lag im Dezember 2006 noch gut zwei Jahre in der Zukunft. Damals hatte sich Ypsilanti gerade erst in eine mitreißende Rednerin verwandelt, und niemand wusste, dass sie, wie der Präsident in dem Film «Wag the dog», die Spitzenpolitikerin eigentlich nur darstellte. In Rotenburg zog sie alle Register. Als wären ihr Flügel gewachsen. Und sie, beziehungsweise ihre Redenschreiber und Trainer, hatten ein gutes Konzept. Von vornherein kündigte Ypsilanti an, sich nicht mit «Klein-Klein» beschäftigen zu wollen, malte das Bild einer starken, selbstbewussten Sozialdemokratie und erinnerte an deren große Zeiten. «Ich will diese Stärke der Sozialdemokratie wieder wecken! Ich will die Lebendigkeit unserer Partei wieder spüren! Ich will, dass ihr sie spürt!» Manche spürten sie da schon. Die Sozialdemokratie habe es nicht nötig, dem neoliberalen Zeitgeist nachzulaufen, versicherte Ypsilanti. Erfolg habe die SPD immer nur gehabt, wenn sie als «linke Volkspartei» vorangegangen sei. Dafür brauche es klare und erfolgreiche Konzepte, vor allem aber Mut. Es reiche nicht, Koch ablösen zu wollen. So appellierte sie an das Selbstbewusstsein, das Selbstvertrauen ihrer Zuhörer als stolze Sozialdemokraten. Wieder und wieder wurde ihre Rede von jubelndem Beifall unterbrochen. Und wenn sie die Faust emporreckte, hätte nur, wer ganz genau hinsah, wahrnehmen können, dass diese gar nicht wirklich geballt, die Finger nicht eingerollt waren, weil Ypsilanti ihre perfekt manikürten Nägel schonte.

«Was ist unser Problem?», fragte sie und nannte Wahlmüdigkeit, Parteien- und Politikverdrossenheit. «Was ist die Ursache dafür? Für mich ist der Kern des Problems ganz offensichtlich: Die Ursache liegt in erster Linie darin, dass immer mehr Menschen die Parteien als nicht mehr unterscheidbar und somit als austauschbar wahrnehmen. Menschen können Politiker nicht mehr unterscheiden, und sie haben kein Vertrauen mehr, dass es wirklich besser wird.» Deshalb brauche man politische Zuspitzung. Dann stellte Ypsilanti ihren Zuhörern vor, was «die Mehrheit der Menschen» wolle: Steuergerechtigkeit, Bildungschancen, erneuerbare Energien statt Atomkraft, Reform des Sozialstaats – «so wie wir». Man müsse diese Mehrheit nur zur Wahlurne bringen. «Wie kann das gehen? Ich will es euch sagen: Wir müssen wieder klare Kante zeigen. Wir brauchen Profil, und wir brauchen den Mut zur Zuspitzung.» Der Saal kochte. Selbst Ypsilantis Gegner klatschten, kaum jemand konnte sich diesen beschwörenden Worten entziehen. Was hätte man auch dagegen einwenden wollen?

Ein paar Reihen vor ihr saß ihr Coach Harald Lührmann. Er ließ sie nicht aus den Augen, ermunterte sie und gab ihr durch unauffällige Zeichen diskrete Hilfestellung. Auch sie nahm immer wieder Blickkontakt zu ihm auf. Erst ganz zum Schluss knöpfte Ypsilanti sich Walter vor. Natürlich ohne ihn zu nennen, so, als würde er schon nicht mehr existieren. Oder war es Koch? Aus ihrer Sicht lief es letztlich auf dasselbe hinaus, Koch oder Walter, hinter beiden stand eine Logik, dasselbe Argument, der gleiche Vorwurf: «Seit ich meine Kandidatur angemeldet habe, sind immer wieder dieselben skeptischen Fragen gestellt worden. Ich nehme diese Fragen nicht persönlich, weil sie jeder Frau gestellt werden, die eine Führungsfunktion beansprucht. Es heißt: Kann eine Frau das? Ist sie kompetent?»

In Wahrheit hatte niemand Andrea Ypsilantis Kompetenz je deshalb in Frage gestellt, weil sie eine Frau war, und wenn man sich ihren Unterstützerkreis ansieht, dann überwogen die Männer darin bei weitem, während im Umfeld Walters die Frauen in der Mehrheit waren. Aber hier ging es darum, die Kompetenzkritik abzuwehren, und Ypsilanti wies darauf hin, dass die französischen Sozialisten eine Frau zu ihrer Spitzenkandidatin gewählt hatten: «So mutig wie die französischen Genossen können die Hessen auch sein.» Dann zitierte sie Ségolène Royals Antwort auf die Kompetenzfrage: «Ich verstehe etwas vom Leben, also verstehe ich auch etwas von Politik.»

Auf dem Papier wirkt das billig, ja abgeschmackt, auf dem Höhepunkt einer Rede in einem vor Begeisterung kochenden Saal hingegen verfangen solche Sätze. Das ist wie bei einem Komiker, der sein Publikum im Griff hat; wenn man manche Gags nachliest, versteht man mitunter auch nicht mehr, warum die Leute so schallend gelacht haben. Sie waren eben in Stimmung. In Rotenburg standen sie zum Teil bereits beim Klatschen. Wenn Genossen oder Journalisten später diese Rede beschrieben, sagten sie oft, Ypsilanti habe die Seele der Partei gestreichelt. «Was ist denn politische Kompetenz, Genossinnen und Genossen?», fragte sie. Und antwortete, dass Kompetenz «auch Mut» sei. Mut zu neuen Ideen und neuen Konzepten. Den habe sie. Außerdem sei Kompetenz Glaubwürdigkeit und Durchhaltevermögen. Habe sie auch. Dann Lebenserfahrung. Klar habe sie die, sie war ja älter als Koch und Walter. Und schließlich: Ausdauer und der Wille zu kämpfen. «Uns Sozialdemokraten ist nie etwas geschenkt worden. Wir mussten uns alles erkämpfen. Und erst recht diejenige, die es als Frau an die Spitze schafft, weiß, was Kampf ist.» Wer wollte da widersprechen?

In Wirklichkeit hatte Ypsilanti in ihrem Leben nicht viel kämpfen müssen, und an die Spitze war sie im Aufzug der Frauenquote geglitten, in dem noch nicht einmal Gedränge geherrscht hatte. Aber auf den letzten Metern, im Duell mit Walter, hatte sie äußerste Härte und Selbstdisziplin gezeigt, gerade die Eigenschaften, die Walter fehlten, und auf diese Kompetenz kam es tatsächlich an – was immer man sonst von ihrer Kompetenzdefinition halten mochte, in der alles Kompetenz war außer Kompetenz. Und ob es nun ein Zufallstreffer war oder eine Erkenntnis: Mit dem Schlagwort «Mut» hatte sie Walter im Innersten getroffen. Mut nämlich fehlte ihm wirklich: Das war ja der wahre Grund dafür, dass er nie den geraden Weg ging.

Ypsilantis schloss ihre Rede mit der triumphalen Ankündigung, gemeinsam zu kämpfen: «Mit Profil und Programm. Mit Herz und Verstand.»

Walters Herz war in diesem Augenblick unruhig und ängstlich, und sein Verstand hatte die Arbeit praktisch eingestellt. Äußerlich war er immer tiefer in sich zusammengesunken, und während er in «einem minutenlangen, wie Regen prasselnden Beifall» saß, fühlte er sich innerlich erschöpft. Er war fertig. Kraftlos wie ein wochenlang gedrillter Fisch. Ihn wallte das Bedürfnis an, einfach sitzen zu bleiben, erst gar nicht mehr ans Rednerpult zu treten. Irgendwie zu verschwinden.

Es ist auch schwer, nach so einer Rede gegenzuhalten. Man muss einem Publikum die Luft herauslassen, das sich das Gegenteil wünscht, muss der Spielverderber sein. Aber es geht – und wird bei so einer Konkurrenz im Grunde sogar erwartet. Jetzt kam es auf Selbstvertrauen, Sportsgeist, Siegeswillen an, auf gutes Reaktionsvermögen und ein bisschen Glück, also auf all die Eigenschaften, die Walter sich immer zugeschrieben hatte. Und er sah es vor sich: wie er entspannt dasaß und gelassen abwartete, dass der Beifall zu Ende ging. Äußerlich und innerlich völlig unbeeindruckt. Wie er lässig zum Rednerpult schlenderte, demonstrativ seinen dicken Manuskriptstapel beiseitelegte, den Blick über die erwartungsvollen Gesichter schweifen ließ, auf denen sich die Verzagtheit seiner Anhänger, die Schadenfreude seiner Gegner spiegelte, wie er noch etwas wartete, die Spannung erhöhte, bevor er mit einem Augenzwinkern sagte: «Liebe Genossinnen und Genossen. Jetzt lasst uns mal ernsthaft reden.» Um dann den dünnen Sachvortrag seiner Konkurrentin auseinanderzunehmen. Hart und persönlich anzugreifen.

Es war so gut! Walter stellte sich das in allen Einzelheiten vor, er konnte es genau beschreiben: wie diese superschlagfertigen Antworten, die einem immer erst hinterher einfallen.

Doch die Wirklichkeit war anders. Er schleppte sich zum Pult, verhaspelte sich. Als habe er noch nie zuvor in einem Saal vor Publikum geredet. Am Ende ging es etwas besser.

«Ich wollte es in dem Moment nicht mehr gewinnen», sagte er später. Und dass ihm bewusst sei, dass dieser Satz «völlig wahnsinnig» klinge.

Aber so klingt sie manchmal, die Wahrheit. Völlig wahnsinnig.

Später suchte Walter nach Erklärungen für seine Niederlage: dass im Saal geschickt Jusos postiert waren, die als Claqueure das Publikum aufheizten, während sie bei ihm laut murmelten und extra zögernd und verhalten klatschten; dass Ypsilantis Rede zwar wirklich gut gewesen, aber durch das Stakkato des organisierten Applauses in ihrer Wirkung verzehnfacht worden sei; dass ihm plötzlich klar geworden sei, dass er selbst als Sieger dieser Partei entfremdet sein würde, umgeben von Leuten wie Grumbach, Schmitt und all den anderen, die Ypsilanti geholfen hatten. Everts fiel auf, dass hinter der verhängten Tribüne schon Jusos in Ypsilanti-T-Shirts saßen, und im Nachhinein erschien ihr alles wie ein abgekartetes Spiel. Schmitt, so sagten beide, habe aus seiner Position als Generalsekretär heraus Ypsilanti begünstigt, und in der Tat erschien im nächsten Jahr der nordhessische Juso-Vorsitzende auf einer Sitzung und verlangte in Walters Gegenwart von Schmitt das Geld für die Ypsilanti-Hemden und ähnlichen Schnickschnack. Schmitt antwortete: «Gib mir nochmal die Rechnung, ich überweis dir das.» Angekarrt worden, sagte Walter später, seien diese Leute, «Jubelperser», die womöglich nicht einmal Parteimitglieder gewesen seien, aber sicher keine Delegierten. Wahrscheinlich habe man ihnen noch die Fahrkosten erstattet. Ein klarer Regelverstoß. «Die sind ja bald schier auf den Stühlen gestanden», sagt Everts. «Wildfremde Leute fallen sich um den Hals, Katzen paaren sich mit Hunden», sagt Walter. War das noch seine Partei? «Mich hat das angewidert, was ich gesehen habe.»

Aber die Wahrheit klingt anders. Die Wahrheit klingt völlig wahnsinnig.

Die Wahrheit klingt so: «Ich wollte es in dem Moment nicht mehr gewinnen. Zwischen dem ersten und dem zweiten Wahlgang habe ich mich sehr, sehr hart konzentrieren müssen, ob ich mich überhaupt wählen soll.» Hat er sich überhaupt gewählt? Nach dem ersten Wahlgang stand es 174 zu 174. Patt. Nach dem zweiten Wahlgang stand es 175 zu 165. Matt.

DREI Dagmar Metzger oder Das Nein zum Wortbruch

Straßennamen

Am 27. Januar 2008 konnte Ypsilanti verkünden, dass die SPD die Wahl gewonnen habe. Wobei es nicht zutraf. Gewiss, sie hatte mehr erreicht, als viele ihr zugetraut hatten, und die Partei hatte ordentlich zugelegt: auf 36,7 Prozent, fast acht Prozentpunkte mehr als nach der katastrophalen Niederlage vor fünf Jahren. Roland Koch wiederum hatte mächtig verloren: Von der absoluten Mehrheit war er auf eine Höhe mit der SPD gesackt. Da konnte man als Sozialdemokrat schon gute Laune haben.

Und doch war es das bis dahin zweitschlechteste Wahlergebnis in der Geschichte der Hessen-SPD. Außerdem lief, als Ypsilanti ihren Siegesschrei inszenierte, gerade das Band mit den Ergebnissen der zweiten Hochrechnung über den Bildschirm; da stand bloß fest, dass zweierlei nicht feststand: welche Fraktion am Ende die stärkste sein und ob die Linkspartei in den Landtag gelangen würde. Warum verkündete Ypsilanti trotzdem, gewonnen zu haben? Weil sie damit Anspruch auf das Ministerpräsidentenamt erhob. Wenn sie dabei blieb, musste sie gegebenenfalls auch willens sein, sich mit den Stimmen der Linkspartei wählen zu lassen, falls die nun doch in den Landtag kam.

Dass Dagmar Metzger dabei schwerlich mitmachen würde, hätte Ypsilanti vorhersehen können. Allein der Name Metzger hätte einem hessischen Sozialdemokraten in den Ohren klingen müssen, denn Ludwig Metzger, erster Oberbürgermeister Darmstadts nach dem Kriege, war einer der Großen seiner Partei gewesen, und das nicht nur mit Blick auf äußere Rollen, Titel und Ehren. Sein Sohn wiederum, Günther Metzger, ebenfalls Politiker, ebenfalls Oberbürgermeister von Darmstadt, zudem zeitweilig stellvertretender Vorsitzender der SPD-Bundestagsfraktion, gehörte zu den Begründern des pragmatischen «Seeheimer Kreises» in der SPD. Das war Dagmar Metzgers Schwiegervater; ihr Mann Mathias arbeitete mit ihm in derselben Rechtsanwaltskanzlei und war selbst Kommunalpolitiker.

Doch die Familiengeschichte der Metzgers war in der hessischen SPD kein Gemeingut mehr. Das hing mit dem Welken der sozialdemokratischen Traditionen zusammen, deren gesellschaftlicher Humus zusehends austrocknete. Dazu kam ein persönlicher Grund, Ypsilantis Menschenscheu; unbefangen wirkte sie nur aus der Ferne oder wenn sie sich ganz sicher fühlte. Hätte sie sich mit der Geschichte der Metzgers vertraut gemacht, wäre ihr vermutlich einiges erspart geblieben.

Aber Ypsilanti war gleich doppelt eingeschlossen, in sich selbst und in den Ring ihrer Zuträger und Unterstützer. Mit unverstelltem Blick hätte sie erkennen können, dass Dagmar Metzger den weltverwurzelten Flügel der Partei repräsentierte, für den Wähler nicht Außenstehende waren, sondern Menschen, die man kannte, denen man begegnete und mit denen man zusammenlebte. Lebensgeschichtlich kam Metzger zudem aus der antitotalitären Tradition der SPD, und zwar gleich in doppelter Hinsicht: Da war zum einen die Familiengeschichte ihres Mannes, die eng mit dem Widerstand gegen die Nazis verknüpft war, zum anderen ihre eigene Berliner Biographie. Aufgewachsen in einer Stadt, in der die Mauer nicht nur Straßen und Gebäude, sondern Familien teilte, einer Stadt, deren Westhälfte mit Ernst Reuter und Willy Brandt von pragmatischen Sozialdemokraten regiert wurde, während im Osten die Kommunisten eine «Diktatur des Proletariats» errichten wollten, hatte sie von Kind auf nicht nur den Ost-West-Konflikt, sondern auch die Teilung der Linken aus nächster Nähe kennengelernt: die Abspaltung eines radikalen Flügels von der Sozialdemokratie (so hatte auch der Bolschewismus begonnen) und die Unversöhnlichkeit der Standpunkte. In der Sowjetischen Besatzungszone wurden die Sozialdemokraten nach der Befreiung vom Nationalsozialismus weiter schikaniert, zum Teil sogar in dieselben Lager wie die alten Nazis gesteckt und schließlich in der Zwangsvereinigung zur Sozialistischen Einheitspartei Deutschlands von den Kommunisten unterworfen. Die SPD war dort nun wieder illegal. Ein nicht unbedeutender Teil der Sozialdemokraten West-Berlins war aus dem Osten geflohen und erinnerte sich schmerzlich daran, wie schon die Weimarer Republik im Würgegriff von Nationalsozialisten und Kommunisten erstickt war.

Aber Ypsilanti interessierte sich nicht für Dagmar Metzger. Viele Abgeordnete in der Fraktion kannte sie nur oberflächlich, vor allem, wenn sie nicht zur Vorwärts-Gruppe gehörten. Mit den wenigsten hatte sie intensive Gespräche geführt, sie sagte mehrfach, dazu sei keine Zeit. Leute, die ihr nicht zujubelten, schienen ihr unheimlich zu sein. Sie war tief misstrauisch, und der Machtkampf mit Walter hatte auch ihr Wunden geschlagen.

Freilich war Dagmar Metzger die Bedeutung der Familie, in die sie einheiratete, zunächst ebenfalls nicht bewusst. Im Studium lernte sie ihren Mann kennen, sie waren beide Juristen. In der Mensa gab es eines Tages «Grüne Soße», eine Frankfurter Spezialität aus sieben Kräutern, und Mathias Metzger sagte: «Die ist aber schlecht zubereitet. Das macht man ganz anders.» Dagmar erwiderte: «Ach, kannst du die? Kannst du kochen?» Und dachte bei sich: Jetzt guckst du dir den Mann mal näher an – den kannst du mal einladen, dann soll er dich bekochen. Mathias kam, machte Backfisch mit Salzkartoffeln und siegte. «Und so sind wir im Prinzip zusammengekommen.»

Von Anfang an fand sie Anschluss an die Familie. Schon vor vielen Jahren hatte der Vater das Haus in der Schweiz als Urlaubsdomizil erworben; bei sechs Kindern lohnte sich das. Also fuhr Dagmar mit zum Skifahren, Wandern oder Pilzesammeln, war mit den Eltern bald per Du und zog 1991, da war Günther Metzger noch Oberbürgermeister, zusammen mit Mathias nach Darmstadt. Sie stellte sich darunter nichts Besonderes vor. Darmstadt mit seinen 140 000 Einwohnern erschien ihr wie ein Dorf, und ein OB dort, dachte sie, sei so etwas wie ein Berliner Bezirksbürgermeister. Erst als sie wieder und wieder als Schwiegertochter Metzgers angesprochen wurde (obwohl sie damals noch nicht verheiratet war und ihren Mädchennamen Feist führte), dämmerte ihr, dass die Dinge ein wenig anders lagen.

Großvater Ludwig Metzger kam aus dem Ried, aus kleinen Verhältnissen. Noch als alter Mann erzählte er, wie er als Bub einmal fünfzig Pfennig verloren hatte, mit denen er zum Einkaufen geschickt worden war – und dass das für die Familie buchstäblich Hunger bedeutet hatte. Das hatte sich in den Kriegsjahren zugetragen. Ludwig war 1902 auf die Welt gekommen, wodurch ihm gerade noch erspart blieb, in den Ersten Weltkrieg ziehen zu müssen, der die Jahrgänge vor ihm fast restlos ausgetilgt hatte. Mit seinem Realschulabschluss machte er sich auf den Weg nach Darmstadt, erlangte eine Stelle im hessischen Verwaltungsdienst, wurde schließlich Beamter. Dann nahm er ein Studium der Rechtswissenschaft und Volkswirtschaft auf und wurde Gerichtsassessor in Gießen, Darmstadt, Mainz und Heppenheim.

Ein gläubiger Mann, aktiver Protestant und aktiver Sozialdemokrat, wurde er 1929 Vorsitzender des «Bundes religiöser Sozialisten» in Hessen. Es war das Jahr, in dem Stalin ein «revolutionäres Kalendersystem» einführte; in der Sowjetunion hatte die Woche nun nicht mehr sieben, sondern fünf Tage, der Samstag und vor allem der Sonntag wurden per Dekret einfach abgeschafft. Es war auch das Jahr des New Yorker Börsencrashs, der Weltwirtschaftskrise, die besonders Deutschland traf und mit der der Untergang der Weimarer Republik begann.

In dieser Zeit legte sich Metzger auf einer Kundgebung mit Goebbels an, der gegen «Novemberverbrecher» und «Judenrepublik» hetzte und wütend ausrief: «Wenn wir die Macht erobert haben, aber dann! Auge um Auge, Zahn um Zahn!» Bevor der Jubel losbrechen konnte, rief Metzger: «Und das nennen Sie deutsch.» Er wollte den Judenhetzer der Lächerlichkeit preisgeben, denn das Zitat stammt aus dem Bundesbuch der Thora, dem Zweiten Buch Mose. Sofort war er von SA-Männern umringt, wurde gewaltsam aus dem Saal gestoßen. Jahre später, nach der «Machtergreifung», beobachtete Metzger schmerzlich, wie Männer, die ihm gegenüber noch vor kurzem ihren Abscheu über den Nationalsozialismus geäußert hatten, jubelnd die Kreisleitung der NSDAP begrüßten, mit erhobenem Arm. Er selbst wurde, da «national unzuverlässig», aus dem öffentlichen Dienst entlassen. Als sein Nachfolger im Staatsdienst ihn nicht lange danach für den Nationalsozialismus zu gewinnen versuchte und ihn fragte, was er von Hitler halte, antwortete Metzger: «Ich halte ihn für einen Verbrecher.»

Heute ist es kein Wagnis, Hitler einen Verbrecher zu nennen, aber damals erforderte es ungeheuren Mut. Umso mehr, als Metzger Familienvater war; Günther war eine Woche vor Hitlers Ernennung zum Reichskanzler auf die Welt gekommen. Ludwig fand sein Auskommen als Rechtsanwalt, fortan verteidigte er politische Angeklagte vor dem Sondersenat in Kassel, bis ihm das verboten wurde. Außerdem verteidigte er Pfarrer der Bekennenden Kirche, der er selbst angehörte. Er kannte und schätzte Karl Barth, einen führenden Kopf der religiösen Sozialisten, und der jüdische Religionsphilosoph Martin Buber war ihm ein väterlicher Freund; wiederholt fand er Zuflucht in Bubers Haus in Heppenheim, bis es 1938 beim November-Pogrom verwüstet wurde. Buber floh nach Jerusalem. Metzger war schon 1936 im Gestapo-Gefängnis gelandet, weil man ihn verdächtigte, im Untergrund weiterhin für die verbotene Sozialdemokratische Partei tätig zu sein. Es gelang allerdings nicht, ihm das nachzuweisen (obwohl es stimmte), und so kam er frei.

In einer entschlossenen Diktatur, schrieb er später in seinen Erinnerungen, sei «illegale Arbeit kaum möglich». Weil er von jetzt an durch die Gestapo überwacht wurde, ging er, dessen Haus zu einem Treffpunkt für Regimegegner geworden war und der auch Kontakt zu Berliner Oppositionellen unterhielt, nach Luxemburg, wo er eine Stelle als Leiter einer Rechtsabteilung bei der Deutschen Umsiedlungs-Treuhandgesellschaft gefunden hatte, ein Schritt, für den die Nachwelt weniger Verständnis aufbringen wird als die Mitwelt, obgleich Metzger ihn mit seinen sozialdemokratischen Freunden abgesprochen hatte. Dass er eines Tages im Zorn ausrief: «Wenn die Naziherrschaft zusammenbricht, werden alle SS-Leute aufgehängt», wurde ihm beinah zum Verhängnis, doch die Sekretärin, die ihn verraten hatte, erwies sich als nicht belastbare Zeugin. Ein zweites Mal war er gerettet.

Nach einem schweren Luftangriff reiste er angsterfüllt nach Darmstadt, wo er nur noch rauchende Trümmer und verkohlte Leichen fand; zum Glück war seine Familie davongekommen. In jenen Tagen weihte ihn Wilhelm Leuschner, vormals hessischer Innenminister und ein sozialdemokratischer Weggefährte, in die Umsturzpläne der Gruppe um Goerdeler und Stauffenberg ein. Nach dem Attentat gehörte Leuschner zu den Angeklagten vor Freislers «Volksgerichtshof»; er wurde in Plötzensee gehenkt. Metzger entging der Festnahme, weil ihn Leuschners Tochter deckte. Es war das dritte Mal, dass er mit knapper Not davonkam.

Als Darmstadt am 25. März 1945 von den Amerikanern eingenommen wurde, zitierte ihn der Kommandant ins Hauptquartier im Schloss und fragte ihn, ob er das Amt des Bürgermeisters übernehmen wolle. Sowohl ein evangelischer als auch ein katholischer Pfarrer hatten ihn den Amerikanern empfohlen. Metzger hatte den kommissarischen Aachener Bürgermeister vor Augen, den die Amerikaner ebenfalls eingesetzt hatten und der kurz darauf einem Anschlag von Nationalsozialisten zum Opfer gefallen war; es herrschte ja immer noch Krieg. Von der Bergstraße her drohte ein Gegenangriff der SS. Darmstadt war ein Trümmerfeld. «Aber zugleich dachte ich an die vielen Freunde, die gegen die nationalsozialistische Gewaltherrschaft aufgestanden waren und gestorben waren. Aus Darmstadt ist es eine große Zahl: Wilhelm Leuschner, Carlo Mierendorff, Theo Haubach, Ludwig Schwamb, der SPD-Bürgermeister Heinrich Delp und viele andere.» Namen, die Jahrzehnte später auf den Straßenschildern in Eberstadt stehen sollten, dort, wo Ludwig Metzgers Enkel Mathias und seine Frau Dagmar wohnten.

Also sagte er ja. Heute tragen Straßen und Plätze auch seinen Namen.

Er war als Bürgermeister populär, vielleicht, weil er keine

große Rücksicht auf Beliebtheit nahm. Die Ausgabe von Lebensmittelkarten knüpfte er daran, dass die Darmstädter beim Schuttschippen und Trümmerräumen mitmachten, aber er fasste auch selbst mit an. Außerdem brachte ihn sein Eigensinn zunächst in Konflikt mit den Amerikanern, die ihn vorübergehend sogar entließen. Bald reichte sein Einfluss über Darmstadt hinaus; er gehörte mit zu den Vätern der hessischen Landesverfassung von 1946, und 1951 wurde er auf Wunsch Kurt Schumachers, des SPD-Vorsitzenden, hessischer Kultusminister; er sollte vor allem dabei helfen, eine Brücke zu den Kirchen zu bauen. Seinen Widerstandsgeist behielt er. Der Landtagsfraktion hatte er angekündigt, dass er kein bequemer Minister sein werde: «Selbstverständlich suche ich das Einvernehmen, aber wo es um der Sache und des Gewissens willen geboten ist, werde ich für meine Auffassung auch kämpfen.» Und als Thomas Mann 1952 im vollbesetzten Großen Haus der Städtischen Bühnen zu Frankfurt eine Rede hielt, die mit minutenlangen Ovationen begrüßt wurde, meinte er nur, Thomas Mann sei, «wie wir alle, mit dem deutschen Weg verflochten», nicht zuletzt durch seine «Betrachtungen eines Unpolitischen». Er hatte Manns Radioansprachen im Dritten Reich gehört und grollte ihm, weil Mann seine Landsleute darin fortwährend mit «ihr Deutschen» angesprochen und sie aus der Sicherheit des Exils «von oben herab» aufgefordert hatte, das nationalsozialistische Regime zu stürzen – «so, als ob das nur von unserem Belieben und guten Willen abhinge». Als Kultusminister hatte er beim Mittagessen den Ehrenplatz neben Mann, aber er sagte ihm die Meinung, unüberhörbar für die anderen Gäste, «ohne höfliche Floskeln».

So ein Mensch war Ludwig Metzger. Langjähriges Mitglied des SPD-Vorstandes, Synodaler der evangelischen Kirche, am Ende seines langen Lebens 1993 mit Ehrungen und Auszeichnungen überhäuft. Als er 1969 nach vier Wahlperioden aus dem Bundestag ausschied, folgte ihm sein Sohn Günther als Abgeordneter für Darmstadt – ohne Zutun des Alten. Er hatte seinen Erstgeborenen schon mit 12, 13 Jahren auf viele Reisen mitgenommen; bei dieser Gelegenheit erlebte Günther politische Diskussionen hautnah. Und auch der Enkel Mathias begleitete den Großvater als Mitglied des Auswärtigen Ausschusses in den sechziger Jahren noch auf Reisen nach Afrika. Die Enkel hatten Respekt vor dem Alten, er konnte sehr streng sein. Und er legte großen Wert auf Bildung, organisierte Fragespiele, belohnte richtige Antworten mit kleinen Münzen. Auf gemeinsamen Reisen erzählte er viel über Geographie und Geschichte, fragte aber auch Vokabeln ab, in Südafrika englische, in Frankreich französische, am liebsten mit Herleitung aus dem Lateinischen. Und ganz nebenher brachte er dem Enkel dabei auch einiges über systematisches Denken bei: wie man selbst auf Antworten kommt.

Günther Metzger folgte den Fußstapfen seines Vaters in gleichsam umgekehrter Richtung: Bei ihm kam die Oberbürgermeisterzeit nach der im Bundestag, wo er stellvertretender Fraktionsvorsitzender war. Von Politik wurde ihm buchstäblich an der Wiege gesungen, am Tag seiner Geburt war Ludwig Metzger wütend von einer sozialdemokratischen Wahlveranstaltung in Arheilgen zurückgekehrt, die Kommunisten und Nazis gemeinsam zu sprengen versuchten; nun stand er am Kindbett und hielt seiner Frau und dem Neugeborenen eine flammende Rede. Das war, eine Woche bevor Hitler Reichskanzler wurde.

Drei Erinnerungen an NS-Zeit und Krieg haben sich Günther Metzger eingebrannt: Mit zehn Jahren musste er mit ansehen, wie ein Klassenkamerad bei einem Tieffliegerangriff erschossen wurde. Mit elf Jahren erlebte er in Darmstadt die Bombennacht vom 11. auf den 12. September 1944 mit, als die ganze

Stadt brannte und in der Stadt die Menschen. Und mit zwölf Jahren, schon kurz vor Kriegsende, wurde er Zeuge, wie Feldjäger junge Soldaten, die gerade noch eingezogen worden waren, aufgriffen und wegen angeblicher Fahnenflucht auf dem Kirchenvorplatz in Beerfelden an den Bäumen erhängten. Die Schüler mussten antreten und dabei zusehen. Die Konsequenz für den jungen Metzger: Nie wieder darf so etwas geschehen. Den Wiederaufbau erlebte er in nächster Nähe des Vaters, der ihn oft mitnahm. Das Ziel war, so schnell wie möglich das Chaos zu bewältigen, um extremistischen Strömungen keinen neuen Nährboden zu schaffen. Nach seinem politischen Vorbild gefragt, nennt Günther Metzger den Vater.

Er studierte Jura wie dieser, wurde Sozialdemokrat wie er und in Marburg als SDS-Mitglied in die Auseinandersetzungen mit der dort stark von Wolfgang Abendroth beeinflussten Linken hineingezogen. Metzger selbst war es, der den damaligen SDS-Bundesvorsitzenden Helmut Schmidt nach Marburg einlud: Schmidt sollte den sozialdemokratischen Antikommunisten beistehen. In jener Zeit begann für Metzger die innerparteiliche Auseinandersetzung zwischen Utopisten und Pragmatikern, die sich wie ein roter Faden durch sein Leben zog. «Das war keine Auseinandersetzung zwischen links und rechts, das war eine Auseinandersetzung zwischen Sozialdemokaten und Kryptokommunisten.» Als er 1969 in den Bundestag kam, gehörte er zu den Organisatoren einer Runde, die ein intellektuelles und personelles Gegengewicht zum wachsenden Einfluss der Linken aus dem sogenannten «Frankfurter Kreis» schaffen sollte; daraus ging dann der «Seeheimer Kreis» hervor. Das war zunächst so etwas wie Helmut Schmidts innerparteiliche Streitmacht. Sie wollten der Kaderpolitik der Linken entschlossen begegnen, und zwar bundesweit, bis hinunter in die Ortsvereine.

Hessen-Süd war der politische Schwerpunkt des «Frankfurter Kreises», der die Linken in der Bundes-SPD organisierte. Zugleich begann die Partei in Hessen-Süd nach und nach ihre Landtags- und Bundestagsmandate an die CDU abzugeben und verlor, bis auf Darmstadt, alle großen Kommunen. Eins hing mit dem anderen zusammen. Günther Metzger organisierte gegen die Linke die sogenannte «Fraktion der Landräte», Kommunalpolitiker, die zusammen mit den pragmatischen Nordhessen über Jahrzehnte die Mehrheit in der hessischen SPD stellten – und wenn Ypsilanti und ihr Umfeld auch sonst nichts über die Metzgers hätten wissen mögen, mit diesem Sachverhalt hätten sie sich besser vertraut gemacht.

Im Bundestag stieg Metzger, wie Hans Apel, zum stellvertretenden Fraktionsvorsitzenden auf. Doch dann kamen Schicksalsschläge: Seine Schwägerin und ihr Mann starben bei einem Autounfall, Metzgers nahmen deren beide Kinder zu sich, zu den vier eigenen. Nicht lange danach erkrankte seine Ehefrau Hilke lebensbedrohlich, und Metzger entschloss sich, das Bundestagsmandat an den Nagel zu hängen, um sich in Darmstadt um Frau und Kinder zu kümmern. Als alles ausgestanden war, nahm er von hier aus einen zweiten politischen Anlauf und bewarb sich erfolgreich um das Oberbürgermeisteramt. Er war schon Oberbürgermeister, als Schmidt als Kanzler außer Dienst auf dem SPD-Parteitag 1983 für die konditionierte Stationierung von Mittelstreckenraketen stimmte; Metzger zählte zu dem guten Dutzend Getreuer, das da noch an seiner Seite stand.

Die Metzgers waren Dickköpfe. Auch der Enkel Mathias sagt das von sich. Dagmar Feist passte gut in diese Familie.

Von Haus zu Haus

Sie war ein wildes Kind gewesen. Schon in der Kindergartenzeit wurden ihre Eltern vorgeladen, sie etwas mehr zu disziplinieren, weil Dagmar einer Nonne den Schleier abgerissen hatte, um nachzuschauen, «ob wirklich keine Haare drunter waren».

Ihr Vater war Maschinenbau-Ingenieur bei den Viktoria Mühlenwerken. Dort hatte er auch seine beinah fünfundzwanzig Jahre jüngere Frau kennengelernt. In den ersten Jahren war das Ehepaar mit den Kindern von Wohnung zu Wohnung gezogen. Dagmar strich mit den anderen Kindern durch die Trümmer, die Ruinenfelder, die es in Berlin noch immer gab; sie spielten Räuber und Gendarm oder dachten sich Abenteuer aus. Im Lauf der Zeit wurden die Altbauwohnungen der Familie in Charlottenburg, Wilmersdorf und Schöneberg größer und schöner. Ihr Bruder war der Bravere, der Ruhigere, sie hingegen ein Wildfang. Ihre Knie waren eigentlich immer aufgeschlagen, und wenn andere Eltern bei ihnen klingelten, beschwerten sie sich in der Regel nicht über den Bruder, sondern über Dagmar, die dem Nachbarsjungen schon wieder einen blauen Fleck oder ein blaues Auge verpasst hatte. Damals blieben Kinder nach der Schule und den Schularbeiten weitgehend sich selbst überlassen; die Nachmittage waren zum Spielen im Freien und in Freiheit da. Dagmar und ihre Freunde verbrachten sie in den Volksparks, die Ende des 19. Jahrhunderts genau zu diesem Zweck angelegt worden waren. Dort standen keine Schilder, die das Betreten des Rasens verboten. Die Kinder fütterten oder jagten Enten, spielten mit dem Collie, der selbstredend «Lassie» hieß, rasten im Winter auf Gleitern, kleinen Blechsohlen unter den Schuhen, die verschneiten, künstlich angelegten Hügel hinab. In der Schule kam sie ordentlich zurecht, eckte aber mit ihrer Lebhaftigkeit oft an. Es hagelte Rügen, Verweise und Tadel, und gelegentlich kamen bei den Eltern auch blaue Briefe an.

Erst mit dem Ende der Pubertät wurde sie ruhiger, und das neu eingeführte Kurssystem der Oberstufe, damals noch sehr experimentell, erlaubte ihr eine Fächerwahl, die bei maßvoller Anstrengung zu einem guten Abitur führte. Ihre Eltern legten Wert darauf, dass die Kinder lernten, sich vernünftig auszudrücken – und sie hatten ihnen von klein auf das Berlinern verwehrt. «Icke, dette, kieke mal durfte ich nicht sagen.» Dann sprach die Mutter: «Mein Kind, das heißt ich und nicht ick.» Die Eltern hatten sie frühzeitig an Theater und Oper herangeführt, nahmen sie mit zu Symphoniekonzerten in die Philharmonie. Außerdem las sie viel: Es war eine hohe Zeit der politischen Bücher, von denen sie besonders Solschenizyns «Archipel Gulag» beeindruckte.

Nach dem Abitur wollte sie Jura studieren, doch die Eltern rieten ihr, erst einmal eine Berufsausbildung zu machen: Sie waren wegen des hohen Alters von Dagmars Vater in Sorge, ob sie es schaffen würden, das Studium auch bis zu Ende zu finanzieren, befürchteten zudem, die Tochter könne in dieser Zeit «weggeheiratet» werden. Und wie man es dann in manchen besser situierten Familien hält, wurde ihr eine eigene Wohnung in Aussicht gestellt, falls sie den Eltern den Gefallen tat. Also machte sie eine Lehre bei der Berliner Volksbank und konnte nach zwei Jahren, wie versprochen, in eine kleine Eigentumswohnung am Südwestkorso einziehen. Sie studierte Rechtswissenschaft, anfangs auch Betriebswirtschaftslehre, aber als dort die Statistik begann, dachte sie sich: «Oh, Gott, danke», und ließ es bei Jura. Nach dem Studium heuerte sie wieder bei der Volksbank an. Und als sie mit Mathias nach Darmstadt zog, bekam sie dort eine Anstellung als Justiziarin der Sparkasse.

In einer Familie, für die Politik eine Art Lebenselixier war, fühlte sie sich zu Hause, und weil ihr Kinder versagt blieben, verstärkte sie ihr Engagement in der Kommunalpolitik. In die SPD war sie schon mit Ende zwanzig eingetreten. Mathias Metzger fand, dass jetzt erst einmal seine Frau, die schließlich Berlin für ihn aufgegeben hatte, am Zug sein müsse. Es gelang ihr, für die Landtagswahl 2008 aufgestellt zu werden. Mit dem Wahlkampf begann sie schon fast ein Jahr vor dem Termin, im Frühjahr. Weil die Partei noch kein Programm und natürlich auch kein Werbematerial beisammenhatte, finanzierte Dagmar Metzger einen beträchtlichen Teil ihres Wahlkampfs selbst; sie besorgte sich kleine Werbegeschenke, SPD-Kugelschreiber und entwarf ein Flugblatt. Damit ging sie von Haustür zu Haustür, monatelang. Klinkenputzen.

So hatten die Metzgers, und unter ihrem Einfluss die Darmstädter Sozialdemokraten, es schon immer gehalten. Die Rechnung war einfach: Wenn Dagmar Metzger eine Abendveranstaltung zur Bildungspolitik machte, erreichte sie in zwei Stunden vielleicht zwanzig, dreißig Leute. Ging sie in Mehrfamilienhäusern von Tür zu Tür, bekam sie in derselben Zeit Kontakt zu ungefähr doppelt so vielen Menschen. Es hatte wenig Sinn, das in Villengegenden zu tun, weil da schon der Weg von Haus zu Haus viel Zeit kostete, ganz abgesehen davon, dass dort in der Regel nur wenige potenzielle SPD-Wähler wohnten. Doch in Mietswohnungen und Hochhäusern lohnten sich solche Fischzüge.

Sie klingelte an der Tür, überreichte Flugblatt und Kugelschreiber und sagte ihr Sprüchlein: «Hallo, ich bin Dagmar Metzger, ich bin die neue Landtagskandidatin und trete die Nachfolge von Bernd Riege an. Ich würde mich gern vorstellen, mich persönlich bekannt machen. Hier haben Sie einen Flyer, hier haben Sie einen Kugelschreiber, wenn Sie Fragen haben, können Sie sich gern an mich wenden.» Sie musste dabei nett und sympathisch auftreten, was ihr nicht schwerfiel, andererseits aber zügig weiterziehen. «Wenn einer im Mai schon einen Kugelschreiber von mir in der Hand hat, wo alles draufsteht», so hoffte sie, «dann erinnert er sich vielleicht auch im Januar daran.» Nicht selten begleitete sie ihr Schwiegervater auf solchen Touren, und sie freute sich über den Einsatz des über siebzig Jahre alten Mannes, der es sich trotz einer bevorstehenden Knieoperation nicht nehmen ließ, ihr unter die Arme zu greifen.

An die 6000 Hausbesuche kamen so zustande, in einem Wahlkreis mit etwa 40 000 Wählern. Etwa tausend davon versprach Dagmar Metzger, es werde keine Zusammenarbeit mit der Linkspartei geben. Darauf nicht selten die Reaktion: Solche Versprechungen kennen wir von der Politik ja schon. Dazu auch gern das fälschlich Adenauer zugeschriebene Zitat: «Was schert mich mein Geschwätz von gestern.» Sie wiederholte dann: «Keinesfalls, unter keinen Umständen.» Bisweilen versprach sie es den Leuten buchstäblich in die Hand – manche bestanden darauf –, und auch Günther Metzger gab ihnen die Hand darauf, dass auf seine Schwiegertochter Verlass sei. Das wiederholte sich später dutzendfach an Wahlständen, vor allem in der Endphase des Wahlkampfs, als dieses Thema die Öffentlichkeit mehr und mehr beschäftigte.

Dagmar Metzger hatte damit kein Problem. Erstens entsprach es ihrer Grundeinstellung, zweitens der Parteilinie, drittens hielt die Spitzenkandidatin es genauso: Auch Andrea Ypsilanti hatte wieder und wieder versichert, dass es keine Zusammenarbeit mit der Linkspartei geben werde. Zuletzt hatte sie sich dabei oft sichtlich genervt gezeigt: als käme die Frage einem Zweifel an ihrer Glaubwürdigkeit gleich. Eigentlich ein Indiz dafür, dass Ypsilanti es doch nicht so ernst meinte. Aber Metzger übersah das. Und Ypsilanti blieb ja auch lange bei ihren Versicherungen, noch über den Wahltag hinaus.

Auf dem Neujahrsempfang der SPD 2008 war Günther Metzger auf sie zugegangen und hatte sie persönlich gefragt: «Du, sag mal, wie hältst du es denn mit den Linken? Bleibt es dabei?» Und Andrea Ypsilanti hatte ohne Zögern seine Hand ergriffen und geantwortet: «Günther, ich verspreche dir das.» Mehrere Leute standen daneben, auch Dagmar Metzger. Warum hätte sie Ypsilanti nicht glauben sollen?

Zumal sie inzwischen ein recht günstiges Bild von ihr hatte. Ypsilanti hatte ihrer Meinung nach einen guten Wahlkampf gemacht. Außerdem fand Metzger sie zunehmend sympathisch, dachte: «Die ist ja gar nicht so introvertiert, wie man sie beschreibt.» Ypsilanti ritt bereits auf der Woge des Erfolgs, ihre Kampagne hatte zu greifen begonnen, vor allem in der Partei selbst, und Metzger empfand sie als «strahlend». Das ging auch den Personen aus Ypsilantis engster Umgebung so: Gerade in der Schlussphase des kräftezehrenden Wahlkampfs konnte sich die Spitzenkandidatin, die eben noch grämlich und ausgezehrt in ihrem Stuhl gehangen hatte, sobald sie hinaus auf die Bühne musste, mit einem Schlag aufrichten und straffen, die gute Laune wiederfinden. Sogar die Falten verschwanden dann wie von Geisterhand aus ihrem Gesicht: «Als ob sie tief in sich ein Licht anzünden konnte.»

Auch Metzger sonnte sich in diesem Licht. Und umgekehrt schien Ypsilanti inzwischen richtig aus sich herauszugehen. Wenn die beiden sich begegneten, liefen sie mit ausgestreckten Armen aufeinander zu und herzten sich; es gibt ein später, nach dem Eklat, vielgedrucktes Foto von jenem Neujahrsempfang, das Metzger und ihre Spitzenkandidatin in herzlicher Umarmung zeigt. Es war nicht gestellt. Metzger fühlte sich, wie viele, von Ypsilanti «mitgenommen». Als sie auf der Abschlusskundgebung des Wahlkampfs im großen Kongress-Saal des nagelneuen «Darmstadtiums» mit den anderen Kandidaten unter Ypsilantis Führung in den Saal marschierte und alle das rote Ypsilon emporhoben, da empfand sich auch Dagmar Metzger in Ypsilantis Aura wie ein kleiner Star.

Allenfalls eine kleine Irritation hatte es gegeben. Ach was, Irritation. Erst aus der Rückschau stellt es sich so dar: Das war, als der Berliner Regierende Bürgermeister Klaus Wowereit als Wahlkampfhelfer seinen Auftritt in Darmstadt auf dem Luisenplatz hatte, am 25. Januar 2008, zwei Tage vor der Wahl. Da bat Ypsilanti die örtliche Kandidatin Dagmar Metzger, das Thema Linkspartei in ihrer Ansprache nicht anzuschneiden, aus Höflichkeit dem Gast gegenüber, der selbst in einer rot-roten Koalition regierte. Metzger hatte sich bei dieser Gelegenheit eigentlich noch einmal gegen «Berliner Verhältnisse» in Hessen aussprechen wollen, aber sie gab Ypsilanti nach. Als sie das abends ihrem Mann erzählte, sagte der: «Du bist doch dumm.» Sie habe es versäumt, kurz vor dem Wahltag vor viel Publikum noch einmal das entscheidende Signal für die bürgerliche Mitte zu setzen. Aber Dagmar Metzger hatte Ypsilanti diesen kleinen Gefallen nun einmal tun wollen.

Bauchschmerzen

Auf ihrer Abgeordneten-Webpage hatte Dagmar Metzger unter «Persönliche Eigenschaften» notiert: «Am meisten verabscheue ich Lügen und Zyniker.» Sie hatte keine Ahnung, in was für ein Schlangennest sie geraten war. Im Gegenteil, sie freute sich über den Wahlsieg, auch über ihren ganz persönlichen, denn sie hatte mit fast 42 Prozent der Erststimmen ihren Wahlkreis direkt gewonnen, immerhin gegen die amtierende Kultusministerin Karin Wolff.

Als Parlamentsneuling kannte Metzger nur wenige Abgeordnete, aber mit Silke Tesch hatte sie sich schon während des

Wahlkampfes angefreundet. Tesch hatte sie damals für ihren schicken Hosenanzug gelobt und dabei gelacht; sie hatte nämlich den gleichen. Metzger gefiel ihre offene, herzliche Art. Im Landtag suchte sie ihre Nähe. Teschs Büro war ja eine Art Treffpunkt, und obendrein verband beide das Laster des Rauchens. Später, nach dem großen Knall, unter all den Lügnern und Zynikern, hat Metzger sich dann manches Mal bei Tesch ausgeheult, Trost bei ihr gesucht und gefunden.

Aber am Anfang war sie einfach glücklich. Es war schon etwas Besonderes, Abgeordnete zu sein, eine von 110 Personen, die das Land Hessen repräsentierten, und das erste Mal mit dem gelben Aufkleber ins Parkhaus zu fahren. Zwar gefielen ihr die aschgrauen Abgeordnetenbüros nicht, wo sich der Staub seit den siebziger Jahren auf den Blättern der Gummibäume zu sammeln schien und alle Räume so aussahen, als seien sie auf Grumbach abgestimmt. Aber das sollte ihre Laune nicht trüben. Am Wahlabend hatte sie wild gefeiert, es war, wie viele SPD-Feste an diesem Tag, ein Rausch, merkwürdig haltlos. Sie wollte glauben, dass die Linkspartei nicht in den Landtag gekommen sei, oder verdrängte das Offensichtliche: dass CDU und FDP zusammen fast 56 000 Stimmen mehr als SPD und Grüne hatten. Der ganze Jubel der SPD gründete, wenn man genau hinsah, auf dem Einzug der Linken ins Parlament. Aber so genau sah Metzger lieber nicht hin. Im Vereinslokal des TSG Eiche wollte sie an diesem Abend erst einmal feiern und sich feiern lassen.

Offiziell strebte die Partei eine Ampelkoalition an. Allerdings hatte die FDP im Wahlkampf eine klare Koalitionsaussage zugunsten der Union gemacht, und dabei blieb sie. Wie ernst war es Ypsilanti mit der Ampel? Die Linken in der SPD hassten Westerwelles Marktextremisten wie die Pest; es gab niemanden in der deutschen Politik, der ihnen ferner stand. Trotzdem erschien ihnen Koch als das größere Übel. Im Interview der «Bild am Sonntag» vom 3. Februar erwiderte Ypsilanti auf den Satz «Es fehlt nur das kleine Wörtchen ‹Ja› von Ihnen, und in Hessen regiert Rot-Rot-Grün» uneingeschränkt: «Ich werde Ihnen dieses kleine Wörtchen nicht sagen.» Und auf die Nachfrage: «Sagen Sie wenigstens ‹Nicht jetzt›?»: «Nein, da bin ich ganz standhaft.» Im selben Gespräch nannte sie an erster Stelle ihrer Eigenschaften: «glaubwürdig». Hätte sie da schon vorgehabt, das Gegenteil zu tun, wäre diese Bemerkung selbstzerstörerisch gewesen.

Doch als sie am nächsten Morgen von Frankfurt nach Berlin flog, saß der hessische FDP-Vorsitzende Jörg-Uwe Hahn im gleichen Flieger, ja, in derselben Reihe. Ypsilanti sagte nicht mal «Guten Tag». Hahn genauso wenig. Er hatte kein Interesse an einem Gespräch. Bei Ypsilanti mag auch ihre Menschenscheu hineingespielt haben sowie der Umstand, dass sie in diesem Augenblick, ohne Hintermänner, auf sich gestellt war. Aber es zeigte doch in aller Deutlichkeit, dass ihr Werben um die FDP nicht dringlich war, worauf die Freien Demokraten auch in den folgenden Wochen wiederholt öffentlich hinwiesen. Hahn nannte es schlicht «unehrlich».

Zur gleichen Zeit war schon ein führender Gewerkschaftsfunktionär aus Ypsilantis engstem Umfeld unterwegs, um unter der Hand bei der Linkspartei vorzufühlen. Die meisten SPD-Abgeordneten allerdings erfuhren nichts davon. Mit ihnen wurde ein doppeltes Spiel gespielt, nicht anders als mit den Wählern. Immerhin hatte nicht nur Ypsilanti jegliche Zusammenarbeit mit der Linkspartei ausgeschlossen, sondern auch die Bundespartei. Schon im Sommer 2007 hatte der Vorsitzende Kurt Beck das als «klare Leitlinie» ausgegeben: «Nicht mit denen im Westen», also in den westlichen Bundesländern; und er hatte das unentwegt wiederholt, genau wie Ypsilanti: kein Bündnis, keine Zusammenarbeit, es bleibt dabei, ich bleibe dabei, garantiert. Müntefering vertrat eine andere Meinung. Aber Beck hatte der Partei die seine vorgegeben. Und noch nach der Hessenwahl hatte er im Parteipräsidium aus Dossiers über die Linkspartei vorgetragen, um seinen Standpunkt zu untermauern.

Beck konnte sich sicher fühlen, weil das Ergebnis in Hessen so knapp ausgefallen war. Niemand in der Parteiführung erwartete ernsthaft, dass Ypsilanti dieses Himmelfahrtskommando starten würde. Doch dann korrigierte er seine Haltung. Bereits am 11. Februar, wieder in Berlin, hatte Ypsilanti Beck im Willy-Brandt-Haus mitgeteilt, wie der Plan lautete: Sie wollte weiter bei der FDP sondieren und sich am 5. April, der konstituierenden Sitzung des Landtags, auf jeden Fall zur Wahl als Ministerpräsidentin stellen. Und sich dann, falls es mit den Freien Demokraten nicht geklappt hatte, von der Linkspartei wählen lassen. Das war die Rechnung, die sie Beck dafür vorlegte, dass er sich im Machtkampf mit Müntefering und den Berliner Spitzengenossen auf die Gegner der Agenda 2010 und die Parteilinke gestützt hatte, und die Hessen hatten zu seinen treuesten Anhängern gehört. Sie nicht zu bezahlen, traute er sich nicht. Obwohl er sich in diesem Gespräch zunächst gewunden hatte.

Und wie es Becks Art war, versuchte er nun, wenigstens nach außen hin den Eindruck zu erwecken, dass er den Kurs vorgab, den ihm andere aufgezwungen hatten. Tatsächlich steckte er gleich vierfach in der Klemme: Er musste sich selbst (erstens) öffentlich Lügen strafen, den Parteigremien (zweitens) einen neuen Kurs aufzwingen, aber zumindest bis zur Hamburg-Wahl Ende Februar Zurückhaltung üben (drittens): Auch dort hatte der sozialdemokratische Spitzenkandidat Michael Naumann ja jedes Anbandeln mit der Linkspartei kategorisch ausgeschlossen. Allerdings konnte Beck auch nicht gleich nach der Wahl «April, April» rufen, das hätte ihn um jede Glaubwürdigkeit gebracht (viertens). Eigentlich gab es für ihn keinen Ausweg mehr; es war wohl kein Zufall, dass er bald krank wurde.

Ypsilanti kehrte aus Berlin im Bewusstsein zurück, vom Vorsitzenden freie Hand erhalten zu haben. Blieb die Frage, ob ihre eigene Partei mitziehen würde, vor allem natürlich die Aufwärts-Leute. Das sollte auf einer Klausur geklärt werden, die am 19. Februar im Wiesbadener Hotel «Oranien» stattfand. Den meisten Teilnehmern war dabei freilich gar nicht klar, dass sie gescannt wurden: Sie hielten das Treffen für, nun ja, einfach das erste richtige Beisammensein in dieser Wahlperiode, bei dem es nicht zuletzt darum gehen würde, sich einen Überblick darüber zu verschaffen, wer eigentlich dazugehörte. Auch Dagmar Metzger war noch immer in «euphorischer Stimmung». Genauso erlebte sie die anderen. Alle schienen überzeugt, dass der Machtwechsel schon kommen würde; wie genau, blieb in freundliches Rosa getaucht. Man darf nicht vergessen, dass über alldem damals ein mürber Schleier lag, den niemand zerreißen wollte. Es war ein fröhlicher Abend. Es wurde viel gelacht.

Freilich wurde durchaus über den Plan gesprochen, den Ypsilanti in Berlin dem Parteivorsitzenden dargelegt hatte, ohne dass dies den Teilnehmern, von vielleicht zwei, drei Ausnahmen abgesehen, bewusst gewesen wäre. Was tun wir, wenn die FDP am Ende nicht mitmacht? Viele schimpften auf die Linkspartei, den Anfang machte Walter mit einer wütenden Philippika, die sich allerdings in erster Linie gegen die Grünen richtete. Everts, als frischgebackene Abgeordnete, stellte sich den Kollegen als Extremismus-Expertin vor und wies auf ihre Doktorarbeit hin. Dann hielt sie einen Kurzvortrag über die fragwürdige Verfassungstreue der Linkspartei und sprach anschließend über ihre «Bauchschmerzen» bei der Vorstellung, mit diesen Leuten zusammenzuarbeiten. Verschiedene Abgeordnete erwähnten, dass es Ärger geben würde, wenn Ypsilanti sich am Ende doch, konträr zu allen Ankündigungen, von der Linkspartei zur Ministerpräsidentin wählen lassen würde. Mehrere sagten: Das können wir «eigentlich» nicht machen, wir haben es versprochen. Eigentlich.

Andere hatten weniger Bedenken. Walter meinte, es müsse wohl er selbst sein, der öffentlich den Vorschlag mache, es mit der Linkspartei zu versuchen. Denn ihm würde man eher abnehmen als einem Parteilinken, dass es dazu keine Alternative gebe. Nancy Faeser tat sich schwerer. Sie nahm sich vor, diese Frage für sich in den nächsten Tagen zu entscheiden. Dagmar Metzger schildert das Ergebnis so: «Alle, alle waren der Meinung: Wenn, dann geht das nur, indem man überhaupt die Linkspartei mal kennenlernt im Parlament.» Es schien noch weit weg: falls es überhaupt dazu kommen würde. Vielleicht im Sommer, im Herbst. Sie kannte das aus dem Kreistag. Wenn man Geduld hatte, würde die FDP am Ende schon weich werden. Und Silke Tesch fügte hinzu: «Ich brauch in meinem Wahlkreis gar nicht mehr anzutreten, wenn wir mit der Linkspartei irgendwas machen.» Aber niemand sagte: Kommt nicht in Frage. Ohne mich. Auch Dagmar Metzger nicht.

Nachher, in kleinerer Runde, äußerte sie sich anders, dezidiert. Da sagte sie zu Lothar Quanz, einem der erfahrenen nordhessischen Abgeordneten und Sprecher der Aufwärts-Runde: «Lothar, also wenn ihr in Richtung Linkspartei marschiert, muss ich euch ankündigen, ich werde nicht mitmachen.» Aber entweder nahm das niemand ernst, oder die Zuhörer behielten es für sich. Ypsilanti wurde jedenfalls am Ende berichtet, dass die Aufwärts-Leute sich ihrem Plan nicht in den Weg stellen würden. Das Stichwort stammte vermutlich von Everts: «Bauchschmerzen». Einige Leute haben Bauchschmerzen, aber sie ziehen mit. Also letztlich kein Problem. Bauchschmerzen hatte der eine oder andere linke Abgeordnete schließlich auch; da musste man durch. Die Nahtstelle für die Kommunikation mit den Linken war Walter. Die einzige Bedingung, die bei Ypsilanti ankam: Walter muss wieder Fraktionsvorsitzender sein, sobald sie Ministerpräsidentin wäre. Es gibt ja allerlei Mittel gegen Bauchschmerzen.

Die letzte Chance, Februar 2008

Am Montag, dem 18. Februar, einen Tag vor dem Treffen der Aufwärts-Leute, hatte das Präsidium der SPD in Hamburg getagt. Auch Beck war dort. An diesem Abend ließ der Parteichef bei einem Essen Ypsilantis Plan durchsickern, notfalls auch mit den Stimmen der Linkspartei Ministerpräsidentin zu werden. Journalisten saßen am Tisch. Es war Fastenzeit, der Katholik Beck trank nur alkoholfreies Bier; natürlich war ihm das nicht einfach herausgerutscht. Michael Naumann, «Zeit»-Herausgeber und sozialdemokratischer Kandidat für das Amt des Hamburger Bürgermeisters, der gerade mit anderen Teilnehmern redete und Becks scheinbar tastende, immer wieder unterbrochene Ausführungen nicht mitbekam, hatte als Journalist vor einiger Zeit über Beck absolut zutreffend geschrieben: «Niemand steigt aus dem Beruf des Elektromechanikers zum Mainzer Ministerpräsidenten ohne Härte, Schläue und natürliche Intelligenz auf.» Beck wusste, was er tat, und warum: Er brauchte für die Zeit nach der Hamburg-Wahl eine Berufungsgrundlage dafür, dass er die Wähler nicht mutwillig getäuscht habe. Deshalb ließ er den Plan durchsickern. Aber er hat das stets bestritten.

Es verging ein Tag, bis Becks Richtungswechsel herauskam: der Tag, an dem in Wiesbaden die Aufwärts-Gruppe tagte. Erst am Mittwoch brach der Sturm los, der ganz zuletzt auch Beck hinwegfegte. Struck, Steinmeier, Steinbrück sprachen gegen den Linkskurs; Beck sagte: «Es wird keinerlei aktive Zusammenarbeit mit der Linken geben.» Das Wörtchen «aktiv» war der eigentliche Wirkstoff in diesem Satz, der Rest nur Zuckerguss. Am nächsten Tag, schon mit Grippe im Bett, ließ Beck seinen Generalsekretär Heil eine Sprachregelung ausgeben: «Wir sagen: keine Koalitionen mit der Linkspartei. Wir sagen: keine Duldung durch die Linkspartei und keine aktive Zusammenarbeit. Und wenn wir gefragt werden, ob die Andrea sich denn von den Linken mitwählen lassen darf, dann sagen wir nix.»

Folglich dementierte Beck seine Hamburger Aussagen auch nicht, was er natürlich, ob mit oder ohne Grippe, jederzeit hätte tun können. Die Kanzlerin wies höchstpersönlich darauf hin, sicherheitshalber, falls Journalisten das nicht mitbekommen haben sollten. Die CDU brachte das Stichwort «Wortbruch» auf. Die Zeitungen überschlugen sich mit zum Teil wütenden Kommentaren, teils gegen Beck, teils gegen Ypsilanti. In den Meinungsumfragen stürzte die SPD ab und verlor die Wahl zur Bürgerschaft in Hamburg. Naumann gab Beck für den Verlust entscheidender Prozentpunkte die Schuld, er ließ sich von ihm nicht mehr sprechen, mit ihm nicht mehr fotografieren, schrieb ihm nur einen wütenden Brief. Schon am Tag nach der Hamburg-Wahl, dem 25. Februar, bestimmte Beck den SPD-Vorstand zu einem Beschluss, die SPD-Hessen werde, falls keine Ampelkoalition zustande komme, selbst entscheiden, «ob und ggf. wann sich Andrea Ypsilanti im Landtag zur Wahl stellt». Das bedeutete: freie Bahn. Ypsilanti hatte Beck in den Wortbruch hineingezogen, mit ihr hatte nun auch der Bundesvorsitzende seine politische Glaubwürdigkeit verspielt. Wenig später teilte er schon ihre Beschönigungen. Die Kanzlerkandidatur, die ihm nach seinem glanzvollen Sieg über Franz Müntefering auf dem Hamburger Parteitag im Jahr zuvor niemand mehr hätte streitig machen können, war verspielt, und es begann die Agonie seiner Parteiführung.

Ypsilanti sagte zwar noch: «Es hat sich nichts geändert», und: «Es gibt keinen Grund, jetzt in Panik zu geraten.» Aber in Wirklichkeit war in dieser Woche bereits die Möglichkeit der hessischen SPD vertan, in einer vorzeitigen Neuwahl ihr Ergebnis halten oder gar verbessern zu können. Walter hatte alldem in der Parteiführung keinerlei Widerstand entgegengesetzt. Am Nachmittag kündigte er an, dass die Fraktion geschlossen hinter Ypsilanti stehe, auch wenn ihre Wahl zur Ministerpräsidentin mit den Stimmen der Linkspartei «nicht wünschenswert» sei.

Am nächsten Vormittag, Dienstag, dem 26. Februar, war in Wiesbaden eine Fraktionssitzung der SPD anberaumt worden. Zuvor hatte Walter, der seit seiner Niederlage in Rotenburg politisch nahezu in der Versenkung verschwunden war, wieder einen Auftritt vor bundesweitem Publikum, im ZDF-Morgenmagazin, wo er zu Ypsilantis Plänen sagte: «Ich persönlich halte diesen Weg für falsch und ausgesprochen gefährlich.» Doch werde die Fraktion «natürlich» hinter der Vorsitzenden stehen, wenn sie sich für eine Zusammenarbeit mit der Linkspartei entscheiden sollte. Dass das ohne Vorabsprachen nicht gehen würde, war längst bekannt, bestimmt doch die hessische Verfassung, dass nicht nur der Ministerpräsident, sondern auch die Minister, en bloc, vom Parlament gewählt werden müssen. Dabei wollte die Linkspartei nun ein Wörtchen mitreden. «Wenn der Landesparteitag beschließt, dass Andrea Ypsilanti antreten soll, dann wird die Landtagsfraktion Andrea Ypsilanti natürlich vollumfänglich unterstützen. Und jeder Abgeordnete der SPD wird Frau Ypsilanti auch wählen.» Einschließlich seiner selbst. Doch nicht nur das: Die Aufwärts-Abgeordneten hatte Walter damit ebenfalls festgelegt. Ohne vorher zu fragen – es hätte ja jemand nein sagen können. Auf

Nachfrage der FAZ antwortete er am selben Tag: «Die Wahl einer SPD-Spitzenkandidatin zur Ministerpräsidentin ist keine Gewissensfrage.»

Kurz vor der Fraktionssitzung ging Dagmar Metzger noch ins Büro ihres Nachbarn Günter Rudolph. «Ach, hier sitzt ihr», sagte sie, als sie dort Silke Tesch, Nancy Faeser, Rudolph, Frankenberger und den Kasseler Abgeordneten Wolfgang Decker erblickte, «wir müssen doch gleich in die Fraktion.» Rudolph erwiderte in seiner gelassenen, freundlichen Art: «Ach, nur nicht immer pünktlich sein. Die andern sind auch nie pünktlich. Setz dich erst mal hin, Mädchen, wir trinken einen Kaffee.» Das Thema war klar: Linkspartei. Metzger sagte: «Auf meine Stimme müsst ihr hierbei verzichten. Das werde ich auch heute verkünden, weil ich vierzehn Tage in Urlaub gehe.»

Silke Tesch rief: «Nein!», und auch die drei anderen drängten Metzger, das auf keinen Fall zu tun. Vor allem Nancy Faeser. Wenn Dagmar Metzger vor der Fraktion so eine Ankündigung mache, werde sie eine unkontrollierbare Welle lostreten, und: «Andrea wird dich hassen.» Dann hätte sie als Neuling von vornherein alle Chancen verloren.

Metzger hatte Respekt vor Faeser. Sie hatte sie in den Fraktionssitzungen und bei der Aufwärts-Klausur als eine Frau erlebt, die den Mund aufmachte, und trotz ihrer jungen Jahre, noch nicht vierzig, erschien sie ihr politisch versiert. Auch die anderen bestürmten Metzger, sich auf keinen Fall schon jetzt zu erklären. Erst müsse man in der Fraktion eine Mehrheit gegen den Linkskurs organisieren. «Wir müssen das diplomatischer machen», hieß es, nicht so «absolut».

Irgendwie klang es logisch. Was Metzger sich vorher überlegt hatte, allerdings auch: Ich habe es versprochen, folglich werde ich es halten. Nun dachte sie sich: Na gut, jetzt hörst du mal auf die anderen, du bist ja wirklich neu hier. Und dann war da wieder das Stichwort «Bauchschmerzen», und sie sagte: «Ich werde aber etwas hinterlassen, bevor ich in Skiurlaub gehe. Ich werd ankündigen, dass ich eingebunden sein will, wenn es eine Entscheidung über diesen Weg gibt.» Die anderen stimmten zu: Wenn sie es so moderat formuliere, gehe das. Nancy Faeser werde dann in der Fraktion noch etwas dazu sagen.

Es war kein langes Gespräch gewesen, keine zehn Minuten. Aber es war die letzte Chance. Das weiß man oft erst hinterher. Wenn sie verpasst wurde.

Wer ist politikfähig?

Andrea Ypsilanti eröffnete die Fraktionssitzung an diesem 26. Februar mit einem Bericht über die Hamburg-Wahl und die schlechte Stimmungslage. Dann kündigte sie an, dass sie Briefe an CDU, FDP und Grüne senden werde, um noch einmal inhaltliche Übereinstimmungen und Koalitionsmöglichkeiten auszuloten. Auf diese Weise erschien die Linksoption nur als eine Möglichkeit für den Notfall. Hätten die Aufwärts-Leute Ypsilantis öffentliche Äußerungen der letzten Tage allerdings ernst genommen, dann hätten sie in den Briefen kaum mehr als ein taktisches Manöver sehen können. Schon am Wahlabend hatte Ypsilanti ja das Ministerpräsidentenamt für sich beansprucht, und zwei Wochen später hatte sie bekräftigt: «Eine große Koalition kann es nicht geben», selbst für den Fall, dass Koch abtreten sollte. Wozu er bereit gewesen wäre; freilich beharrte die Union als stärkste Fraktion auf dem Amt des Ministerpräsidenten. Es war also ziemlich offensichtlich, dass diese Briefe lediglich dazu dienten, den Wortbruch zu legitimieren.

In der Fraktionssitzung nun hakte Dagmar Metzger nach und fragte: «Und wie geht es denn weiter?» Die Antwort: Erst einmal müssen wir die Reaktionen abwarten. Everts meldete sich zu Wort und sagte, dass man über Becks Äußerungen zur Linkspartei nicht einfach so hinweggehen dürfe, das sei «eine Katastrophe». Sie folgte damit einer Linie, die Walter in den nächsten Tagen weiter ausziehen sollte: auf den Sack Beck einprügeln, um den Esel Ypsilanti zu treffen. Da konnte man lustvoll draufschlagen, ohne sich in Hessen Vorhaltungen machen lassen zu müssen; zugleich half es Walter, bundespolitisch wieder ins Spiel zu kommen. Außerdem schimpften auch die Linken in der Fraktion auf Beck – wegen dessen Geschwätzigkeit. Everts fuhr mit ihren Ausführungen fort, indem sie sich mit der Linkspartei auseinandersetzte. Sie wies auf ihre Doktorarbeit hin und darauf, dass es sich zum Teil um Extremisten handele, dann begründete sie das in vier, fünf Punkten. Walter schickte ihr eine SMS: «Toller Einstieg, Hut ab für die erste Rede». So pflegten sie sich auf Sitzungen auszutauschen und abzustimmen.

Auch Faeser sprach. Sie war inzwischen zu dem Schluss gekommen, dass der Weg mit der Linkspartei gangbar wäre und dass sie ihn auch selbst mitgehen könne. Faeser sagte, dass man als Fraktion in solche Entscheidungen eingebunden werden müsse, dass hier nicht die Parteiführung allein den Kurs bestimmen und die Abgeordneten vor vollendete Tatsachen stellen dürfe. Weitere Abgeordnete schlossen sich an. Es gab Vorwürfe gegen die Linkspartei, Silke Tesch, entschieden gegen jede Kooperation, trug alle möglichen Zitate vor, wie Linksparteileute über die SPD, nicht zuletzt über Andrea Ypsilanti, hergezogen waren. Andere brachten das Thema Wortbruch auf, ohne es so zu nennen: Der Ausdruck war in der SPD von Anfang an tabu. Stattdessen wurde zu bedenken gegeben – so hatte es auch Carmen Everts gemacht –, dass es einem bei den Wählern schaden würde, wenn man seine Zusage nicht einhalte. In dieser Weise hatten sie schon auf der Aufwärts-Klausur am 19. Februar gesprochen. Nicht, dass man Versprechen halten müsse, sondern, dass es einem schaden könne, sie zu brechen: Darum ging es. Wer lange genug in der Politik mitgemischt hatte, dem erschien die Idee, dass man sein Wort hält, kindlich naiv wie der Glaube an den Weihnachtsmann. Nicht politikfähig.

Tesch und Metzger sprachen anders, aber nur in Nuancen, die man für belanglos halten konnte, wenn man ihnen keine Beachtung schenkte. Metzger hielt sich an die Empfehlung, ihren Standpunkt zu verbergen. Sie kündigte an, sie werde in den Skiurlaub fahren und erwarte, falls der Kurs sich in Richtung Linkspartei ändere, dass man sie «einbinden» werde. «Ich gehöre weder dem Parteivorstand noch dem Fraktionsvorstand an. Wenn solche Sachen abgestimmt werden, bitte bindet mich mit ein, denn ich sehe diesen Weg nicht. Ich habe in meinem Wahlkreis, liebe Andrea, genauso wie du den Menschen in die Hand versprochen: Nicht mit der Linkspartei.» Wenn sie sich nicht daran halte, werde sie in ihrem Wahlkreis erhebliche Probleme bekommen. Ypsilanti erwiderte kurz, das sei doch noch überhaupt kein Thema. «Ich hab doch grade gesagt, die Briefe gehen erst jetzt an CDU, FDP und Grüne raus. Was glaubst du denn, wie schnell die reagieren werden?» Sie kam ihr ziemlich zickig vor. Die Diskussion war beendet. Später sagte Metzger, man habe sie nicht ernst genommen.

Das Protokoll der Sitzung verzeichnet, dass die «Vorlage K2 den Fraktionen der CDU, Grünen und FDP zugesandt» wird, inhaltlich ein Aufguss des sozialdemokratischen Wahlprogramms, dem nur die Grünen zustimmen konnten. Ende März werde die Vorlage K2 dann dem Landesparteitag vorgelegt. Und: «Andrea Ypsilanti möchte die Inhalte des Papiers als Ministerpräsidentin umsetzen.» Letzteres hieß, in dürren Worten, dass die Fraktion den Weg für eine Wahl durch die Linkspartei freigegeben hatte.

Wieder wurde hinterher behauptet, dass sei ein einstimmiger Beschluss gewesen, wie zuvor bei der Aufwärts-Klausur. Es war aber nichts beschlossen, nur viel geredet worden. Allerdings hatte niemand klaren Widerspruch formuliert, nicht einmal Dagmar Metzger. Politiker sind auch nicht mutiger als andere Menschen, und Taktik ist oft nur ein anderes Wort für Feigheit. Die beginnt häufig schon damit, dass man nicht ausgeschlossen sein möchte. Die allgemeine, nahezu ausnahmslose Wut, die sich eine Woche später auf Dagmar Metzger richten sollte, als die bei alldem nicht mehr mitmachen wollte, erklärt sich auch daraus: Sie hielt den anderen einen Spiegel vor, in den keiner blicken wollte.

Zunächst jedoch ging Metzger nach der Sitzung zum Fraktionsgeschäftsführer Kahl und meldete ihren Urlaub an. So war es abgesprochen gewesen: Die Neuen, die doch einen so anstrengenden Wahlkampf hinter sich hatten, sollten Anfang März noch einmal ein paar Tage wegfahren können. Weil sich doch eh nichts abspielt, nicht wahr? Genau. «Und dann hab ich ordnungsgemäß den Zeitraum, von wann bis wann ich weg bin, ihm per Zettel hingelegt inklusive sämtlicher Telefonnummern, die ich habe, also Handy-Telefonnummer, Mailadresse, Feststation in Graubünden, weil ich ja wusste, wir fahren in unser Haus in die Schweiz, auch da hatten sie meine Telefonnummer. Und er hat mir noch einen schönen Urlaub gewünscht.» Ebenfalls ordnungsgemäß.

Urlaubs-Telefonverkehr

Es gibt letzte, unantastbare Werte. Die Würde des Menschen zum Beispiel. Oder Urlaub. Ein Leben ohne Urlaub ist unvorstellbar; als sich in Deutschland in den achtziger Jahren herumsprach, dass Japaner keinen Urlaub kannten, war man von Fassungslosigkeit betroffen. Dabei gab es das soziale Institut

«Urlaub» erst seit gut hundert Jahren. Damals begann das Dasein sich auch langsam in Freizeit und Arbeit zu teilen, in einen wertvollen und einen weniger wertvollen Teil, das wahre Leben und das weniger wahre.

Zweifellos: Für Dagmar Metzger gab es Wichtigeres als die Politik. Und ihre wortreichen Begründungen dafür, dass sie sich nach der Fraktionssitzung auf den Weg in die Schweiz gemacht hatte, dass alles «ordnungsgemäß» verlaufen war, verweisen auf ein an dieser Stelle nicht ganz reines Gewissen, was freilich keineswegs heißt, dass sie es der Parteiführung schuldig gewesen wäre, im Land zu bleiben. Doch sich und ihren Wählern. Denn dass in den nächsten vierzehn Tagen nichts passieren würde, konnte man nicht wirklich annehmen, zumal wenn man gehört hatte, wie Ypsilanti die Fraktionssitzung kurz darauf vor der Presse zusammenfasste. Sie behauptete, über die Frage, ob sie sich mit den Stimmen der Linkspartei am 5. April zur Ministerpräsidentin wählen lassen wolle, sei nicht diskutiert worden: «Das ist nicht mal in mir selbst entschieden.»

Was ja hieß, dass sie es entscheiden durfte. Damit hatte sie öffentlich eingestanden, dass sie sich nicht mehr an ihr Wort gebunden sah.

Lebte Metzger wirklich in dem Glauben, dass man sie anrufen würde, wenn Ypsilanti den nächsten Schritt machte bei ihrem «Plan B»? Einen Plan A gab es doch offensichtlich nicht mehr: falls es ihn je gegeben hatte. Und falls Ypsilanti, wie nun mehrfach angekündigt, tatsächlich erwog, sich am 5. April zur Ministerpräsidentin wählen zu lassen, mussten zügig ernsthafte Koalitionsverhandlungen mit den Grünen beginnen. Walter hatte schon Bedingungen für eine Zusammenarbeit mit der Linkspartei formuliert, sogenannte Sicherheitsgurte: Die Linkspartei sollte vorab erklären, dass sie Ypsilanti wählen würde, dass sie alle vorgesehenen Minister des rotgrünen Kabinetts wählen würde, dass sie den Eckpunkten eines Haushalts zustimmen würde. Er wollte gern Minister werden; die Rückkehr in den Fraktionsvorsitz war von vornherein hauptsächlich deswegen erwogen worden, weil die Gefahr bestand, dass die Linkspartei das ganze Projekt an seiner Wahl scheitern lassen würde. Walter hatte übrigens den Skiurlaub schon hinter sich; er hatte ihn in der Woche gemacht, als Ypsilanti Beck umdrehte.

Das alles bekam Dagmar Metzger schon nicht mehr mit. Am 1. März, morgens um neun, setzte sie sich frohen Mutes in ihr BMW-Cabrio und fuhr nach München, um dort ihren Mann einzusammeln. Nachmittags um zwei ging es weiter in die Schweiz. Das Ehepaar überlegte an diesem Samstag, ob nicht doch in den nächsten vierzehn Tagen etwas passieren könnte, aber Dagmar Metzger meinte, dann werde man sie gewiss anrufen.

Zu diesem Zeitpunkt hatte Ypsilanti der «Frankfurter Allgemeinen Sonntagszeitung» bereits ein Interview gegeben, dem man am nächsten Tag entnehmen konnte, dass es ihre Hauptaufgabe sei, «den Wählerwillen umzusetzen», und das bedeute: Koch abzulösen. «Wortbruch kann viele Facetten haben», sagte sie. «Wenn mich Tausende von Studenten wählen, weil ich die Studiengebühren abschaffen will, und ich das nicht tue, wäre das Wortbruch.» Montagabend sah man sie im Fernsehen bei «Beckmann», wo sie die «Versprechen» erwähnte, die sie den Wählern gegeben habe: «Und jetzt muss ich an irgendeiner Stelle sagen: Dieses Versprechen kann ich nicht halten.»

Es war nun unübersehbar, dass Andrea Ypsilanti beabsichtigte, ihr Wort zu brechen.

Sie tat zwar so, als sei alles noch nicht entschieden: «Wir sind nicht so weit. Und ich weiß auch nicht, wie meine Partei das morgen, im Landesvorstand, in der Fraktion, auf dem Parteitag entscheidet.» Aber an einer anderen Stelle deckte sie versehentlich ihre Karten auf, als Beckmann fragte, ob sie die Stimmen der 42 Abgeordneten der Fraktion sicher habe: «Die habe ich sicher, weil wir das ... auch die 42 haben mir eindeutig gesagt, wir machen das, was der Parteitag beschließt, und das wird er auch beschließen.»

Dagmar Metzger hatte die Sendung verfolgt. Nicht im Ferienhaus, wo die Schwiegereltern die Anschaffung eines Fernsehers bisher hartnäckig verhindert hatten, sondern bei Bekannten, ein Stück die Via Mala hinunter. Metzger war jetzt doch ein wenig beunruhigt; was war seit der letzten Fraktionssitzung bloß geschehen? Sie hatte sich darauf eingestellt, dass es noch Wochen dauern werde, bis Koalitionsverhandlungen, hoffentlich mit der FDP, beginnen könnten, und dann würde man ja sehen. Auch Ypsilanti hatte noch am Dienstag gesagt, die Sache sei nicht spruchreif. Und jetzt das? Metzger durchforstete ihre Mails. Aber da war keine Bitte oder Anweisung, schleunigst aus dem Urlaub zur nächsten Fraktionssitzung zurückzukehren. Sie hörte ihre Mailbox ab. Nichts. Sie studierte noch einmal die Einladung zur Sitzung, aber da stand, wie immer, nur der «politische Bericht» auf der Tagesordnung.

Aus ihrer Tätigkeit als Justiziarin kannte Metzger Gremiensitzungen von Aufsichtsräten, Verwaltungsräten; sie hatte derlei Zusammenkünfte schon gesprengt, weil die Abstimmung über eine Fusion nicht auf der Tagesordnung angekündigt worden war. Und hier? «Eine stinknormale Einladung zu einer normalen Fraktionssitzung.» Als freie Abgeordnete konnte man doch wohl erwarten, dass über einen solch eklatanten Kurswechsel in der Fraktion diskutiert wurde. Mit anderen Worten: «Da werde ich wohl noch Zeit haben, Ski zu fahren.» Sagte sich Dagmar Metzger. Außerdem herrschte «Kaiserwetter», schöner Schnee. Der Himmel war blau, so blau und hoch und hell, wie er nur im Gebirge ist. Manchmal konnte man dort, wenn man Glück hatte, einen Adler aufwärtskreisen sehen, bis er sich, zum winzigen Punkt geworden, im Himmelsblau verflüchtigte.

Am Dienstag fuhr Dagmar Metzger Ski, völlig losgelöst. Inzwischen waren Freunde aus Berlin gekommen, mit denen sie diese Tage verbringen wollte; jeden Gedanken an die Heimat und den Alltag schob sie beiseite. Falls doch einer aufkam, sagte sie sich trotzig: «Wie, ich hab doch eine Genehmigung, in Urlaub zu fahren? Mich hat keiner zurückgerufen. Mich hat keiner angerufen, ich hab es mir genehmigen lassen. Was wollen die eigentlich? Was wollen die eigentlich?»

Am Morgen des nächsten Tages, des Mittwochs, hörte sie ihre Mailbox ab. Ein Journalist vom «Darmstädter Echo» wollte wissen, was sie der Kultusministerin Karin Wolff auf deren Brief antworten werde. Metzger hatte Wolff den Wahlkreis abgenommen, sie wusste nichts von dem Brief. Sie wusste überhaupt nicht, worum es ging.

Sie rief ihren Schwiegervater an. Der sagte: «Ja, hast du denn die ‹Bild-Zeitung› nicht gesehen?» Dagmar: «Du weißt, ist nicht mein bevorzugtes Blatt.» Ja, aber sie hänge doch überall, und da stehe es, in Riesenlettern: LÜGILANTI. Günther Metzger war sehr aufgebracht. «Jetzt mal langsam», sagte Dagmar Metzger, «kannst du mir bitte chronologisch erzählen, was jetzt passiert ist?» Und Günther Metzger erzählte, dass Ypsilanti nun mit der Linkspartei marschiere, die Fraktion ihr freie Hand gegeben habe. Er empfahl seiner Schwiegertochter, umgehend Stellung zu beziehen. «Auch ich hab mit dir Wahlkampf gemacht», sagte er, «wir sind zusammen von Haustür zu Haustür gegangen. Wir haben vielen Leuten in die Hand versprochen: Nicht mit der Linkspartei. Ich bin von vielen Bekannten, die ich aufgefordert habe, dich zu wählen, ebenfalls nochmal angesprochen worden und habe auch mein eigenes Wort nochmal gegeben: ‹Meine Schwiegertochter wird nie was mit der Linkspartei machen. Sie brauchen sich keine Sorgen zu machen.› Du musst dich jetzt kurzfristig erklären.» Eigentlich war der Tag gelaufen, sagte Dagmar Metzger später.

Doch das hielt sie nicht vom Skifahren ab. Sie hatte einen festen Willen, und der blieb einstweilen auf die Piste gerichtet. Auf dem Weg dorthin, in Thusis, besorgte sie sich die Zeitung, sagte sich aber, nachdem sie das Blatt gelesen hatte: «Bild-Zeitung» – wer weiß, was dran ist. Vielleicht haben die das in das Gespräch mit Beckmann hineininterpretiert. Obwohl in der Zeitung doch die Erklärung zitiert worden war, die Ypsilanti am Dienstag nach der Fraktionssitzung abgegeben hatte: dass sie sich nach «zielführenden Gesprächen» mit den Grünen vorstellen könne, am 5. April von der Linkspartei mitgewählt zu werden.

Den Mittwochnachmittag verbrachte Metzger trotzdem im Schnee. Am Abend jedoch, als sie nach Hause kamen, begannen sofort heftige Diskussionen mit ihrem Mann und den beiden Besuchern. Die Gäste kamen aus Berlin, waren politisch interessiert, eher rot-grün eingestellt und als Mauerkinder nicht begeistert von Wowereits Koalition mit der Linkspartei. Nun allerdings ging es vor allem um das Thema Wortbruch. Es hieß: Ihr habt das versprochen! Ihr Politiker könnt doch nicht ständig euer Wort brechen. Es wurde über Politikverdrossenheit palavert, über das Verhältnis zwischen Parteien und Wählern. Und es wurden Optionen durchgespielt: Was wohl, wenn ein Parlamentsneuling wie Dagmar Metzger hinginge und einfach sagte: Nein, Andrea, mit mir nicht?

Trotzdem kamen alle zu demselben Schluss: «Ich soll es machen, ich muss es machen, ich muss glaubwürdig bleiben.» Also sagte sie den dreien schlicht: «Ja klar.» Sie hatten sich die Köpfe heißgeredet, hatten die ganze Zeit in Skikleidung dagesessen und sich zwischendurch nur schnell etwas zu essen gemacht. Erst gegen acht kehrte Ruhe ein. Sie heizten den Kamin, tranken Rotwein, und Dagmar Metzger sagte: «Ich zieh mich jetzt mal ins kleine Zimmer zurück und telefoniere mit ein paar Leuten.» Sie wollte Andrea Ypsilanti dazu bewegen, von ihrem Plan abzulassen, und war sich, angesichts der Mehrheitsverhältnisse im Landtag, sicher, sie überzeugen zu können. «Andrea, nimm das zurück, lass uns erst mal parlamentarische Arbeit machen, lass uns mal abwarten, wie die Zeit für uns spielt, um Koalitionen zu bilden, die die Hessen lieber mögen als eine Koalition Rot-Rot-Grün.» So ungefähr wollte sie ihr das vortragen. Und dann noch ein bisschen Ski fahren.

Der Beschluss B 53 neu

In Wahrheit waren in der Fraktion am Dienstag die Wogen noch einmal hochgegangen. Na ja, halbhoch. Höher schlugen sie nie, wenn der Wind aus der pragmatischen Richtung wehte. Trotzdem wollten sich Ypsilanti und ihre Leute nicht auf die Abgeordneten verlassen, und eine Abstimmung kam sowieso nicht in Frage. Also führte man den erwünschten Beschluss (Koalitionsverhandlungen mit den Grünen, Wahl Ypsilantis zur Ministerpräsidentin am 5. April) mit dem prosaischen Namen «B 53 neu» im Landesvorstand herbei, der unmittelbar vor der Fraktion tagte. Auch Walter machte mit: Seinen Forderungen nach «Sicherheitsgurten» war nachgegeben worden. Jetzt war der Weg zu Ministerämtern, Staatssekretärsposten und Dienstwagen auch für Aufwärts-Politiker gebahnt.

Damit alles im gewünschten Rahmen blieb, empfing der Landesvorstand die Abgeordneten zu ihrer Sitzung, anschließend verließen die Mitglieder, die keine Abgeordneten waren, den Saal. Ypsilanti bat um Geheimhaltung, dann erläuterte sie den Plan. Noch einmal trugen mehrere Abgeordnete ihre Kritik daran vor, bekannten, wie schwer sie sich damit taten. Andere stellten in Frage, ob die Vorstöße bei Union und FDP wirklich ernst gemeint waren. Aber viele hießen das Vorhaben auch gut. Silke Tesch warnte abermals, dass diese Politik sich gegen die Bürger in ihrem Wahlkreis richte, dass die SPD ein Versprechen gegeben habe und gerade deswegen gewählt worden sei. In den letzten Tagen sei sie wiederholt darauf angesprochen worden. Sie zitierte, was die Leute ihr gesagt haben: «Ihr habt damals am Infostand gesagt ... Und nun, kaum ist die Wahl gelaufen, das Gegenteil.» Aber linke Abgeordnete hielten dagegen, behaupteten, in ihrem Wahlkreis sei es gerade umgekehrt, sie hörten diese Argumente dort nicht. Tesch lag es auf der Zunge zu erwidern: Entweder geht ihr nicht unter Menschen, oder ihr lügt. Aber sie verkniff es sich. «Weil ich immer die Einzige war, deren Wahlkreis aus Außerirdischen bestehen musste.» In Wahrheit hingen solche Einschätzungen davon ab, ob man sich außerhalb des Parteimilieus bewegte oder nicht.

So begann sich Tesch schon auf dieser Sitzung vorzukommen wie eine Geisterfahrerin, obwohl sie wusste, dass sie keine war. «Irgendwann ist man es leid und gibt auf. Man will nicht immer die Störerin sein.» Über das Wahlversprechen als solches wurde nicht mehr geredet, alle Kritik bezog sich jetzt allein inhaltlich auf die Linkspartei. Und warum es so schnell gehen müsse. Auch Everts äußerte sich so: Warum man nicht abwarte, sie hätten doch überhaupt keine Ahnung, mit wem sie es bei der Linkspartei zu tun hätten. Sie habe damit Probleme.

Die Antwort lautete, dass man ja erst einmal mit den Grünen verhandeln werde, um zu sehen, was dabei herauskomme. Dann noch der Landesparteitag Ende März. Erst danach sei das Ganze spruchreif. Am Ende fasste Ypsilanti die Diskussion zusammen: Sie sehe, es erhebe niemand grundsätzliche Bedenken, mithin könne man den Weg zusammen gehen. Abermals ergriff Everts das Wort: «Doch, ich habe grundsätzliche Bedenken. Ich hab Probleme damit, und ihr könnt über viel diskutieren, ihr könnt viel prüfen, ich entscheide das für mich auf dem Landesparteitag, und danach muss ich mit dem Votum umgehen, das dort getroffen wird.» Sagte sie: Ich mach da nicht mit? Nein. Sie hoffte, dass sich auf dem Parteitag eine «kritische Masse» gegen den Kurs zusammenbringen lassen werde und dass wegen dieser kritischen Masse der Linkskurs dann vielleicht, irgendwie, nicht zustande käme. Falls aber doch ... ja, dann würde sie womöglich ihr Mandat aufgeben müssen. Das schoss ihr so durch den Kopf. Eine Anwandlung von Trotz. Oder hatte sie das bei Nancy Faeser aufgeschnappt? Aber Faeser hatte auch ihren Spitzenjob in einer renommierten Anwaltskanzlei. Für Everts sah das ganz anders aus. Das Mandat aufgeben, nachdem sie es endlich, endlich errungen hatte? Absurd. Und sich dem Linkskurs verweigern? «Diese Spitze hatte ich nicht in mir.» Außerdem wurde sie gleich gebeten, an den Verhandlungen mit den Grünen zur Koalitionsbildung mitzuwirken. Und machte das auch.

Das Protokoll hielt fest: «Andrea Ypsilanti erklärt zusammenfassend, dass die Fraktion den Beschluss – B 53 neu – ebenfalls unterstützt, es werden keine Einwände erhoben.» In der Presse wurde daraus ein einstimmiger Beschluss der Fraktion. Und in der anschließenden Pressekonferenz erschien Ypsilanti bereits als Opfer ihrer eigenen Entschlüsse, sie sagte: «Es wird vielleicht so ausgehen, dass ich ein Versprechen nicht halten kann.» Wenige Minuten später begannen in der SPD-Pressestelle die E-Mails empörter Bürger einzugehen, schon bald in so schneller Folge, dass das Programm nicht mehr sinnvoll genutzt werden konnte. Der Pressesprecher saß vor dem Bildschirm und hörte fassungslos alle paar Sekunden den Signalton, der wieder den Eingang einer neuen Mail ankündigte.

Am nächsten Tag erschien Walters Statement in der «Süddeutschen Zeitung»: «Wenn eine Partei sich entschieden hat, sind wir als Abgeordnete auch aufgerufen, dem zu folgen.» Er sprach ebenfalls von einem einstimmigen Beschluss der Fraktion und fügte hinzu, auch er werde selbstverständlich Ypsilanti wählen, wie alle anderen sozialdemokratischen Abgeordneten. Es gebe «klare Entscheidungen in der Partei, und diese Entscheidungen hat man als Abgeordneter umzusetzen. Im Übrigen sehe ich zum jetzigen Zeitpunkt keine Alternative zu dem von uns nun eingeschlagenen Weg.» Keine Alternative: Das war die Sprachregelung aus dem engsten Kreis um Andrea Ypsilanti.

Und so teilte es Ypsilanti auch dem Ministerpräsidenten mit. Bei einem Treffen von Führungspolitikern der beiden Volksparteien in kleinster Runde am Vormittag des 5. März bot Koch ihr eine große Koalition an. Er wies darauf hin, dass er für diesen Fall nicht darauf beharre, selbst Ministerpräsident zu bleiben. Der stärkeren Partei, und das sei nun einmal die CDU, stehe das Amt allerdings zu. Ypsilanti erwiderte: «Andrea Ypsilanti hat die Wahl gewonnen. Andrea Ypsilanti muss Ministerpräsidentin werden.» Innenminister Bouffier sträubten sich die Haare, er sagte Ypsilanti, sie solle besser von ihrem hohen Ross kommen. Am Mittwochabend versuchte Dagmar Metzger, Andrea Ypsilanti zu erreichen; weil sie nicht abnahm, sprach sie ihr schon mal auf die Mailbox: «Liebe Andrea, wir müssen miteinander reden, den Kurs, den du gehst, gehen willst, geh ich nicht mit, du wirst meine Stimme nicht haben. Wir müssen unbedingt telefonieren.» Darüber konnte Jürgen Walter sich noch mehr als ein Jahr später schier ausschütten vor Lachen. Lakonischer und argloser kann man niemandem mitteilen, dass er so gut wie erledigt ist.

Auch ihn, Jürgen Walter, hatte Metzger anzurufen versucht. Doch Walter kannte die Nummer mit der Schweizer Vorwahl nicht und nahm den Anruf ebenfalls nicht an, er hatte an diesem Tag lange Vorgespräche zur Regierungsbildung mit den Grünen geführt. Endlich zu Hause, ging er in die Badewanne und stellte sich ein Glas Rotwein auf den Rand. Dann telefonierte er mit Silke Tesch, weil er sah, dass sie sich gemeldet hatte; sie teilte ihm mit, was sie inzwischen von Dagmar Metzger gehört hatte: dass sie beschlossen habe, Ypsilanti nicht zu wählen, und ihn zu erreichen versuche. Daraufhin wählte Walter die Schweizer Nummer. Es war schon gegen zehn Uhr abends. Walter sagte: «Du weißt, was auf dich zukommt, oder?» Den Eindruck, dass sie es wusste, hatte er nicht. Er nannte die Entscheidung mutig. Dasselbe hatte kurz zuvor Silke Tesch gesagt: «Mensch, du hast ja einen Mut.» Sie freute sich: «Also im Grunde genommen stoppst du es damit.» Auch Lothar Quanz, der Sprecher der Aufwärts-Runde, zu dem Metzger Vertrauen hatte, äußerte sich am Telefon nicht entgeistert oder entsetzt, sondern sagte sinngemäß: Mädchen, du hast es ja in der Aufwärts-Runde schon mal gesagt, und ich kann es verstehen, mir geht's genauso. Es werde aber einiges auf sie zukommen. Metzger hatte das Gefühl, er würde sie dann stützen. Und war erschüttert, als Quanz sich bald darauf zu ihren schärfsten Kritikern gesellte.

Nach dem Gespräch mit Metzger rief Walter bei Ypsilanti an. Ypsilanti nahm ab, weil sie den Anrufer erkannte. Die beiden erörterten kurz die Lage. Anschließend schenkte Walter sich ein weiteres Glas Rotwein ein und überlegte. Wieder einmal schlug die Stunde der Politik, des Spiels. Der Zeitpunkt, die Angel auszuwerfen.

Mauerkinder

Walter rief an diesem Abend noch ein zweites Mal bei Dagmar Metzger an und versuchte sie dazu zu bewegen, von sich aus, vor einem Gespräch mit Ypsilanti, an die Presse zu gehen. «Es gibt ein paar Möglichkeiten, wie wir's machen könnten», sagte er ihr am Telefon. Aber: «Über dich wird ein Inferno hereinbrechen, dass du dir nicht im Geringsten vorstellen kannst.» Ja, erwiderte Metzger, mag sein, doch sie müsse so handeln. Walter: «Es gibt natürlich die Möglichkeit, dass du das vorab in die Medien setzt. Damit bist du sozusagen den Druck los. Wenn so etwas schon öffentlich ist, dann ist es einfacher.» Aber das wollte Metzger nicht. Sie werde einfach mit Ypsilanti sprechen. Vielleicht blase die ja doch noch alles ab.

Es gebe auch noch eine andere Möglichkeit, sagte Walter daraufhin. «Lass uns nochmal überlegen, muss man es wirklich jetzt schon machen?» Oder könnte man nicht einen Katalog aufstellen, einen Kriterienkatalog? Sodass bestimmte Bedingungen erfüllt sein müssten, wobei man aber von vornherein wisse, dass weder die Grünen noch die Linkspartei sich daran würden halten können? Einen ungemein strengen Kriterienkatalog also, in der Hoffnung, dass es platzt. Womöglich sei es besser, das Ganze noch ein bisschen laufenzulassen. Metzger wusste nicht, dass dieser «Katalog» auf Walters Wunsch schon beschlossen war und dass er keineswegs unerfüllbare Bedingungen für die Grünen und die Linkspartei enthielt. Oder meinte er einen anderen, einen neuen? Aber wer hätte den jetzt noch aufstellen sollen?

Nein, Walter wusste nun, dass das Linksprojekt gescheitert war. Folglich brauchte es eine Begründung dafür, dass er trotzdem mitgemacht hatte; fortan erzählte er immer wieder, seine «Sicherheitsgurte» hätten in Wirklichkeit dazu dienen sollen, die Zusammenarbeit mit der Linkspartei unmöglich zu machen. Auch Everts verbreitete das. Doch wenn Walter das wirklich gewollt hätte, hätte es genügt, sich am Wahlabend entsprechend festzulegen.

Stattdessen spielte er sein Spiel. Er wollte Minister werden. Und er wollte Ypsilanti stürzen, die Frau, die ihm die schwerste Demütigung seines Lebens beigebracht, die, wenn auch nur für jenen einen Augenblick, damals, in Rotenburg, sein inneres Programm zum Absturz gebracht hatte wie bei einem Computer, auf dessen Bildschirm alles erstarrt. Minister werden und Ypsilanti stürzen. Vielleicht schloss eins das andere nicht aus. Politik als Kunst des Glücklichen. Eine Kunst, in der alles möglich ist.

Dagmar Metzger hörte Walter ruhig zu, sagte aber: «Jürgen, ihr könnt die Hürden so hoch ansetzen, wie ihr wollt. Wenn die von der Linkspartei es wollen und drauf anlegen, dann zahlen die jeden Preis. So weit kenne ich Politik, auch wenn ich vielleicht ein Neuling bin. Aber wenn jemand an die Macht will, da kannst du sonst was reinschreiben in deine Kataloge... Für mich ist es der ehrlichere Weg, jetzt zu sagen: Es geht nicht, nicht mit mir.» Und Walter: «Das sehe ich ein. Dann kann man nicht auf Taktik gehen. Ich seh das ein, dann musst du diesen Weg gehen.»

In Graubünden saßen sie an diesem Abend noch lange beisammen und warteten vergeblich auf einen Anruf von Ypsilanti. Der Rotwein schmeckte gut, der Schwiegervater hatte immer viel Bordeaux unten im Keller liegen, den trank Dagmar Metzger am liebsten. Sie war zuletzt ein bisschen angeheitert. Sie dachte: «Deine Arbeit hast du getan, den anderen hast du es gesagt, jetzt wartest du mal ab. Andrea hat nicht zurückgerufen.» Vielleicht würde sie auch am nächsten Tag noch Ski fahren können.

Aber am Morgen klingelte das Telefon, Ypsilantis Vorzimmer. Andrea wolle Dagmar sprechen. Die lag noch im Bett. Sie duschte und rief dann zurück. Mathias Metzger hörte die Schweizer Hälfte des Gesprächs mit. Er hörte, wie seine Frau sehr bestimmt sagte: «Nein, Andrea. Da mache ich nicht mit.» Das war offenkundig ihre Antwort auf eine Äußerung Ypsilantis, dass die Fraktion es so beschlossen habe und sie mitziehen müsse. Dann sagte Ypsilanti: «Wenn du bei deiner Meinung bleibst, musst du sofort zurück.» Ja, sagte Metzger, sie bleibe dabei. Aus der Schweiz könne sie aber erst mit einem Nachmittagszug. «Dann erwarte ich dich morgen früh um neun in meinem Büro.» Keine Minute dauerte das. Ypsilanti fragte noch, ob Metzger mit der Presse gesprochen hatte, Metzger verneinte.

In der Tat war sie nicht dafür verantwortlich, dass die Geschichte schon am selben Nachmittag in der Online-Ausgabe der «Süddeutschen Zeitung» stand. Wenig später lief die Nachricht über alle Agenturen. Metzger bekam das im Zug nicht mit. Walter hatte inzwischen mit den «engsten Vertrauten aus der Aufwärts-Runde» telefoniert. Tesch gehörte nicht dazu. Dabei hatte er darauf hingewiesen, dass es am nächsten Tag in den Medien einen «Riesenaufschlag» geben werde und man diesmal, anders als vor vier Wochen, vorbereitet sein und gleich die Weichen in Richtung große Koalition stellen müsse. Aber woher konnte er wissen, dass die Nachricht am nächsten Tag bekannt sein würde?

Doch als Dagmar Metzger an diesem Donnerstagabend in Darmstadt anlangte, hatte sich die Nachricht bereits wie ein Lauffeuer verbreitet. Ihr Schwager fing sie auf dem Bahnsteig ab und brachte sie auf Schleichwegen aus dem Hauptbahnhof, weil dort Scharen von Journalisten auf sie warteten. Auch vor ihrem Haus in Eberstadt standen sie. Also ging es zu den Schwiegereltern nach Traisa. Selbst dort war die Presse vorm Haus; Metzger gelangte durch einen rückwärtigen Kellereingang hinein und durch die Küche ins Wohnzimmer. Dort wurde sie erst einmal von den Schwiegereltern umarmt:

«Kind, wir sind ja so stolz auf dich!» Auch der örtliche Unterbezirksvorsitzende Wolfgang Glenz war da. Wieder wurde alles hin und her gewendet. Am Ende sagte Dagmar, sie werde ihre Linie durchziehen und «der Andrea das mal klarmachen». Es sei denn, Ypsilanti habe so einleuchtende Argumente, dass sie sie vielleicht überzeugen werde. Das müsse man schließlich noch abwarten. «Ich hab immer gesagt: Vielleicht gibt's ja da irgendeinen zündenden Gedanken. Ich wusste ja gar nicht, warum sie es macht, in welchem Zeitablauf sie es macht, und hab gedacht: Hörst dir auch jetzt mal ihre Seite an, wir lassen das mal offen.»

Als sie endlich zu Hause ankam, war es elf Uhr abends. In ihrer Wohnung war es kalt und dunkel. Sie konzentrierte sich auf den nächsten Tag und legte sich zurecht, was sie brauchte. Eine rosa Bluse. Schmuck. Sie rauchte. Um Mitternacht ging sie schlafen.

Eine halbe Stunde später stand sie wieder auf. Sie hatte sich überlegt, dass sie, falls es mit Ypsilanti keine Einigung geben sollte, der Presse Rede und Antwort stehen müsse. Sie setzte sich aufs Sofa, mit einem Block auf den Knien, versuchte sich die Fragen der Journalisten auszumalen und notierte mit dem Kugelschreiber in Stichworten ihre Argumente. Nebenher ließ sie den Fernseher laufen, damit es nicht ganz so still und einsam war.

Um eins lag sie wieder im Bett, konnte aber auch jetzt nicht abschalten. Immer wieder ging ihr durch den Kopf, was morgen passieren würde, die noch ungestellten Fragen, die noch ungegebenen Antworten. Dann fiel ihr ein, dass sie ja selbst ein SED-Opfer war: die Geschichte ihrer Kindheit. Die Trennung der Familie durch die Mauer. Die Großmutter, die sie Jahre nicht gesehen hatte, weil die Menschen in Ost- und West-Berlin nach dem Mauerbau lange nicht mehr zusammenkommen konnten. Kinder haben manchmal besondere

Namen für Großmütter, und diese hieß «Oma Miau». Weil sie Katzen hatte. Und einen riesigen Kropf, der Dagmar als Kind schwer beeindruckte. Die Oma war im Osten, sie waren im Westen, die Mauer wurde gebaut, und sie kam nicht mehr hin, da war sie drei. Erst Jahre später sah sie die Oma Miau wieder.

Warum war ihre Großmutter später eigentlich aus ihrem Haus in Kaulsdorf in die Rosenthaler Straße gezogen? Dagmar Metzger bekam es nicht mehr zusammen. Sie beschloss, ihre Mutter in Berlin anzurufen. Es war halb zwei in der Nacht. «Kind, was ist passiert?» – «Ach», sagte Dagmar, «noch nichts. Aber morgen. Ich brauch jetzt mal deine Hilfe.» Dann kamen die Tränen; Dagmar erzählte, was geschehen war und noch geschehen würde, und beide Frauen weinten. Nach zehn Minuten sagte Dagmar: «So, jetzt müssen wir uns wieder konzentrieren.» Und dann begann sie nochmal ihre Kindheitsgeschichte mit der Mutter abzugleichen. Als das vorüber war, zeigte die Uhr halb drei, und Dagmar Metzger konnte endlich schlafen.

Träumte sie vom alten Berlin, von ihrer Kindheit in der geteilten Stadt? Von ihrer weißhaarigen Oma? Dem Haus im Grünen mit den Katzen? Der Vater hatte dort manchmal Fisch zerlegt und die Gräten hingeworfen, und die Katzen hatten sie mit ihren rauen rosa Zungen abgeleckt. Dagmar fragte, warum sie nicht mehr zur Oma durfte, und die Eltern sagten: Wir sind jetzt umgeben von einer Mauer und Soldaten, die haben Gewehre, wir kommen da nicht durch. Berlin war damals stark militarisiert. Auf der ganzen Welt gab es keine schärfer bewachte Grenze als diese, mitten durch die Stadt. Zu den Kirchenfesten, Ostern, Pfingsten, machte sich ganz West-Berlin auf den Weg nach West-Deutschland, wo viele Berliner Grundstücke besaßen; am Grenzübergang gab es dann stundenlange Wartezeiten.

Auch am Übergang Friedrichstraße, wo man zu Fuß von

West nach Ost gelangen konnte, hieß es an solchen Tagen warten, warten, warten, in düsteren Gängen mit verbrauchter Luft. Selbst die gelben Kacheln an den Wänden sahen verbraucht und muffig aus. Sie hatten immer viel Zeug dabei, für die armen Verwandten, Kaffee, Schokolade, Jeans. Alles wurde genau kontrolliert, Verdächtiges konfisziert, Bücher natürlich, Zeitschriften, selbst Handarbeitshefte; vielleicht enthielten die Schnittmuster geheime Botschaften. Maschinen waren verboten, Spielzeug erlaubt. Einmal hatten sie einen «Lachsack» dabei; was war das? Spielzeug oder Maschine? Über so etwas wurde endlos verhandelt. «Behalten Sie das Ding, wir wollen nur rüber.» Ein freundlicher Grenzposten winkte sie dann durch, mit Lachsack. Es gab aber auch Vopos, die richtig aggressiv waren oder sehr engstirnig. Die sahen den Klassenfeind in Scharen vor sich, die berühmten «Spione und Diversanten». Was soll das sein, Nasentropfen für die Oma? Das musste erst einer gründlichen Bewertung unterzogen werden. Dem Vater platzte der Kragen: «Ja, dann behalten Sie doch die verdammten Nasentropfen und stecken sich die selber in die Nase.» Sofort wurde aus der Kontrolle eine Leibesvisitation. «Na, dann kommen Sie mal raus, kommen Sie mal schön in die Kabine, wir werden Sie jetzt mal genau kontrollieren.»

Und dann das Geld, der Zwangsumtausch. 25 Mark West gegen 25 Mark Ost, für die man drüben nichts kaufen konnte. Wohin mit dem Geld? Die Verwandten wollten es nicht haben, sie hatten selbst genug und konnten nichts damit anfangen. Man konnte Bücher kaufen oder Noten, gedruckt auf billigem Papier. Oder essen gehen, von zwölf Gerichten auf der Speisekarte gab es zwei. Soljanka aus Fischresten? Dann schon lieber Rührei; man musste lange drauf warten, dann war es trocken und zäh und schmeckte auch nach Fischresten.

Natürlich war es schön, mit den Verwandten zusammen zu sein. Auch wenn es nur für Stunden war. Und auch wenn die anderen mitunter bedrückt waren. Es war immer dasselbe: der reiche Westen und der arme Osten, die einen, die Geschenke mitbrachten, und die anderen, die sie bekamen; keiner konnte etwas dafür. Mitunter wiederholten die Zurückgesetzten, dass alles Propaganda sei, in Wahrheit gebe es diesen Überfluss auf der anderen Seite der Mauer gar nicht, wie um sich selbst ein bisschen zu trösten, und dazu schwieg man. Man wollte es doch eigentlich nicht so viel besser haben. Es war nicht fair.

Abends ging es dann wieder zurück, in den Westteil. Man stand am Tränenpalast, nahm Abschied und weinte, wie all die anderen auch, die da standen und weinten.

Vor dem Partei-Tribunal

Das Gespräch mit Ypsilanti war hart und kurz. Weil die Angelegenheit durchgesickert und schlagartig bundesweit bekanntgeworden war, gab es nicht mehr viel zu sagen. Ypsilanti trug Metzger an diesem Morgen des 7. März in ihrem Büro unter vier Augen vor, was sie schon öffentlich gesagt hatte: keine Alternative, soziale Moderne, Koch muss weg. Metzger: Es gibt andere Optionen, Moderne kann kommen, Koch ist praktisch schon weg. Außerdem: «Ich habe mein Wort gegeben und werde es halten.» Ypsilanti warf ihr vor, dass sie in den Urlaub gefahren sei. Sie erwiderte, sie habe sich abgemeldet und darauf bestanden, dass man sie bei Kursänderungen einbinde. Es war kein besonders kreatives Gespräch, auch kein konstruktives. Metzger hatte das Gefühl, dass eh alles feststand.

Ypsilanti hätte sie vermutlich aus dem Gleichgewicht bringen können, wenn sie besser vorbereitet gewesen wäre. Aber inzwischen hatten ihre Stärken sich wieder in Schwächen verwandelt. Sie hätte sagen können: «Dagmar, selbst der alte

Ludwig Metzger hat sich doch 1948 in Darmstadt von den Kommunisten zum Oberbürgermeister wählen lassen, obwohl er sie nicht ausstehen konnte und im Wahlkampf hauptsächlich gegen sie gewettert hatte. Damals verließen CDU und Liberale empört den Saal und warnten vor der SED-Herrschaft. Manchmal hat man eben keine Wahl.» So ungefähr, aber diese Geschichte war längst in Vergessenheit geraten.

Stattdessen ging es nun vor ein Gremium, das schon auf sie wartete, im Wesentlichen der Landesvorstand, und dort wiederholte sich das Spiel. Doch all das hatte eine zweite Seite, wie Metzger wenig später auf der Pressekonferenz merkte, der ersten derartigen Veranstaltung ihres Lebens. Von einem Tag auf den anderen hatte sie einen Bekanntheitsgrad, von dem ein Politiker nur träumen kann, und eine Popularität, die ihresgleichen suchte. Gleich als sie den Landtag verließ, begann es, dass sie angesprochen und beglückwünscht wurde. Als sie abends nach Hause kam, waren 1500 Mails eingegangen; es folgten ganze Wogen von Mails und Briefen, und anders als später im November waren diese Schreiben fast ausnahmslos zustimmend, vielfach geradezu begeistert. Schlagartig war sie zur Symbolfigur einer ehrlichen Politik geworden.

Manche hatten im Internet eine private E-Mail-Adresse gefunden; dort war eine Dagmar Metzger als Psychologin verzeichnet; diese Dagmar Metzger war ein paar Jahre jünger, in Frankfurt geboren, arbeitete hauptsächlich mit dementen Patienten und hatte, wenn man so will, das Pech, ebenfalls in Darmstadt zu wohnen, allerdings auf der anderen Seite, in Arheilgen. Im Darmstädter Telefonbuch stand sie unter «D. Metzger».

«Ich bin die Richtige», sagte diese Dagmar Metzger, «sie ist die Falsche.» Schließlich war sie mit dem Nachnamen Metzger zur Welt gekommen, hatte ihn nicht erst erheiratet. Doch auch auf ihren Anrufbeantworter sprachen Unbekannte im

Minutentakt neue Nachrichten. Sie wollten gratulieren, ihr Herz ausschütten, erzählen. Was sie über Politik dachten, über Politiker, die Linkspartei. Ihre Erfahrungen in der DDR. Nach einer Weile sprach diese Dagmar Metzger einen neuen Text auf: «Hier ist der Anschluss von Dagmar Metzger. Ich bin nicht die SPD-Abgeordnete, und ich bitte Sie, von Nachrichten auf meinem Anrufbeantworter Abstand zu nehmen.» Viele hielt das nicht ab. Sie versuchte, ihre Mailanschrift aus den Suchmaschinen entfernen zu lassen; keine Chance. Sie beklagte sich bei der SPD-Fraktion, aber man konnte ihr nicht helfen. Manche Leute waren so hartnäckig, dass sie sagten: «Ich habe ja begriffen, dass Sie nicht die Richtige sind, aber ich will Ihnen meine Geschichte jetzt trotzdem erzählen.» Und taten das dann auch. Unter den 700 Mails, die sie binnen kurzem erhalten hatte, gab es nur vier oder fünf, deren Absender schimpften.

Für Ypsilanti war all das nicht weniger als eine Katastrophe. Es stimmt, dass sie zunächst gezögert hatte, ihr Versprechen zu brechen, sonst wäre es ja auch der schiere Wahnsinn gewesen, noch nach der Wahl das Gegenteil zu behaupten. Doch ihre Umgebung drang auf sie ein, ihre Berater, Mitglieder des Landesvorstandes, Vertreter von Gewerkschaften, Sozialverbänden und Arbeitsgemeinschaften: einerseits Leute, die auf die Ablösung Kochs brannten und die Abgeordneten der Linkspartei als Genossen zum Zweck akzeptierten, und andererseits solche, die in der Linkspartei Fleisch vom eigenen Fleisch sahen.

Ypsilanti war bewusst, dass sie ihren Ruf gravierend beschädigen, das angehäufte Vertrauenskapital verspielen würde, wenn sie nachgab. Aber schließlich hatte sie es doch getan; der Ehrgeiz siegte, und sie war es nicht gewohnt, politisch selbständig zu entscheiden. Das Argument, das im engsten Kreis letztlich den Ausschlag gab, lautete: Wenn Andrea erst einmal Ministerpräsidentin sei, könne sie den Wortbruch durch ihre Leistungen im Amt vergessen machen.

Das glich, wenn man genau hinsah, bestimmten, den Sozialdemokraten verhassten Praktiken eines entfesselten Kapitalismus: von Hedge-Fonds zum Beispiel, die mit geliehenen Riesensummen große Aktiengesellschaften kauften, um das Geschäft anschließend aus deren Vermögen zu finanzieren. Wie im «war room» solcher Wirtschaftskrieger wurden jetzt bei Ypsilanti nur noch Vertrauensleute durchgelassen, die fast alle in dieselbe Richtung drängten: «Du musst, du musst, du musst!» Wir stehen hinter dir! Es wird klappen! Darunter die beiden wichtigsten Vertrauten, der Lebenspartner Stork, der bewunderte Scheer. Ypsilanti folgte ihnen. Trotz all der fleißigen Arbeit an sich selbst fehlte ihr am Ende, was ihr auch am Anfang gefehlt hatte: die Eigenständigkeit.

Aber den Vergleich mit feindlichen Übernahmen zog natürlich niemand. Stattdessen wurde ein ums andere Mal erzählt, es handele sich um eine Risikoabwägung wie jede andere in der Politik, das Risiko sei zwar besonders hoch, der erhoffte Gewinn indes auch. Und immer wieder schärfte man Ypsilanti ein, dass es «keine Alternative» gebe. Der Schaden wurde billigend in Kauf genommen, weil man darauf setzte, durch ihn das Heilmittel in die Hand zu bekommen.

Und diese Rechnung hatte Dagmar Metzger durchkreuzt. Der erste Schritt war getan – den zweiten Schritt würde es nun nicht geben. Wenn man das vorher gewusst hätte!

Das erklärt, mehr als alles andere, die ungeheure Wut, die sich am nächsten Tag über Dagmar Metzgers Haupt entlud. Und es betraf ja nicht nur Ypsilanti. Thorsten Schäfer-Gümbel zum Beispiel hatte sich nach mehrstündiger «selbstkritischer» Debatte am Donnerstag gerade erst die Zustimmung seines Gießener Parteibezirks für den Kurswechsel (eine Gegenstimme) geholt, da lief über die Ticker, dass Dagmar Metzger ihn verhindern würde. Er sah sich «verarscht wie nie zuvor». Dass Koch nun im Amt bleibe, sei «der schwerste Wortbruch von allen», wütete er.

Metzger hatte die ganze Partei bis auf die Knochen blamiert, als sie nach den Gesprächen mit Ypsilanti und dem Landesvorstand auf ihrer Pressekonferenz sagte: «Ich gehe Ypsilantis Weg aus Gewissensgründen nicht mit.» Und: «Machtfragen dürfen in der Politik nicht alles sein.»

Walter war bange bei der Vorstellung, was auf der Parteiratssitzung am Morgen des 8. März auf sie zukommen würde. Er riet ihr ab, «um Gottes willen», überhaupt dort hinzugehen. Metzger sagte: «Nein, das würde aussehen wie Kneifen. Ich geh dahin. Wer A sagt, muss auch B sagen.» In der Frankfurter Parteizentrale am nächsten Morgen wich man ihr aus, gab ihr nicht die Hand, drehte sich weg. Eine Aura, die alle abstieß, schien sie zu umgeben, obwohl es im Raum, wo an die hundert Personen saßen, schon eng und stickig war.

Immerhin, Hans Eichel kam auf sie zu. Er sagte: «Mensch, Mädchen, was machst denn da? Das mag ja deine Einstellung sein, und wenn du sagst, es ist eine Gewissensentscheidung, dann glaub ich dir das. Aber dann musst du dein Mandat niederlegen.» Metzger erwiderte: «Ich sehe gar keine Veranlassung, mein Mandat niederzulegen. Ich bin frei und unabhängig gewählte Abgeordnete.» Eichel: «Ja, aber das wirst du jetzt erleben: Das wird dir hier keiner abnehmen. Also, überleg es dir.»

Die Sitzung begann mit frenetischem Applaus für Andrea Ypsilanti, die den Saal mit ihrer Entourage erst betrat, als alle anderen schon da waren. Dann wechselte der Gefühlsstrom Farbe und Richtung und ergoss sich als endloser Schwall von Vorwürfen und Beschimpfungen über Metzger. Sauerei! Verrat! Parteischädigung! Sumpf! Schickimicki-Tante! Fährt in den Skiurlaub! Eine Abgeordnete verlangte, Metzger solle ihre

Telefonverbindungs-Nachweise offenlegen, damit man alle ausfindig machen könne, die mit ihr gesprochen hatten. Die Verräter! Tesch durchfuhr ein Angststoß. Metzger hatte sie ja am Mittwoch aus der Schweiz angerufen.

Als fünfte oder sechste Rednerin bekam Dagmar Metzger Gelegenheit zur Stellungnahme, wurde aber laufend von Zwischenrufen unterbrochen. Ypsilanti intervenierte: «Lasst Dagmar jetzt mal ausreden.» Metzger empfand die Sitzungsleitung als fair, andere meinten, Ypsilanti habe lächelnd das Schlachtfest genossen.

Metzger machte im Stillen Atemübungen und versuchte, ihren Herzschlag zu dämpfen. Sie hatte das seit über dreißig Jahren trainiert. Ihre Mutter hatte sie darauf aufmerksam gemacht, weil Dagmar so ein kribbeliges Mädchen war: «Kind, Atemtechnik, Yoga, das wird dich dein Leben lang immer im Gleichgewicht halten.» Während die Schimpftiraden auf sie niederprasselten, konzentrierte sie sich auf ihre Atmung und lockerte die Muskeln; sie hatte seit geraumer Zeit ein präzises Gefühl für ihren Puls entwickelt; er lag auch jetzt bei sechzig. Impulsivität betrachtete sie schon lange als «Stilmittel».

Zaghaft zu ihren Gunsten sprachen Everts und Faeser, allerdings nur in einem allgemeinen Sinne, nämlich im Blick auf die Freiheit des Mandats. Das erforderte schon Mut. Auch sie bemängelten jedoch die Urlaubsfahrt. Jürgen Walter, selbst im Fokus der Kritik stehend, versteckte sich fast hinter dem Präsidiumstisch. Als Metzger sagte, es sei vielleicht an der Zeit, von der Schiene herunterzukommen, «dass wir die Wahlsieger sind, mit dem zweitschlechtesten Nachkriegsergebnis», brach ein Tumult los, und Ypsilanti, Grumbach und Schmitt mussten mit vereinten Kräften für Ruhe und Ordnung sorgen. Die Atmosphäre war hasserfüllt, beängstigend. Die hundert Personen in dem allzu engen Saal bildeten einen aufgewühlten Mob. Hans Eichel und Heidemarie Wieczorek, am Vorabend von Uwe Frankenberger telefonisch hinzugebeten, waren längst verstummt. Das Wutgeheul drang bis hinunter auf die Straße, wo es die wartenden Journalisten hörten. Es war eine Hetzjagd auf eine Abtrünnige.

Fast ausnahmslos forderten die Redner von Metzger, ihr Abgeordnetenmandat niederzulegen, sodass sie den Eindruck gewann, das sei vorher abgesprochen worden. Sie wusste nicht, dass der Landesvorstand, mit Walters Stimme, schon beschlossen hatte, sie dazu aufzufordern und auch einen entsprechenden Parteiratsbeschluss herbeizuführen; dann hätte sie einem Nachrücker Platz machen müssen, der vielleicht weniger störrisch gewesen wäre. Im Sommer versuchte die Parteiführung übrigens noch einmal, Metzger loszuwerden: Man bot ihr an, in den Bundestag zu wechseln. Metzger lehnte ab. Nein, sie wollte ihr Mandat behalten. Aber niemand widersprach auf der Parteiratssitzung den an sie gerichteten Forderungen, es aufzugeben – obwohl ein solcher Druck, von Fraktion und Parteigremien auf eine Abgeordnete ausgeübt, der Verfassung Hohn spricht. Freilich scheren sich auch andere Parteien darum wenig.

Was tat Metzger? Sie machte ihre Atemübungen. Sie achtete darauf, nicht selbst in Wut zu geraten, wollte unbedingt vermeiden, dass ihr vor Zorn Tränen in die Augen stiegen. Wenn es ihr zu bunt wurde, verließ sie den Saal, rauchte draußen eine Zigarette. Dann ging Silke Tesch ebenfalls nach draußen und gesellte sich schweigend zu ihr. So standen sie da und inhalierten den Qualm, ein trauriges Bild.

Der Einzige, der sich offen für Metzger schlug, war der Darmstädter SPD-Vorsitzende Glenz, der ihr schon am Donnerstagabend bei ihren Schwiegereltern beigestanden hatte. Er übte scharfe Kritik am Vorgehen der Parteiführung, daran, dass die Gremien, ob nun Fraktion oder Parteirat, nur Beschlüsse nachvollziehen sollten, die längst gefallen waren.

Und er wandte sich als Einziger gegen die Forderung, sie solle ihr Mandat zurückgeben: «Was wollt ihr eigentlich? Dagmar ist direkt gewählt. Die hat ihren Wahlkreis geholt.» Sie habe keine Veranlassung, ihr Mandat niederzulegen.

Am Ende «einigte» man sich auf eine Galgenfrist bis zur Fraktionssitzung am nächsten Dienstag. Bis dahin sollte sie sich entscheiden, ob sie umschwenken oder ihr Mandat niederlegen würde. Erschöpft sagte sie zu, dass sie sich das noch einmal durch den Kopf gehen lassen werde. Dann wurde im Protokoll niedergelegt, dass «der Aufbruch in die soziale Moderne zur Bildung einer Landesregierung unter Führung einer sozialdemokratischen Ministerpräsidentin Andrea Ypsilanti» weder «beendet noch gescheitert» sei. War das nun ein Beschluss oder eine magische Beschwörung?

Nach der Sitzung folgte Heidemarie Wieczorek Dagmar Metzger in den Waschraum und gab ihr ihre private Handynummer. Sie wolle mit ihr reden, ihr einmal aus ihrer politischen Erfahrung nahebringen, was man nun tun müsse. «Bei deiner Einstellung kannst du nicht bleiben. Ruf mich doch mal an.» Metzger dachte: Einen Teufel werde ich tun. Und kehrte noch einmal in den großen Saal zurück, den sie abgekämpft und erschüttert als eine der Letzten verließ. Sie wollte jetzt nicht den Journalisten in die Arme laufen.

Faeser, Everts und Tesch blieben bei ihr, Michael Metzger, ihr Schwager, stieß dazu. Tesch fiel es schwer, ihm ins Gesicht zu sehen. Er schaute nicht vorwurfsvoll, aber sie wäre am liebsten im Erdboden versunken. Dagmar Metzger zitterte am ganzen Körper. Die Frauen spendeten Trost. Mit Worten des Mitgefühls forderte auch Everts sie nun auf, ihr Mandat niederzulegen: «Das stehst du nicht durch.» Faeser genauso. Sie fügte hinzu, dass Metzger nicht der ganzen Partei ihren Willen aufzwingen könne. Michael Metzger: «Warum sollte denn Dagmar ihr Mandat zurückgeben? Sie hält sich doch nur an ihr Wahlversprechen.» Everts: «Ich wüsste nicht, wie ich so etwas überstehen und durchhalten könnte.» In der Fraktion zu bleiben käme einem «Höllenritt» gleich. «Überleg dir das gut.»

Dieser verstohlene Rat im beinah menschenleeren Saal war vermutlich wirkungsvoller als der einstündige Artilleriebeschuss zuvor. So kam sie doch noch ins Wanken.

Als sie am Abend wieder in Traisa war, kannten die Metzgers ihre lebenslustige Schwiegertochter kaum wieder, sie war am Boden zerstört, rührte weder das Essen noch den Wein an. Aber als sie, wieder zu Hause, eine Nacht darüber geschlafen hatte und am nächsten Tag dann auch ihr Mann heimkam, fand sie ihr Gleichgewicht wieder. Mails und Anrufe, mehrere tausend inzwischen, nicht zuletzt von Leuten aus ihrem Wahlkreis, bestärkten Dagmar Metzger, bei ihrem Entschluss zu bleiben. Über Günther Metzger, aber auch durch die Presse erreichte sie die Unterstützung vieler Seeheimer, auch die zweier ehemaliger Parteivorsitzender: Hans-Jochen Vogel und Rudolf Scharping. Brigitte Zypries schrieb ihr einen herzlichen Brief. Auch Hans Eichel rief nun an; er sprach nicht mehr davon, dass Metzger ihr Mandat niederlegen sollte, brachte stattdessen eine Mitgliederbefragung über den Linkskurs ins Gespräch. Politik ist ein seltsames Spiel.

Später fragten Dagmar Metzger und ihr Mann sich manchmal, ob alles anders gekommen wäre, wenn sie nicht in die Schweiz gefahren wären. Ob Dagmar wohl mitgerissen, überfahren worden wäre am 26. Februar in der Fraktion? Fernab und für sich, zusammen mit dem Ehemann und unter Freunden, war es am Ende leichter gewesen, die Entscheidung zu treffen. Nun notierte sie noch einmal ihre Gründe, für die Fraktion am Dienstag – wenn die ihr gesetzte Frist auslief – und für die Pressekonferenz danach.

Bevor sie an diesem Tag, dem 11. März, in die Fraktion ging, kam Günter Rudolph in ihr Büro und umarmte sie: «Mädel, du machst das ganz richtig.»

Am Samstag hatte er das nicht gesagt.

«Die hatten so viel Angst», meinte Metzger später. «Ich habe immer gedacht, ich bin nicht alleine, das weiß ich ganz genau. Die anderen trauen sich nur nicht.»

In der Fraktion trug sie ihre Erklärung vor: «Ob das zentrale Wahlversprechen gehalten oder gebrochen wird, ist und bleibt aus meiner Sicht eine Gewissensfrage. Die gesamte hessische SPD hat vor der Wahl eindeutig erklärt, es werde nach der Wahl keine Zusammenarbeit mit der Linken geben. Diese Tatsache wird noch nicht einmal von meinen schärfsten Kritikern bestritten. Bereits vor der Wahl war uns allen klar, dass die Linke in den Landtag einziehen könnte. Wir konnten also alle damit rechnen, dass wir in diese Situation kommen – trotzdem haben wir dieses Versprechen gegeben. Daher kann jetzt niemand so tun, als ob es sich um eine ganz neue, quasi unerwartete Situation handelt, mit der man den Wortbruch erklären kann.» Sozialdemokratische Politik könne man trotzdem machen. Da die Regierung Koch keine Mehrheit mehr habe, könne die SPD ihre politischen Ziele mit Anträgen und Gesetzesinitiativen durchsetzen. Sie schloss: «Mein Landtagsmandat werde ich nicht zurückgeben. Ich bin direkt gewählte Landtagsabgeordnete und daher in erster Linie den Bürgern meines Wahlkreises und meiner SPD in Darmstadt und dem Landkreis verpflichtet. Die SPD vor Ort hat mich nicht aufgestellt und die Bürger meines Wahlkreises haben mich nicht gewählt, damit ich bei den ersten auftretenden Problemen weglaufe, seien sie noch so groß. Außerdem bin ich der festen Überzeugung, dass ich – wenn ich jetzt mein Mandat abgebe – der Partei mehr schade, als wenn ich bei meiner Position bleibe. Ich stehe hinter Andrea Ypsilanti. Selbstverständlich werde ich sie in einer Ampelkoalition oder in jeder anderen politischen Koalition unterstützen. Die einzige Ausnahme ist die Zusammenarbeit mit der Linken. In dieser Frage bleibe ich bei meinem Standpunkt, wie ich ihn vor und nach der Landtagswahl immer wieder erklärt habe. Hieran kann auch ein Parteitagsbeschluss nichts ändern.»

VIER Carmen Everts oder
Der zweite Anlauf im Sommer 2008

Die Frau in der Frau

Mit Dicken macht man gerne Späße. Dicke haben Atemnot. Für Dicke gibt's nix anzuziehn, Dicke sind zu dick zum Fliehn. Dicke haben schrecklich dicke Beine, Dicke ham ein Doppelkinn. Dicke schwitzen wie die Schweine, fressen, stopfen in sich rin – sang Marius Müller-Westernhagen 1989. Das Lied endete mit den Worten: «Na, du fette Sau!»

Fette Sau: So werden Personen mit extremem Übergewicht mitunter tatsächlich angesprochen, von wildfremden Menschen, einfach so. Etwas freundlichere Zeitgenossen sagen: Nein, sind Sie fett! Lassen Sie sich doch mal das Fett absaugen! Aber eher wird das, was in diesem Song so roh zur Sprache kommt, hinter dem Rücken geäußert. Und meist spricht man es gar nicht aus, es ist sowieso unübersehbar, und was man nicht sehen kann, kann man sich denken. Dass Superfette «fressen», darüber redet man mit ihnen schon gar nicht, weil sie ihr Essverhalten verbergen und bestreiten. Üblicherweise behaupten sie, kaum etwas zu essen, nicht mehr jedenfalls als jeder andere. Wie bei anderen Essstörungen kann eine Sucht dahinterstecken, aber im Unterschied etwa zur Bulimie, bei der zum Fressen das Brechen kommt, sind die äußerlichen Folgen sozial unerwünscht. Eine Magersüchtige kann Model oder Schauspielerin werden, eine Fettsüchtige nicht.

Deswegen haben Superfette häufig mit Schamgefühlen zu kämpfen und fühlen sich diskriminiert. In Wirklichkeit ist der Umgang mit ihnen meist schonend. Ihr Problem ist ja unübersehbar – und doch kaum mitzufühlen: dass sie nur noch kurze Strecken laufen können, 200 Meter, 100 Meter, 50 Meter, dann verschnaufen, sich hinsetzen müssen, um den Rücken, die Knie, das Herz zu entlasten, schwitzend, keuchend «wie ein altes Kutschpferd». Dass sie nirgends mehr hineinpassen. Dass sie sich kaum noch die Schuhe zubinden können. Dass selbst das Autofahren für sie zur Qual wird. Und dazu immer die Scham.

Man thematisiert das in Gegenwart des Betroffenen nicht und auch kaum je in seiner Abwesenheit, weil nur die wenigsten in den Verdacht geraten wollen, so roh über andere zu sprechen wie Müller-Westernhagen in seinem Lied, der seinerzeit ja auch – gewiss beabsichtigt – Entrüstung entfesselte. Eher werden sehr dicke Menschen bemitleidet. Aber wer will schon bemitleidet werden?

Eigentlich teilt man schweigend ein Tabu miteinander. Man weiß, das Offenkundige würde verletzend klingen. Daher nennt man die Superfetten vielleicht gerade noch dick oder stark, schwer, stämmig, korpulent, vollschlank. «Fett» käme vielen Menschen, selbst in Abwesenheit des Betroffenen, gar nicht über die Lippen; sie wollen niemandem zu nahe treten, sich nicht abschätzig äußern. Lieber spricht man von «extrem übergewichtig», unter Ärzten von «morbider Adipositas», oder man nimmt Zuflucht zum unverfänglichen Zahlenwerk des Body-Mass-Index, der die Übergewichtigen je nach Schweregrad in Gruppen über 30, über 35, über 40, über 50 einteilt –

ein makabrer Aufstieg, den auch Carmen Everts von Station zu Station durchlief. Die Gesundheitsrisiken sind gewaltig: Die meisten Betroffenen leiden an Schlafapnoe, hinzutreten können Bluthochdruck, Diabetes, Herzerkrankungen, Krebs (insbesondere in Niere und Gallenblase), Überempfindlichkeit gegen Stress und psychische Erkrankungen. Die Lebenserwartung ist beträchtlich verkürzt.

In dem Film «Schwer verliebt» ist die verbreitete Schonung der Superfetten sogar ins Gegenteil umgeschlagen: Dort werden sie als die besseren Menschen gefeiert. Ein junger, selbst etwas übergewichtiger Mann, der nur perfekte Schönheiten als Partnerin akzeptieren will, wird hier buchstäblich verzaubert; jetzt sieht er die inneren Werte der anderen, sodass gute Menschen ihm schön, böse abstoßend hässlich erscheinen. Damit wird, in einer Komödie, deutlich gemacht, dass Aussehen und innere Werte oft auseinanderfallen; auch, dass äußere Schönheit den Charakter verderben kann. Umgekehrt erscheinen in diesem Film die Fetten als die wahrhaft freundlichen und guten Menschen. Sie sind zwar fast immer alleinstehend, engagieren sich aber in Hilfsorganisationen, arbeiten ehrenamtlich oder für ein Taschengeld im sozialen oder medizinischen Sektor, sind uneitel und nicht auf persönlichen Erfolg aus.

Man sollte meinen, dass dieser 2001 erschienene Film Betroffenen ganz gutgetan hätte, aber Carmen Everts empfand ihn, wie vermutlich viele andere in ihrer Lage, als diskreditierend: wegen der zusammenbrechenden Stühle, riesigen Unterhosen, gewaltigen Arschbomben und ähnlicher peinlicher Details. Die Scham bleibt eben unablässig spürbar, sie wird lediglich überspielt, indem man sich besonders humorvoll, patent oder fleißig gibt. Doch Jovialität und Gemeinsinn sind wie von Eiskristallen der Einsamkeit durchsetzt. Viele der Superfetten haben keinen Partner, und zwischen ihnen und den anderen steht eine Frostwand notdürftiger Lügen; sie leben wie ausgestoßen in ihren ausladenden, beschwerlichen Körpern; und weil man sie kaum je etwas essen sieht, weiß jeder, dass sie es heimlich tun, Vorräte anlegen, die Nahrung in irgendwelchen Nischen und Winkeln hinunterschlingen, pfundweise Naschwerk essen, literweise Süßgetränke trinken, abends und nachts, in ihren Wohnungen, allein. Man ekelt sich vor ihnen und fühlt sich dabei auch noch gemein. Und wenn jemand, wie Müller-Westernhagen, aus welchen Gründen immer, diese Wand einmal einreißt, gefriert sie sofort knirschend neu.

Der Weg ins Eis beginnt gewöhnlich in der Kindheit. Carmen Everts nennt ihre eine schöne Zeit. Sie kam an der Nordsee zur Welt, wuchs in Fedderwardergroden auf. Dieser Stadtteil Wilhelmshavens war drei Jahre vor Beginn des Zweiten Weltkriegs als «neue Stadt» für Matrosen und vor allem Arbeiter geplant worden, die hier am deutschen Marinehafen als Maschinisten dienen sollten. Fertig wurde Fedderwardergroden in Kriegszeiten nie. Wilhelmshaven hatte auf eine halbe Million Einwohner anwachsen sollen, doch durch die Niederlage hatte es seine militärische und ökonomische Bedeutung eingebüßt; heute hat die Stadt gut 80 000 Einwohner, ein Zehntel davon in Fedderwardergroden.

Carmens Vater war mit 14 Jahren ins Ruhrgebiet nach Kamen gegangen und hatte dort Bergmann gelernt, kam aber drei Jahre später nach Wilhelmshaven zurück und arbeitete in verschiedenen Berufen: als Steward, Leiharbeiter im Stahlbau, Kohlenfahrer, bei der Müllabfuhr. Als Carmens großer Bruder auf die Welt kam, war ihre Mutter 18 Jahre alt, und die Familie lebte zwanzig Jahre nach Kriegsende noch immer in einer Baracke, die als Notunterkunft errichtet worden war; im Winter mit Eisblumen an den Fensterscheiben.

Kurz vor Carmens Geburt 1968 bekam die Familie dann eine richtige Wohnung. Die Mutter war mit ihren Kindern aufs Amt marschiert und hatte dem Bürgermeister angedroht, die beiden Söhne in seinem Büro zurückzulassen, falls sie nicht endlich eine ordentliche Wohnung kriegte. Carmen Everts erzählt diese Geschichte voller Stolz. 1971 zog die Familie auf den Sportplatz des Wilhelmshavener Turnerbundes, wo der Vater, der es nirgendwo lange aushielt, eine Stelle als Platzwart angenommen hatte; dort lebten sie in einem Haus, in dem auch die Vereinskneipe war; drei Jahre später war es damit schon wieder vorbei, und sie zogen weiter nach Altengroden, in einen anderen Stadtteil. Hier bekam der Vater seine Alkoholsucht in den Griff und machte zunächst eine Abendschulausbildung, danach eine weitere zum Datenverarbeitungskaufmann und Wirtschaftsinformatiker – wie sich herausstellen sollte, ein sehr zukunftsträchtiger Beruf. Im Juli 1977 fand er eine Stelle bei Darmstadt, im kommunalen Gebietsrechenzentrum. Jahrzehnte später wurde er für seinen ehrenamtlichen Einsatz bei der Betreuung Alkoholkranker öffentlich ausgezeichnet.

Da war die Ehe von Carmens Eltern längst auseinandergegangen, die beiden trennten sich nur wenige Jahre nach dem Umzug ins hessische Ried. Dieser nordöstlichste Teil der Oberrheinischen Tiefebene, ganz flaches Land, war über Jahrtausende ein Sumpfgebiet, das beständig vom Strom überschwemmt wurde – «Ried» bedeutet eigentlich Schilf. Durch die Verwandlung des Rheins in eine regulierte Wasserstraße wurde der Boden zwischen dem großen Fluss und der Bergstraße für die Landwirtschaft erst so richtig im zwanzigsten Jahrhundert erschlossen; zunächst baute man dort hauptsächlich Tabak und Spargel an. Inzwischen war das Gebiet stark industrialisiert, mit dem Flughafen als Verkehrsknotenpunkt und dem Rhein als Transportachse, und während nur ein Stück weiter nördlich bei Nierstein und dann im Rheingau malerische Ortschaften und Weinberge, Villen, Klöster und Kapellen die Rheinufer säumen, bestimmen hier, etwa in Jürgen Walters Heimatort Gernsheim, Lagerhallen und Ladekräne das Bild. Hier wiesen keine hölzernen Schilder mit geschnitzten Lettern auf «Stimmungslokale» und Straußwirtschaften, hier hat noch niemand am Ufer gesungen: «Wenn das Wasser im Rhein goldner Wein wär ...»

Carmen fiel es schwer, sich in Goddelau einzuleben. Schon die Sprache war ganz anders als an der norddeutschen Bucht – das kleine Dorf mit seinen sauberen Einfamilienhäusern und dem bescheidenen Wohlstand der unteren Mittelschicht erschien ihr reich, die «Gesellschaft» überheblich, und sie fühlte sich als Außenseiterin, was in gewisser Weise noch zunahm, als ihre Eltern sich 1982 trennten und die Mutter mit den Kindern in eine Sozialwohnung zog. Da war Carmen 14 Jahre alt. Wenn sie ihre Ahnenreihe hinaufblickte, sah sie instabile Beziehungen, gescheiterte Ehen: bei der Mutter, der Großmutter, sogar der Urgroßmutter. Zu diesem Zeitpunkt hatte sie schon mehrere harte Diäten gemacht – die erste mit elf, zwölf Jahren – und danach immer noch stärker zugenommen. Bereits als Grundschulkind hatte Carmen festgestellt: «Ich bin anders als die anderen.» Weil sie so dick war.

Sie hatte früh Halt in institutionalisierten Gruppen gefunden. In Wilhelmshaven waren das die sozialdemokratischen «Falken» gewesen, aber die gab es in Goddelau nicht; ein weiterer Verlust. Dann hatte Carmen sich der katholischen Jugendgruppe angeschlossen, zusammen mit zwei Freundinnen begann sie mit zwölf, dreizehn Jahren die heilige Messe zu besuchen und beschloss bald, mit vierzehn Jahren, zu konvertieren. Die Eltern bestanden darauf, dass sie trotzdem weiterhin den evangelischen Konfirmandenunterricht besuchte, aber Carmen blieb bei ihrem Vorhaben, empfing an ihrem vierzehnten Geburtstag die Erstkommunion und wurde katholisch. Es war das Jahr, in dem die Ehe ihrer Eltern zerbrach.

Sie wurde Messdienerin, auch Obermessdienerin, und hatte, wie sie es ausdrückt, Spaß am Glauben, den «Glaubenserfahrungen», dem Miteinander, den morgendlichen Andachten in der Fastenzeit, den Rorate-Messen im Advent. Was ihr als Spiritualität vorkam, erschien jedoch nach einigen Jahren nur mehr als «kleines Karo», den Katholizismus empfand sie jetzt als einengend und starr, als Zwang, Lehrmeinungen blind zu akzeptieren. Mit 19 Jahren trat sie aus der Kirche aus. Schon in der Schule arbeitete sie gelegentlich, etwa am Wochenende, nebenher, half in einem Altenheim, in dem auch ihre Mutter tätig war, und machte einen Lehrgang zur Schwesternhelferin. Zu dieser Zeit war Jürgen Walter bei den Jusos eingetreten, und Carmen Everts begann ebenfalls, ihre Aktivitäten in diese Gruppe zu verlagern. 1989 trat sie der SPD bei. Ihr Übergewicht betrug da bereits über dreißig Kilo. Das war nicht mehr einfach nur dick.

2007, in dem Jahr, als sie Kandidatin für den Landtag wurde, lag sie gut einhundert Kilo über dem Idealgewicht. Auf den Visitenkarten, die sie für den Wahlkampf gedruckt hatte, erkennt man die Frau nicht wieder, die ein gutes Jahr später schlank und rank bundesweit über die Bildschirme lief. Carmen Everts sagt, sie habe sich vorher schon so gefühlt. Wie eine dünne Frau in einer dicken.

Ein politisches Paar

Nach dem 3. November 2008 hatte sich bald herumgesprochen, dass Everts und Walter schon seit der Schulzeit befreundet waren und praktisch ihr ganzes politisches Leben eng zusammengearbeitet hatten. Beide wurden von Journalisten oft gefragt, ob da mehr gewesen war, und beide verneinten. Es sei eine politische und zugleich eine persönliche Freundschaft. Walter fügte hinzu, dass er Everts nicht etwa unattraktiv gefunden habe, sie sei ja eine Frau, nach der sich die Männer auf der Straße umdrehten. Er erwähnte nicht, dass sie sich inzwischen aus anderen Gründen umdrehten als all die Jahre zuvor.

Es war eine merkwürdige, in ihrer Haltbarkeit über so viele Jahre hin doppelt merkwürdige Beziehung zwischen zwei sehr verschiedenen Menschen mit scharfem Verstand, eine Beziehung, in der nach außen stets Walter die wichtigere Rolle spielte, in der er die Entscheidungen fällte und Everts die Arbeit erledigte, in der er frei schien, sie aber gebunden – obwohl er sich so wenig daraus lösen konnte oder wollte wie sie. Zwei Menschen, die perfekt zueinander passten.

Das begann auf der Oberstufe des Gymnasiums in Gernsheim. Zwar waren die beiden dort schon zusammen eingeschult worden, aber durch die unterschiedliche Fremdsprachenwahl bald in unterschiedliche Klassen gekommen; sie hatten wenig Kontakt gehabt und sich irgendwann ganz aus den Augen verloren. Erst am Ende der Pubertät entdeckten sie sich erneut: Carmen Everts freilich erkannte in dem hübschen jungen Mann den bayerischen Jungen mit den rotkarierten Hemden und Lederhosen aus der Unterstufe, den sie kaum beachtet hatte, erst nicht wieder. Und er war «dann ein, ja, sehr cooler Typ».

Sie wurden ein politisches Paar. Fester verbunden als durch einen Treueschwur. Und immer waren die Rollen so ungleich verteilt wie die Erscheinungen. Walter war nach ein paar Jahren in der SPD schon Juso-Landesvorsitzender und mit dreißig im Landtag, und von da an ging es für ihn Schlag auf Schlag. Im selben Alter hatte Everts es gerade in den Kreistag geschafft: Als sie endlich im Landtag anlangte, stand ihr vierzigster Geburtstag vor der Tür. Das war 2008. In dem Jahr, in dem Walters politische Karriere auf nahe null gebracht wurde, hatte sie den Schritt in eine gewisse politische Selbständigkeit geschafft. Und da war sie plötzlich schlank. Die Veränderung war so stark, dass manche Leute im Parlament, in dem sie zuvor als Referentin häufig zu sehen gewesen war, sie nicht wiedererkannten.

In all diesen Jahren, zwei Jahrzehnten, jeweils der Hälfte ihres Lebens, besprachen Walter und Everts so ziemlich jeden wichtigen politischen Schritt, aber auch unzählige kleine Winkelzüge. Everts erklärt das mit dem Wort «Grundvertrauen», und als gebildete Frau weiß sie, dass dieser Begriff mehr meint als einfach «Vertrauen», etwa in die Aufrichtigkeit oder Verlässlichkeit eines Freundes, sondern dass er auf die Unbedingtheit eines Verhältnisses zielt, in dem der Mensch sich aufgehoben fühlen darf: Für kleine Kinder sind das die Eltern, für Erwachsene können es Menschen sein, die in jeder Lage bedingungslos zu ihnen halten, oder Gott. Sofern ihnen das Grundvertrauen nicht ganz abhandenkommt.

Walter spielte ihr gegenüber nicht den Chef. Sie war seine Vertraute, bewunderte seine rhetorischen Fähigkeiten und seinen Verstand, seine ganze Art, und selbst Walters Wechselhaftigkeit und Unzuverlässigkeit, seine unvorhersehbaren Launen machten sie daran nicht irre, es war ja alles immer auch ein Spiel, ein Glanz, ein Glück. Gerade die Eigenarten, die seine anderen Beziehungen früher oder später zerrütteten, scheinen auf Everts bindend gewirkt zu haben. Mit ihr konnte er sein Selbstbild teilen, letztlich hielt sie das Monopol auf uneingeschränkte Walter-Bewunderung, und das wiederum machte ihn abhängig von ihr.

Was andere Walter übelnahmen, steckte Everts klaglos weg: nicht nur die großen, sondern die vielen kleinen Rücksichtslosigkeiten, mit denen er unwillentlich zum Ausdruck brachte, dass er anscheinend niemanden wirklich achtete. Dass er nicht zuhörte, unterbrach, Schwierigkeiten hatte, konzentriert Gedanken anderer aufzunehmen, dass er ungezählte Signale der Kommunikation, der Körpersprache übersah und dadurch die Voraussetzungen des Wohlbefindens anderer beiseiteschob.

Dann die Rigorosität, mit der er Führung schon im Gespräch beanspruchte, sowie die Enge und partielle Taubheit, mit der er sie letztlich ausübte. Viele beklagten das: sein offensichtliches Desinteresse an den Debattenbeiträgen anderer (denen Walter, sobald er, etwa auf Parteitagen, seine Rede verrichtet hatte, nicht einmal mehr äußerlich zuhörte, sondern sich irgendwo beiseitestellte und – vermutlich mit Journalisten – in sein Handy sprach). Oder seine postulierte Ungebundenheit im Handeln, wodurch letztlich jede von ihm gefällte Entscheidung hoheitlich war, niemandem Rechenschaft schuldete.

Drei habituelle Muster flirrten, manchmal wie Bildstörungen, durch Walters Attitüde: fabelhafter Fuchs, solider Staatsmann, dekadenter Dandy. Es waren Verhaltensmuster der drei Politiker, zu denen Walter aufschaute: Roland Koch, Lothar Klemm und Rupert von Plottnitz. Aber auch das hatte mit Achtung wenig zu tun.

Vor allem Männern machten Walters Eigenarten zu schaffen, sie hielten schnell Distanz. Frauen bekam Walter leichter zu fassen, sein jungenhafter Charme stimulierte ihre Fürsorglichkeit, und sie ließen ihm seine Frechheiten durchgehen wie einem etwas ungezogenen Buben, der noch wachsen muss. So war es bei Faeser, bei Tesch. Aber keine war dabei so endlos duldsam wie Everts. Wenn sie sich beklagte, dann darüber, dass Walter sich gelegentlich nicht gründlich genug vorbereitete, irgendwelche Sachverhalte oder Überlegungen nicht beachtete und, vor allem, hin und wieder nicht zu erreichen war, «schwer zu greifen», wie Everts sagte. Sie beschwerte sich, dass er «entfloh», «entfleuchte», «entwischte». Mitunter grollte sie wie eine Mutter, dass sie ständig hinter ihm herräumen müsse, meinte damit aber politische Aufräumarbeiten, weil Walter nach langem Zureden trotzdem getan hatte, was er wollte. Während er eigensinnig oder bedenkenlos über andere hinwegging, trachtete sie danach, zumindest diesen Eindruck zu vermeiden. Aber Walter schmeckte eben ein Sieg mit Knoblauch besser als einer ohne, und letzten Endes, ohne dass er sich das je eingestanden hatte, schmeckte ihm der Knoblauch mehr als der Sieg. Und das ging Everts genauso.

Everts genoss es nicht weniger als Walter, im Mittelpunkt zu stehen, öffentliche Aufmerksamkeit auf sich zu lenken. Als die beiden Abitur machten, hielt nicht Walter, sondern sie die Abiturrede; bei der Abschlussfeier an der Uni fiel ihr dieselbe Aufgabe zu. Sie hatte ihre schöne Stimme ausgebildet und trat gern als Sängerin auf, tanzte, endlich schlank, in Frankfurt beim Christopher Street Day auf dem Wagen. Ihre Leibesfülle hatte vorher solchen Ambitionen Grenzen gezogen und diese Ambitionen zugleich unkenntlich gemacht, denn es ist schwer, fast unmöglich, Staralüren bei jemandem zu erkennen, den man bedauert.

Außerdem waren Everts' Umgangsformen ganz anders als die Walters; sie pflegte einen auf Konsens, in Wahrheit freilich auf Manipulation und Kontrolle ausgerichteten Stil. Der ging auf seine Weise anderen mitunter genauso gegen den Strich wie Walters Ellbogentrips. Dazu gehörten lavierendes Reden, unendliches Wenden und Winden aller möglichen Argumente, haltloses Kreisen und von innen nach außen gekehrtes Grübeln sowie drangvolle Gefühlsbekundungen – ihr «Hadern», im Aroma durchdringend wie Maggi in der Hühnersuppe. Aber tief verborgen in alldem, unsichtbar für alle, gab es immer ein Ziel, das sie verfolgte. Während Walter Politik in Ichform machte, stand am Ende einer Diskussion mit Everts das Wir: Wir haben das so besprochen, wir hatten die Idee, wir haben es beschlossen, wir hatten das Gefühl... So blieb ihre – oder auch Walters – Urheberschaft im Dunkeln. Sie spielte und taktierte nicht weniger als er, ihre Beziehungen zu anderen waren so funktional und brüchig wie seine. Meist spielten sie zusammen. Und konnten, wenn sie sich unbeobachtet glaubten, ihre

Siege drastisch, hemmungslos feiern. Andere zu ärgern war ihnen ein Hochgenuss.

Das war ein Erfolgsgeheimnis Walters: dass Everts ihm den Rücken freihielt, seine Botschaften unter das Fußvolk brachte, ihm half, Mehrheiten zu organisieren, Leute beeinflusste, die das nicht oder kaum mitbekamen. Und außerdem eine Menge Arbeit für ihn erledigte. Für das endlose Staubschaufeln, das den Großteil eines Parteilebens ausmacht, war sie zuständig; jammervoll nannte sie sich mitunter das «fleißige Lieschen». In Wahrheit war auch ihre Schaffenskraft nicht stetig und gleichmäßig, sondern schwankte zwischen sehr hohen und sehr niedrigen Drehzahlen, Phasen hoher Anspannung und solchen verschämter Niedergeschlagenheit, ihrem «Hadern» eben – dann zog sie sich zurück und brachte ganze Tage im Bett zu. Aber das hielt sie verborgen, sodass sie auf andere wirkte wie jemand, der mal mehr, mal weniger effektiv, aber jedenfalls ständig am Rotieren, Schaffen und Machen war.

In Wahrheit brauchte auch sie Walter, um Richtung in ihr Leben zu bringen, denn er selbst war diese Richtung, sein Weg war ihr Ziel. Zugleich bot Walter ihrer histrionischen Persönlichkeit so etwas wie ein Widerlager. Er war allerdings im Laufe der Jahre schwächer geworden, hatte abgebaut, wie ein Klavierspieler, der nicht übt. Im Zentrum seiner Politik stand eigentlich das Imagemanagement. Das konnte man bei Bedarf mit wohlgesetzten Worten begründen, mit Einsichten über den Zusammenhang von Bekanntheit und politischem Erfolg, der Macht der Medien, womit immer. Aber der wahre Sinn lag tiefer: Es machte Spaß. Nein, noch tiefer: Es musste sein. Im Mittelpunkt von Walters Politik stand ein gewaltiger Bau, das Luftschloss seines Selbstbildes. In diesem Schloss durfte auch Everts wohnen, als Putzfrau und Königsmutter. Aber sogar Luftschlösser werden irgendwann zu groß, selbst ihr Unterhalt ist irgendwann zu teuer, und am Ende kommt man mit der Renovierung nicht mehr hinterher.

Endlich angekommen

Auch in der SPD-Fraktion betrachteten viele die dicke Everts über Jahre als Walters fleißiges Lieschen – und übersahen dabei, dass sie sich ihrerseits den meisten überlegen fühlte. Sie war es gewohnt, sich über die wichtigsten taktischen und strategischen Fragen zusammen mit Walter Gedanken zu machen, und in gewisser Weise führten beide in ihrer Vorstellung seit Jahren die Partei. Verdeckt natürlich. Das war eine andere Ebene als die einer Referentin mit Zeitvertrag, und dass Everts das gelegentlich durcheinanderbrachte, sieht man auch daran, dass sie, noch bevor sie Abgeordnete war, im Landtag das Wort ergriffen und politische Ausführungen gemacht hatte, statt pflichtgemäß kurz und knapp auf eine konkrete Frage zu antworten, wie es Mitarbeitern im Parlament zukommt. Dass sie anschließend von einem sozialdemokratischen Abgeordneten deswegen zurechtgewiesen wurde, empörte und demütigte sie – im Kopf war sie ihrer Stellung eben voraus.

Als Referentin hatte sie darunter gelitten, dass Abgeordnete die von ihr vorbereiteten Redekonzepte und Argumente manchmal «verschnarchten», als Kreisvorsitzende hatte sie gemerkt: «Ich kann auch führen, ich kann auch in die erste Reihe.» Im Frühjahr 2007 jedoch, ein paar Wochen nach der so lange ersehnten Nominierung zur Landtagskandidatin, war sie plötzlich wie aus der Bahn geworfen: Der Körper spielte nicht mehr mit. Sie bekam massive Knieprobleme und konnte fast gar nicht mehr laufen; auch die anderen Befunde waren so dramatisch, dass sie sich in der Rückschau fragte, ob sie noch am Leben wäre, wenn sie damals nicht ärztliche Hilfe in Anspruch genommen hätte, um die Voraussetzungen für eine massive Gewichtsreduktion zu schaffen. Das war im Sommer 2007.

Und nun, nicht einmal ein Jahr später, war es wie ein Wunder. Als sie Abgeordnete wurde, hatte sie schon über siebzig Kilo abgenommen (zuletzt sollten es mehr als zwei Zentner sein) und konnte figurbetonte Kleidung tragen. Endlich war sie aus der Subalternität in die Selbständigkeit gerückt, der «Zuträgerrolle» entwachsen und auf einer «höheren Stufe» angelangt, im Kopf freilich war sie auch dieser Stellung bereits wieder voraus.

Wenn sie früher irgendwo anfing, hatte sie die Furcht bedrückt, irgendetwas falsch zu machen, zu spät zu kommen, was auch immer. Das war lächerlich, sie sagte es sich selbst, aber sie konnte es nicht abschütteln. Nun war das vorüber: Als Abgeordnete hatte sie fast alles selbst in der Hand, sie konnte ihre Aufgaben und ihren Zeitplan bestimmen, sie war frei. Plötzlich öffneten sich Türen, die zuvor verschlossen waren – wenn sie beim Staatssekretär anrief, wurde sie durchgestellt. Sie organisierte ihr eigenes Büro, führte Einstellungsgespräche für den Mitarbeiterposten, nun auf der Tischseite mit der besseren Aussicht. Schnell gab es die ersten Auftritte, schlank und schön fuhr sie beim Rosenmontagszug auf dem Wagen mit und warf Kamellen, und überall wurde sie von den Honoratioren freudig begrüßt; sie ging auf Veranstaltungen, Empfänge, Events und begeisterte die Leute allein schon durch ihr Erscheinen; auf einer Party der Arbeiterwohlfahrt sang sie ausgelassen «Ich will 'nen Cowboy als Mann». Ein neuer Lebensabschnitt hatte begonnen. Sie empfand, dass sie «angekommen» war. Und auch bei den Leuten gut ankam. Eine schöne Zeit, eine spannende Zeit. Eigentlich die schönste in ihrem Leben.

«Fühlst du nicht an meinen Liedern, dass ich eins und doppelt bin?», heißt es bei Goethe über das halb geteilte Blatt des

Ginkgo biloba: «Ist es ein lebendig Wesen, das sich in sich selbst getrennt? Sind es zwei, die sich erlesen, dass man sie als eines kennt?»

Sie hatte sich gegen den Linkskurs gewandt, half aber doch bei der Vorbereitung des Koalitionsvertrags mit. Während einer solchen nachmittäglichen Sitzung hatte Nancy Faeser angerufen und gesagt: «Dagmar trägt das nicht mit, die ist auf dem Weg zurück aus der Schweiz.» Es war am Donnerstag, dem 6. März. Everts holte tief Luft, sie dachte: Da geht jetzt eine Bombe hoch! Auf der einen Seite empfand sie Bewunderung für Metzgers Mut, auf der anderen empfand sie: Da detonieren gerade tausend Tonnen TNT, und wir sitzen mittendrauf. Was das alles bedeutete, war ihr nicht klar. Es hing ja auch von Walters Willen ab. Und der wollte, da brauchte sie nicht zu raten, vornehmlich zweierlei: Minister werden. Und Rache für Rotenburg. Everts fühlte sich, sagte sie rückblickend, von Metzger, die einfach tat, was sie für richtig hielt, regelrecht «überrollt». Nun war es nicht mehr möglich, gemeinsam nein zu sagen und den Druck auf viele zu verteilen, weil jeder Abgeordnete, der jetzt noch den Kopf herausstreckte, einfach «weggeschossen» worden wäre.

Das traf vor allem Walter. Im Landesvorstand hatte man ihm am 8. März wütend vorgehalten, Metzger mit seinen öffentlichen Bekundungen, wie falsch und gefährlich der Weg mit der Linkspartei sei, erst aus der Reserve gelockt zu haben; Walter wiegelte ab: Er müsse sich so äußern, um seinen Flügel der Partei bei der Stange zu halten, in Wirklichkeit stehe er loyal zu Ypsilanti. Dass er nach Rotenburg in kleinem Kreis gesagt hatte, das Maximum seiner Loyalität für sie werde «Schweigen» sein, wusste kaum jemand. Auf der Parteiratssitzung am 8. März, dem Tribunal gegen Dagmar Metzger, hatte er schweigend am Vorstandstisch gesessen und sich mit keinem Wort hinter die Angegriffene gestellt. Er wurde selbst heftig attackiert. Viele verdächtigten ihn, derjenige gewesen zu sein, der Metzgers Entschluss der Presse verraten und damit Ypsilanti jede Chance genommen hatte, mit halbwegs heiler Haut davonzukommen. Denn Metzgers Kalkül traf ja zu: Wenn sie bei ihrer Haltung blieb, hätte Ypsilanti öffentlich einlenken müssen, aber immerhin mit dem Anschein von Freiwilligkeit. Sie hätte einfach sagen können, sie habe sich schließlich gegen den Linkskurs entschieden, nach reiflichem Bedenken, pflichtgemäßem Erwägen, gründlicher Beratung, dem Koalitionsangebot der CDU.

Deshalb war der Zorn auf Walter groß wie noch nie. Während einige Medien bereits über die Zeit nach Ypsilanti spekulierten und sein Comeback ankündigten, hatte sich seine Stellung in der Partei dramatisch verschlechtert. Am 29. März auf dem Hanauer Parteitag goss es Wut wie aus Eimern auf ihn. Besonders übel nahm man ihm, dass er intern dem Linkskurs stets zugestimmt, öffentlich aber dagegen «gestänkert» hatte. Derweil zog Ypsilanti im Triumph in der Halle in Hanau ein. In ihrer Rede pochte sie auf den verspielten Wahlsieg, stilisierte sich zum Opfer und gestand nur «handwerkliche Fehler» ein. Das blieb fortan ihr Kurs, und die Delegierten stellten sich trotzig hinter die Vorsitzende.

Wieder gab es die Ypsilons, die Sticker, die T-Shirts; vor der Halle standen die Fußtruppen Spalier, Jusos, alte IG-Metaller, und auf diese «Demonstranten» bezog sich Ypsilanti, wenn sie in ihrer Rede von den «Menschen draußen» sprach. Metzger war dem Parteitag ferngeblieben. Der Prellbock war Walter. Aber auch Nancy Faeser wurde schon bei ihrer Wahl in das Parteitagspräsidium ausgebuht, sie hatte noch gar kein Wort gesagt. Das wiederholte sich, als sie und Walter sich dagegen wandten, dass die Partei eine große Koalition kategorisch ausschloss. Alle möglichen Redner forderten, wer anders denke, solle die Partei verlassen, mehrere verlangten von Walter, seine Parteiämter niederzulegen. Everts bekannte sich, in einem durchweg zurückgenommenen Redebeitrag, zu ihren Bedenken gegen eine Linkstolerierung und erinnerte Ypsilanti an ihr Wahlversprechen: «Du hast das versprochen, ich habe das versprochen.» Jetzt habe die SPD massiv an Vertrauen verloren. Man müsse über all das diskutieren. So hatten ihre Beiträge auch in der Fraktion geendet: Man müsse diskutieren. Es gab spärlichen Beifall, und beim Gang durch die Reihen wurde Everts angezischt. Der Antrag, die Option einer großen Koalition zu erhalten, bekam etwa ein Viertel der Stimmen und war damit abgelehnt, aber dem Leitantrag, der den Weg mit der Linkspartei guthieß und eine große Koalition mit der «Schwarzgeld-CDU», der «Partei der jüdischen Vermächtnisse», wie Ypsilanti gesagt hatte, ausschloss, stimmten neunzig Prozent der Delegierten zu. Generalsekretär Schmitt verglich Koch in einer Anspielung gar mit Hitler. Vier Wochen nach der Wahl beglaubigte die Partei mit riesiger Mehrheit den Wortbruch und machte ihn sich erst damit zu eigen.

Mehr noch als durch die Wut prägte dieser Parteitag durch den Jubel, die Begeisterung, die rhythmischen Ovationen das Bild einer Sekte. Der greise Gastredner Erhard Eppler beschwor Willy Brandts größte Zeiten, als lebte man mittendrin, und Ypsilanti beendete das Jubelfest in strahlender Laune, als habe sie erst jetzt, an diesem Samstag, die Wahl voll und ganz gewonnen. Die Partei, deren Ansehen am Boden zerstört war, feierte sich wie noch nie. Es war, als beginne nun erst richtig der Aufbruch nach «Ypsiland», wie die «taz» schrieb. Gespenstisch. Die Genossen schlossen die Reihen und zogen sich von der Außenwelt zurück.

Im Landtag hieß es weiterwursteln. Koch würde geschäftsführender Ministerpräsident bleiben, aber die SPD wollte ihn zusammen mit den Stimmen der Grünen und der Linkspartei vor sich hertreiben. Sie konnten mit ihrer Mehrheit Gesetze beschließen, welche die Landesregierung ausführen musste. Dann würde man weitersehen. Gernot Grumbach hatte die Parole ausgegeben, nun erst einmal mit der Linkspartei fallweise «in aller Ruhe» und «ohne öffentliche Begleitmusik» zu reden. Zwei Tage nach dem Parteitag erfuhr Everts, und noch nicht einmal von ihm selbst, dass Walter aus dem Fraktionsvorstand ausscheiden, sich nicht wieder zum stellvertretenden Vorsitzenden wählen lassen wollte. Sie war entsetzt. Sie bestürmte ihn, seine Meinung zu ändern: Er sei schließlich die Führungsfigur der Pragmatiker, ohne ihn seien sie «enthauptet». Doch Walter blieb dabei. In der nächsten Aufwärts-Runde warb Everts für Walter, er müsse wieder antreten. Walter selbst war nicht dabei, kam, wie so oft, zu spät. Und Everts musste feststellen, dass ein Teil der pragmatischen Abgeordneten Walters Rückzug billigte, wenn nicht gar begrüßte. Sie hatten genug von ihm.

Everts redete ihm trotzdem nochmals zu, «mit Engelszungen». Er aber ließ sich nicht erweichen: «der trotzige Herr Walter». Zumal er bei der Wahl vermutlich gescheitert wäre. Everts, die sich bei der Verteilung der Arbeitskreise kaltgestellt sah, kandidierte, selber trotzig, für einen Arbeitskreisvorsitz und verlor – weil sie nicht alle Aufwärts-Stimmen bekam. Als Neuling sitzen auch andere in der letzten Reihe, erhalten auch andere nicht gleich einen Ausschussvorsitz, doch das entsprach nicht Everts' Selbsteinschätzung als Kreisvorsitzender, langjähriger Netzwerkerin und, unausgesprochen, Walters besserer politischer Hälfte. Vielleicht wollte sie viel zu viel, alles auf einmal, endlich. Und fühlte zugleich: «Es kriegt alles Risse.» Dann der Gedanke: «Verdammt, dafür hast du nicht gearbeitet, dass das jetzt alles wieder hinten runterfällt.»

Für die konstituierende Sitzung des Landtags am 5. April hatte sie sich einen feuerroten Blaser gekauft. Schon seit Wochen hatte sie auf ihren Geburtstag hingelebt, den 12. April. Den vierzigsten. Keine Midlife-Crisis. Im Gegenteil: ein Festtag auf dem Hochplateau, vor dem Gipfelsturm. Jede Menge Grund zum Feiern. Endlich unabhängig, endlich schlank. Auf diesen Tag hatte Carmen Everts regelrecht «hingearbeitet», wenigstens seit eineinhalb Jahren, eigentlich länger. Ein Riesenbahnhof sollte es sein. «Da holst du dir alles ab, die Komplimente für deine Figur und den Glückwunsch für das Mandat, die Belohnung für alles.» In drei Wellen kamen die Gäste, vormittags die Partei, dann mittags und nachmittags die Partei und abends schließlich Verwandte, Freunde, Kollegen, hauptsächlich aus der Partei. Gefeiert wurde in einer Grillhütte, eine Rockband spielte, die «Dirty Fingers», Musik von den Stones, Creedence Clearwater, AC/DC, schön laut. Es war ein netter Tag. Ein schöner Tag. Mit dem «Gefühl, angekommen zu sein in dem neuen Leben». Manche hatten sie eine Weile nicht gesehen, staunten über den unfasslichen Gewichtsverlust. Jetzt steckte die dicke Frau, noch tiefer verborgen, in der dünnen.

Die Kunst der Politik

Über die «Kunst, Politik zu machen», hat Walter oft und gern gesprochen. Hauptsächlich bestand sie darin, nichts mit dem zu tun zu haben, was man selber angezettelt hat, seine Absichten zu verbergen, andere für sich handeln zu lassen. Seine Wahl zum Fraktionsvorsitzenden 2003 mit Hilfe der Linken und den anschließenden Schwenk nach rechts erklärte er so: «Links blinken und rechts abbiegen.» Auch 2008 hat er seine autonome Pressepolitik im Landesvorstand gleichsam damit erläutert, dass er rechts blinken, aber links abbiegen wollte. Das hatte er in den letzten Jahren oft genug getan, hatte sich öffentlich von der Partei distanziert und war schließlich doch jedes Mal mitgegangen. Zum Beispiel sprach er sich für Studiengebühren aus und stimmte dann trotzdem für ihre Abschaffung, als SPD, Grüne und Linkspartei dies ins Parlament einbrachten. So wie auch Andrea Ypsilanti immer gegen die Agenda geredet, im Parteipräsidium aber dafür gestimmt hatte. Hier blinken, dort abbiegen: die Kunst der Politik.

Ein anderes Kunststück: «Ich treibe jemanden aufs Dach und nehme dann die Leiter weg.» Vielleicht hat Walter das von Koch gelernt, der die SPD 1999 mit seiner Unterschriftenkampagne aufs Dach trieb, wo sie dann die nächsten Jahre zubrachte. Im Wahlkampf 2008 hatte die SPD dasselbe mit ihm gemacht. Andrea Ypsilanti hatte das in ihrer «Grundskizze der politischen Wahlkampagne für Hessen» dargelegt, die ganz auf «Polarisierung» setzte. Wenn die SPD polarisiere, werde Koch ebenso reagieren, hieß es dort, und «willkürlich» zuspitzen, dagegen seien «die meisten Wähler inzwischen misstrauisch». Also: aufs Dach treiben, Leiter umwerfen. Es hatte funktioniert.

Und nun war wieder Koch an der Reihe. SPD, Grüne und Linkspartei hatten im Landtag gemeinsam beschlossen, die Studiengebühren abzuschaffen, und ihren Sieg bereits kräftig gefeiert; doch die Gesetzesänderung enthielt einen peinlichen Fehler: Der entscheidende Passus war nicht gestrichen worden. Koch erläuterte das völlig überraschend am späten Nachmittag des 5. Juni in einer Regierungserklärung, zu der Dirk Metz die Presse zusammengetrommelt hatte: Das Gesetz sei «Unsinn» und könne nicht verkündet werden. Darauf habe er zuvor nicht hinweisen müssen, die Landesregierung sei nicht die «Gouvernante» des Parlaments. Derart bloßgestellt, gerieten Sozialdemokraten und Grüne in Wut; sogar Dagmar Metzger kündigte nun an, ihre Entscheidung nochmals zu überdenken.

Im Grunde war es der Startschuss für Andrea Ypsilantis zweiten Anlauf auf das Amt des Ministerpräsidenten. Zumindest schien es so. Und es war auch so gedacht. Später erinnerte sich Koch mit diebischem Vergnügen daran, dass die

Hälfte seiner Fraktion an diesem Tag «angstschlotternd» in den Abgrund geschaut habe, seine Augen sprühten förmlich Funken, wenn er davon erzählte. Die Angsthasen fürchteten, dass der Ministerpräsident mit dieser Provokation aus schierem Übermut das absehbare Ende der Unions-Regierung herbeigeführt habe. «Die Katze lässt das Mausen nicht», so hieß es auch in der CDU. Aber Koch und Metz schätzten die Lage ganz anders ein; sie waren zu dem Schluss gelangt, dass die Zeit inzwischen gegen sie arbeitete. Koch wollte keineswegs vermeiden, dass Ypsilanti abermals versuchte, sich zur Wahl zu stellen, im Gegenteil: Er wollte, dass sie es tat. Weil er mit ihrem Scheitern rechnete. Und er nutzte die erste Gelegenheit, die sich ihm bot, seinen Beitrag dazu zu leisten.

Und merkwürdig genug: Schon vor Kochs Regierungserklärung am 5. Juni, am Rande der Plenarsitzung dieser Woche, trafen Gerrit Richter, Nancy Faeser und Carmen Everts im Lumen auf dem Marktplatz zusammen und befanden, dass es an der Zeit sei für einen zweiten Anlauf Andrea Ypsilantis. Richter sagte, die Initiative sei allein von ihm ausgegangen; aber es ist unwarscheinlich, dass Walter und er sich darüber nicht zuvor unterhalten haben. Da Richter kein Abgeordneter war, konnte er ohnehin nur in Walters Namen verhandeln. Und vielleicht hatte Walter auch mit Koch kommuniziert? Sie waren in den letzten Jahren mehrfach gemeinsam unterwegs gewesen.

Und diesmal wollten die Netzwerker und Aufwärts-Leute von vornherein in vollem Umfang eingebunden werden. Für Walter war das zugleich die Gelegenheit, aus seiner Umlaufbahn zurückzukehren; selbst aus Sicht von Everts hatte er sich ja im Frühjahr «ins Off geschossen». Faeser, Richter und Everts hatten das so abgesprochen: dass der Anlauf zur Macht mit Hilfe der Linkspartei, der im März gescheitert war, wiederholt werden müsse. Ohne ihr Zutun, ihre Initiative, das war ihnen bewusst, würde es nicht gehen. Und diesmal wollten sie den Preis bestimmen.

Das war im Kern ein Standpunkt, den Walter schon auf der Aufwärts-Klausur Mitte Februar vertreten hatte. Und nun, im späten Frühjahr, forderte er in den Medien zwar weiterhin die große Koalition, machte aber eine Einschränkung: «wenn», sagte er, «Andrea Ypsilanti keinen zweiten Versuch wagen wolle». Damit setzte er ein Signal, das öffentlich nicht wahrgenommen wurde. Intern allerdings hatte der Ypsilanti-Flügel sehr genau registriert, dass es nunmehr die andere Seite war, die darauf hinwies, dass man «eine Diskussion führen» müsse. Damit war Richter auch schon bei Norbert Schmitt gewesen. Und so hatte Walter dann auch selbst auf einem Süd-Bezirksparteitag Mitte Juni gesprochen, desgleichen Everts, Faeser und Richter. Im Kontakt mit Norbert Schmitt stimmte Richter fortan, bis in den Herbst hinein, immer wieder die Einzelheiten ab. Die beiden funktionierten in diesen Monaten zwischen rechtem und linkem Parteiflügel wie Federung und Dämpfung, autorisiert von Ypsilanti und Walter.

Everts erblickte in dem gesamten Vorhaben den Zweck, «einen Diskussionsprozess zu organisieren, der Jürgen wieder stabilisiert», anders gesagt: der ihn als Gegenspieler Ypsilantis wieder auf Augenhöhe bringen sollte. Sie hatte zusammen mit Faeser und Richter die «Anforderungen an einen solchen Diskussionsprozess» festgelegt. Wieder ging es um die «Sicherheitsgurte», Erklärungen, welche die Linkspartei abgeben sollte, dass sie eine ordentliche Partei sei und den Rechtsstaat respektiere, Walter wählen würde et cetera. Jetzt wurde das «Kriterienkatalog» genannt. Nach der Sommerpause sollte es losgehen. Das erklärte Ziel: Walter das Wirtschaftsministerium zu erobern, das ihm seiner Meinung nach seit der Rotenburger Niederlage gleichsam als Trostpreis zustand. Doch wie gesagt, nicht alle Aufwärts-Abgeordneten teilten diese Auffassung. Einigte trauten Walter inzwischen nicht mehr. Zum Beispiel Uwe Frankenberger, den Walter in der Sommerpause angerufen hatte, um ihn davon zu überzeugen, dass ein zweiter Anlauf mit der Linkspartei gewagt werden müsse, weil er «alternativlos» sei.

Dass Walter sich seit Wochen kaum noch hatte blicken lassen und sogar für Everts fast nur noch am Rande von Plenarsitzungen zu fassen war, hing auch mit dem Beginn seiner Beziehung zu Esther Petry zusammen, von der Everts erst durch die Mitte Juni bekanntgegebene Verlobung erfuhr. Die Ankündigung kam zusammen mit Petrys Ausscheiden aus der CDU-Pressestelle. In der SPD gab es natürlich viel Gerede über Walters Verhältnis zu einer CDU-Sprecherin; als ihre Freundschaft bekannt wurde, waren gerade viele Abgeordnete auf dem Hessentag beisammen. Doch Everts fuhr wütend dazwischen: Das sei Privatsache. Sie schrieb Walter «am nächsten Tag gleich» eine SMS, dass sie das klasse fände und viel Glück wünsche.

Den ziemlich verregneten Urlaub verbrachte Everts in Holland, vorher hatte sie noch ein Medientraining absolviert: wie man kurze Antworten findet, vor der Kamera agiert, was man dazu am besten anzieht. In Holland ging sie spazieren, schwamm und frönte ihrer neuen Leidenschaft, dem Kauf von Kleidung, Schmuck und Drogistenware. Nach der Rückkehr aus Holland traf sie ein schwerer Schlag: Ihre Katze litt an Atemnot, vermutlich wegen eines Tumors. Das Tier war siebzehn Jahre alt und musste eingeschläfert werden. Everts' andere Katze, Mogli, war vor einiger Zeit überfahren worden, die überlebende Leonie war ihr seither wie ein kleiner Hund gefolgt, empfing sie abends in der Wohnung und setzte sich beim Fernsehen schnurrend auf ihre Schulter. Everts nannte sie ihr «Ein und Alles».

Wenig später, am 16. Juli zur Kaffeezeit, versammelte sich Walters Truppe unter maximaler Diskretion bei Carmen Everts zu Hause. Sie wollten Ypsilantis zweiten Anlauf vorbereiten: Walter und Everts, Faeser, Richter und Nina Hauer. Sie waren der Meinung, dass Ypsilanti zu Beginn des Jahres dilettantisch vorgegangen war; jetzt wollten sie selbst das Heft in die Hand nehmen. Der Linkspartei sollten nicht nur demokratische Lippenbekenntnisse, sondern auch konkrete Zusicherungen über die künftige Zusammenarbeit abverlangt werden, die auf eine unerklärte Koalition hinausliefen. Tatsächlich wurde der Linkspartei später der Koalitionsvertrag zwischen SPD und Grünen vorgelegt, am 30. Oktober stimmte sie dem Tolerierungsmodell in einem Mitgliederentscheid zu. All das wurde in den Grundzügen schon an diesem Abend in Everts' Wohnung vorbereitet, dort entwarf man bereits die Einzelheiten eines «Fahrplans» in die Regierungsverantwortung.

Am 28. Juli gab es dann ein Treffen in der «Bauernschänke» in Eschborn, einer Stadt im Main-Taunus-Kreis vor den Toren Frankfurts, Wahlkreis Roland Kochs und Nancy Faesers. Gerrit Richter war hier Kreisvorsitzender. Für die Pragmatiker nahmen er, Faeser, Everts und die Bundestagsabgeordnete Nina Hauer daran teil, für die Vorwärts-Gruppe kamen Norbert Schmitt und Gernot Grumbach. Es ging um die Klärung «atmosphärischer» Fragen. Richter beklagte sich über die Art und Weise, wie die Pragmatiker auf dem Hanauer Parteitag untergepflügt worden waren, über den Personenkult um Ypsilanti und die ständigen Machtdemonstrationen der Linken. Unter anderem deswegen stecke der Karren tief im Dreck. Um ihn aber herauszubekommen, benötige man beide Räder, das linke wie das rechte.

Die Ansage war unmissverständlich: Ohne uns geht es nicht. Den Linken stellte es sich so dar, als wollten die Aufwärts-Leute sich ihre Zustimmung teuer bezahlen lassen. Schon vorher war für sie der Stein des Anstoßes die Person Walter gewesen; Grumbach und Schmitt beklagten sich über dessen Illoyalitäten, räumten indessen ein, dass in Hanau einiges schiefgelaufen war. Aber inzwischen habe sich die Atmosphäre doch entspannt, man habe endlich auf einer «Arbeitsebene» zusammengefunden. Als Everts auf ihre Promotion hinwies, lobte Grumbach die Arbeit, er habe sie gelesen.

Nach solchen Artigkeiten ging es zur Sache: Schmitt sagte, dass der zweite Anlauf «notwendig» sei, und niemand in der Runde zog das in Zweifel. Es wurde skizziert, wie der «Diskussionsprozess» organisiert werden solle, sodass die Partei diesmal von vornherein und nicht erst hinterher eingebunden wäre: nämlich durch sogenannte Regionalkonferenzen – ein Vorschlag, den Gerrit Richter einbrachte. Allen Beteiligten, und im Hintergrund auch Jürgen Walter, war bewusst, dass sich zum Jahresende hin die Lage im Parlament verändern würde. Einen Haushalt würde die Landtagsmehrheit ohne Hilfe der Regierung nicht einbringen können. Koch würde dann mit einem «vorläufigen Haushalt» weiterregieren, und von da an würde es keine der kostenrelevanten Neuerungen mehr geben, mit denen der Weg in die soziale Moderne gepflastert war, egal, was der Landtag beschloss.

Für Everts stand über allem ein Ziel: Walter wieder ins Spiel zu bringen, ihn, wie sie es ausdrückt, «aus dem Schmutz rauszuholen». Auch in Eschborn sprach sie über ihre Bedenken gegen die Linkspartei und bestand auf einer «ergebnisoffenen Diskussion», kündigte aber an, dass sie am Ende ein Parteitagsvotum akzeptieren würde. Das Eis zwischen rechts und links, so sah es Everts nach diesem abendlichen Treffen bei Braten, Serviettenknödeln und Salat, war gebrochen. Norbert Schmitt war danach beim Wein gelöst wie lange nicht mehr. Faeser dachte: «Ein anderer Mensch.» Everts: «Der erste Anlauf ist ja komplett an uns vorbeigegangen, da sind wir ja praktisch vor den Kopf gestoßen worden.» Nun hatte sie den Eindruck, «dass sie wenigstens verstanden haben, dass man miteinander reden muss». Endlich war alles «vernünftig, rational und auch souverän». Vor Silke Tesch allerdings, die zu dieser Zeit immerhin Aufwärts-Sprecherin war, hielten Everts und Walter die Existenz dieser Runde sowie die dort getroffenen Absprachen sorgsam verborgen. Sie waren mit Everts' späterer Darstellung, sie sei gepresst worden, auch nicht zu vereinbaren. Das Gegenteil traf zu. In der Zeit dieser innerparteilichen Verhandlungen war sie eine treibende Kraft.

Auch Dagmar Metzger hatte von alledem keine Ahnung.

Eine gute Gelegenheit, davon zu berichten, hätte Everts schon am nächsten Tag gehabt. Da waren Tesch und Everts nämlich bei Ypsilanti eingeladen, die eine für ein Uhr, die andere für halb zwei. Die Vorsitzende führte jetzt Gespräche im Halbstundentakt, nachdem in der Fraktion Kritik laut geworden war, sie nähme sich zu wenig Zeit für die Abgeordneten. Ypsilanti unterteilte entschieden in Freund und Feind. Das erklärt, warum sie von vielen Abgeordneten als kühl und verschlossen wahrgenommen wurde, während andere ihre Wärme und Herzlichkeit rühmten. Das schloss auch die Journalisten ein, die von Ypsilanti in wohlgesinnte und «hoffnungslos verkommene» eingeteilt wurden.

Über ihren Schatten freilich kam sie auch in den Gesprächen mit den Aufwärts-Abgeordneten, denen sie an diesem Tag auf den Zahn fühlte, nicht hinweg. Sie hatte die rote Robe abgelegt, in der sie kurz zuvor für die «Bunte» fotografiert worden war, und war von dem Fotoshooting noch immer auffällig stark geschminkt. Sichtlich um Zugänglichkeit bemüht, fragte sie Everts nach ihrem Befinden, wie es ihr gehe, jetzt, da sie Abgeordnete sei; es wirkte auf Everts aber alles angestrengt und gezwungen. Dann ging es wieder um die Linkspartei, und Ypsilanti sagte: «Ach, weißt du, ich kann halt nicht mit der CDU.» Und es würde nun auch wirklich Zeit für die soziale Moderne.

In dieser Woche besprachen Faeser, Richter und Walter in

Faesers Büro im Landtag das nächste Treffen der flügelübergreifenden Vorbereitungsgruppe, zu dem diesmal auch Walter und Ypsilanti kommen sollten. Dabei sollten auch die personellen Forderungen der Pragmatiker zur Sprache gebracht werden. Später wurde verabredet, dass Faeser und Richter die Details aushandeln sollten.

Der «Fahrplan» wurde dann den Abgesandten des linken Parteiflügels beim zweiten Eschborner Treffen vorgelegt, das am 4. August stattfand, genau eine Woche nach dem ersten. Die Details hatten Schmitt und Richter bereits miteinander besprochen. Es war dieselbe Besetzung wie beim letzten Mal, erweitert um Ypsilanti und Walter. Das heißt, die Sache wurde offiziell. Der Fahrplan wurde fest verabredet, dazu die Organisation einer «Diskussion» auf Regionalkonferenzen und in verschiedenen Gremien, dann noch die Vorstellung eines «Kriterienkatalogs» für die Linkspartei. Man besprach, wie Everts es geläufig ausdrückte, ein «Bild zu stellen»: das einer kritischen, von beiden Seiten aber verantwortungs- und problembewusst geführten Diskussion; der «heuchlerischen» CDU dürfe es nicht mehr erlaubt sein, einen Keil in den Spalt der SPD-Fraktion zu treiben. Walter und Ypsilanti sollten den zweiten Anlauf diesmal gemeinsam verkünden und auch gemeinsam, das heißt mit verteilten Rollen, vor die Presse gehen, wobei, mit Everts' Worten, «Jürgen den Part des Kritikers» übernehmen würde, «der die Bedenken vorbringt». Der gemeinsame Auftritt sollte ein Signal setzen, «dass wir souverän diese Krise lösen und den Karren zusammen aus dem Dreck fahren wollen».

Außerdem war in Eschborn verabredet worden, ein «Personalpaket» zu schnüren. Die Pragmatiker verlangten drei Minister und einen Staatssekretär. Dazu gab es dann später zwei Gesprächsrunden mit Ypsilanti, Schmitt, Richter und Faeser. Walter warb öffentlich zunächst weiter für die große Koalition, bereitete aber zugleich die kleine vor, indem er auf dem Parteitag der Süd-Hessen am 14. August feststellte, dass eine Neuwahl «die vorsätzliche Exekution der hessischen Sozialdemokratie» sein würde. Vor allem wäre sie der Exekution von Walters ohnehin geschrumpfter Machtbasis gleichgekommen, weil die vorhersehbare Niederlage bei Neuwahlen zahlreiche Pragmatiker aus dem Parlament «rasieren» würde. Und wie der Fahrplan es vorsah, setzte sich der Zug in Bewegung. Everts' Kriterienkatalog wurde erstellt, und selbstredend erfüllte die Linkspartei durch Zusagen die Kriterien, während sie in der Praxis laufend dagegen verstieß, unübersehbar. In eine Parlamentsanhörung hatte sie als «Sachverständige» Angehörige der «Roten Hilfe» eingeladen, eine Organisation aus dem früheren RAF-Umfeld, und im Kelsterbacher Wald beteiligte sich ihre Fraktion, ein Organ der Gesetzgebung, selbst an Gesetzesverstößen: der rechtswidrigen Errichtung einer Hütte als Widerstandsnest gegen den Flughafenausbau. Ihre Taten enthüllten ihre Worte als Lippenbekenntnisse. Wie konnte man auch annehmen, dass eine Partei sich dadurch ändert, dass man es von ihr verlangt?

Wenn Everts' Bekundungen ernst gemeint gewesen wären, hätte sie spätestens jetzt die Reißleine ziehen müssen. Wann sonst? Nach dem Ende erfolgreicher Koalitionsverhandlungen auf einem abschließenden Parteitag? Ausgeschlossen. Niemand, der auch nur ein paar Wochen Politik gemacht hatte, hätte das für möglich halten können. Und Everts machte seit zwanzig Jahren Politik.

Trotzdem äußerte sie weiter ihre Bedenken gegen die Linkspartei; die Kompetenz bei diesem Thema sprach ihr in der Fraktion schließlich niemand ab. Steckte womöglich auch Geltungsstreben dahinter, ihr Führungsanspruch, dem wegen der knappen Mehrheitsverhältnisse im Landtag niemand so entschieden entgegentrat, wie es unter normalen Verhältnissen der Fall gewesen wäre? Sie sah es anders. Sie fühlte sich weiterhin nicht ausreichend beachtet, eine Empfindung, gegen die offenbar kein Kraut gewachsen war und die sie, paradoxerweise, gerade im Verhältnis zu Walter beständig zu nähren schien. So hielt auch er das Monopol auf etwas, das sie brauchte.

Währenddessen fuhr der Zug, wie der Fahrplan es vorsah, von Station zu Station seinem Ziel entgegen: der Wahl der Ministerpräsidentin im Landtag am 4. November 2008. In verschiedenen Parteigliederungen begann der «Diskussionsprozess»; auf Regionalkonferenzen wurden Abstimmungen veranstaltet, die ausnahmslos zugunsten des Linkskurses ausgingen; gleichzeitig begannen im Hintergrund die vorbereitenden Gespräche mit den Grünen und der Linkspartei. Der Parteivorstand verabschiedete, was in Eschborn vereinbart worden war. Carmen Everts veröffentlichte mit fünf anderen Unterbezirksvorsitzenden einen «Appell», der sich «demonstrativ hinter den eingeschlagenen Klärungsprozess» stellte, da dieser das Wählervotum umsetze. Wenige Tage später, am 3. September, beschloss der Landesvorstand den zweiten Anlauf, natürlich mit Walters Stimme.

Die Leiter stand, Ypsilanti stieg wieder aufs Dach.

Rauchende Colts

Im ursprünglichen Fahrplan war die Probeabstimmung, die Ende September in der Fraktion durchgeführt werden sollte, nicht vorgesehen gewesen. Sie kam erst später auf Drängen der Grünen zustande, damit der Schwarze Peter für das Experiment, das diese von Anfang an und als Erste auch öffentlich befürwortet hatten, im Falle des Scheiterns bei der SPD blieb. Tesch vergewisserte sich vor der Probeabstimmung bei der Juristin Faeser, ob so eine Abstimmung politisch je relevant werden könne, aber Faeser bestritt jede weiter reichende praktische Bedeutung. In der Tat kann so eine Probeabstimmung kaum anders denn als Versuch verstanden werden, das Wahlgeheimnis zu unterlaufen und mögliche «Abweichler» vorab zu ermitteln. Walter nutzte den aufgestellten Paravent nicht, um heimlich sein Kreuzchen zu machen, sondern tat das vor aller Augen am Tisch. Er zeigte den Zettel noch herum, unter anderem seinem Nachbarn, dem ehemaligen Minister Jörg Jordan.

Rückblickend kann man erahnen, was Walter beabsichtigte. Er verfolgte noch immer zwei Ziele. Das eine war das Wirtschaftsministerium, das andere die Tilgung der Schmach von Rotenburg: es der Frau heimzuzahlen, die sie ihm zugefügt hatte, und so sein brüchig gewordenes Selbstbild zu sanieren. Im Frühjahr hatte die Partei wider Erwarten nicht Ypsilanti fallenlassen, sondern ihn. Nun bekam er seine zweite Chance. Der naheliegende Weg war versperrt: Ypsilanti in geheimer Wahl einfach die Stimme zu versagen, die eine Stimme, die nach Metzgers Ankündigung zu ihrem Sturz noch fehlte. Walter stand ja unter schärfster Beobachtung. Gelegentlich sagte er sarkastisch: «Wenn Frau Ypsilanti in einer geheimen Wahl neun Neinstimmen aus dem rot-rot-grünen Lager gehabt hätte, wären mindestens acht dieser Neinstimmen von mir gewesen. Meinen Hinweis, dass ich doch nur eine einzige Stimme gehabt hätte, würde als neoliberaler Einwand zurückgewiesen werden.» Für ihn war «völlig klar», wenn auch nur eine Neinstimme kommt, «dann bist du deinen Kopf politisch los». Und das sei ihm auch «mehr oder weniger klar signalisiert» worden.

Er musste sich also absichern. Wenn Ypsilanti durchfiel, musste Walter beweisen können, dass er sie gewählt hatte. So kam er auf die Idee, seine Stimmabgabe mit einem Handyfoto zu dokumentieren. Walter erzählte das Everts und einigen anderen: Er wollte die Hand mit dem neuen Ehering deutlich sichtbar neben dem gelochten Wahlzettel mit seiner Jastimme abbilden. Wenn Ypsilanti durchfiel, hätte er damit beweisen können, dass er sich – trotz vielfach öffentlich geäußerter sachlicher Bedenken – loyal verhalten hatte, ganz der brave «Parteisoldat». Gelegentlich nannte er sich wirklich so. Die eigentliche Arbeit, Ypsilanti abwählen, hätten dann auch diesmal andere für ihn erledigt.

Und die Wahrscheinlichkeit, dass Ypsilanti durchfiel, war unverändert hoch. Während Walter und Everts den zweiten Anlauf vorbereiteten, stimulierten sie gleichzeitig unermüdlich weiteren Widerstand, warben für eine große Koalition, geißelten die Linkspartei. In diesen Wochen suchte Walter wiederholt Kontakt zu Silke Tesch. Er beklagte sich bei ihr, dass, von Metzger einmal abgesehen, sie nun wohl die beiden Einzigen seien, die den Linkskurs noch ablehnten. Einer nach dem anderen aus der Aufwärts-Runde, lamentierte er, sei von der Fahne gegangen, selbst Everts. Er schimpfte auf die Memmen. Ja: Sie seien die letzten beiden Aufrechten. Und Tesch widersprach nicht, schimpfte mit. Sie merkte nicht, dass sie keineswegs umarmt, sondern abgetastet wurde.

Die Sitzung in Everts' Wohnung und das erste Eschborner Treffen hatten die anderen vor ihr geheim gehalten, aber Tesch konnte sich ausrechnen, dass es Zusammenkünfte oder Verabredungen gegeben haben musste, von denen sie nichts wusste. Und dann nannte Walter auf dem Parteitag am 4. Oktober auch noch die Vorbereitung des zweiten Anlaufs «ein Vorbild für innerparteiliche Demokratie» und sprach sich selbst klar für den Linkskurs aus: «Lasst uns heute die Ampel auf Grün stellen, damit dieses Land wieder rot wird.» Die Eindeutigkeit dieser Ansage überraschte selbst Grumbach. Everts äußerte zwar weiterhin Vorbehalte gegen die Linkspartei, warb aber ebenfalls unmissverständlich für den zweiten Anlauf. «Wenn es Andrea und der Landesspitze gelingt, verbindliche, schriftliche und belastbare Aussagen der Linken zu unserem Kriterienpapier zu erhalten», dann werde auch sie «solidarisch in der Fraktion zu diesem Weg» stehen.

Tesch zog sich ins Schweigen zurück. Später sagte Nancy Faeser ganz richtig, die einzige Abgeordnete, bei der wirklich vom ersten Augenblick an festgestanden habe, dass sie bei dem Wortbruch nicht mitmachen würde, sei Silke Tesch gewesen. Sie hatte schon unmittelbar nach der Wahl, als dafür außer dem Wahlergebnis noch kein äußerer Anlass gegeben war, in ihrem Unterbezirk davor gewarnt, das neu gewonnene Vertrauen durch einen Wortbruch gleich wieder zu verspielen. Eine Zusammenarbeit mit der Linkspartei war für sie ausgeschlossen, und zwar wegen des Zustands dieser Partei, die sie als extremistisch bewertete. Sie durchschaute das Gerede über Sicherheitsgurte und Kriterienkataloge. Aber damit stand sie jetzt allein. Nancy Faeser warf sich später vor, ihr nicht aufmerksam genug zugehört zu haben. Etwas aufmerksamer hörte Walter zu, in jenen Wochen im Herbst.

Die Koalitionsverhandlungen mit den Grünen hatten begonnen, und dabei zeigte sich, dass die Machtverteilung unverändert war. An den Schlüsselstellen saßen nun einmal Linke, und Walter hatte außer dem stellvertretenden Landesvorsitz, der wenig besagte, keine Funktion. In der Aufwärts-Runde am 21. Oktober war der Eindruck vorherrschend, nicht hinreichend berücksichtigt zu werden. Also beschloss man, noch einmal unangenehm zu werden. Ein Job für Carmen Everts: Sie übernahm es, den Druck aufzubauen. Dabei ging es sowohl um die Durchsetzung sachlicher Anliegen, meistens nordhessischer Infrastruktur-Projekte, als auch um Personalpolitik. Everts rief im Anschluss an das Aufwärts-Treffen Norbert Schmitt an und drohte, alles platzen zu lassen. «Die Luft wird sehr, sehr eng», sagte sie. Als Grund erläuterte sie später: Sie könne ihre Seele und ihr Gewissen nicht für etwas «verkaufen», was am Ende kaum von Wert sei. Norbert Schmitt, der das Jahr zwischen allen Stühlen verbracht hatte (und am Ende den Generalsekretärsposten entnervt aufgeben sollte), versuchte zu beschwichtigen, und Everts gab sich damit einstweilen zufrieden.

Rückblickend sagte sie, dass sie sich damals an Faust erinnert fühlte: «Für was bist du bereit, deine Seele zu verkaufen?»

Eine Frage des Preises. Eine Gewissensfrage?

Und am Ende zahlte Ypsilanti nicht, jedenfalls aus Everts' Sicht. Die Koalitionsverhandlungen, an denen aufseiten der Grünen und der Sozialdemokraten jeweils neun Personen teilgenommen hatten, mündeten in einen Eklat. Die allerletzten Gespräche, in der Nacht von Donnerstag, dem 23. Oktober, auf den Freitag, hatten für die SPD Ypsilanti, Grumbach und Schaub geführt: niemand aus der Aufwärts-Gruppe also, niemand, der ihre Interessen vertreten hätte. Es ging dabei um den Zuschnitt der Ministerien, und Walter hatte bis zuletzt darauf gesetzt, dass Al-Wazir den Plan Hermann Scheers und Ypsilantis, Wirtschafts- und Umweltministerium zusammenzulegen, vereiteln würde, weil der Grünen-Chef selbst Umweltminister werden wollte. Dann hätte man Scheer irgendeine Schelle umgehängt – Zukunftsratspräsident, persönlicher Energiebeauftragter der Ministerpräsidentin oder dergleichen –, und Walter hätte Wirtschaftsminister werden können. Während im kleinen Kreis verhandelt wurde, saßen die restlichen sozialdemokratischen Teilnehmer der Koalitionsverhandlungen im großen Saal der Domäne Mechthildshausen und warteten bis tief in die Nacht auf die Rückkehr ihrer Delegation.

Gegen drei Uhr nachts war es dann so weit. Ypsilanti teilte mit, dass Al-Wazir und sie den Knoten zerschlagen und die Kompetenzen der Ministerien neu zugeschnitten hätten: Der Grüne sollte Umweltminister werden und Scheer Wirtschaft plus Energie erhalten. Es gab einen Moment betretenen Schweigens, weil allen Beteiligten damit klar war, dass Walters

Wunsch nach dem Wirtschaftsministerium sich erledigt hatte. Ypsilanti sagte: «Jürgen, dann könntest du ja das Verkehrsressort machen.» Europa sollte ebenfalls dazugehören. Walter erwiderte, dass er das nicht tun werde. Und an Hermann Scheer gewandt fügte er hinzu, dass es organisatorisch und personell kaum machbar sein werde, Wirtschaft und Verkehr zu trennen.

Ypsilanti kam um den großen ovalen Tisch herum und setzte sich neben Walter. Sie redete ihm zu, wies darauf hin, dass er als Verkehrsminister doch die Zuständigkeit für den Flughafen habe. Walter erwiderte, ohne die Raumordnung sei das nicht der Fall. Ypsilanti brachte noch einmal das Innenministerium ins Spiel, das könne Walter ebenfalls bekommen, wenn er es wolle. Walter lehnte ab. Ypsilanti sagte, er könne zum Verkehr auch die Raumordnung erhalten, falls Scheer bereit sei, sie ebenfalls aus dem Wirtschaftsministerium abzugeben. Scheer signalisierte sein grundsätzliches Einverständnis. Ypsilanti sagte, damit hätte Walter dann die Zuständigkeit für den Flughafenausbau: «Das wolltest du doch immer.» Aber Walter blieb skeptisch. So ging es eine ganze Weile hin und her, nicht zum Vergnügen der Minister in spe, deren Fell dabei schließlich auch verteilt wurde. Das betraf ja nicht nur Scheer, sondern beispielsweise auch Schaub, der Innenminister werden sollte, oder den Bundestagsabgeordneten Michael Roth, der ursprünglich für das Verkehrsministerium vorgesehen war, das nun Walter angeboten wurde.

Schließlich sagte Walter, um dem ein Ende zu machen, dass er nicht nur als Einzelperson in dieser Runde sitze, sondern als Vertreter einer bestimmten Richtung innerhalb der SPD; er wolle deshalb am nächsten Morgen mit seinen engeren Freunden in der Fraktion das weitere Vorgehen besprechen und dann in der abschließenden Koalitionsrunde seine Entscheidung mitteilen. Inzwischen war es gegen vier Uhr früh. Walter ging in den dunklen Hof der Domäne und rauchte, Nancy Faeser begleitete ihn. Auch sie versuchte ihn zu bewegen, Ypsilantis Angebot anzunehmen: Mit Verkehr und Raumordnung bekäme er doch, was er immer gewollt habe, den Flughafen. Walter zeigte sich nach Faesers Eindruck zugänglich, er brachte ins Gespräch, dass dann aber auch die Außenwirtschaft in sein Verkehrs-, Raumordnungs- und Europaministerium verlagert werden müsse. Außenwirtschaft: Das bedeutet Reisen um die ganze Welt. Faeser gewann den Eindruck, dass Walter am nächsten Tag, falls diese Bedingung erfüllt würde, wohl zusagen werde.

Walter dagegen sagt, er sei von Anfang an entschlossen gewesen, alles außer einem Wirtschaftsministerium mit uneingeschränkten Kompetenzen abzulehnen; das Verkehrsministerium sei für ihn keinen Augenblick in Frage gekommen. Am nächsten Morgen rief Faeser bei Walter an, er teilte ihr seinen Entschluss mit: Nein. Sie versuchte, ihn umzustimmen, und das setzte sie auch in der Runde fort, die sich vormittags in Teschs Büro getroffen hatte, bevor die Fraktion zusammenkommen sollte. Aber Walter blieb bei seiner Festlegung.

Für Everts brach damit «das ganze Kartenhaus zusammen». Verzweifelt und fassungslos redete sie auf ihn ein, beschwor ihn: «Du kannst uns nicht alleinelassen.» Ohne ihn, empfand sie, hatte das alles «keinen Sinn». Sie wollte, dass neu verhandelt würde, dass man Walter das Wirtschaftsministerium mit aller Macht erkämpfte und andernfalls das ganze Vorhaben platzen ließ. Doch im Laufe dieses Freitags erhielten die Pragmatiker noch, wie ursprünglich vereinbart, ein weiteres Ministeramt zugesprochen, Grumbach verzichtete auf das Kunst- und Wissenschaftsministerium und nahm stattdessen den Fraktionsvorsitz. Everts musste sich geschlagen geben; die anderen meinten, es sei nun vorüber und alles ausgehandelt. Und so schlecht stünden sie gar nicht da. Everts kam das vor wie ein «abgekartetes Spiel».

«Merkt ihr nicht, was hier abläuft», beschwor sie die anderen, «dass wir über den Tisch gezogen werden, sie mit uns Schlitten fahren, uns am Nasenring führen, sie brechen uns die Flügel! Das Rückgrat! Sie treten uns in den Staub!» Sie stand, wie sie sagt, «kurz vor dem Explodieren». Als Ypsilanti, um zu schlichten, kurz darauf noch einmal in die Aufwärts-Runde kam, wollte Everts sich für Walter abermals in die Schlacht stürzen. Aber sie musste feststellen, dass sie keine Truppen mehr hinter sich hatte. «Weicheier» und «Leisetreter»! Schließlich konterte Ypsilanti: «Gut, dann lassen wir es platzen. Wir werden dann auf dem Parteitag klären, wer die Verantwortung hat.» Everts dachte: Die brechen uns das Kreuz.

Öffentlich beklagte sie sich am Wochenende, das «Rumpfressort» für Walter habe «kein ernst gemeintes Ansinnen sein» können. Und erläutert ihren Entschluss, den Konflikt nach außen zu tragen, mit dem Satz: «Mir war nicht mehr nach Diplomatie.» Ihr Ausdruck für die eigene Gefühlslage, immer wieder: «fassungslos». Dabei war Walter zu keinem Zeitpunkt das Wirtschaftsministerium versprochen worden. Auch zu den Eschborner Bedingungen hatte das nie gehört. Allerdings hatte er seine Forderung gegenüber Ypsilanti frühzeitig geltend gemacht. Sie hatte jedoch nicht zugesagt.

Sei's drum! In den nächsten Tagen drehte sich das Verhalten von Everts. Allenthalben sagte sie Sätze wie: «Man weiß nicht, wie hoch der Preis noch sein soll, den man bezahlen muss.» Jene Persönlichkeit begann hervorzutreten, die man am 3. November auf der Bühne des «Dorint» zu sehen bekommen sollte.

Alle möglichen Genossen versuchten in diesen Tagen, Everts und Walter zu erreichen, sogar Hans Eichel rief bei Everts an. Walter hatte Ypsilanti am Freitag abermals versichert, er werde sie, ungeachtet des Streits, wählen, und auch am Sonntag hatten die beiden telefoniert. Nachdem die Auseinandersetzung, wie üblich, in die Medien gelangt war, wollte

Ypsilanti in diesem Gespräch abermals wissen, ob Walter bei seiner Zusage bleiben würde. Walter: «Andrea, ich habe keine Lust mehr, mit dir zu diskutieren. Du bist meines Erachtens unglaublich machtgeil, völlig skrupellos und, mit Verlaub, ein wenig doof.» Und er warf ihr an den Kopf, dass er sie schon deshalb wählen werde, um sie leiden zu sehen.

Aber zugleich verfolgte er andere Pläne. Am 27. Oktober, Montagvormittag um elf Uhr, trafen im Steigenberger Airport Hotel beim Frankfurter Flughafen vier Abgeordnete in einem gemieteten kleinen Konferenzraum zusammen, um sich noch einmal über die Lage auszutauschen: Walter und Everts, die eingeladen hatten, Paris und Tesch, die gekommen waren. Tesch hatte anschließend, als sie mit Paris in dessen neuem Phaeton wieder nach Frankfurt fuhr, das Gefühl, in der einen Stunde im Hotel seien Argumente, Klagen und Prognosen zu Heuhaufen aufgeschüttet worden; die Nadel darin erkannte sie nicht. Es war, unter vielem anderen, um die Möglichkeit gegangen, eine eigene Fraktion zu bilden. Weil das für sie nie in Frage gekommen wäre, tat Tesch den Gedanken als Unfug ab, nahm ihn gar nicht erst ernst. Sie hatte noch nicht begriffen, dass Walter und Everts auf diese Weise das Terrain sondierten, und nicht zum ersten Mal. Unter anderem daran, dass Everts und Walter eine Woche später, kurz vor ihrer Pressekonferenz am 3. November, Paris und Weiß anriefen und zum Mittun bewegen wollten, erkennt man jedoch, dass dieses Manöver durchaus eine ernste Seite hatte. Nur kamen die fünf Abgeordneten, die es zur Bildung einer Fraktion gebraucht hätte, nie zusammen.

In der Aufwärts-Runde hatte sich die Stimmung inzwischen endgültig gegen Walter und Everts gedreht. Zum Treffen am Dienstag, dem 28. Oktober, vor der Fraktionssitzung war Walter ohnehin viel zu spät erschienen. Die anderen hatten Angst, dass ihnen erneut alles um die Ohren fliegen würde, und beobachteten, dass der Konflikt schon wieder, wie im Winter, über die Medien ausgetragen wurde. Zwischen Grumbach und Walter war es zu einem heftigen, in Zeitungen und Fernsehen ausgetragenen Streit gekommen, und Everts hatte sich ja auch bereits öffentlich empört. Bei den Linken gab es das Gefühl: «Wir stehen kurz vorm Abgrund.»

Everts dagegen hatte vor der Fraktionssitzung zu Walter gesagt: «Jürgen, heute geben wir es ihnen mal richtig. Heute kommt alles auf den Tisch. Heute haben wir Freifahrtscheine.» Sie nahm sich Grumbach vor, der am Wochenende im Fernsehen Walters Satz zitiert hatte, er habe «eine andere Perspektive» als das Verkehrsministerium. «Da liegt jemand auf dem Boden, erschossen, und der Gernot steht mit der rauchenden Pistole in der Hand darüber und sagt: Hast wohl eine andere Lebensplanung gehabt.» So drückte es Everts aus. Grumbach entschuldigte sich. Walter warf dem künftigen Fraktionsvorsitzenden vor, in seiner Kritik am Wochenende sei wohl die vorweggenommene Freude über das «finale Ende» des pragmatischen Teils in der hessischen SPD zum Ausdruck gekommen. Er sprach sogar vom «Endsieg». Dann fügte er drohend hinzu, Grumbach hätte seine Aussage wohl besser etwas später machen sollen: wenn er «intelligent gewesen» wäre. Walter fand es «putzig», Grumbach, der sich nicht wehren konnte, damit zu zwicken. Everts genoss «das Gefühl, dass wir es denen mal richtig dreckig besorgt hatten».

Gleichwohl schwor sie allenthalben, dass sie Ypsilanti wählen werde, so schwer es ihr auch falle. «Es muss jetzt irgendwie.» Oder: «Wir müssen es irgendwie nach Hause bringen.» Auf Parteiveranstaltungen und in zahlreichen E-Mails versicherte sie das den Genossen, zuletzt dem Generalsekretär der Bundespartei, Hubertus Heil, persönlich, am Donnerstagabend, vier Tage vor der großen Pressekonferenz im Dorint. Warum? Weil sie es vorhatte. Darum.

DRITTER TEIL
Zwei mal Zwei

Die letzten Tage vor der Pressekonferenz

Das große Handwerk

Wie kann man erfassen, mit welchen Augen jemand die Welt sieht? Gernot Grumbach lebte in einer schönen Altbauwohnung in Frankfurts großbürgerlichem Westend, in der Beletage, gleich hinter den Bankentürmen. Vor dem Fenster standen zwei alte Ledersessel, und ringsumher an den dreieinhalb Meter hohen Wänden, selbst unter dem Fenstersims, gab es Regale voller Bücher. Ganz oben die nachtblauen Marx-Engels-Werke. Dann Krimis von Jeffery Deaver, politische, sozialwissenschaftliche, philosophische Literatur. Dazwischen eine Musikanlage mit einem silbernen Tonbandgerät, das einmal das Feinste vom Feinsten gewesen war, dazu Kassetten, CDs. In einer Anrichte warteten erlesene Scotch-Flaschen auf Zuspruch. Auch ein lebensgroßer Löwe stand im Raum, mit dem Steiff-Knopf im Ohr: Den hatte Grumbach sich aus einem Impuls heraus einmal zu Weihnachten geschenkt.

Grumbach gehörte früher, ganz so wie Ypsilanti und die anderen, zum Anti-Stamokap-Flügel der Jusos, also zu denen, die gegen die Kooperation mit den Kommunisten waren; er war links, gewiss, aber er liebte den bürgerlichen Lebenszuschnitt, den Bildungsroman, das Feuilleton. Sie alle hatten den Geist der späten sechziger, frühen siebziger Jahre, damals noch saftig, perlend und frisch, in sich aufgenommen und bewahrt; Grumbachs Wohnung war wie ein Museum dieser Ideale. Der Geist der Bewegung war, in unzähligen heißen Frankfurter Sommern und gut geheizten Frankfurter Wintern, in den vielen Büchern zu Futtergebirgen für Staubmilben getrocknet. Grumbach lebte mittendrin, in seiner Welt, einer politischen Welt. Die er durchschaute, plante, projektierte. Es war eine weite Welt, die in seinen Regalen, seinen Büchern steckte, über deren Seiten winzige Milben krabbelten wie blasse Punkte.

Wie sah Grumbach jemanden wie Silke Tesch? «Sie ist eine kleine Handwerkerin. Eingewoben in die Welt des kleinen Handwerks.» Er sprach immer leise. «Auch mit den Vorstellungen des kleinen Handwerks.» Was sind das für Vorstellungen?

Im Mai 2000 hatte Tesch, während ihr Mann zwischen Tod und Leben schwebte, das gemeinsame Geschäft liquidieren müssen. Ohne ihn ließ sich der Betrieb nicht aufrechterhalten. Sie konnte ihm damit nicht kommen, musste allein entscheiden. Insolvenz? Sie wollte eine anständige Geschäftsauflösung. Also zahlte sie sämtliche Verbindlichkeiten: Sie würde niemandem etwas schuldig bleiben. Dazu musste sie die Lebensversicherungen verkaufen, für sich und für ihren Mann. Ihre eigenen Forderungen allerdings hatte sie nicht mehr eintreiben können.

Andere hätten das lockerer gesehen, und auch ihr Mann hatte Zweifel, ob sie vernünftig gehandelt hatte. Bei Tesch blieben Schuldgefühle zurück. War es richtig gewesen, die Ansprüche Außenstehender zu befriedigen und dafür die Altersversorgung dranzugeben?

Aber dann hatte sich alles mehr oder weniger gefügt. Im

Landtag 2003 startete sie ganz gut durch, wurde mittelstandspolitische Sprecherin der Fraktion, rackerte im Wirtschaftsausschuss und schaffte es sogar, eine parteiübergreifende Initiative zur Novellierung der Handwerksordnung durchzusetzen, die sich später die Koch-Regierung als Erfolg auf die Fahnen schrieb. Der Kern: Hochschulzugang auch für Handwerksmeister, freier Eintritt in die Grumbach-Gefilde. Als Tesch ihre erste Landtagsrede hielt, höhnten die Unionsabgeordneten noch: «Wann haben Sie denn schon mal einen Handwerksbetrieb betreten?» Das verging ihnen. Und trotzdem fand Silke Tesch, eine Frau, die sich auf dem Bau durchgesetzt hatte, dass es für Frauen nirgendwo so schwer sei wie in der Politik.

Warum wurde sie 2007 bei der Neuaufstellung auf der Liste ganz nach hinten durchgereicht? Teschs Mitbewerber im Wahlkreis, der CDU-Fraktionsvorsitzende Christean Wagner, streute noch Salz in die Wunde, als er auf Flugblättern verlautbaren ließ, eine Zurückstufung um über 25 Listenplätze zeige deutlich, «wie die Arbeit von Frau Tesch durch ihre eigene Partei bewertet wird». Tatsächlich handelte es sich um einen ungewöhnlichen Vorgang, weil normalerweise Abgeordnete den Vorrang vor Neubewerbern genießen. Ganz offensichtlich ging es darum, Tesch den Garaus zu machen. Proteste von lokalen und regionalen Partei-, Frauen- und Wirtschaftsorganisationen, gerichtet an Ypsilanti und an den Landesvorstand, der das hätte richten können, liefen ins Leere. Teschs politischer Tod, schien es, war beschlossene Sache.

Im Sommer 2007 traf sie die Parteivorsitzende und bat sie um Hilfe: Sie verlangte nichts Besonderes, es würde ja genügen, die Regeln wieder in Kraft zu setzen. Ypsilanti: «Dann streng dich mal ordentlich an in deinem Wahlkreis.» Und das vor Zuhörern. Der Satz traf Tesch wie ein Messerstich. Hatte sie nicht seit Jahrzehnten geschuftet wie ein Pferd? Und was wusste Ypsilanti von ihrem Wahlkreis? Zwei Jahre zuvor hatte sie ihr noch erklären müssen, dass die Stadt Marburg nicht dazugehörte.

Tesch war empört. Mehr noch, verwundet. Sie schrieb Ypsilanti einen vertraulichen Brief; darin nannte sie es «unverschämt», dass Ypsilanti ihre Arbeitshaltung in Zweifel gezogen hatte. Sie wies auf die schwere Krankheit ihres Mannes hin und darauf, dass ihr ein Lastwagen vor vierzig Jahren beide Beine zerquetscht habe – dass sie ihr Leben lang mehr habe kämpfen müssen als andere und sich trotzdem nie ausgeruht habe. Nach einer Weile kam Ypsilanti auf diesen Brief zu sprechen; sie erklärte Tesch, dass sie weder im Bezirk Hessen-Nord noch im Landesvorstand in dieser Frage Einfluss auf die Landesliste nehmen könne, was barer Unfug war, vorgetragen, wie Tesch fand, mit «Eiseskälte». Ihr war der Brief inzwischen überaus peinlich: Nie zuvor und nie danach hatte sie sich auf ihre Behinderung berufen. Jetzt sagte sie: «Andrea, komm, lass es. Vergiss es.» Wandte sich ab und ging. Sie wollte nicht, dass Ypsilanti sah, wie ihr die Tränen in die Augen stiegen.

In der Tat war mit keinem der 110 Abgeordneten im Landtag so verfahren worden wie mit ihr. In ihrer Lage wog das doppelt schwer, weil sie nicht auf ihren frühen Arbeitsplatz zurückkehren konnte und ihr Mann erwerbsunfähig war. Und einen Behindertenbonus bekam sie auch nach ihrem Brief nicht. Beim Kampf um das Mandat hatten Weggefährten sie hängenlassen, von denen sie dergleichen nicht erwartet hatte; auch Jürgen Walter zählte dazu. Aber warum war Ypsilanti so grausam? Es war offenkundig, dass der Umgang mit Silke Tesch nicht zum normalen Machtkampf zwischen rechts und links gehörte, dass hier ein Exempel statuiert wurde. Vielleicht hatte Ypsilanti Kenntnis davon erlangt, dass Tesch ihr nicht zutraute, es mit Koch aufzunehmen – «weder physisch noch inhaltlich»: Das hatte Tesch beim Coaching im Jahr zuvor, wenn auch vertraulich, in einer Mail zum Ausdruck gebracht, gleich nachdem Ypsilanti erklärt hatte, dass sie kandidieren wollte. Schon damals, im August 2006, hatte Tesch beklagt, dass Ypsilanti und ihr enger Unterstützerkreis Koalitionen mit der «Linken/WASG» anstrebe, wie die Linkspartei zu jener Zeit noch hieß, und bayerische Verhältnisse für die Hessen-SPD vorausgesagt. Möglich, dass Ypsilanti das zur Kenntnis gelangt war, und damit auch, dass Tesch der Ansicht war, sie habe in den letzten Jahren die Konfrontation mit dem Ministerpräsidenten im Parlament gescheut; wenn aber nicht, seien ihre Versuche «lächerlich» gewesen. Das würde einiges erklären.

Tesch hatte es trotzdem zurück in den Landtag geschafft. Doch als wenige Tage nach der Wahl Dagmar Metzgers Entscheidung bekannt wurde, verging ihr schon wieder der Boden unter den Füßen. Sie hatte Angst. Und gehörte doch zu den Menschen, die das vor sich selbst kaum zugeben können. Eins stand ja fest: Niemand im Parlament musste eine vorzeitige Neuwahl so sehr fürchten wie sie, ihrer persönlichen Situation und der Ungünstigkeit ihres Listenplatzes wegen. Und auf alldem lastete nun noch das Schuldgefühl, diese Lage zumindest teilweise mit verursacht zu haben, weil sie vor Jahren ihre Altersvorsorge drangegeben hatte. Und die ihres Mannes. Sie war in der Klemme: in privaten Schwierigkeiten und isoliert innerhalb der SPD-Fraktion als die einzige Abgeordnete außer Dagmar Metzger, für die es nicht in Frage kam, ihr Wahlversprechen zu brechen, nicht aus Opportunitätserwägungen, sondern aus Überzeugung, aus dem Gefühl heraus, dass sie den Leuten, die sie unterstützt und gewählt hatten, auch weiter unter die Augen treten können müsse. Also aus verwandten Gründen wie Metzger: Beide hätten ihre Bindungen zerrissen, wenn sie sich hier untreu geworden wären.

Natürlich blieb Tesch nach Metzgers wagemutiger Tat im März 2008 fürs Erste in Deckung. Und auch dafür schämte sie sich: dass sie Dagmar Metzger im Hagel der Vorwürfe alleingelassen, nicht klar Partei für sie ergriffen hatte. Freilich wäre das eine Art politischer Selbstmord gewesen, und zwar gleichsam ohne Grund, denn die Schneise war ja bereits geschlagen, der Wortbruch verhindert, die Zusammenarbeit mit der Linkspartei, wie man anfangs noch hoffen und vermuten durfte, unmöglich gemacht. Sie wusste: Das waren Extremisten. Man konnte ihnen keine Verantwortung anvertrauen. Sie hätte ihr Leben und alle ihre Überzeugungen Lügen strafen müssen, wenn sie das aus Opportunitätsgründen beiseitegewischt hätte.

Aber niemand sonst dachte so in der Fraktion, mit dieser Entschiedenheit, nur sie und Dagmar Metzger. Weil sie die Linkspartei als Partner grundsätzlich, nicht bloß taktisch ablehnten, sahen sie in einer großen Koalition die natürliche Umsetzung des Wahlergebnisses – wie die SPD im Bundestag. Dagegen hielt ein großer Teil der hessischen SPD, vor allem auf der Funktionärsebene, die CDU für das weitaus größere Übel, zweifellos auch Andrea Ypsilanti selbst. Die hatte im Landtag sogar Janine Wissler von der Linkspartei demonstrativ zu ihrer Jungfernrede gratuliert, ein Geste, die sie gewöhnlich nicht einmal gegenüber den jungen Abgeordneten ihrer eigenen Fraktion machte. Als Erklärung nannte sie Frauensolidarität.

Was danach geschehen war, vor allem in der Parteiratssitzung mit der Affenjagd auf Dagmar Metzger Anfang März 2008 sowie auf dem Sektenparteitag in Hanau, hatte Tesch zutiefst schockiert und aufgewühlt. Sie tat, was sie sich zutraute, um Metzger beizustehen, ohne selbst aus der Deckung zu kommen, und es bedrückte sie, dass es so wenig war. Dabei war es beim Parteirat schon mutig von ihr gewesen, sich konsequent zu Metzger zu gesellen, wenn die draußen vor der Tür wieder einmal zur Beruhigung eine Zigarette rauchte: Niemand außer Tesch hatte das getan, und es setzte sie bleibendem Misstrauen aus. Weil sie sich von Anfang an unzweideutig gegen den Linkskurs ausgesprochen hatte, stand sie nun unter Beobachtung. Sie reagierte darauf mit einem Rückzug nach innen. Sie verstummte. Und ließ sich immer seltener in Wiesbaden blicken. Als sich dann auch noch im Aufwärts-Kreis, durch Vorgänge, die man gegen sie abgeschirmt hatte, der Wind drehte, zog sie sich immer weiter zurück. Allerdings hörte sie nie ganz auf, gegen den Linkskurs und für eine große Koalition einzutreten. Darüber gingen die anderen hinweg, nahmen es offenbar kaum jemals wahr. Der Einzige, der zuletzt Tuchfühlung mit ihr hielt, war Walter.

Hinzu kam noch, dass ihre Mutter Johanna im Sommer eine Hirnblutung erlitt. Eine Weile war ungewiss, ob sie das überstehen würde – am Ende blieb sie am Leben, als schwerer Pflegefall, mit zerstörtem Geist. Wegen dieses Unglücks hatte Silke die Eingewöhnung mit der neuen Prothese unterbrechen müssen, was ihr nun selbst Schwierigkeiten mit dem Laufen eintrug, die sich derart steigerten, dass sie etwa die Hälfte der folgenden Monate zurückgezogen im Rollstuhl verbringen musste. Noch auf der Pressekonferenz war das Bein in schlimmem Zustand, mit einer großen Wunde. Wenn Tesch die Prothese abnahm, kam ihr Aschenputtel in den Sinn: Rucke di guh, Blut ist im Schuh.

Ebenfalls im Sommer war es am Rande einer festlichen Einweihung zu einer Begegnung mit dem Ministerpräsidenten gekommen. Sie war die einzige Landtagsabgeordnete dort, und Koch sprach sie an. Er fragte nach dem Urlaub und erzählte, dass er erstmals auf Mallorca gewesen sei und es wirklich schön gefunden habe. Tesch hatte seit Jahren keinen Urlaub gemacht, behielt das aber für sich; es war das erste Mal, dass sie miteinander sprachen. Kurz darauf war im Zuge der

Veranstaltung eine längere Strecke zurückzulegen, ein knapper Kilometer, Koch und Tesch gingen in der ersten Reihe. Sie ließ sich mehrmals zurückfallen, nicht wegen des Beins, sondern weil sie befürchtete, es könne der Eindruck entstehen, sie wolle sich in den Vordergrund drängen. Doch Koch blieb jedes Mal stehen und wartete, bis sie wieder aufgeschlossen hatte. So ging das Gespräch weiter, und Tesch kam auf ihre Mutter zu sprechen, wegen deren trauriger Verfassung ja auch an Urlaub nicht zu denken war. Sie empfand, dass Koch echte Anteilnahme zeigte. Er erzählte von seiner eigenen, in einem Altenheim lebenden Mutter und dass er bedauere, sie nicht öfter besuchen zu können, zumal auch sein Vater vor noch nicht langer Zeit gestorben war. Er erkundigte sich, wo ihre Mutter lag, und bot, falls sie nicht zufrieden sei mit den Verhältnissen oder mit der medizinischen Betreuung, seine Hilfe an: Er habe gute Kontakte.

Überrascht von dem Gespräch und Kochs Offenheit überlegte Tesch, dass jetzt die Gelegenheit sei, ihn nach den Chancen für eine große Koalition zu fragen, und fasste sich ein Herz. Tesch sagte also zu Koch, sie halte eine große Koalition, so schwierig die Verhältnisse auch seien, immer noch für sinnvoll: Welche Möglichkeiten er dafür sehe. Koch erwiderte, die SPD habe auf ihrem Parteitag in Hanau einen «Granitpflock» in den Boden gerammt, der es ihm unmöglich mache, in dieser Hinsicht selbst initiativ zu werden. Tesch: Ein Vorstandsbeschluss habe diese Haltung inzwischen wieder etwas aufgeweicht; außerdem sei es besser, statt einer Neuwahl, die womöglich in dieselbe Konstellation führen könnte, lieber gleich eine stabile Lösung zwischen den Volksparteien anzustreben. Koch: Er bezweifele, ob das mit dem gegenwärtigen Personal gehe. Daraus entnahm Tesch, dass er selbst dazu durchaus bereit wäre. Seitdem war sie sicher, dass diese Option im Grunde bestand, was immer in der SPD und der Aufwärts-Runde darüber gesagt wurde. Da war wohl auch Wunschdenken im Spiel.

Nach der Sommerpause kam der Ministerpräsident im Landtagsplenum noch einmal zu Silke Tesch und erkundigte sich nach dem Befinden ihrer Mutter. Das Gespräch dauerte drei, vier Minuten. Die SPD-Abgeordneten beobachteten die beiden mit Argusaugen. Thomas Spies fragte Tesch sofort: «Was hat er dir geboten?» Tesch: «Er hat sich nach meiner Mutter erkundigt. Und anders als du ist er kein Arzt.»

Nach einiger Zeit bat Dirk Metz, der Regierungssprecher, Tesch um ein Treffen. Er lud sie in die Staatskanzlei ein, hakte mehrfach nach. Schließlich sagte sie zu, verlangte aber nach einem diskreteren Ort. Das Gespräch war eines von denen, wie sie in der Politik üblich sind: Dialoge wie unter Wölfen, wo Neugier und Vorsicht so dicht beisammensitzen wie Nase und Zähne. Es fand am 26. Oktober 2008 in Siegen statt, am Sonntagnachmittag, im Bergmannshäuschen der Mutter von Metz. Die Mutter bewirtete die beiden Gäste mit Kaffee und selbstgebackenem Kartoffelkuchen, man saß in der guten Stube beisammen, und Tesch, die sich das Kaffeegeschirr mit den Blümchen besah, dachte, dass es wohl noch von der Hochzeit der alten Frau stammen müsse, die ihren Sohn und die Besucherin dann bald allein ließ.

Ein bisschen Smalltalk. Metz erzählte, dass er sich auf den Machtwechsel eingestellt, sich zum ersten Mal eine private E-Mail-Adresse zugelegt und bereits die Fühler nach einem neuen Job ausgestreckt habe; Tesch kam das gespielt vor. Dann wurde es konkreter, Metz erkundigte sich nach der Stimmung in der SPD-Fraktion. «Sie wissen, dass einige Bauchschmerzen haben», erwiderte Tesch. Es stand ja oft genug in der Presse. Metz: Ob diese Abgeordneten sich, falls Ypsilanti nicht gewählt werden sollte, aus der Fraktion lösen würden. Tesch: So etwas käme sicher nicht in Frage. Metz erzählte, dass in Siegen vor zwanzig Jahren mehrere hochkarätige Kommunalpolitiker die SPD verlassen hatten, darunter der Bürgermeister. Sie hätten eine unabhängige Fraktion gegründet und sich bis in die Gegenwart im Stadtparlament behauptet. Tesch lenkte das Gespräch auf eine große Koalition, versuchte für sich noch einmal auszuloten, ob diese Möglichkeit nicht doch bestanden habe. Sie gewann den Eindruck, der CDU sei daran gelegen – und dass man, falls die Wahl Ypsilantis scheiterte, dafür bereitstehen würde. Trotzdem fuhr sie am Ende mit einem ungutenGefühl heim. Sie fragte sich: Was fängst du mit dem Resultat jetzt eigentlich an? Einweihen kannst du niemanden. Aber das Gespräch bestärkte sie in ihrer Auffassung, dass das Gerede über fehlende Alternativen nicht die Wirklichkeit widerspiegelte.

In den vergangenen Wochen war ihr der Gedanke immer näher gerückt, dass sie in dieser Fraktion, vielleicht insgesamt in der Politik so etwas wie ein Fremdkörper war. Nicht die SPD, sondern Arbeit hatte ihr Leben geprägt. Nach der Erkrankung ihres Mannes hatte sich ihr durch das Abgeordnetenmandat plötzlich eine neue, faszinierende Welt eröffnet, und sie hatte sich, wie immer, mit fast grenzenlosem Fleiß hineingestürzt. Ein Höhenflug. Sie hatte ihre Sache gut gemacht. Doch dann hatte sich alles unaufhaltsam verwandelt, und in den letzten Jahren hatte ihre Tochter mehrmals zu ihr gesagt: «Du hast dich so verändert. Man erkennt dich kaum mehr.» Und Tesch hatte es vergessen. Keine Zeit.

Jetzt war alles schal geworden, so sauer und bitter wie Reste in den Gläsern am Morgen nach einem Fest. Und dieses waidwunde Gefühl, als ob sie irgendetwas falsch gemacht hätte. Aber was? Die Abstimmung rückte näher. Die Stunde der Wahrheit.

Punkte und Linien

Am Mittwoch, dem 29. Oktober, abends nach halb zehn, rief Carmen Everts bei Silke Tesch an. Die beiden hatten seit Wochen nur mehr oberflächlichen Kontakt gehabt; jetzt saß Tesch am Tisch mit den Lesebrillen, dem Aschenbecher, den Motorradzeitschriften. Ihr Mann war schon zu Bett gegangen. Everts sagte: «Ich kann nicht mehr, ich bin mit den Nerven völlig runter», und fing gleich an zu weinen. Tesch: «Was kannst du nicht mehr? Was ist los?» Sie hatten seit langem kaum ein Wort miteinander gewechselt. «Ich kann Andrea nicht wählen. Ich gebe mein Mandat auf. Ich bin am Ende.» Dann begann Everts, über den «Druck» zu reden: dass alle an ihr zerrten, dass man sie in ihren örtlichen Gremien habe verpflichten wollen, für Ypsilanti zu stimmen, dass sie sich für das Mandat prostituiere, im Schlamm stecke, versinke. Tesch war überrascht und elektrisiert. Sie hatte an Everts, was dieses Thema betraf, überhaupt nicht mehr gedacht. An andere Abgeordnete durchaus. Wiederholt waren sie bei ihr im Büro aufgetaucht und hatten ihrem Herzen Luft gemacht. Aber Carmen Everts schon lange nicht mehr: Sie war es ja selbst gewesen, die den zweiten Anlauf vorangetrieben hatte. Und nun sprach sie plötzlich in herzzerreißender Weise von ihren Nöten. Überdies schilderte sie ihre gesundheitlichen Probleme: dass sie schon seit Wochen schwere Durchfälle quälten und anderes mehr.

Es war bestürzend, und Tesch bemühte sich, zu trösten und zu helfen, redete Everts gut zu und bot ihr schließlich an, zu ihr ins Hinterland nach Kleingladenbach zu kommen. Weil Everts angeblich keinen Termin beim Arzt erhalten konnte, versprach sie, ihr einen bei einem befreundeten Internisten zu besorgen. Und hatte das Gefühl, Everts' sichtlich verlorengegangene Fassung irgendwie wieder aufrichten, ihr dabei helfen zu müssen, zur Ruhe zu kommen und eine klare Entscheidung zu treffen. Everts redete ja auch ziemlich krauses Zeug, sie wirkte im Vergleich zu Tesch, der es gleichfalls nicht gutging, wie ein Nervenbündel. Dennoch gelang es Silke Tesch nach und nach, sie zu beruhigen und etwas unter Kontrolle zu bringen.

Dass es umgekehrt sein könnte, in Wahrheit sie es war, die unter Kontrolle gebracht wurde, kam ihr nicht in den Sinn. Sie wusste nicht, dass Everts, gerade wenn es um Beschwerden des Magen-Darm-Trakts ging, jederzeit Zugang zu einem Arzt hatte, und hatte auch nicht die leiseste Ahnung, dass Everts noch am selben Tag, zuletzt nicht lange vor ihrem Anruf, Mails an alle möglichen Leute versandt hatte, in denen sie ankündigte, Ypsilanti zu wählen. Möglicherweise hatte Everts sogar eine davon in Kopie an Tesch versandt, doch wenn, dann war sie im Junk-Filter gelandet, jedenfalls hatte Tesch sie nicht zu sehen bekommen. Noch am frühen Abend, um zwanzig vor sieben, hatte Everts einer besorgten Wählerin geschrieben, sie werde an Kochs Abwahl «am kommenden Dienstag mit Freude teilnehmen». Sie habe sich «nie gegen den Regierungswechsel, die Inhalte der rotgrünen Koalitionsvereinbarung oder gar eine Wahl Andrea Ypsilantis ausgesprochen». Ein Standardtext, den sie einfach kopierte.

Auch den Druck, den Everts jetzt weinend beklagte, gab es genau genommen erst seit gestern, seit dem Dienstag. Das war die Folge von Walters Entscheidung, nicht Minister zu werden, der anschließend von ihm und Everts geäußerten Drohungen sowie vor allem der Tatsache, dass beide den Konflikt abermals nach außen getragen hatten. Am Dienstag hatte Walter in der Fraktion angekündigt, er könne den Koalitionsvertrag nicht billigen und werde diesen Standpunkt auch auf dem Parteitag vortragen. Seine Kritik bezog sich dabei inzwischen vor allem auf den Flughafenteil – den er selbst ausgehandelt hatte. Außerdem hatte er noch am Freitagabend im Landesvorstand dem Koalitionsvertrag zugestimmt. Jetzt löste sein Verhalten in der Partei große Besorgnis aus, und weil Everts sich an Walters Seite gestellt hatte, wurde sie nun allenthalben damit konfrontiert. Auch auf einem außerordentlichen Parteitag in ihrem Unterbezirk war sie am Dienstagnachmittag aus diesem Grund stark unter Beschuss geraten. Sie sollte eine Versicherung abgeben, dass sie Ypsilanti wählen werde. Das tat sie denn auch, ja, zeigte sich empört, dass man dergleichen überhaupt von ihr verlangte: «Ich brauche keine Aufforderung, Andrea Ypsilanti zu wählen. Das ist unredlich und ärgert mich. Ich empfinde dies als einen persönlichen Affront.» Und ebenso hielt sie es in ihren Mails.

Sie selbst behauptete später, an jenem Mittwoch «schizophren» gewesen zu sein, in kindlicher, ungewohnter Ausdrucksweise: «als wenn ich irgendwie zwei wär». Sie hatte sich zurückgezogen und den Tag, von einem Besuch beim Bäcker abgesehen, hauptsächlich im Bett zugebracht. Die Anwürfe der Genossen am Vortag hatten sie, erzählte sie später, in eine «unheimliche Panik» versetzt, «dass das schlechte Schlagzeilen gibt, dass ich irgendwie wieder am Pranger stehe und am Ende dann die Dumme bin, wenn's am 4. November schiefgeht und Stimmen fehlen und mir das dann zugeschrieben wird». Aus diesem Grund hatte sie noch am Vormittag eine Mail an Generalsekretär Schmitt verfasst, in der sie den Flughafenteil der Koalitionsverhandlungen ausdrücklich lobte und darauf verwies, dass alle, auch sie, den gemeinsam angestrengten Prozess – «trotz der Unzufriedenheiten auf den letzten Metern» – zu einem erfolgreichen Abschluss bringen wollten und die Wahl am 4. November keiner öffentlichen Aufforderung mehr bedürfe – «weder an mich noch an die ganze Fraktion» –, weil alle dies gemeinsam «wollen und tun werden». Die Koalitionsvereinbarung habe es verdient, «umgesetzt zu werden». Und was sie selbst angehe: «Ich habe nie einen Zweifel daran gelassen, dass ich diesen Weg und die Wahl von Andrea am kommenden Dienstag will.» Ausdrücklich wies sie darauf hin, dass sie all das ja selbst «mit initiiert und vorangebracht» habe.

Everts war demnach zu diesem Zeitpunkt entschlossen, Ypsilanti zu wählen, und wollte sich gegen Vorwürfe wappnen, falls die Wahl am nächsten Dienstag scheitern würde – vermutlich an Dagmar Metzger und Silke Tesch, womöglich auch noch an ein, zwei anderen Abgeordneten. Die Idee, sich mit Handyfotos abzusichern, war inzwischen weitgehend vom Tisch, weil Walter wieder einmal allzu geschwätzig gewesen war: Der Plan war durchgesickert, Landtagspräsident Kartmann hatte davon erfahren und erwog, die Mitnahme von Handys für diesen Tag zu untersagen. Dieser Weg schien somit versperrt. Everts' Angst war berechtigt: Nach den Szenen der vergangenen Tage würde die SPD ihr und Walter die Schuld an einem zweiten Fiasko geben, ihr Mandat würde auf dem Spiel stehen, und die Vorwürfe der örtlichen Genossen hatten ihr zudem überaus deutlich vor Augen geführt, dass ihr der Rückhalt ihres Unterbezirks verlorenzugehen drohte, ohne den an eine Wiederaufstellung nicht zu denken sein würde. Sie hatte ziemlich überzogen in diesen letzten Tagen. Das war nun offenkundig.

So verbrachte sie den Mittwoch angeblich «wie in Trance», in einer «Leere», «paralysiert», versandte aber gleichzeitig ihre sorgfältig komponierten Mails. Am Abend dann erging sie sich in schwärzesten Gedanken, und schließlich erlitt sie nach eigenem Bekunden eine Art Nervenzusammenbruch, saß auf dem Küchenboden und weinte, dachte: «Du kannst nicht mehr», «Du willst nicht mehr», «Ich zerbrech daran», «Ich muss den Druck weghaben», «Ich muss irgendwie irgendwas tun, um aus dieser Situation rauszukommen». Und rief daraufhin ausgerechnet Silke Tesch an, den Menschen, den sie, wenn sie tatsächlich Ypsilanti hätte wählen wollen, unter allen sozialdemokratischen Abgeordneten am striktesten hätte meiden müssen.

Wie passt das zusammen? Everts behauptet, «lange drüber nachsinniert» zu haben, was an dem Tag eigentlich geschehen sei. «Ich kann mir das nur mit einer gewissen Form von Schizophrenie erklären.» Neben der einen Carmen Everts habe gewissermaßen eine zweite gestanden und sich über die erste «geärgert», über die Bekundungen, Ypsilanti zu wählen, über das, «was ich da sage und tue und welche Mails ich schreibe».

Aber vielleicht lässt sich das alles auch ohne die Annahme einer vorübergehenden Verwirrung erklären. Es könnte auch so gewesen sein: Everts ärgerte sich darüber, dass ihr Unterbezirk Demutsgesten von ihr verlangte und dass sie sich jetzt, als Landtagsabgeordnete, erneut anderen unterordnen sollte. Erst recht, nachdem sie sich so aufgespielt und noch am Vormittag in der Fraktion sämtliche Rücksichten fallen gelassen hatte. Aber sie kroch zu Kreuze, weil sie Angst hatte. Begreiflicherweise.

Doch dann, nachdem sie ihre Mails geschrieben hatte, geschah etwas, das sie zu einem radikalen Kurswechsel zwang und sie unter einen Druck setzte, der den bisherigen noch bei weitem übertraf, sodass die Schilderung ihres Zusammenbruchs durchaus plausibel erscheint: Walter rief an. Beide machen darüber unterschiedliche Angaben. Mal erinnert sich Everts gar nicht daran, dann verlegt sie den Anruf auf den Donnerstag, dann wieder war es am Mittwoch, wenngleich nach ihrem Gespräch mit Silke Tesch; mal waren es auch zwei Gespräche, je nachdem, wen man fragt. Entscheidend war Walters Feststellung, sie alle müssten wohl nochmals in sich gehen. Das verlangte er mit Nachdruck, nicht zuletzt von Everts. Was sollte das heißen? Walter: «Wir können jetzt einer

Entscheidung nicht mehr ausweichen. In einer Woche ist es so weit, und bis dahin müssen wir wirklich nochmal sehr, sehr genau gucken, was wir machen.» Everts verstand die Botschaft. Wenn es hart auf hart kam, blieb die höchste Maxime ihres Handelns immer, Walter zu entsprechen; letztlich war es das, wozu es «keine Alternative» gab. Nie. Aber nun bedeutete das ein gewaltiges, fast ultimatives Opfer, einen Sprung von der Klippe. Wie es aussah, würde Everts dabei am Ende auch ihr Mandat zur Disposition stellen müssen. Verständlich, dass sich daraufhin ihr Gemüt verfinsterte.

Die Zwiespältigkeit in Everts' Verhalten an diesem Mittwoch, auf der einen Seite die Schwüre, Ypsilanti «mit Freuden» zu wählen, auf der anderen die Bekundung quälender Gewissensnot, entstand nicht durch ein Nebeneinander, sondern durch ein Nacheinander. Man braucht keine Persönlichkeitsspaltung, um sie zu erklären.

Walter hatte bei alledem auch folgende Frage bewegt: «Wie kann man seinen Arsch retten?» Was sich inzwischen als immer schwieriger darstellte. Die erste Option, das Amt des Wirtschaftsministers, hatte sich am vergangenen Freitag erledigt; die zweite war nach wie vor, dass Ypsilanti abgewählt würde, allerdings ohne Mittun und Schuld vonseiten Walters, der vielmehr als Mahner dastehen musste, als donnernder, aber auch donnernd gerechtfertigter Warner. Das war schon im Winter seine Doppelstrategie gewesen. Eine dritte war hinzugekommen: die Bildung einer eigenen Fraktion.

Es gab in dieser bewegten Zeit, Tag für Tag, einzelne markante, scheinbar unverbundene Punkte: Können es lauter Zufälle gewesen sein: dass Walter am Freitag, nach Rücksprache mit wem auch immer, auf das Ministeramt verzichtete? Dass Kochs rechte Hand, Dirk Metz, am Sonntag aus Silke Tesch herauszufragen versuchte, ob Abweichler gegebenenfalls die SPD verlassen würden? Dass Walter und Everts am Montag zu einem heimlichen Treffen ins Steigenberger Airport luden, um unauffällig die Möglichkeit einer Fraktionsgründung abzuklopfen? Wenn man die Punkte verbindet, ergibt sich jedenfalls eine Linie – ebenjene dritte Option, von der man annehmen muss, dass darüber mit der CDU gesprochen wurde. Das würde einerseits den Vorstoß von Metz erklären und dass er sich in dem Gespräch mit Tesch so stellte, als habe er mit seiner politischen Zukunft schon abgeschlossen, also gänzlich unwissend. Und andererseits die Handyfotos, die Koch schon am Freitag, dem 31. Oktober, von seinen Umzugskartons gemacht hatte: Damit konnte er zwei Tage später seine angebliche Überraschung dokumentieren. Und es wäre eine Erklärung für die Falschmeldung am 3. November noch vor der Pressekonferenz der Vier, die Abgeordneten planten, aus der Fraktion auszutreten. Stammte dieses Gerücht aus der Staatskanzlei? In der SPD-Pressestelle war davon zu diesem Zeitpunkt jedenfalls noch keine Rede. Oder hatte Walter es selbst lanciert? Zumal diese Botschaft den Hessischen Rundfunk bereits am späten Sonntagnachmittag erreicht hatte.

Allerdings hatte sich herausgestellt, dass es für eine eigene Fraktion kaum Aussichten gab, obwohl Walter und Everts diese Möglichkeit noch bis kurz vor der Pressekonferenz weiterverfolgten, als er Michael Paris anrief und sie Marius Weiß.

Realistisch und wahrscheinlich erschien also am Dienstag der Vorwoche, nachdem das Treffen im Steigenberger zu nichts geführt hatte, allenfalls noch die zweite Option, und so war es folgerichtig, dass Everts an diesem Tag und auch am Mittwoch weiterhin ankündigte, sie werde Ypsilanti wählen. Der große Umschwung kam erst am Mittwochabend. Was war geschehen?

Am späten Dienstagnachmittag war bekanntgeworden, dass die CDU ihrerseits vorhatte, die geheime Abstimmung in der kommenden Woche zu konterkarieren. Ihre Abgeordneten sollten verdonnert werden, am 4. November nach dem Aufruf, die Stimme bei der Ministerpräsidentenwahl abzugeben, geschlossen sitzen zu bleiben. Das war in der Fraktion bereits verkündet worden; nachdem es in der «FAZ» veröffentlicht worden war, stand freilich schon wieder in Frage, ob es wirklich so kommen würde, zumal sich in der CDU-Fraktion bereits Protest dagegen erhoben hatte. Die Christdemokraten wollten mit ihrem Vorhaben ursprünglich «die Einzigartigkeit des Vorgangs dokumentieren, dass erstmals in einem westdeutschen Parlament die SPD (und die Grünen) versucht, ein Bündnis mit der Linkspartei herbeizuführen». Dokumentieren, das heißt: beweisen, dass kein CDU-Abgeordneter dabei mitgewirkt hatte.

Dass es für die Vermutung, es könnte durchaus auch anders kommen, gute Gründe gab, sollte sich dann einige Monate später erweisen. Tatsächlich nämlich fehlten Roland Koch bei seiner Wiederwahl zum Ministerpräsidenten im Frühjahr 2009 vier Stimmen, mutmaßlich aus der eigenen Fraktion. Das mochten Abgeordnete sein, die sich über die Verteilung der Posten in der neuen Koalition mit der FDP geärgert hatten. Es gab aber auch noch einigen aufgestauten, gegen Koch gerichteten Zorn aus dem Wahlkampf im Jahr zuvor; damals hatten sich manche CDU-Abgeordnete über Kochs Kampagne zur Ausländerkriminalität sehr geärgert, auch über die Plakatierung gegen «Ypsilanti, Al-Wazir und die Kommunisten». Einer von ihnen hatte nach dem großen Kladderadatsch vom November erzählt, dass er tatsächlich beabsichtigt habe, Ypsilanti seine Stimme zu geben. Und von einem weiteren wisse, der dasselbe vorhabe. Vielleicht waren das alles nur Missverständnisse, wer weiß? Vielleicht aber hatte es sich auch beizeiten herumgesprochen und die Unionsführung veranlasst, ihre Schäfchen vorsorglich einzupferchen, damit sich auf dem Stimmzettel keins von ihnen verirrte. Oder wollten sie darauf hinwirken – und so erzählt es Koch –, dass kein Abgeordneter der SPD, wo auch immer, behaupten konnte, Ypsilanti nicht gewählt zu haben, obwohl er es in Wahrheit doch getan hatte? Und damit war ausdrücklich nicht Dagmar Metzger gemeint. Eher schon Carmen Everts. Und diese Kunde, mit den Hintergründen, die nicht in der Zeitung standen, mag Jürgen Walter erreicht haben. Am Dienstagabend oder am Mittwoch.

Punkte, Linien ... das verschob wieder alles. Nun konnte man sich nicht mehr darauf verlassen, dass Ypsilanti stürzen würde. Falls Andrea Ypsilanti am 4. November zur Ministerpräsidentin gewählt werden sollte, konnte dann aber auch kein sozialdemokratischer Abgeordneter mehr behaupten, Ypsilanti die Stimme versagt zu haben, und stattdessen auf die CDU zeigen. Koch hatte den Plan eigens vor der Fraktion angekündigt, damit er durchsickerte: damit jeder in der SPD sich darauf einstellte. Und er war entschlossen, ihn gegebenenfalls auch durchzuziehen. Falls also irgendjemand einem anderen versprochen haben sollte, Ypsilanti nicht zu wählen, und im Stillen das Gegenteil beabsichtigte, war er jetzt in Schwierigkeiten.

Angeblich ging es mittwochs am Telefon zwischen Walter und Everts vornehmlich um Gesinnungs- und Verantwortungsethik. Everts erfuhr anscheinend nicht, wie Walter selbst schließlich abstimmen würde. Sie «hätte es verstanden», wenn er trotz allem für Ypsilanti gestimmt hätte, «weil er in einer ganz anderen Situation war als Silke und ich, weil er einfach ein viel zu herausgehobener Part in dieser ganzen Geschichte war». Auch ihr war nun nicht mehr klar, was sie tun würde. Walter: «Es war noch nichts entschieden.» Nur so viel habe für ihn festgestanden: «dass das ein eher interessantes Wochenende werden wird».

Später am Abend teilte Everts Walter mit, dass sie sich für den nächsten Tag mit Silke Tesch im Hinterland verabredet habe, sie wollte sie zu Hause in Kleingladenbach besuchen. Am Nachmittag allerdings erst, weil sie noch einen Termin in der Autowerkstatt habe; es sollten Winterreifen aufgezogen werden. Sie fühlte sich erschöpft. Sie nahm sich noch eine Cola, legte sich ins Bett und sah ein bisschen fern.

Sirup, Honig, Bökel

Am nächsten Tag, dem Donnerstag, war Everts wieder «so 'n bisschen paralysiert», aber dabei auch sehr aktiv. Sie schrieb abermals Mails, darunter solche, in denen sie ankündigte, Ypsilanti zu wählen, packte die Koffer, telefonierte mit Tesch und besprach die Einzelheiten ihres Kommens. Sie hatte «nochmal wieder so 'ne Phase», in der sie dachte, «du schaffst das, du kommst da durch»: «dass ich das am Ende doch noch hinbekomme, dass ich sie doch wähle». Andererseits sagte sie Tesch schon am Telefon, sie müssten gucken, wie der bevorstehende Parteitag am Samstag laufe «und ob noch jemand mit dazukommt». Sie schlug vor, nach dem Parteitag ein Treffen in einem Hotel zu arrangieren, im Vogelsberg, in der Ortschaft Schotten, und rief dort vorsorglich an, ob gegebenenfalls genügend Zimmer frei seien. Dann könne man alles noch einmal in Ruhe besprechen. Bereits am Abend zuvor hatten Walter und Everts darüber gesprochen, Gerhard Bökel einzubinden.

Schließlich rief Everts am Donnerstag auch noch Dagmar Metzger an, «um zu fragen, wie's ihr geht». Ihr ging es so weit gut. Im September hatte sie zu Everts gesagt: «Ich bewundere deine Konstruktivität. Das geht aber fast bis zur Selbstaufgabe.» Darauf kam Everts jetzt zu sprechen: «Ich bin am Ende meiner Konstruktivität, ich kann nicht mehr, du hast recht mit der Selbstaufgabe, aber ich muss da irgendwie durchkommen.» Dann fuhr sie zum Reifenwechsel und anschließend ins

Hinterland zu Silke Tesch. Auf der Fahrt hörte sie Songs von Duffy und sang laut mit. «Syrup and Honey».

Tesch war an diesem Nachmittag mit den letzten Vorbereitungen für eine Parteiveranstaltung beschäftigt, zu der Hubertus Heil eingeladen war, der Generalsekretär der Bundespartei. Wie immer, wenn Bundespolitiker in ihren Wahlkreis kamen, tat sie ihr Möglichstes, um für volle Säle zu sorgen. Als Everts in Kleingladenbach anlangte, war nicht mehr viel Zeit, und die beiden machten sich alsbald auf den Weg ins Bürgerhaus nach Wiesenbach. Heil war überrascht, sie dort anzutreffen, denn eingeladen hatte ihn der Bundestagsabgeordnete Sören Bartol, und Carmen Everts, die er vom Netzwerk her kannte, kam ja aus einem weit entfernten Wahlkreis. Auf der Veranstaltung sagte Heil zum Thema SPD und Linkspartei: Die Entscheidung darüber liege in Hessen. Und wenn sie so getroffen werde, wie Andrea Ypsilanti es wolle, dann müsse das auch klappen.

Anschließend, schon nach elf Uhr, kam es noch einmal zu einem Gespräch zwischen ihm, Tesch und Everts, die auf Heils Frage, wie es ihr gehe, antwortete: «Wie soll's einem gehen, wenn die Partei an die Linke verkauft wird?» Heil: «Wieso, ist es so schlimm?» Da erzählte Everts, dass «die das alles nicht richtig auf die Kette» kriegten und der Koalitionsvertrag eine Katastrophe sei, erwähnte ihre Bauchschmerzen und, auch, dass sie nächtelang nicht mehr richtig geschlafen habe. «Aber wir werden das schon irgendwie nach Hause bringen.» Heil meinte, etwas anderes bleibe nun auch nicht mehr übrig: «Ihr müsst das jetzt durchziehen.» Und Everts: «Du, ist schon in Ordnung, wir kriegen das hin.» Tesch, die die meiste Zeit schweigend danebenstand, nickte mitunter bekräftigend, vermied es aber im Gegensatz zu Everts bei der Schlüsselfrage sorgfältig, ja oder nein zu sagen, sodass Heil annahm, sie teile Everts' Meinung. In Wahrheit hatte Tesch schon Ende August, sobald ihr klargeworden war, dass es einen zweiten Anlauf geben würde, für sich beschlossen, Ypsilanti unter diesen Umständen nicht zu wählen, genau wie Dagmar Metzger – falls es tatsächlich so weit kommen sollte. Und nach einem Gespräch mit einem schleswig-holsteinischen Genossen, der ihr ausführlich vom Misstrauen in der Kieler SPD-Fraktion und von der monatelangen vergeblichen Jagd auf den «Heidemörder» berichtet hatte, stand für sie zudem fest, dies keinesfalls in geheimer Wahl zu tun. Mehrmals hatte sie danach auf die Fragen von Journalisten gesagt, mit ihr werde es «keinen Simonis-Effekt» geben, und diese Äußerung war als Zustimmung missverstanden worden. In Wahrheit war es die Ankündigung, nicht heimlich zu handeln. Als einzige Hoffnung blieb ihr, dass es nicht so weit kommen musste.

Jetzt stand die Ausführung ihres Entschlusses unmittelbar bevor, und Tesch war wehmütig. Zu Beginn des Abends hatte sie die Veranstaltung im Bürgerhaus eröffnet, die Sitzreihen waren voll: Wieder einmal hatte sie bewiesen, dass sie so etwas hier, in ihrem abgelegenen Wahlkreis, zustande brachte. Sie wusste, dass Bundespolitiker in solchen Fällen woanders gelegentlich vor ein, zwei Dutzend Leuten sprechen. Aber in die Genugtuung mischte sich Abschiedsschmerz. Wieder zu Hause, erzählte sie Everts bei einer Tasse Tee von ihren Gefühlen, und die beiden Frauen saßen noch eine ganze Weile beisammen. Tesch beschwor das Bild der «Wahlkabine», berichtete, dass sie sich nicht vorzustellen vermochte, hinter diesen Paravent zu gehen, mit Nein zu stimmen und dann wieder herauszukommen mit Unschuldsmiene. Sie wusste von sich, sie konnte das nicht. Wollte es ja auch gar nicht.

Immerhin fühlte sie sich an diesem Abend, zum ersten Mal seit Monaten, damit nicht mehr so allein. Unbewusst hatte sie dadurch zugleich bei Everts letzte Zweifel über ihren eigenen, Silke Teschs, Standpunkt beseitigt. Und vor allem lieferte sie in diesem und den noch folgenden Gesprächen einen Abriss ihrer Empfindungen, eine Geschichte ihrer Vereinsamung in der SPD, einen Schwanengesang von Isolation, Schweigen und Gewissensnöten, den Everts, wie konfus und derangiert sie selbst dabei auch wirken mochte, aufsog und festhielt. Es war diese Geschichte, die sie später auf der Pressekonferenz so wort- und bildreich als ihre eigene erzählte: Teschs Geschichte. Später, wenn Tesch Interviews von Everts las, wunderte sie sich manchmal, was da alles wiederauftauchte. Als habe Everts Bilder aus Teschs Erinnerungsalben in ihre eigenen geklebt.

Am nächsten Morgen saßen sie gleich wieder am Tisch und sprachen weiter, Everts im Nachtzeug, sie fühlte sich bei Tesch sofort heimelig. Welche Möglichkeiten haben wir, welche Chancen, was können wir überhaupt tun? Dann sagte Everts: «Wir müssen mit irgendjemand reden, wir drehen uns nur noch im Kreis.» Sie berichtete, dass sie schon jemanden im Auge gehabt hatte, einen ehemaligen SPD-Funktionär aus ihrer Gegend, diese Idee aber wieder verworfen habe. Doch wen nur, wen konnte man ansprechen? Folgt man Everts, kam nun – «ich weiß jetzt gar nicht, ob von Silke oder von mir», doch jedenfalls «ziemlich zeitgleich» – in beiden der Gedanke auf, Gerhard Bökel zu fragen. Tesch erinnert sich anders: Everts habe Bökel vorgeschlagen, und sie sei einigermaßen überrascht gewesen. Warum ausgerechnet Bökel? Sie hatte in dem ganzen Jahr kein Wort mit ihm gesprochen. Everts wies darauf hin, dass der vormalige Landesvorsitzende sich doch unlängst gegen den Linkskurs ausgesprochen habe, man also auf seine Diskretion rechnen könne. Und er kenne sich mit Partei und Politik gut aus, sei jemand, «der uns nicht verpfeift» und zu dem sie ganz persönlich einfach «ein Grundvertrauen» habe. Nach Teschs Eindruck wollte sie ihn «unbedingt sprechen».

«Ich wäre auf Bökel nie gekommen», sagt Silke Tesch. Doch Bökel wohnte nicht weit weg, in Braunfels, und deshalb war ein Treffen vermutlich relativ schnell einzufädeln. Also riefen sie an. Wer? Silke Tesch erinnerte sich später nicht auf Anhieb daran, es erschien ihr «ja auch wurscht». Everts wusste es besser: «Ich glaub, Silke hat mit ihm telefoniert.»

In der Tat, das hatte sie. Sodass man, und als Erster Bökel selbst, annehmen musste, der Anruf sei Teschs Idee gewesen. Sie erreichte ihn zu Hause in Braunfels, erzählte, dass sie mit Everts zusammensitze und dass sie jemanden brauchten, mit dem sie offen reden könnten; ob er nicht vorbeikommen wolle. Bökel sagte sofort zu. Am frühen Nachmittag wollte er da sein. Silke Tesch fuhr noch los, um ihre Mutter zu versorgen, und holte dann Carmen Everts wieder ab, um sie nach Biedenkopf zu ihrem Internisten zu bringen. Der machte eine Ultraschalluntersuchung und entdeckte Gewächse in einer von Everts' Nieren. Everts war nicht überrascht. Dass da etwas war, hatte sich schon bei einer früheren Untersuchung gezeigt, man hielt es für «wolkenartige Gebilde». Der Arzt war anderer Meinung; er vermutete Krebs, behielt das aber für sich. Allerdings ermahnte er Everts mit großem Nachdruck, eilends einen Nephrologen aufzusuchen und dem Kollegen mit einem schönen Gruß auszurichten: «Wolkenartige Gebilde sind was anderes.»

Danach wollte Everts erst einmal einkaufen. Tesch wunderte sich über ihre Nervenruhe, mahnte außerdem zur Eile, weil schon bald mit Bökels Ankunft zu rechnen war. Also fuhren die beiden Frauen wieder nach Kleingladenbach. Aber Bökel stand im Stau, stundenlang. Wegen eines Unfalls war die Autobahn gesperrt, und er kam viel später an als vorgesehen, erst gegen halb fünf. Tesch hatte Tee und Gebäck vorbereitet; außerdem erwartete sie ihn mit dem Wagen am Ortseingang, um ihn zum Haus zu lotsen. Dort wurden sie von Everts empfangen. Bökel hatte sie seit wenigstens anderthalb Jahren nicht mehr gesehen und traute seinen Augen kaum.

Im Arbeitszimmer in der Sitzecke gingen sie alles noch einmal durch. Everts meinte, dass sie jetzt eigentlich so weit seien zu sagen: Wir können Ypsilanti nicht wählen. Sie schilderten, wie schwierig sie ihre Lage empfanden, und Bökel empfing den Eindruck, dass sie furchtbare Qualen litten, Everts sprach wortreich darüber, Tesch eher knapp, aber Bökel verschwamm das Bild der beiden Frauen, wie zuvor Hubertus Heil, zu einem. Gleichwohl argumentierten Everts und Tesch durchaus unterschiedlich. Everts erzählte wiederholt, wie sie von äußeren Kräften verbogen und inneren Konflikten zerrissen werde, wie sie gehofft und gehofft hatte, dass die Partei zur Besinnung käme, die Zusammenarbeit mit der Linkspartei endlich noch scheitern werde, nicht zuletzt an den von ihr selbst aufgerichteten Hürden. Sie durchflocht ihre Rede mit Szenen seelischen und körperlichen Schmerzes, was durch den Arztbesuch am selben Tag in Bökels (und auch Teschs) Augen zusätzlich beglaubigt wurde.

Teschs Standpunkt war einfacher, Bökel konnte ihn später präzise wiedergeben. Er wusste zum Teil aus eigener Anschauung, dass sie ihren Wahlkreis nur durch eine engagierte, auf ihre persönliche Glaubwürdigkeit abgestellte Kampagne gewonnen hatte, in dem ihr Versprechen eine entscheidende Rolle gespielt hatte: Niemals mit den Linken. Jetzt sagte sie zu Bökel: «So habe ich meinen Wahlkampf gemacht, so hab ich meinen Wahlkreis gewonnen – gegen den Fraktionsvorsitzenden der Regierungspartei. Und ich möchte den Leuten weiter in die Augen schauen können. Das ist für mich eine Gewissensfrage.» Nicht sie habe ihre Haltung geändert, sondern Ypsilanti. Aber sie müsse zu dem stehen, was sie ihren Wählern versprochen habe. Je näher die Abstimmung im Landtag rücke, desto deutlicher sei ihr geworden, dass sie nun Farbe bekennen müsse. Ein geheimes Votum lehnte sie ab, sagte: «Gerhard, das ginge doch nur kurzfristig. Aber langfristig kann und will ich damit nicht leben. Dann jahrelang, wie in Schleswig-Holstein, mit der Lüge rumlaufen – das kommt für mich nicht in Frage.» Auch Everts sprach über Gewissen, aber akademischer und gebildeter, mit Max Weber, Gesinnungsethik, Verantwortungsethik; Erhard Eppler hatte diese Unterscheidung in den frühen achtziger Jahren wieder bekanntgemacht. Dann redete sie des Längeren über die rechtliche Stellung des Abgeordneten und die Bedeutung des freien Mandats.

Bökel hielt den Frauen eindringlich vor, welche Konsequenzen es mutmaßlich für sie haben würde, diesen Schritt öffentlich zu machen: das Ende ihrer politischen Laufbahn, den Verlust der Mandate, den Parteiausschluss. Er ging mit ihnen aber auch die einzelnen Möglichkeiten durch, was zu tun wäre, falls sie sich dazu entschließen sollten. Der Parteitag, darin waren sie sich nach den Erfahrungen in Hanau einig, kam für solche Bekenntnisse nicht in Frage; außerdem, so sagte Everts, müsse man sich wohl danach noch einmal mit möglichen Gleichgesinnten zusammensetzen, vor allem wolle sie mit Jürgen Walter und Dagmar Metzger Kontakt aufnehmen. Dann könnte man am Montag zunächst Ypsilanti und anschließend die Presse informieren. Bökel: Es werde einen gewaltigen «Medienrummel» geben, und so eine Pressekonferenz müsse professionell organisiert sein; sie könnten sich nicht einfach irgendwohin setzen und auf eintreffende Journalisten warten, sondern alles müsse vorbereitet sein wie bei Pressekonferenzen von Koch und Ypsilanti, mit Personenschutz und mit Helfern, die für Ordnung und einen ruhigen Ablauf sorgten – und diese Pressekonferenz würde wahrhaftig Aufsehen erregen. Er bot an, im Falle eines Falles bei der Vorbereitung zu helfen und Volker Bouffier um Personenschützer anzugehen. Sie verabredeten, dass Everts ihm am Sonntag Bescheid sagen würde, wie sie entschieden hätten.

Nach gut zwei Stunden fuhr Bökel nach Hause – tief beeindruckt, geradezu dankbar. Er war ein fürsorglicher Mensch, und das Vertrauen der beiden Frauen ehrte ihn, schmeichelte ihm womöglich auch. Er überlegte, ob er wirklich für sich behalten durfte, was sie ihm gesagt hatten. Musste er ein Warnsignal an die Partei senden? Aber die Frauen hatten sich in seine Hand gegeben. «Wenn ich das tue», dachte er sich, «dann könnte ich mich nicht mehr im Spiegel angucken.» Zugleich war ihm bewusst, dass er selbst einen Schritt, wie die Frauen ihn offenbar planten, niemals getan hätte. Oder doch... vielleicht jetzt, mit über sechzig Jahren. Aber nicht im Alter von Everts, nicht in der Lage von Tesch, die an diesem Nachmittag sogar gesagt hatte: «Gerhard, bevor ich etwas tue, das ich nicht vertreten kann, lasse ich mir lieber das Haus über dem Kopf versteigern.» Bökel hatte geschwiegen. Dann hatte Everts hinzugefügt: «Und ich meine Eigentumswohnung.» Dazu, fand Bökel, gab es nichts mehr zu sagen.

Auf der Rückfahrt hatte er das Gefühl, eine historische Stunde erlebt zu haben: «Dieser Nachmittag wird einer der beeindruckendsten Augenblicke meines Lebens bleiben.» Der Mut der Frauen imponierte ihm, war ihm aber auch unbegreiflich. Warum taten sie das? Seine letzte Erklärung, mit einem Stoßseufzer, Achselzucken, schiefem Lächeln: «Frauen.»

Offene Fenster

Carmen Everts hatte sich also nicht verschätzt. Bökel verpfiff sie nicht. Aber waren die Frauen nach dem Gespräch mit ihm klüger als zuvor? Silke Tesch fand, es habe nichts geändert. Für Carmen Everts stellte es sich völlig anders dar. Sie hatte

Bökel benutzt, weil sie einfach jemanden von außen als «Sparringspartner» gebraucht hatte: einen diskreten, nicht von vornherein feindselig gestimmten Repräsentanten der Öffentlichkeit. An ihm testete sie, ob es möglich war, ihren dramatischen Richtungswechsel plausibel zu machen. Es war so etwas wie eine erste, heimliche Probe ihres Auftritts auf der Pressekonferenz, und schon an diesem Nachmittag hatte sie begonnen, die Erlebnisse, Empfindungen und Sichtweisen von Silke Tesch als ihre eigenen auszugeben. Bald konnte sie Teschs Gefühle, vor allem vor Publikum, besser vermitteln als Tesch selbst. Zumindest in kräftigeren Farben.

Bökel hatte zudem, ohne dass Tesch oder auch er selbst es gemerkt hätten, Everts dabei geholfen, «die Bilder wirklich in den Kopf» zu holen. Was geschehen würde: «dass das einen Riesenaufschlag gibt», einen «Tsunami», «dass man sich auf allen Titelseiten wiederfindet, dass man sich in den Hauptnachrichtensendungen wiederfindet, dass es eine Riesenwelle gibt bis nach unten ins engste Umfeld rein ...». Kurzum: Von einem Tag auf den anderen würden sie berühmt sein. Wie Dagmar Metzger. Im Übrigen gab es jetzt einen Zeugen, der gegebenenfalls bestätigen konnte, wie zwei Frauen «wirklich mit sich gekämpft hatten» – und dass Walter nicht dabei gewesen war.

Erst am Abend trafen sie ihn, in Fulda. Dort kündigte Walter in der Parteiführung abermals an, dass er morgen auf dem Parteitag gegen den Koalitionsvertrag sprechen werde. Er bat Norbert Schmitt um einige Extraminuten Redezeit, mit fünf werde er nicht auskommen. Schmitt: «Überhaupt kein Thema. Du wirst nicht abgeklingelt.» Die Sitzung war kurz, es wurde nicht diskutiert. Nur Ulli Nissen brauste wieder einmal auf und fuhr Walter an: «Du hast das doch mit ausgehandelt. Wieso bist du dann dagegen?» Immerhin hatte Walter noch eine Woche zuvor im Landesvorstand der Koalitionsvereinbarung zugestimmt. Nun erwiderte er: «Das werde ich alles morgen sagen.» Das war's.

Everts und Tesch kamen ziemlich spät in Fulda an, wo schon zahlreiche Abgeordnete eingetroffen waren. Nach dem Essen fanden sie noch zu einem kurzen Treffen mit Walter in Teschs Zimmer zusammen; Walter hatte es sich dort, halb sitzend, halb liegend, auf dem Bett bequem gemacht. Viel gesprochen wurde nicht, weil Walter seine Rede für den nächsten Tag vorbereiten wollte, und was sie jetzt noch besprachen, drehte sich hauptsächlich um den Koalitionsvertrag, darum, was Walter daran auszusetzen hatte. Sie verständigten sich, nach dem Parteitag in einem Hotel alles Weitere gründlich durchzusprechen, und Walter sagte, dass man sich dort «offen und ohne Scheuklappen» ein letztes Mal damit beschäftigen müsse, wie man mit Blick auf den 4. November verfahren werde.

Als er am nächsten Tag seine Rede hielt, herrschte im Saal eisiges Schweigen. Er bemängelte zum einen, dass in der künftigen Koalition Grüne für Umwelt und Bildung zuständig sein sollten, und zum anderen, dass mit dem Koalitionsvertrag nicht die Grundlage für die Schaffung neuer Arbeitsplätze gelegt, sondern, im Gegenteil, Arbeitsplätze gefährdet würden. Besorgt äußerte er sich zudem über die Zukunft des Flughafens. Er könne dem Koalitionsvertrag folglich nicht zustimmen. Walter unterstützte seinen Vortrag mit entschiedenen, fast übertriebenen Gesten, ließ jedoch die Frage, die sich aus seinen Darlegungen zwingend ergab, unbeantwortet: Wie er sich bei der Ministerpräsidentenwahl am kommenden Dienstag verhalten werde. Manche Zuhörer empfanden seinen Auftritt als «Beerdigungsrede» für sich selbst; Walter selbst zählt die Rede zu den «hervorragendsten», die er je gehalten habe. Es sei gar nicht wichtig gewesen, was er gesagt habe, sondern dass er es gesagt habe: «Diese Provokation allein war es wert.»

Darüber hinaus müsse jemand, der so etwas tue, «sich nachher nicht vorwerfen lassen, er wäre ein Heckenschütze».

Es war nicht das erste Mal, dass Walter auf gleichsam verlorenem Posten sprach; er hatte vielleicht sogar einen gewissen Hang dazu. Zeigte sich nicht auch darin Einzigartigkeit, ja eine Art Größe? Manche hielten ihn für einen Feigling, unter anderem deswegen glaubten sie, dass er letztlich nicht ausscheren werde. Walter aber fühlte sich in Fulda tapfer, wie der Mann, der in die Hölle kommt, dem Teufel eine Ohrfeige verpasst und sagt: «Wennschon, dennschon.»

Auch Everts war begeistert. Auf paradoxe Weise genoss sie ihre Freiheit, dachte: «Ihr könnt hier diskutieren, was ihr wollt.» Sie fühlte sich unter den Delegierten wie in einem Film, in merkwürdig «verschobenen Realitäten» – doch Walter schob die Realitäten wieder zusammen. Sie wandte sich zu Silke Tesch, die neben ihr saß, und flüsterte: «Mein Gott, der ist so mutig.» Gerade, dass Walter die entscheidende Frage unbeantwortet gelassen hatte, imponierte ihr: Ihrer Meinung nach war das in dieser Situation überhaupt «die größte Leistung», weil er damit «für Verunsicherung gesorgt» habe. Sie hatte ihn genau beobachtet, seine Sprache, seine Gesten, den Trotz, der in seinem Auftritt lag, und ihr schoss der Gedanke durch den Kopf: «Jürgen, du kannst das auch nicht.» Sie war jetzt sicher, dass sie den schweren Gang nicht ohne ihn gehen musste.

Als sie das später erzählte, bekam sie feuchte Augen.

Esther Walter sah die Dinge anders. Zu diesem Zeitpunkt sei ihr Mann, was die Stimmabgabe betraf, «mit Sicherheit noch nicht entschieden» gewesen. Durch sein Schweigen in dieser Frage hielt er sich tatsächlich weiterhin beide Wege offen. Sie kam mit dem Zug aus Wiesbaden, Walter hatte den Parteitag verlassen und holte sie am Bahnhof ab. Von dort ging es gleich weiter in das Haus Sonnenberg in Schotten, wie verabredet.

Dorthin kam auch Dagmar Metzger. Everts und Tesch hatten an diesem Tag wiederholt ihre Nähe gesucht und ihr schließlich eröffnet, dass sie Ypsilanti nicht wählen würden. Everts vertraute ihr an, dass sie am letzten Mittwoch deshalb in der Küche «zusammengebrochen» sei, und sagte: «Ich kann das genauso wenig wie du, Dagmar.» Tesch pflichtete bei. Sie tendiere, meinte sie, inzwischen mehr und mehr dazu, das öffentlich zu machen. Und Metzger: «Oje, oje. Aber wisst ihr, auf was ihr euch da einlasst?» Eben darüber, hatten sie entgegnet, wollten sie ja mit ihr reden. Dann hatten sie sie gefragt, ob sie nicht auch nach Schotten kommen wolle.

Metzger war konsterniert. Im Frühjahr hatte sie gehofft, dass jemand sich aus der Deckung wagen, sich ihr beigesellen würde – aber diese Hoffnung war enttäuscht worden, und zuletzt hatte sie sie fahrenlassen. Inzwischen erwartete sie gespannt den 4. November, wobei sie durchaus damit rechnete, dass Ypsilanti durchfallen würde. Dann wollte sie ihr Gesicht sehen: eine kleine Genugtuung. Und nun, so spät, kamen diese beiden Frauen und warfen womöglich alles wieder um. Aber was sollte sie machen? Einfach nach Hause fahren? Es ging ihr nicht anders als zuvor Tesch oder Bökel: Sie konnte sich nicht entziehen. Metzger sagte zu. Zunächst einmal wollte sie sich ein Bild machen. So fuhr sie mit gemischten Gefühlen in den Vogelsbergkreis.

Als sie im Sonnenberg ankam, gegen halb fünf, saßen die anderen vier – Everts, Tesch, Walter und seine Frau – dort schon beisammen. Die Wirtsleute hatten ihnen eine kleine Brotzeit gerichtet; Metzger setzte sich dazu und ließ sich noch einmal berichten. Dann fragte sie, wie zuvor schon in Fulda: «Warum habt ihr es denn nicht auf dem Parteitag gesagt? Dann hättet ihr klare Signale gesetzt. Und wie wollt ihr das denn jetzt überhaupt machen?» Everts sagte, sie hätte sich nicht getraut, wäre da «nicht lebend rausgekommen». Aber

Metzgers Meinung nach war es zu spät, jetzt noch öffentlich gegen Ypsilanti Stellung zu beziehen – Tesch war anderer Auffassung, und auch Walter deutete das an. Metzger hatte eigentlich gehofft, die anderen schnell umstimmen zu können; es erschien ihr vernünftiger, wenn die drei unter diesen Umständen von ihrem Wahlgeheimnis Gebrauch machen würden. Nach all den Vorbereitungen und Beschlüssen, den Regionalkonferenzen und schließlich noch dem Parteitag kam es ihr für die anderen nun zu spät vor, Farbe zu bekennen. Aber die blieben dabei, und so bat Metzger erst einmal um eine Unterbrechung. Sie wollte sich alles in Ruhe durch den Kopf gehen lassen. Beim Abendessen könne man weitersehen. Sie rief ihren Mann an und erzählte, was los sei: «Die wollen die Andrea auch nicht wählen.» Mathias Metzger fiel aus allen Wolken. «Wie, die wollen die Andrea auch nicht wählen?» Und Dagmar Metzger erzählte alles erst einmal, soweit sie es wusste.

Das Ehepaar Walter ging derweil in die Sauna. Carmen Everts, die später dazukam, kriegte gerade noch mit, dass Esther Walter sich beim Aufguss die Hand mit heißem Dampf verbrühte; der Verletzung war so stark, dass die Haut aufriss. Ihr Mann fuhr deshalb mit ihr ins Krankenhaus, wo die Wunde versorgt wurde. Als sich alle beim Abendessen wiedertrafen, musste er ihr das Fleisch auf dem Teller in Häppchen schneiden, aber viel Appetit hatte sie sowieso nicht.

An diesem Abend gingen sie sämtliche Optionen noch einmal miteinander durch. Wie Walter sagte, war es eigentlich ganz einfach, Ja-oder-nein-Fragen wie an einer Schnur: Mandat behalten oder niederlegen, Ypsilanti wählen oder nicht wählen, geheim oder offen abstimmen, vorher an die Öffentlichkeit gehen oder nicht, Partei verlassen oder drinbleiben. Er und Everts waren es seit Jahren gewohnt, solche Szenarios gemeinsam durchzuspielen, und folglich taten sie es auch jetzt.

Allerdings ziemlich konfus, weil Everts Argumente, Gefühlsbekundungen und Klagen durcheinanderwarf wie Mikadostäbchen. So, als sei immer noch alles offen, ja, als wüsste gerade Everts, die doch alles hier organisiert hatte, überhaupt nicht, was sie wolle. Wie sie es am Mittwoch mit Tesch gemacht hatte, elektrisierte sie jetzt Metzger damit, dass sie erwäge, ihr Mandat niederzulegen – was ja der Ankündigung gleichkam, eine Stimme gegen Ypsilanti durch eine Stimme für Ypsilanti auszutauschen, und die anderen unter Zugzwang setzte.

Aber es ging, nach Metzgers Eindruck, ohnehin alles «kreuz und quer», sodass ihr bald der Schädel brummte. Im Grunde wusste sie nur, dass sie bei einer öffentlichen Ankündigung, einer Pressekonferenz zum Beispiel, nicht mitmachen wollte; ihr reichte, was sie vor acht Monaten durchgestanden hatte. Aber nun ging es auch noch um alle möglichen anderen Optionen: Selbst vom Parteiaustritt war die Rede, von der Gründung einer eigenen Fraktion. Metzger merkte nicht, genau wie zuvor Tesch, dass sie mit Hilfe dieser kreuz und quer laufenden Ideen, Argumente und Optionen abgetastet wurde wie von einem Laserscanner. Beim Reden über künftige Entwicklungen vertrat Walter die Auffassung, es werde vermutlich bald zu einer Neuwahl kommen – was für alle das Ende ihres Abgeordnetendaseins und für Silke Tesch auch den Verlust ihrer Altersversorgung bedeuten würde. Doch erzählte er auch, dass Koch ihnen, falls Ypsilanti nicht gewählt werden sollte, ein Zeitfenster von zehn bis vierzehn Tagen für die Bildung einer großen Koalition gegeben habe.

Tatsächlich bot Koch zwei Tage später, nach der Pressekonferenz der Vier, öffentlich an, bis zur nächsten Landtagssitzung in vierzehn Tagen für solche Gespräche zur Verfügung zu stehen.

Aus Sicht der Union war das allerdings barer Unfug, lag doch die SPD zu diesem Zeitpunkt am Boden wie nie zuvor. Sie hatte getan, was Koch von Anfang an gehofft hatte. Und eine Neuwahl war nun genau, was er brauchte, um sich als Phoenix aus der Asche seines Wahlergebnisses vom Januar 2008 zu erheben. In seiner Fraktion hatte er schon damals das auch Walter vertraute Bild des Schachspiels gebraucht und die Stellungen der beiden Parteien analysiert; sein Befund war, dass es jetzt darauf ankomme, Geduld zu üben, sich so wenig wie möglich zu bewegen, die Stellung defensiv zu festigen und ansonsten einfach abzuwarten, bis der Gegner einen falschen Zug mache. Einen Zug, der tatsächlich schon bald gekommen war: als Ypsilanti den Wortbruch ankündigte. So war es Koch gelungen, seine Leute trotz widriger Winde hinter sich zu scharen. Nun war die Zeit bereit, selbst in die Offensive zu gehen und die Partie zu Ende zu spielen. Am Tag nach der Pressekonferenz der Vier teilte Koch denn auch Andrea Ypsilanti unter vier Augen mit, dass keine Aussicht mehr auf eine große Koalition bestehe: Seine Partei würde ihm dabei nicht folgen, selbst wenn er es wollte. Aber davon wusste Walter nichts.

Im Haus Sonnenberg war Walter zufolge an diesem Abend ohnehin schnell deutlich geworden, dass es nur eine realistische Variante gab: Ypsilanti nicht zu wählen und das vorher auf einer Pressekonferenz anzukündigen. Everts hatte von Anfang an eindringlich dargelegt: «Wir können das nicht geheim machen.» Und ihre schlechte körperliche Verfassung schien diese Eindringlichkeit zu beglaubigen. Sie beschwor das «Bild mit der Wahlkabine»: Wenn sie da herauskäme, würde man ihr am Gesicht ansehen, was sie getan habe, und sie bringe es nun einmal nicht fertig, sich dann «hinzustellen und zu sagen: Ich war's nicht.» Inzwischen hatte sie Teschs Schilderung vollständig vereinnahmt. Und wieder brachte sie eine Mandatsniederlegung ins Spiel.

Alle redeten ihr gut zu: Das komme auf keinen Fall in Frage. Tesch schloss es für sich klar aus; sie sei, sagte sie, gewählt und ihren Wählern durch ein Wahlversprechen verpflichtet, da gäbe sie eher ihr Parteibuch ab. Everts dagegen erlebte «wieder so 'n Schwanken». Und immer wieder beschwor sie mit zerquälter Miene ihre Zerrissenheit. Tesch sagte, schon ziemlich unwirsch, sie habe jetzt genug von dem Hin und Her, ihr schwirre der Kopf. Auch Metzger meinte: «Ihr seid ja völlig durch den Wind.» Sie schlug vor, am nächsten Tag ihren Mann dazuzuholen. Er sollte Ordnung in das Chaos bringen. Die anderen waren einverstanden. Es war gegen elf, sie trennten sich und gingen auf ihre Zimmer.

Dagmar Metzger rief von dort aus abermals ihren Mann an und klagte: «Das ist hier so chaotisch. Also, ich halte das mit denen alleine nicht mehr aus. Die ändern alle fünf Minuten ihre Meinung, und ich weiß nicht, was ich mit denen machen soll. Und die wissen auch nicht, was sie machen. Kannst du vorbeikommen und da mal Ordnung reinbringen?» Mathias sagte zu, am nächsten Morgen zu kommen. Der Nächste, bitte: Wie hätte er ablehnen können?

Derweil hatte Tesch in ihrem Zimmer das Fenster weit aufgerissen, um den Rauch herauszulassen. Sie schlief sowieso am liebsten bei offenem Fenster, selbst wenn es draußen kalt war. Der Raum lag im Erdgeschoss, ziemlich dicht am Eingang, und sie stand in dem winzig kleinen Badestübchen und machte sich für die Nacht zurecht, während im Hintergrund der Fernseher lief und das Zimmer gegen die Dunkelheit mit Geräuschen wappnete. Ihr ging durch den Kopf, dass hier leicht jemand einsteigen könnte, und ein Angstgefühl stieg in ihr auf, wie sie es sonst eigentlich nicht kannte. Also machte sie das Fenster wieder zu.

Der Schutzschild

Am Abend war Esther Walter mit dem Gefühl zu Bett gegangen, dass alles noch nicht entschieden sei, ja, dass Everts wahrscheinlich noch abspringen werde. «Sie wird's nicht machen.» Doch beim Frühstück traf sie eine völlig verwandelte Everts an, für die die Sache klar war. Sie habe sich entschieden, das «offen zu machen», sagte sie, weil Offenheit gegen alle Anfeindungen stähle. Oder dramatischer: «Die feindlichen Truppen stehen dir im Rücken, das Messer ist bereit, und du stehst vor der Klippe und musst jetzt halt springen. Und da kommt ein Wildwasserbach, und dann wird's dich weghauen, aber irgendwann wird ein Ufer kommen.» Auch Walter wollte mitziehen, und Tesch war froh, dass sich nun alle entschieden hatten. Esther Walter warf ein, dass dann auch Dagmar Metzger mit «rausgehen» solle vor die Presse, schließlich sei sie eine überaus positiv aufgeladene öffentliche Figur. Für die anderen drei hingegen, fürchtete sie, werde es «bös Prügel» geben. Mathias Metzger, der inzwischen eingetroffen war, stimmte zu: Wenn man es so mache, mit einer Pressekonferenz, dann müsse auch seine Frau mit vor die Journalisten treten.

Er versuchte, Ordnung in die Debatte zu bringen. In der Regel nahm er dabei selber kaum Stellung, aber als es noch einmal um die Frage «offen oder verdeckt» ging, war er eindeutig: Wer auf das Gemeinwesen verpflichtet ist und eine Gewissensentscheidung trifft, muss das öffentlich tun. Dagegen gab es keinen Widerspruch. Tesch hielt die Diskussion ohnehin für überflüssig: Da man sich offen darauf verständigt hatte, Ypsilanti nicht zu wählen, ging es sowieso nur noch offen. Sie dachte: Selbst wenn man sich in die Hand versprochen hätte, es niemals anderen preiszugeben, würde es früher oder später unweigerlich herauskommen, die Wege würden sich trennen, und einer würde es seinem Freund erzählen, der seiner Großmutter und die «weiß der Geier wem. So ist es doch in der Welt.» Also musste man es «öffentlich tun». Aber warum hatte sie sich dann darauf eingelassen? «Weil ich es öffentlich haben wollte. Sowieso.»

Im Restaurant saßen Leute, ein Ehepaar hatte Dagmar Metzger erkannt. Als sie den Raum durchquerte, hielten sie sie an und beschworen sie, ihre Kollegen zu bewegen, den Machtwechsel mit Hilfe der Linkspartei zu verhindern: Sie hätten es doch versprochen.

Der zweite kontrovers diskutierte Punkt, bei dem Mathias Metzger Stellung bezog, war wesentlich heikler, ein Vorschlag, den Walter schon am Abend gemacht hatte: auf der Pressekonferenz zugleich ihren gemeinsamen Austritt aus der SPD anzukündigen. Demonstrativ sollten sie ihre Parteibücher auf den Tisch legen und sagen: «Hier liegen nun achtzig Jahre Parteigeschichte.» Für Mathias Metzger, der ein paar Wochen später aus Zorn über den Umgang mit seiner Frau tatsächlich austreten sollte, war das in diesem Augenblick noch unvorstellbar, und er argumentierte vehement dagegen. Aus seiner Sicht ging es darum, gerade durch diesen Schritt, der die SPD vorhersehbar in Schwierigkeiten bringen würde, der Partei zugleich eine gewisse Glaubwürdigkeit zurückzugeben. Tesch konnte er damit überzeugen; ohnehin fiel den Metzgers auf, dass Tesch die Einzige von den dreien war, die sich an ihr Wahlversprechen gebunden sah. Mehrfach hatte sie gesagt: «Ich kann mich in meinem Wahlkreis nicht mehr blicken lassen, wenn ich es breche. Die Leute sprechen mich auf der Straße an und sagen: Du hast uns das damals zugesagt, und wo stehst du jetzt?» Sie erzählte zudem, dass ihre Tochter verbittert angekündigt habe, sie werde nie wieder SPD wählen.

Walter dagegen wollte sich nach Metzgers Eindruck von seinem Plan lange nicht abbringen lassen. Er erging sich in der Vorstellung, eine eigene Fraktion zusammenzubringen, die mit CDU und FDP eine Regierung bilden könnte. Das Ehepaar Metzger, dem Walters «Spielernatur» nicht verborgen geblieben war, nahm das so wenig ernst wie Tesch; außerdem schob Dagmar Metzger dem einen Riegel vor, indem sie sagte, das sei für sie «undenkbar». Schließlich nahm Walter, freilich erst nach zähem Ringen, von seiner Idee Abstand, zumindest soweit es um die geplante Pressekonferenz ging. Damit war letztlich auch die Voraussetzung dafür geschaffen, dass Dagmar Metzger mitmachen und die anderen bei der Pressekonferenz wenigstens halbwegs unter die Fittiche ihres moralischen Charismas nehmen würde. Sie verspürte dazu wenig Lust, sah aber ein, dass es dann schwieriger sein würde, sie auseinanderzudividieren, und entschied sich zuletzt, «aus Solidarität» dabei zu sein.

Zwischendurch telefonierte Mathias Metzger mit seinem Vater, bei dem das Telefon schon den ganzen Tag kaum stillstand. Er führte zahllose Gespräche mit alten Seeheimern, mit Hans Apel, Hans-Jochen Vogel, den Freunden und Genossen seiner Generation: Hans Koschnik, Jürgen Schmude, Rainer Offergeld, Konrad Porzner und vielen mehr. Alle boten Hilfe an, aber vorrangig ging es um eines: Sollen die Abweichler es offen machen oder in geheimer Wahl? Die Meinungen waren geteilt. Vogel sagte: «Also auf keinen Fall geheim. Das muss offen gemacht werden.» Aber es gab auch andere Stimmen, wie die von Hans Apel: «Wieso? Die sind verrückt, wenn sie das offen machen.» Selbst die Meinungen von Günther Metzger und seiner Frau waren geteilt, er war für offen, sie für geheim, und ähnlich war es bei ihren Söhnen und der Tochter. Die Sache ging schließlich bis hinauf zum neunzig Jahre alten Mentor der Gruppe: Helmut Schmidt. Doch der Altbundeskanzler bat um Verständnis, dass er sich zu aktuellen Angelegenheiten der Politik nicht mehr äußern wolle.

In Schotten war derweil das Mittagessen vorüber, und die

Würfel waren gefallen. Mittlerweile wandten sie sich den organisatorischen Einzelheiten zu, der Vorbereitung der Pressekonferenz. Wenn sie schon mitmache, hatte Dagmar Metzger gesagt, dann wenigstens «mit Stil». Esther Walter schlug als Ort für die Pressekonferenz das Dorint vor, sie hatte dort einmal eine Veranstaltung für Bundeskanzlerin Merkel ausgerichtet und hielt die Bedingungen für professionell. Sie zahlten das Hotel aus eigener Tasche, auf jeden der Vier entfielen gut 700 Euro. Dagmars Schwager Michael Metzger würde mithelfen, die Pressearbeit vorzubereiten, und er würde auch die Konferenz moderieren. Später sagte Everts zu ihm: «Wenn ich irgendwann in den Krieg ziehe, dann mit der Familie Metzger. Die haben ja für alles was.»

Esther Walter hatte sich unterdessen vorübergehend abgesetzt, sich im Auto verkrochen: Ihr war schwindelig vor Angst. Für sie hatte der «Psycho-Amok» eingesetzt, und sie fragte sich, wie sie das Ganze durchstehen sollte. Walter ging, von ihr unbemerkt, am Wagen vorbei. Er war käseweiß.

Gegen zwei Uhr traf Lothar Tesch ein, um seine Frau mit deren Wagen abzuholen. Er musste noch eine Weile warten, ging derweil spazieren. Drinnen spielten sie gerade die Fragen durch, die am nächsten Tag kommen würden, und bereiteten ihre Statements für die Pressekonferenz vor, am gründlichsten das für Walter, da allen klar war, wie schwierig es werden würde, seinen Standpunkt glaubhaft zu vermitteln. Er stand im Rampenlicht. Und dass er nicht wunschgemäß Wirtschaftsminister geworden war, war ebenso bekannt wie seine widersprüchliche Rolle im Lauf der zurückliegenden Wochen. Wie konnte man erreichen, dass er jetzt, mit Mathias Metzger zu sprechen, nicht wirkte wie «der beleidigte kleine Junge»?

Letztlich allerdings, so interpretierte es Everts (wohlweislich unausgesprochen), würden die Frauen für Walter wohl etwas wie «einen Schutzschild» bilden. Darum würde man ihn nicht ohne weiteres in die Rolle des schlechten Verlierers schieben können, des Mannes, der sich einfach an Andrea Ypsilanti rächen wollte. Und diesen Schutzschild hatte Everts errichtet, unter Preisgabe ihrer politischen Existenz. Sie war über die Maßen stolz auf sich, sah in diesem Opfer «die größte Leistung», die sie je erbracht hatte: «Mir war klar, mein Leben haut's weg.» Auch Walter war stolz, dass sie «den Mut und die Tapferkeit» aufbringen würden, sich vor die Öffentlichkeit zu stellen und zu sagen: «Nein, wir gehen diesen Weg nicht mit. Koste es, was es wolle.»

Koste es was es wolle.

Auf dem Rückweg, in Nidda, wurde Everts geblitzt, weil sie etwas zu schnell gefahren war: ihr Erinnerungsfoto an diesen Nachmittag, das kostete fünfzehn Euro.

Silke Tesch fuhr mit ihrem Mann heim. Das ganze Jahr hatte sie sich geschämt und schämte sich noch, dass sie im März nicht den Mut gefunden hatte, sich neben Dagmar Metzger zu stellen. Am nächsten Tag würde sie es endlich tun. Zuletzt war dies das Einzige, was zählte. Spät, aber noch rechtzeitig. Sie berichtete ihrem Mann, was sie geplant hatten. Er wurde sehr still. So saßen sie nebeneinander und fuhren, und sie spürte, dass er Angst um sie hatte, Angst um sich, um sie beide. Und dass es kein Zurück mehr gab. «Es war ein Punkt, an dem wir beide wussten, da kommt etwas auf uns zu. Was, konnte man sich nicht annähernd vorstellen.»

EPILOG

Am 10. Dezember 2008 wurde Dagmar Metzger fünfzig Jahre alt: Es war gewiss das bewegteste Jahr ihres Lebens gewesen. Ein paar Tage später war sie mit den anderen drei zu einer Aufzeichnung beim Hessischen Rundfunk, für die Sendung «Menschen des Jahres». Anschließend gingen alle noch zusammen zum Italiener im Frankfurter Kettenhofweg. Die Stimmung war heiter; sie lachten darüber, wie Silke Tesch, nach ihrer Zukunft befragt, zum Moderator gesagt hatte: «Ich bin stark.» Unsere Dachdeckerin, hieß es wieder.

Jürgen Walter nahm im Laufe dieses Abends Dagmar Metzger beiseite und kündigte ihr, wie sie berichtet, noch ein nachträgliches Geburtstagsgeschenk an. Er offenbarte ihr, wer damals, am 6. März, ihre Geschichte an die «Süddeutsche Zeitung» weitergegeben und damit dafür gesorgt habe, dass es weder für sie noch für Andrea Ypsilanti noch ein Zurück gab: Nancy Faeser. Angeblich.

Metzger interessierte das eigentlich nicht mehr, sie hatte das Thema abgehakt. Aber diese Version machte sie stutzig. Sie fragte: «Warum denn Nancy? Mit der habe ich doch gar nicht telefoniert?» Es waren nur ihr Schwiegervater, Lothar Quanz, Silke Tesch und Walter selbst gewesen, mit denen sie damals gesprochen hatte. Und natürlich Ypsilanti, mit der sie Stillschweigen vereinbart hatte – woran beide ein reges Interesse hatten. Walter erwiderte, er habe damals mit Faeser telefoniert und ihr von Metzgers Plänen erzählt; er hätte ja keine Ahnung gehabt, dass Faeser es gleich weitergeben würde.

Und das erläuterte er auch später so. Über jene Tage im März sagt Walter, er habe an jenem Donnerstagnachmittag, während Metzger im Zug aus der Schweiz nach Deutschland zurückfuhr, «die engsten Vertrauten aus der Aufwärts-Runde» informiert und vorhergesagt, dass es am nächsten Tag «einen Riesenaufschlag geben» werde. Aber er hätte «nie gedacht, nie gedacht, dass einer von denen dann einen Journalisten anruft». Freilich habe die betreffende Person, deren Namen er Metzger genannt hatte, ihm das hinterher gebeichtet.

Als Faeser davon hörte, war sie entsetzt. Und sie sagte, es sei umgekehrt gewesen. Nicht sie habe den Journalisten, Christoph Hickmann, angesprochen, sondern dieser sie – und Hickmann habe da schon Bescheid gewusst über Metzgers Ankündigung.

Wieso konnte Walter am 6. März überhaupt wissen, dass es «einen Riesenaufschlag» geben würde, auf den man sofort reagieren müsse? Den gab es nur wegen der Veröffentlichung.

Bei Metzger hatte Walter also Faeser bezichtigt, doch bei seinen engsten Vertrauten erweckte er den Eindruck, Metzger selbst oder ihre Familie sei für die Indiskretion verantwortlich. Er behauptete, das «Darmstädter Echo» sei schon vor der «Süddeutschen Zeitung» informiert worden und auch vorher online gewesen; diese unzutreffende Lesart wurde in seiner Umgebung übernommen. Tatsächlich hatte Metzger am Abend des 5. März, als sie aus dem Schweizer Ferienhaus mit Walter telefonierte, ihre Heimatzeitung erwähnt: Die wollte ja eine Antwort von ihr. Und sie hatte auch gesagt, dass sie diese Antwort geben würde – aber nicht, bevor mit Ypsilanti alles geklärt sei. Darauf habe sie sogar «sehr massiv» hingewiesen: «Ich will erst mit Andrea reden.» Deshalb habe sie Walter ausdrücklich zum Stillschweigen verpflichtet. Sie wusste ja, dass er, wie sie es ausdrückte, gern im Mittelpunkt stand.

Ypsilanti sagt dazu: «Frau Metzger hat an dem Abend auf der Mailbox keinen Hinweis hinterlassen, dass sie die Presse unterrichtet.» Und das schildert Metzger genauso. Alles andere wäre ja auch absurd gewesen. Andernfalls, fügt Ypsilanti hinzu, hätten sie am nächsten Morgen auch kein Gespräch vereinbart. Und während dieses Gesprächs, das dann schließlich am Freitag, dem 7. März, unter vier Augen in Wiesbaden stattfand, habe Metzger «empört reagiert, dass die Presse informiert wurde, weil sie das in keinem Fall wollte». Ypsilanti versicherte ihr später noch einmal, dass sie ihr geglaubt habe, und dabei blieb es.

Walter erzählt eine völlig andere Geschichte. Zunächst wollte überhaupt er es gewesen sein, der Metzger dazu gebracht habe, erst einmal Ypsilanti statt gleich die Presse anzurufen. Dann korrigierte er sich: Nein, Metzger habe Ypsilanti von sich aus angerufen und auf die Mailbox gesprochen: «Du, also ich kann dich nicht wählen. Das habe ich so meinen Leuten versprochen, und ich muss das im ‹Echo› sagen.» Auch ihm habe sie angekündigt, dass sie von der Schweiz aus eine Pressemitteilung herausgeben wolle, er habe sie davon abgebracht. Er habe ihr «das Versprechen abgenommen, dass sie nichts öffentlich machen wird, ohne dass sie vorher mit Ypsilanti gesprochen hatte». Im Nachhinein betrachte er sich deshalb als Idioten. Er sei halt Parteisoldat gewesen. Nachdem er also Metzger das Versprechen «abgerungen» habe, habe er Ypsilanti angerufen. Ypsilanti habe völlig aufgelöst gesagt, Metzger wolle «aus dem Urlaub verkünden, dass sie mich nicht wählen wird, und morgen steht das alles im ‹Darmstädter Echo›». Da habe er sie erst einmal beruhigen können und gesagt: «Du, Andrea, ich habe mit ihr gesprochen. Langsam, kein Grund zur Panik. Ich habe sie fest drauf verpflichtet, dass sie jetzt erst mal mit dir redet. Vorher wird sie gar nichts tun.»

Sein Beitrag sei also gewesen, zu verhindern, dass etwas von Metzgers Entschluss in die Medien gekommen sei. «Dann kam es doch rein, und dann haben sie mich killt.» Und zwar «ohne Beweise». Ironisch: «als Dank für meine Solidarität».

Für Carmen Everts war dieser Abend im Fernsehstudio und anschließend beim Italiener der letzte vor ihrer Operation. Am nächsten Tag wurde ihr eine Niere entfernt, das Organ war von bösartigen Tumoren befallen. Der Krebs hatte sich nicht auf andere Körperteile ausgebreitet, sodass Everts keine Chemotherapie oder weitere Eingriffe erdulden musste.

Everts war in ihren früheren Job zurückgegangen, bei der SPD-Fraktion. Das stand ihr zu, und auf diese Weise hatte die SPD selbst das größte Interesse, ihr eine neue Stelle zu verschaffen, irgendwo anders. Aber das zog sich hin. Währenddessen nahmen Walter und Everts die Partei weiterhin durch öffentliche Stellungnahmen unter Feuer, und nach wie vor war es so, dass ihnen fast immer, fast alles geglaubt wurde. Ypsilanti hatte ihre Glaubwürdigkeit nun einmal verspielt und die hessische Sozialdemokratie mit ihr. Gegen Walter erließ ein Schiedsgericht der Partei ein zweijähriges Funktionsverbot; gegenüber Everts und Tesch beließ man es bei einer Rüge. Mathias Metzger stand allen dreien als Rechtsbeistand zur Seite. Das Verfahren gegen Dagmar Metzger wurde eingestellt. Die neue Parteiführung mit Thorsten Schäfer-Gümbel an der Spitze wollte alles vermeiden, um weiter Öl ins Feuer zu gießen.

Ypsilanti durchkreuzte das noch einmal auf dem Parteitag der SPD am 28. Februar 2009 in Darmstadt. Dort nahm sie ihren Abschied, mit einer abermals ausgezeichneten Rede. Alles war perfekt, selbst der angedeutete Tränenausbruch beim letzten

Satz. Nur wer ganz genau aus der Nähe zusah, konnte erkennen, dass dieser vermeintlichen Aufwallung absolut nichts vorausging, kein Nachlassen der Selbstbeherrschung, kein Seufzer, kein Schlucken, kein Zittern in der Stimme – es war, als hätte die Rednerin einfach einen Schalter umgelegt, den Modus gewechselt.

Die Gefühle waren wohl trotzdem echt. Ypsilanti hatte in dieser Rede wieder einmal die halbe Welt angeklagt, ihre Widersacher und die Presse, und das tat sie auch jenseits der Bühne häufig. Nach einem rasenden Aufstieg hatte sie einen ungeheuer schnellen und tiefen Fall erlebt; die Schuld daran gab sie anderen. Allenthalben sah sie sich verfolgt, als Mensch herabgesetzt, und beklagte sich bitter darüber. In ihrer Wahlkampfstrategie 2008 hatte sie noch propagiert, Koch als «verschlagen, hinterhältig, machtbesessen und technokratisch» zu attackieren, während sie als Frau nur «schwer angreifbar» sei. Als Ziel hatte sie damals nichts Geringeres ins Auge gefasst als die «geistige Hegemonie». Erreicht hat sie es nicht. Aber die Geister, die sie gerufen hatte, wollten noch bleiben.

DANK

Eigentlich sollte dieses Buch eine Heldengeschichte erzählen. Ich wollte die Menschen schildern, die am 3. November 2008 so tapfer ihre politische Existenz aufs Spiel gesetzt hatten. Vor allem wollte ich selbst herausfinden, wer sie waren. In gewisser Weise hatte ich so etwas schon einmal aus der Nähe erlebt, als ich vor Jahren für die «Frankfurter Allgemeine» über die Kieler Schubladen-Affäre berichtete. Dort hatte die SPD-Obfrau im Untersuchungsausschuss viel Mut bewiesen. Nachdem sie erkannt hatte, dass sie von der eigenen Parteiführung belogen worden war, verfolgte sie im Ausschuss das Ziel, die Wahrheit herauszubekommen. Genau dazu ist solch ein Ausschuss gedacht. Aber Claudia Preuß-Boehart bezahlte dafür mit ihrer politischen Karriere. Im nächsten schleswig-holsteinischen Landtag war sie nicht mehr.

Als ich Carmen Everts bei unserem ersten Gespräch Anfang Dezember 2008 davon erzählte, huschte ein Schatten über ihr Gesicht. Sie wollte an eine politische Zukunft für sich glauben, aber mir kam es so vor, als ob Mut zur Wahrheit in der Politik selten belohnt wird. Nur in Filmen und Büchern erstrahlen die Helden, im richtigen Leben ist ihr Los das Scheitern. Während des Gesprächs trat ein Fremder an den Tisch und lobte Everts, die er vom Fernsehen kannte; es war das erste Mal, dass ich selbst Zeuge einer solchen Szene wurde.

Die Idee zu dem Buch kam mir nach Gesprächen mit Silke Tesch. Vermutlich war es ihre. Ich sagte ihr und den anderen dreien, die sich freundlicherweise zur Unterstützung bereit erklärt hatten, dass ich kein angenehmer Autor sein, sondern aufschreiben würde, was ich als richtig erachte. Das ist in ungeahntem Maße wahr geworden. Tesch erwiderte damals nur: «Umso besser, ich will die Wahrheit wissen.»

Aus der Heldengeschichte ist dann nichts geworden. Oder doch? Ich hatte ein halbes Jahr Zeit für die Recherche und das Schreiben, vom Winter- bis zum Sommeranfang. In diesen Monaten habe ich zahlreiche Interviews geführt, das Bild der Vier veränderte sich, und ich habe versucht, meinen eigenen Weg mitsamt dieser Veränderung in dem Buch auch für den Leser begehbar zu machen.

Allen Gesprächspartnern habe ich für ihre Zeit und Geduld zu danken. In diesem Buch ist nichts ausgedacht, alles beruht auf konkreten Angaben – wo ich unsicher war, habe ich versucht, das kenntlich zu machen. Und genauso auch da, wo ich zwar sicher bin, aber nicht beweisen kann, dass meine Deutung zutrifft. Ansonsten aber beruht selbst die Beschreibung sogenannter «innerer Tatsachen», der Gefühle und Gedanken der handelnden Personen, ausnahmslos auf Interviews. Diese Stellen sind nicht von mir phantasiert. Ob solche inneren Tatsachen wahr sind, kann ich freilich nicht wissen. Aufgeschrieben habe ich nur, was mir plausibel erschien, zum Beispiel Carmen Everts' Gedanken am Morgen vor der Pressekonferenz. Wenn in solchen Zusammenhängen wörtliche Zitate auftauchen, stammen sie stets von dem, der dort gerade im Mittelpunkt steht.

Dank gebührt meinen Gegenlesern für Rat und Kritik. Das gilt besonders für meinen wunderbar genauen Verleger Alexander Fest. Sodann den Mitarbeitern des Rowohlt Verlags für ihre Freundlichkeit, ihr Engagement und ihre Unterstützung, Andrea Kügel für Stolz und Gefühl, Joachim Düster für eine tolle Type und Isabell Trommer für eine lange Nacht vor dem PC. Lydia Harder hat mich bei den Recherchen unterstützt, auch selbst Interviews geführt und bei der Auswertung des umfangreichen Materials mitgewirkt. Vor allem hat sie buchstäblich Tausende von Mails und Briefen gesichtet und analysiert. Gaby Zuncke half mit Rat und Tat. Ingeborg Klinger und Diana Münster haben mit großer Sorgfalt etwa einhundert Stunden Interviews abgeschrieben. Außerdem danke ich Ute Binder, Günter Franzen, Oliver Mann und Udo Schumacher für Auskünfte zu psychologischen und medizinischen Fragen. Und schließlich meinen Lehrern: Arnulf Baring, Sebastian Haffner und Johann Georg Reißmüller.

Frankfurt am Main, im Juli 2009